HISTORISCH-POLITISCHE WELTKUNDE

Staat und Nation im 19. Jahrhundert

Kursmaterialien Geschichte
Oberstufe

Von Joachim Rohlfes

Ernst Klett Verlag
Stuttgart · Leipzig

Historisch-Politische Weltkunde
Staat und Nation im 19. Jahrhundert
Kursmaterialien Geschichte
Oberstufe

1. Auflage 1 5 4 3 2 1 | 2012 2011 2010 2009 2008

Alle Drucke dieser Auflage sind unverändert und können im Unterricht nebeneinander verwendet werden. Die letzte Zahl bezeichnet das Jahr des Druckes.

Autor: Prof. Dr. Joachim Rohlfes

Redaktion: imprint, Zusmarshausen
Herstellung: Katja Taubert

Layoutkonzeption und Umschlaggestaltung: Stefanie Kaufhold, Berlin
Karten: Ingenieurbüro für Kartographie Joachim Zwick, Gießen, und Kartographisches Büro Borleis & Weis, Leipzig
Satz: Krause Büro, Leipzig
Reproduktion: Meyle + Müller, Medien-Management, Pforzheim
Druck: Druckhaus Götz GmbH, Ludwigsburg

Printed in Germany
ISBN 978-3-12-456200-5

9 783124 562005

Einleitung

Die Vorkämpfer und Träger des Verfassungs- und Nationalstaates des 19. Jahrhunderts (das mit dem Wiener Kongress 1814/15 begann und mit dem Ersten Weltkrieg 1914/1918 endete) strebten drei Ziele an: nationale Unabhängigkeit und Einheit; staatsbürgerliche Freiheit, Gleichheit und Partizipation (Mitwirkung) im Rahmen einer verfassungsmäßigen Ordnung; wirtschaftliche Sicherheit und soziale Gerechtigkeit. Schon in der Revolution von 1848/49 zeigte sich allerdings, dass diese Ziele nicht immer und überall miteinander zu vereinbaren waren. Während die Mächte der alten Ordnung sich in der Abwehr der Freiheits- und Emanzipationsbestrebungen weithin einig waren, zeigten sich die Vorkämpfer des Neuen vielfach zerstritten.

Dennoch gingen zwischen 1815 und 1914 die Macht und die Autorität des monarchischen Obrigkeitsstaates zurück, und die Teilhabe des „Volkes" an der politischen und staatlichen Macht nahm stetig zu. Gleichwohl gab es am Vorabend des Ersten Weltkrieges im europäischen Raum gerade zwei Republiken - Frankreich und die Schweiz - und sonst nur Monarchien, unter denen die „Ostmächte" Russland, Österreich-Ungarn, Deutschland noch halbabsolutistische Regierungsformen aufwiesen. In den meisten europäischen Ländern - nicht in Russland - galt zwar das allgemeine (Männer-)Wahlrecht; aber in Preußen (und anderswo) wählte man noch getrennt nach Einkommensklassen, und Frauen waren nirgendwo, nicht einmal in Großbritannien, wahlberechtigt.

Auch die nationale Bewegung hatte ihre Ziele keineswegs überall und vollständig erreicht. Die Finnen, Iren, Balten, Polen, Ungarn, Tschechen und Slowaken, Kroaten und Slowenen lebten noch unter fremder Herrschaft. Auf der anderen Seite standen die erfolgreichen, Herrschaft ausübenden Nationen - Briten, Franzosen, Italiener, Deutsche, Russen -, die von ihrer nationalen Vortrefflichkeit durchdrungen waren und einem, oft militant-chauvinistischen Großmacht-Nationalismus anhingen. Bedenken gegenüber solchem Nationalismus empfanden und äußerten nur die Sozialisten und Pazifisten - aber auf sie hörten die Machthaber nicht.

Auf dem Wege zu mehr Selbstbestimmung, Rechts- und Chancengleichheit kamen die Europäer im 19. Jahrhundert ein gehöriges Stück voran. Seit der russischen Bauernbefreiung von 1861 gab es keine persönlich unfreien Menschen mehr. Mochten Mangel und Sorge das Leben der Unterschichten nach wie vor überschatten - die allgemeine Lebenssicherheit nahm zu, die Produktion der lebensnotwendigen Güter stieg steil an, Technik und Kultur, Bildung und Wissenschaften machten rasante Fortschritte. Ein allgemeiner Zukunftsoptimismus erfüllte viele Menschen. Auch wenn der Adel noch einen beträchtlichen Teil der alten wirtschaftlichen, gesellschaftlichen und politischen Machtpositionen in Händen hielt: bürgerliche Lebensweise und bürgerliches Denken gaben den Ton an und machten das späte 19. und frühe 20. Jahrhundert zu einem „bürgerlichen Zeitalter". Mit der Katastrophe des Ersten Weltkriegs wurde dieses Zeitalter zur „Welt von gestern" (Stefan Zweig).

Das 20. Jahrhundert war ein „Zeitalter der Extreme" (Eric Hobsbawm): mit zwei verheerenden Weltkriegen, die 80 Millionen Menschenleben kosteten; einem 45-jährigen „Kalten Krieg", der Europa spaltete; der weltweiten Entkolonialisierung, die zwar den farbigen Völkern die Unabhängigkeit bescherte, aber ihren Entwicklungsrückstand eher noch verfestigte. Die Hoffnung des amerikanischen Präsidenten Woodrow Wilson 1918, „to make the world safe for democracy", erfüllte sich nur in vergleichsweise wenigen Ländern. Autoritäre, autokratische und jetzt sogar totalitäre Regime behielten weithin die Oberhand. Der Nationalstaat breitete sich von Europa über die ganze Welt aus, löste aber nur wenige Probleme und schuf manche neue. Allein in West-, später auch in Osteuropa suchte man aus den nationalistischen Exzessen zu lernen und mit der Europäischen Union neue Wege der Supranationalität zu gehen.

Inhalt

Die Herausforderung der Französischen Revolution

27. Oktober 1806: Einzug Napoleons an der Spitze seiner Garden durch das Brandenburger Tor nach der siegreichen Schlacht bei Jena und Auerstedt. – Ölgemälde von Charles Meynier (1768–1832)

Der Mensch – Gestalter der Geschichte

„Solange die Sonne am Firmamente steht und die Planeten um sie herumkreisen, war das nicht gesehen worden, dass der Mensch sich auf den Kopf, das ist, auf den Gedanken stellt und die Wirklichkeit nach diesem erbaut."

Georg Friedrich Wilhelm Hegel, deutscher Philosoph (1770–1831)

Anarchie statt Autorität

„Nach unserer Auffassung bedeutet die Französische Revolution den offenen, gewaltsamen Aufruhr und den Sieg der entfesselten Anarchie über verderbte zermürbte Autorität."

Thomas Carlyle, britischer Historiker (1795–1881)

Das revolutionäre wie das napoleonische Frankreich hatten sich dem alten Europa fast in jeder Hinsicht überlegen gezeigt. Wollten die europäischen Mächte politisch überleben, mussten sie den Vorsprung Frankreichs wettzumachen suchen. Einige Länder – England, Russland, Österreich – beließen zunächst alles beim Alten und setzten auf die bewährten Stützen ihrer staatlichen Macht. Andere – vor allem Preußen und die süddeutschen Staaten – wollten durch von den Regierungen gelenkte Reformen erreichen, was in Frankreich die Revolution „von unten" bewirkt hatte. Aus Abhängigen sollten freie Menschen, aus Untertanen Staatsbürger werden. Doch waren die Herrschenden stets darauf bedacht, die Zügel nicht aus der Hand zu geben. Eine politische Mitwirkung größerer Bevölkerungskreise kam für sie niemals in Frage.

Die Abbildung links zeigt den preußischen Politiker Freiherr Karl vom Stein zum Altenstein (1770–1840). Als Kultusminister reformierte er das preußische Schul- und Bildungswesen grundlegend.

1803	Die größeren deutschen Staaten einigen sich im Reichsdeputationshauptschluss auf die Säkularisierung der geistlichen und die Mediatisierung der kleinen Reichsstände.
1806	16 süddeutsche Staaten schließen mit Napoleon I. als Protektor den Rheinbund und sagen sich vom Reich los. Franz II. legt die Kaiserkrone nieder und besiegelt damit das Ende des Heiligen Römischen Reiches Deutscher Nation.
1807/08	Das preußische Oktoberedikt von 1807 gewährt allen Bauern die persönliche Freiheit und beseitigt die ständischen Beschränkungen des Grundeigentums; die Städteordnung von 1808 führt eine begrenzte Selbstverwaltung der Stadtgemeinden ein.
1810–1822	Unter der Staatskanzlerschaft des Fürsten Hardenberg nehmen die preußischen Reformen ihren Fortgang (Agrar-, Gewerbe-, Steuer-, Heeres-, Bildungsreform, Judenemanzipation).

1. Territoriale Neugestaltung, Stillstand und Reform in Deutschland

Reichsdeputationshauptschluss Im Frieden von Luneville (1801), der die Abtretung des linksrheinischen Deutschland an Frankreich festlegte, war eine Entschädigung der davon betroffenen größeren deutschen Staaten vereinbart worden. Auf Drängen des französischen Kaisers, der eine Stärkung der deutschen Mittelstaaten wünschte, erhielt eine Reihe von ihnen, vor allem Bayern, Württemberg, Baden, weitaus mehr Territorium, als sie im Westen eingebüßt hatten. Diese Machtverschiebung, die ein Gesandtenkongress (Reichsdeputation) der acht größten deutschen Staaten aushandelte, erfolgte, ohne Rücksicht auf das geltende Reichsrecht, auf Kosten der vielen kleinen und winzigen Herrschaftsgebilde, die es im Deutschen Reich gab.

Mediatisierung und Säkularisierung Sie alle wurden den größeren Staaten einverleibt und verloren ihre Reichsunmittelbarkeit, wurden mediatisiert („mittelbar" gemacht). Die mediatisierten Fürsten und Ritter behielten als Standesherren ihre Einkünfte und Herrschaftsrechte über ihren oft stattlichen Grundbesitz und hatten Sitz und Stimme in den ständischen Vertretungskörperschaften. Für die katholische Kirche bedeutete die Säkularisation (Verweltlichung) nicht nur den Verlust ihrer politischen Herrschaftsrechte, sondern auch die Einbeziehung des Kirchengutes zugunsten der öffentlichen Hand.

Ende des alten Reiches Den Todesstoß erhielt das Reich, als sich 16 deutsche Reichsfürsten 1806 im Rheinbund zusammenschlossen und sich dem Protektorat des französischen Kaisers unterstellten. Sie verpflichteten sich zur Unterstützung Frankreichs und sagten sich vom Deutschen Reich los. Dessen Zwangsauflösung durch den allmächtigen Bonaparte kam Kaiser Franz II. zuvor, indem er die Kaiserkrone niederlegte und das Ende des Heiligen Römischen Reiches verkündete.

Reaktion in Österreich Nachdem Österreich unter Josef II. (1780–1790) ein Vorreiter aufgeklärter Reformen gewesen war (Aufhebung der Leibeigenschaft, Auflösung der Klöster, Emanzipation der Juden), wurde es nun zum Hort der Reaktion. Die feudale Agrarordnung mit adliger Grundherrschaft und bäuerlicher Erbuntertänigkeit sowie die Zunftgebundenheit der städtischen Gewerbe blieben unangetastet. Ein veraltetes Steuersystem, das hauptsächlich Verbrauchssteuern erhob, belastete vor allem die ärmere Bevölkerung und verfestigte die Finanznot des Staates. Außer dem Adel besaß niemand politische Mitwirkungsrechte. Klemens Lothar Graf von Metternich, seit 1809 Außenminister, von 1821 bis 1848 Staatskanzler, fürchtete nichts so sehr wie den „Geist der Revolution" und bekämpfte ihn mit allen polizeistaatlichen Mitteln; nirgendwo war die Geheimpolizei so gefürchtet wie in Österreich.

Stillstand in Norddeutschland In den außerpreußischen Fürstenstaaten nördlich des Mains (wie Sachsen, Hannover, Mecklenburg) führten die Erfolge Frankreichs nicht zu einer Auflockerung, sondern zur Verfestigung der bestehenden Gesellschafts- und Herrschaftsordnung. Die spätabsolutistischen Regime hielten es für zu gefährlich, ihren Untertanen mehr Freiheit und Selbstbestimmung zu gewähren, und zogen lieber die Zügel der bürokratischen Reglementierung und lokalen Adelsherrschaft fester. Kurzfristig überstanden sie auf diese Weise die französische Hegemonie kaum schlechter als die reformwilligen Nachbarstaaten; auf längere Sicht aber gerieten sie in einen bedenklichen Modernitätsrückstand.

Reformen im französisch beherrschten Deutschland Wo Frankreich direkt oder indirekt tonangebend war – im annektierten linksrheinischen Deutschland, im Königreich Westfalen oder im Großherzogtum Berg –, wurden die von Napoleon gebilligten Errungenschaften der Französischen Revolution übernommen. Die Hauptnutznießer dieser Refor-

Europa 1812 und 1815

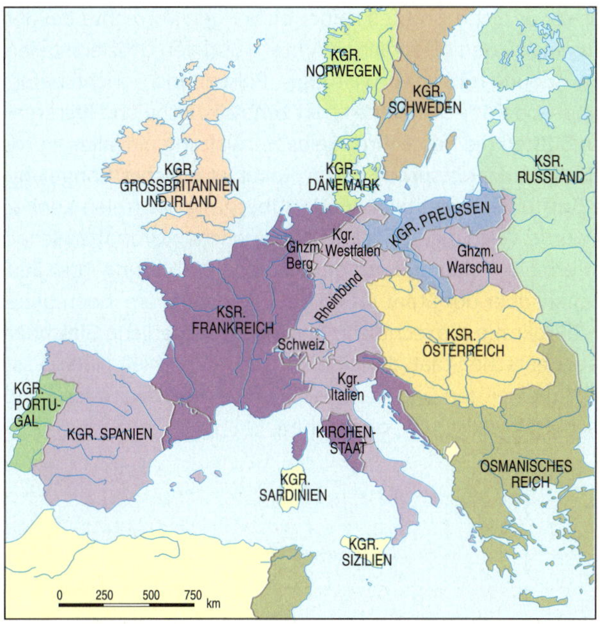

Etatismus

„Etatistisch" (frz. état = Staat) heißen alle Formen politischer Machtausübung, in denen staatliche Institutionen tonangebend sind – im Unterschied zu solchen Systemen, in denen politische Entscheidungen auch von anderen Instanzen (Religionsgemeinschaften, Gemeinden, Parteien, Verbänden, Gebietskörperschaften) (mit)getroffen werden. Etatismus setzt einen „starken Staat" mit einer entwickelten Bürokratie voraus. Gängelung, Kontrolle, Zentralisierung, Hierarchisierung sind seine typischen Ausdrucksformen. Historische Beispiele sind im 19. Jahrhundert Russland, Preußen, Frankreich, im 20. Jahrhundert die sozialistischen Länder.

men waren die Bauern, die das von ihnen bewirtschaftete Land entschädigungslos zu vollem Eigentum erhielten, und das Wirtschaftsbürgertum, dem die uneingeschränkte Eigentums- und Wettbewerbsfreiheit gewährt wurde. Der Garant der neuen Ordnung war der „Code civil", das unter Napoleon eingeführte französische Gesetzbuch, das die Freiheits- und Gleichheitsrechte der bürgerlichen Revolution von 1789/1791 festschrieb. Die politischen Mitwirkungsrechte blieben dagegen äußerst dürftig bemessen.

Reformen in Süddeutschland Auch die süddeutschen Staaten konnten sich den Reformwünschen Napoleons, von dessen Gunst sie abhingen, nicht verschließen. Sie hatten daran aber auch ein eigenes Interesse: Sollten die 1803 zusammengefügten Landesteile zu einem lebendigen Ganzen zusammenwachsen, musste jede Regierung bemüht sein, dem Staat Geschlossenheit und Anziehungskraft zu verschaffen. Die süddeutschen Reformer, unter denen sich vor allem Graf von Montgelas (leitender Minister 1799–1817) in Bayern und Freiherr von Reitzenstein (seit 1809 wiederholt Staatsminister) in Baden hervortaten, setzten dabei in erster Linie auf eine straff organisierte Verwaltung und eine Staatsbürgergesellschaft, in der die Feudalprivilegien des Adels weitgehend abgeschafft waren. So entstand ein Berufsbeamtentum, das eine gesellschaftliche Vorzugsstellung erhielt, aber auch in besonderer Weise in die Pflicht genommen wurde. Der Staat als der „Dienstherr" sorgte für eine standesgemäße Versorgung auf Lebenszeit, auch für die Hinterbliebenen, behielt sich dafür aber das Recht strenger Auslese und fortwährender Kontrolle und Disziplinargewalt vor.

Bürokratie und „Etatismus" Die Bürokratie trat als neuer politischer Herrschaftsstand an die Stelle des Adels. Dieser verlor einen Großteil seiner bisherigen Vorrechte bei den Steuern und Abgaben, dem Zugang zu den öffentlichen Ämtern und den Offiziersstellen, außer in Bayern auch bei der Ausübung lokaler Verwaltungs-, Polizei- und Gerichtsbefugnisse. Der staatliche Verwaltungsapparat erhielt eine strikt zentralistische und hierarchische Ordnung; die Gemeinden büßten die Reste ihrer Selbstverwaltung ein, alles wurde von oben gesteuert und kontrolliert. Es entsprach dieser Politik staatlicher Gängelung, diesem „Etatismus", dass die Zünfte bestehen blieben, der Übergang zur freien Konkurrenzwirtschaft nicht gewagt wurde. Auch die Auflösung der ländlichen Grundherrschaft kam nur langsam voran. Zwar erhielten viele Bauern das Recht, die Ablösung ihrer Feudalverpflichtungen zu beantragen, aber der Staat tat so gut wie nichts, um ihnen dabei zu helfen. So eifrig die Reformbürokratie die rechtliche und staatsbürgerliche Gleichheit förderte – Bayern war der erste deutsche Staat, der eine Konstitution erhielt (1808) –, so sehr scheute sie sich, den Weg zu einer den Gesetzen des Marktes und des freien Wettbewerbs gehorchenden Wirtschaftsgesellschaft freizugeben.

Q1 Das Ende des alten Reiches

Aus der Austrittserklärung der Rheinbundstaaten (1806):

Die Begebenheiten der drei letzten Kriege, welche Deutschland beinahe ununterbrochen beunruhigt haben, und die politischen Veränderungen, welche daraus entsprungen sind, haben die traurige Wahrheit in das hellste Licht gesetzt, daß das Band, welches bisher die verschiedenen Glieder des deutschen Staatskörpers mit einander vereinigen sollte, für diesen Zweck nicht mehr hinreiche, oder vielmehr, daß es in der That schon aufgelöst sey; das Gefühl dieser Wahrheit ist schon seit langer Zeit in dem Herzen jedes Deutschen, und so drückend auch die Erfahrung der letzten Jahre war, so hat sie doch im Grunde nur die Hinfälligkeit einer in ihrem Ursprünge ehrwürdigen, aber durch den allen menschlichen Anordnungen anklebenden Unbestand fehlerhaft gewordenen Verfassung bestätigt. Nur diesem Umstände muß man ohne Zweifel die im Jahre 1795 im Reiche selbst sich hervorgethane Trennung zuschreiben, die eine Absonderung des nördlichen und südlichen Deutschlands zur Folge hatte [Anspielung auf den Sonderfrieden von Basel zwischen Preußen und Frankreich]. Von diesem Augenblick an mußten nothwendig alle Begriffe von gemeinschaftlichem Vaterlande und Interesse verschwinden; die Ausdrücke: Reichskrieg und Reichsfrieden wurden Worte ohne Schall; vergeblich suchte man Deutschland mitten im deutschen Reichskörper [...] Bei dem Drange dieser wichtigen Betrachtungen haben die Souverains und Fürsten des mittäglichen und westlichen Deutschlands sich bewogen gefunden, einen neuen und den Zeitumständen angemessenen Bund zu schließen. Indem sie durch gegenwärtige Erklärung sich von ihrer bisherigen Verbindung mit dem deutschen Reichskörper lossagen, befolgen sie bloß das durch frühere Vorgänge und selbst durch Erklärungen der mächtigeren Reichsstände aufgestellte System.

E. R. Huber (Hg.): Dokumente zur deutschen Verfassungsgeschichte. Bd. I, Stuttgart 1961, S. 32 f.

a) Welche Rolle spielt in dieser Erklärung das gemeinsame Deutschland?

b) Nehmen Sie Stellung zu der Rechtfertigung, die die Fürsten ihrem Austritt aus dem Reichsverband geben.

Q2 „Der Mensch ist nicht zu denken außerhalb des Staates“

Adam Müller (1779–1829), Staats- und Gesellschaftstheoretiker, seit 1813 politischer Berater Metternichs, in seinen „Elementen der Staatskunst“ (1809):

Endlich drittens ist der Staat nicht eine bloß künstliche Veranstaltung, nicht eine von den tausend Erfindungen zum Nutzen und Vergnügen des bürgerlichen Lebens, sondern er ist das Ganze dieses bürgerlichen Lebens selbst, notwendig, sobald es nur Menschen gibt, unvermeidlich, – in der Natur des Menschen begründet, würde ich sagen, wenn nicht, aus allen richtigen Gesichtspunkten betrachtet, menschliche Existenz und bürgerliche ein und dasselbe wären [...] Lassen Sie uns diese drei Wahrheiten noch inniger und kräftiger zusammenfassen in eine einzige und diese so ausdrücken: der Mensch ist nicht zu denken außerhalb des Staates. [Es folgen eine Reihe von möglichen Einwänden gegen diese These.] Alle diese Einwürfe sind sehr gegründet und aus täglichen Erfahrungen, aus einer fast allgemein verbreiteten Denkungsart hergenommen; aber – welche tiefe Korruption aller Ansichten vom Staate leuchtet daraus hervor! – Der Staat ist demnach weiter nichts als ein einzelnes Departement der menschlichen Angelegenheiten; der Mensch braucht Haus, Hof, Knecht, Magd, Vieh und mancherlei Gerät, und unter diesem Geräte nun auch Staaten, d. h. große organisierte Polizeianstalten. [...] Oder: die Wissenschaften, die Schönen Künste, Freundschaft, Liebe, häusliches Glück – die sind das Wesentliche im Leben des gebildeten Mannes; um derentwillen ist er da. Der Staat? – je nun, der ist ein notwendiges Übel; ein trauriger Notbehelf in einer Welt, worin es wenige Gebildete und sehr vielen nichtsnutzigen und begierigen Pöbel gibt, der abgewehrt werden muss. – Solcherlei Vorstellungen vom Staat waren in Deutschland die verbreitetsten, bis die allgemeine Not daran erinnert hat, dass die Götter ihren Sitz anderswo haben, als in den kleinen Nichtswürdigkeiten des eleganten und häuslichen Lebens; bis unter den ungeheuren Bewegungen der Zeit selbst in die feigsten und schlaffsten Seelen eine Ahnung gekommen ist, dass dem Menschen alles fehle, wenn er die gesellschaftlichen Bande oder den Staat nicht mehr empfindet. – Aber klar ist die Vorstellung noch nicht, dass der Staat das Bedürfnis aller Bedürfnisse des Herzens, des Geistes und des Leibes sei; dass der Mensch nicht etwa bloß seit den letzten zivilisierten Jahrtausenden, nicht bloß in Europa, sondern überall und zu allen Zeiten ohne den Staat nicht hören, nicht sehen, nicht denken, nicht empfinden, nicht lieben kann; kurz, dass er nicht anders zu denken ist als im Staat.

A. Müller: Die Elemente der Staatskunst. Neudruck der Originalausgabe 1808/09. Berlin 1936, S. 22 ff.

a) Charakterisieren Sie die Staatsauffassungen, von denen sich Müller distanziert.

b) Wo sehen Sie Verbindungen, wo Widersprüche zu den Konzeptionen Metternichs oder der rheinbündischen Reformer?

Der Wiener Kongress 1815. Unter anderem sind abgebildet: der russische Zar Alexander, der österreichische Kaiser Franz, Fürst von Metternich und der französische Außenminister Charles-Maurice de Talleyrand-Périgord. Letzterem gelang es, als Vertreter der „Verliererseite" in geschickt geführten Verhandlungen erstaunlich günstige Bedingungen für das Frankreich unter Ludwig XVIII. zu erzielen; der größte Erfolg war die Wiederherstellung der französichen Grenzen von 1789. – Kolorierter Kupferstich von Jean Godefroy nach einem Gemälde von Jean-Baptiste Isabey

Q3 „Öffentlicher Geist"

Der Publizist und Historiker Joseph Görres über „Die künftige teutsche Verfassung" (1814):

Damit aber der öffentliche Geist, wie er sich jetzt glücklicherweise in Deutschland entzündet hat, nachwirken und die Fürsten halten, tragen und in allem Guten unterstützen, im Bösen abmahnen und ihm entgegenstreben könne, muss ihm in innerer ständischer Verfassung eine verfassungsmäßige Stimme und eine Einwirkung in das Getriebe der Staatsverwesung gestattet werden. Während die Fürsten sich selbst in höherer Würde als Reichsstände und Stimmführer ihrer Völker, aber untergeordnet dem Gesetz, erkennen, werden sie abwärts Vertreter dieser ihrer Völker anerkennen und dieselbe Freiheit, die sie politisch nach oben hin in Anspruch nehmen, auch bürgerlich nach unten hin gestatten. Starke Völker allein können starke Fürsten machen, und nur die Völker sind zu allen Zeiten stark gewesen, die am gemeinen Wesen teilgenommen. Wo der Staat nur in wenigen lebt, da führt ihr Verderben ihn auch leicht zum Untergang, und er sinkt und steigt mit ihnen; wo die Gesamtheit aber ihm ihre Teilnahme zugewendet hat, da lebt er ein unverwüstlich immer sich verjüngend Leben. In dem gleichen Gemeinsinn, womit die Fürsten sich zusammenschließen, werden auch die Völker sich um die Fürsten drängen, und also, durch solche Doppelkraft gebunden, wird mit wachsender Gefahr die Vereinigung immer enger werden und genauer und fester geschlossen stehen.

M. Freund (Hg.): Der Liberalismus. Stuttgart 1965, S. 154

a) Umschreiben Sie den Begriff „öffentlicher Geist" in moderner Sprache.

b) Welchen Verfassungstyp empfiehlt der Autor?

2. Reformen in Preußen

Preußen am Boden Durch seine verheerende Niederlage im Krieg mit Frankreich 1806/07 geriet der Staat Friedrichs des Großen an den Rand des Abgrunds. Der Friede von Tilsit (1807) ließ das Staatsgebiet und die Bevölkerung auf die Hälfte zusammenschrumpfen und erlegte dem wehrlosen Land eine riesige Kriegsentschädigung und hohe Besatzungskosten auf. Diese schlimme Situation zwang zu einer Mobilisierung aller Reserven. Es war ein bedeutendes Verdienst der jetzt in die Regierungsämter gelangenden Reformer, dass sie, den drohenden Ruin vor Augen, nicht bloß daran dachten, die augenblickliche Not zu meistern, sondern gewillt waren, Staat und Gesellschaft auf Dauer auf neue, bessere Grundlagen zu stellen.

Ziele der Reformer Die Reformer ließen sich von Grundsätzen leiten, die über den Tag hinaus ihren Wert in sich trugen: der Überzeugung von der Fähigkeit des Menschen zu Mündigkeit und Selbstbestimmung; dem von der Lehre des britischen Nationalökonomen Adam Smith (1723–1790) beflügelten Vertrauen auf die segensreichen Auswirkungen der Wirtschaftsfreiheit; einem Gefühl der Verantwortung für die Wohlfahrt und „Glückseligkeit" aller Staatsbürger; dem patriotischen Wunsch nach einer inneren Erneuerung des Staates auf der Grundlage einer nicht befohlenen, sondern aus dem Herzen kommenden Zuwendung und Treue seiner Bürger.

Stein und Hardenberg Nach verbreiteter Auffassung war Freiherr vom Stein (1757–1831), der 1807 bis 1808 als verantwortlicher Minister die preußische Politik leitete, der führende Kopf unter den Reformern und sein Nachfolger Karl August Freiherr von Hardenberg (1750–1822), von 1810 bis 1822 preußischer Staatskanzler, mehr der gewiefte Praktiker, der den von Freiherr vom Stein gewiesenen Weg fortsetzte. In Wirklichkeit aber war Hardenberg seinem Vorgänger, der nur gut ein Jahr im Amt war und zeit seines Lebens eher konservativ-altständischen Vorstellungen verhaftet blieb, an politischem Weitblick, Sinn für das Mögliche, liberaler Entschiedenheit und vor allem in der Bilanz des Geleisteten deutlich überlegen und muss daher als der Hauptreformer gelten.

Agrarreform Das Oktoberedikt von 1807, das erste und wohl berühmteste aller Reformgesetze, schenkte allen Bauern bis spätestens 1810 die persönliche Freiheit. Es begründete den freien Güterverkehr und hob alle ständischen Beschränkungen der Berufswahl auf. Die Befreiung der Bauern aus der Erbuntertänigkeit betraf nur ihre „persönlichen Verhältnisse", nicht die auf ihren Höfen lastenden dinglichen Pflichten. Da man die feudalen Herrschaftsrechte nunmehr als private Eigentumsrechte auslegte, kam eine unentgeltliche Enteignung, wie im jakobinischen Frankreich 1793 und später im französisch besetzten Rheinland, nicht in Betracht.
Das Regulierungsedikt von 1811 legte fest, dass die ablösungsberechtigten Bauern, je nach Besitzrecht, zwischen einem Drittel und der Hälfte des von ihnen bewirtschafteten Landes abzutreten oder dessen Geldeswert an die Grundherren zu entrichten hatten. Da kaum ein Bauer in der Lage war, die erforderlichen Geldbeträge aufzubringen, ging ein erheblicher Teil des bisherigen Bauernlandes an die Großgrundbesitzer über. 1816 stellte eine „Deklaration" klar, dass nur die größeren, „spannfähigen" Höfe „regulierungsfähig" seien; den kleineren Bauern blieb die Regulierung verwehrt, und sie mussten ihre Pachtzinsen und Abgaben wie bisher entrichten. Die größeren Bauern konnten ihre Dienst- und Abgabeverpflichtungen „ablösen", indem sie deren 25-fachen Jahreswert an die Grundherren bezahlten. Eine Verordnung von 1821 regelte die Aufteilung des Gemeindelandes („Allmende", „Gemeinheit"). Den Löwenanteil in Höhe von 86% erhielten die Großgrundbesitzer, den Rest die Bauern mit Landbesitz. Die landlosen Dorfbewohner, die ihren Lebensunterhalt bislang zu einem nicht geringen Teil aus diesem Gemeinbesitz bestritten hatten, gingen leer aus. Sie waren darauf angewiesen, ihren kärglichen Lebensunterhalt als „Tagelöhner" zu verdienen oder Arbeit in der Stadt zu suchen.

Freiherr von Scharnhorst, Freiherr von Hardenberg und Freiherr vom Stein (von links nach rechts). Holzstich nach einer Zeichnung aus dem 19. Jahrhundert.

Folgen der Agrarreform Die Agrarreformen waren weit mehr als eine „Bauernbefreiung". Sie verwandelten die Landwirtschaft in einen nach dem kapitalistischen Gewinnprinzip betriebenen Erwerbsbereich. Am günstigsten stand der Großgrundbesitz da, der seine Wirtschaftskraft dank dem enormen Zustrom von Land und Kapital erheblich zu steigern vermochte. Den meisten großen und mittleren Bauern gelang es, ihre Regulierungs- und Ablösungsverluste im Laufe der Zeit wettzumachen, vor allem durch die Kultivierung von Ödland und die Steigerung der Bodenproduktivität mittels besserer Anbau- und Düngemethoden. Die Hauptleidtragenden waren die kleinen Bauern, die nicht regulierungs- und ablösungsberechtigt waren; viele von ihnen mussten sich der Konkurrenz beugen und ihre Höfe verkaufen. Aus ihnen und der landlosen Dorfbevölkerung stammte die „Dorfarmut", die als ländliche Tagelöhnerschaft eine kärgliche Existenz fristete und von der ein großer Teil später als Industriearbeiter in die Städte abwanderte.

Gewerbefreiheit Das Gewerbesteuer-Edikt von 1810 beseitigte den Zunftzwang. Fortan konnte jeder, der sich dies zutraute, ein Gewerbe ausüben, und keine Vorschriften nötigten ihn wie zuvor, auf seine Konkurrenten Rücksicht zu nehmen. Die Zünfte liefen gegen diese Gesetzgebung Sturm und prophezeiten wirtschaftliches Chaos und Elend. In der Tat führte die jetzt einsetzende gewaltige Vermehrung der Handwerksbetriebe zu einer völligen Überfüllung vieler Branchen und zu mitunter ärgster wirtschaftlicher Not. Die Reformbürokratie hielt jedoch unbeirrt an ihrer Linie fest. In strikter Befolgung der wirtschaftsliberalen Grundsätze vertraute sie auf die Selbstregulierungskräfte des Marktes und erwartete, dass die Tüchtigsten sich durchsetzten und einen wirtschaftlichen Fortschritt in Gang brächten, der letztlich allen zugutekäme. Auf lange Sicht ging diese Rechnung auf. Preußen wurde zum Vorreiter der Industrialisierung in Deutschland und überflügelte alle anderen Staaten, weil es die Fesseln des alten Handwerks rechtzeitig beseitigt hatte. Der dafür gezahlte soziale Preis war der wirtschaftliche Ruin vieler Handwerksmeister. Er wurde vielfach dadurch wettgemacht, dass die Industrie viele neue und teils gute Verdienstmöglichkeiten eröffnete.

Zolleinigung Der preußische Staat stützte seine liberale Wirtschaftspolitik ab, indem er 1818 alle bis dahin erhobenen Binnenzölle, die ihm erkleckliche Einnahmen beschert hatten, abschaffte und Zollabgaben nur noch an den Außengrenzen und für den Durchgangsverkehr ausländischer Waren verlangte. Dies war ein Druckmittel, um die deutschen Staaten für die Schaffung eines einheitlichen deutschen Binnenmarktes zu gewinnen. Mit der Gründung des Deutschen Zollvereins 1834, der die meisten deutschen Länder außer Österreich zu einem einheitlichen Zollgebiet ohne Binnengrenzen vereinte, gelangte die preußische Politik an ihr Ziel.

Steuersystem Auch die Steuerpolitik passte sich den Erfordernissen der neuen Wirtschaftsordnung an, wobei auch hier die soziale Gerechtigkeit kaum eine Rolle spielte. Der Adel verstand es, die Steuerfreiheit der Rittergüter noch bis 1861 zu behaupten, und auch die mancherlei sonstigen Steuerbefreiungen, insbesondere für Staatsbeamte und Lehrer, blieben erhalten. Die (relative) Hauptsteuerlast hatten wie bisher die ärmeren Schichten zu tragen: in Gestalt der „Klassensteuer" auf dem Lande, der Mehl- und Schlachtsteuer in den Städten - Steuerarten, die alle Steuerzahler in gleicher Höhe zu entrichten hatten. Die Einführung einer Einkommensteuer erwogen die Regierenden nicht.

Heeresreform Die Reform des Militärwesens - verknüpft mit Namen wie Scharnhorst, Gneisenau und Boyen - erfolgte ebenfalls im Geist der neuen staatbürgerlichen Leistungsgesellschaft. Das Offiziersmonopol des Adels verschwand. Offizier sollte fortan werden, wer im Frieden „Kenntnisse und Bildung", im Krieg „Tapferkeit und Überblick" bewies. Dennoch blieb der Offiziersdienst auch weiterhin eine Domäne des Adels. Auch die Landwehr, die als eine Art Miliz während der Befreiungskriege 1813/14 entstand und die später die älteren Jahrgänge der „Reserve" umfasste, konnte die ihr von den Reformern zugedachte Rolle eines Gegengewichts zur „Linie", die von Berufsoffizieren kommandiert wurde, nicht ausfüllen. Sie war der aktiven Truppe untergeordnet und entfaltete wenig „staatsbürgerlichen" Geist. Aus Sparsamkeitsgründen wurden lange Zeit nicht alle Wehrpflichtigen eingezogen; über die Auswahl entschied das Los, und keiner konnte sich, wie in Frankreich oder Süddeutschland, vom Wehrdienst freikaufen. Eine Vorzugsbehandlung erfuhren indes diejenigen, die eine Versetzung in die Tertia, später Sekunda des Gymnasiums vorweisen konnten (mittlere Reife); ihre Dienstzeit beschränkte sich, sofern sie die Kosten ihrer militärischen Ausstattung selbst übernahmen, auf ein Jahr („Einjährig-Freiwillige").

Die 1809 gegründete Universität Berlin, untergebracht im 1766 vollendeten Prinz-Heinrich-Palais an der Straße Unter den Linden. Aquatinta-Radierung von F. Brohm, 1843.

Bildungsreform Gemäß einem Wort König Friedrich Wilhelms III. (1797–1840), „Der Staat muss durch geistige Kräfte ersetzen, was er an physischen verloren hat", hatte man in Preußen begriffen, dass ein armer Staat in besonderem Maße darauf angewiesen war, sein „Humankapital", die Talente und Fähigkeiten, den Arbeits- und Leistungswillen seiner Bürger zu nutzen. Die Anstrengungen der Reformer richteten sich dabei mehr auf die höhere als auf die Elementarbildung. In den „Volksschulen" änderte sich äußerlich nicht viel: Kärgliche Schulausstattungen, überfüllte Klassen, schlecht besoldete Lehrer waren weiterhin die Regel, und mehr als ein Drittel der Schulpflichtigen blieb dem Unterricht fern.

Das humanistische Gymnasium Das Gymnasium – die Schule der Gebildeten, die auf ein Universitätsstudium vorbereitete – gewann durch strenge Leistungsanforderungen an fachlichem Niveau und gesellschaftlicher Bedeutung. Weil seine Zeugnisse das Eingangstor für eine Karriere im öffentlichen Dienst und für die freien akademischen Berufe waren, entwickelte sich das Gymnasium zu einer „Verteilungsstelle für Sozialchancen". Es bekam bald den Charakter einer Standesschule für die Söhne des Bildungsbürgertums – Töchtern blieb der Zugang noch bis zum Jahrhundertende versperrt, und das Wirtschafts-

Farblithografie aus der ersten Hälfte des 19. Jahrhunderts mit folgendem Dialog zweier Juden: „Wie kommst Du zu des Kreutz?" – „Bin ich halt doch anno 13 gewesen Balmachome (Soldat) … Im Krieg hat's gehaißen, aier Geld is güt, aier Blütt is güt! Ober jetzt haißt's, aier Geld is gut, obber die Natur is schlecht!"

bürgertum zeigte wenig Interesse. Hauptfächer waren Latein, Griechisch und Mathematik; die theoretisch-intellektuelle Begabung wurde ziemlich einseitig bevorzugt. Gemäß den Vorstellungen des führenden Bildungsreformers Wilhelm von Humboldt (1767–1835), sollte das Gymnasium eine Stätte der Allgemeinbildung sein und keinesfalls auf die Erfordernisse des praktischen Lebens vorbereiten.

Die Universität Berlin Die, ebenfalls nach Humboldts Vorstellungen, 1810 gegründete Universität in Berlin ging gleichermaßen neue Wege. Sie wollte den Studenten – Frauen blieben bis zur Jahrhundertwende ausgeschlossen – nicht ein fertiges Fach- und Berufswissen vermitteln, sondern sie an der wissenschaftlichen Forschung teilnehmen lassen. Aus der Universität sollten, wie Friedrich Schiller schon 20 Jahre früher formuliert hatte, „philosophische Köpfe", nicht „Brotgelehrte" hervorgehen; angestrebt wurde eine wissenschaftliche Bildung, nicht spezialistische Berufsfertigkeit. Mit diesem Konzept wurde Berlin bald zu einer der bedeutendsten Universitäten in der Welt und ein vielfach nachgeahmtes Vorbild.

Emanzipation der Juden Wie zuvor schon Österreich und Frankreich befreite auch Preußen mit einem Edikt von 1812 die Einwohner jüdischen Glaubens von den meisten Beschränkungen, denen ihre Vorfahren Jahrhunderte lang unterworfen gewesen waren. Die preußischen Juden erhielten die bürgerliche Rechtsgleichheit und die Freiheit der wirtschaftlichen Betätigung, konnten also nicht mehr, wie bislang, von bestimmten Erwerbsquellen und Tätigkeiten ausgeschlossen werden. Damit wurde die Bahn für ihren beispiellosen wirtschaftlichen und kulturellen Aufstieg frei. Die Fähigkeiten und Energien dieser Minderheit, die so lange an der vollen Entfaltung ihrer Möglichkeiten gehindert worden war, setzten sich schnell in großartige wirtschaftliche und finanzielle, wissenschaftliche und künstlerische Erfolge um. Der Anteil jüdischer Mitbürger an den Absolventen der Gymnasien und Universitäten, an den erfolgreichen Ärzten, Rechtsanwälten, Schriftstellern, Journalisten, an den Millionären und reichsten Steuerzahlern war bald überproportional hoch. Dennoch blieb die Emanzipation unvollständig. Der preußische Staat behielt sich die Zulassung von Juden zu öffentlichen Ämtern ausdrücklich vor; wo die Kooptation (Hinzuwahl durch die Gleichgestellten) üblich war – in den Universitäten oder im Offizierskorps der Regimenter –, wurden jüdische Bewerber durchweg benachteiligt. Allen Fortschritten und Verbesserungen zum Trotz, blieben weithin gesellschaftliche Barrieren und Vorurteile bestehen und verhinderten die vollkommene Assimilation, nach der sich die meisten jüdischen Deutschen sehnten. In den erst seit 1815 wieder zu Preußen gehörenden, überwiegend polnischen Provinzen Posen und Westpreußen sowie in süddeutschen Ländern wie Baden und Bayern blieben Juden noch lange von den meisten Vorteilen der Emanzipation ausgeschlossen. Viele von ihnen wanderten nach Amerika aus, wo sie Rechts- und Chancengleichheit vorfanden.

Modernisierung

Dieser im täglichen Sprachgebrauch geläufige Begriff lässt sich nur schwer exakt definieren. Er nimmt eine auf Fortschritt angelegte Entwicklung an und bezieht sich fast ausschließlich auf den in den westlichen Industriestaaten begonnenen, später weltweit nachgeahmten universellen Prozess, der zur Herausbildung der Industriewirtschaft, einer egalitären Leistungsgesellschaft, eines auf allgemeiner politischer Partizipation beruhenden politischen Systems, einer von religiösen Bindungen freien, rational-wissenschaftlichen, pluralistischen Kultur führte. Umstritten ist hauptsächlich zweierlei: Darf die Entwicklung in den westlichen Ländern uneingeschränkt als Prototyp von Modernisierung gelten? Und: Bedeutete die Modernisierung Fortschritt in jeder Hinsicht, oder verursachte sie auch bedenkliche Folgekosten (wie Umweltzerstörung, soziale Entwurzelung, kulturelle Orientierungslosigkeit)?

Fehlende politische Mitwirkungsrechte So aufgeschlossen und „modern" die preußischen Reformer im Bereich der Wirtschaft, des Militär- und Bildungswesens und überhaupt in der Auflösung der geburtsständischen Gesellschaft verfuhren, so halbherzig und misstrauisch zeigten sie sich hinsichtlich der politischen Einrichtungen. Abgesehen von der Städteordnung von 1808, wagten sie nirgends den Schritt zur Gewährung weitergehender politischer Mitwirkungsrechte für nichtadlige Bevölkerungsschichten.

Städteordnung Diese Städteordnung, eine Lieblingsidee Steins, gab den Stadtbürgern ein ansehnliches Stück jener Selbstverwaltungsrechte zurück, die ihre Vorfahren besessen hatten, bevor der Absolutismus damit aufgeräumt hatte. Dazu gehörte vor allem die Befugnis, die Gemeindevertretung zu wählen, die ihrerseits den Magistrat berief und kontrollierte, sowie über die städtischen Einnahmen und Ausgaben und damit über viele wirtschaftliche, bauliche, schulische Angelegenheiten entschied. Allerdings behielt sich die Regierung manche Eingriffsrechte vor: Die gewählten Magistrate bedurften ihrer Bestätigung, alle Selbstverwaltungsvorgänge unterlagen ihrer Rechtsaufsicht. Gerichte und Polizei gingen sogar in die ausschließliche Zuständigkeit des Staates über.
Im Übrigen war der Kreis der politischen Aktivbürger begrenzt. Das aktive und passive Wahlrecht besaßen nur die eigentlichen „Bürger", also jene, die Grundbesitz hatten und ein nicht zu knapp bemessenes Einkommen aus selbstständiger Tätigkeit bezogen. Alle anderen waren lediglich „Einwohner". Dahinter steckte die Absicht, die Gemeindepolitik vor allem jenen anzuvertrauen, deren Besitz- und Erwerbsinteressen davon unmittelbar betroffen waren.
Die Städteordnung galt, auch nach der Vergrößerung Preußens 1814/15, nur für die Provinzen, die 1808 zum preußischen Staat gehört hatten. Im Rheinland blieb die von den Franzosen eingeführte Gemeindeordnung in Kraft. Sie kannte zwar keine Unterscheidung von Bürgern und Einwohnern, unterstellte aber die Magistrate den Weisungen der staatlichen Behörden.

Selbstverwaltung auf dem Lande Eine Selbstverwaltung auch der Landgemeinden kam erst im Kaiserreich nach 1871 zustande. Bis dahin blieb der Adel im Besitz seiner alten Herrschaftsrechte, namentlich der Patrimonialgerichtsbarkeit (sie verschwand 1849), der Ortspolizei (Gendarmerie), des Kirchen- und Schulpatronats. Seit 1825 wurden Kreisverfassungen eingeführt, die die Bildung ständischer Kreistage vorschrieben. In ihnen hatte der grundbesitzende Adel ein deutliches Übergewicht, weil jeder Rittergutsbesitzer geborenes Mitglied war, während die Landstädte nur je einen Vertreter und die selbstständigen Bauern insgesamt höchstens drei Vertreter entsenden durften.

Q4 „Eine Revolution im guten Sinn"

Aus Hardenbergs „Rigaer Denkschrift" (1807):

Die Französische Revolution, wovon die gegenwärtigen Kriege die Fortsetzung sind, gab den Franzosen unter Blutvergießen und Stürmen einen ganz neuen Schwung. Alle schlafenden Kräfte wurden geweckt, das Elende und Schwache, veraltete Vorurteile und Gebrechen wurden – freilich zugleich mit manchem Guten – zerstört. Die Benachbarten und Überwundenen wurden mit dem Strome fortgerissen. Unkräftig waren alle die Dämme, welche man diesem entgegensetzte, weil Schwäche, egoistischer Eigennutz und falsche Ansicht sie bald ohne Zusammenhang aufführte, bald diesen im gefährlichen Irrtum unterbrach und dem verheerenden Strome Eingang und Wirkung verschaffte.

Der Wahn, dass man der Revolution am sichersten durch Festhalten am Alten und durch strenge Verfolgung der durch solche geltend gemachten Grundsätze entgegenstreben könne, hat besonders dazu beigetragen, die Revolution zu befördern und derselben eine stets wachsende Ausdehnung zu geben. Die Gewalt dieser Grundsätze ist so groß, sie sind so allgemein anerkannt und verbreitet, dass der Staat, der sie nicht annimmt, entweder seinem Untergange oder der erzwungenen Annahme derselben entgegensehen muss.

Also eine Revolution im guten Sinne, gerade hinführend zu dem großen Zwecke der Veredelung der Menschheit, durch Weisheit der Regierung und nicht durch gewaltsame Impulsion von innen oder außen, – das ist unser Ziel, unser leitendes Prinzip. Demokratische Grundsätze in einer monarchischen Regierung: Dieses scheint mir die angemessene Form für den gegenwärtigen Zeitgeist. Die reine Demokratie müssen wir noch dem Jahre 2440 überlassen, wenn sie anders je für den Menschen gemacht ist. […] Man schrecke ja nicht zurück vor dem, was der Hauptgrundsatz, ist, möglichste Freiheit und Gleichheit. – Nicht die regellose, mit Recht verschriene: die die blutigen Ungeheuer der Französischen Revolution zum Deckmantel ihrer Verbrechen brauchten oder mit fanatischer Wut statt der wahren, im gebildeten gesellschaftlichen Zustande möglichen, ergriffen, sondern nur diese nach weisen Gesetzen eines monarchischen Staates, die die natürliche Freiheit und Gleichheit der Staatsbürger nicht mehr beschränken, als es die Stufe ihrer Kultur und ihr eigenes Wohl erfordern.

G. Winter (Hg.): Die Reorganisation des preußischen Staates unter Stein und Hardenberg. Teil I, Bd. 1. Leipzig 1931, S. 316 ff.

a) Wie unterscheidet sich für Hardenberg die Französische Revolution von einer „Revolution im guten Sinn"?

b) Vergleichen Sie Hardenbergs Grundsatz „Möglichste Freiheit und Gleichheit" mit seiner praktischen Reformpolitik.

Q5 Neuordnung auf dem Lande

Aus dem „Edikt über den erleichterten Besitz und den freien Gebrauch des Grundeigentums" sowie die persönlichen Verhältnisse der Landbewohner betreffend (9. Oktober 1807):

Nach eingetretenem Frieden hat Uns die Vorsorge für den gesunkenen Wohlstand Unserer getreuen Unterthanen, dessen baldigste Wiederherstellung und möglichste Erhöhung vor Allem beschäftigt. Wir haben hierbei erwogen, daß es, bei der allgemeinen Noth, die Uns zu Gebote stehenden Mittel übersteige, jedem Einzelnen Hülfe zu verschaffen, ohne den Zweck erfüllen zu können, und daß es eben sowohl den unerläßlichen Forderungen der Gerechtigkeit, als den Grundsätzen einer wohlgeordneten Staatswirthschaft gemäß sey, Alles zu entfernen, was den Einzelnen bisher hinderte, den Wohlstand zu erlangen, den er nach dem Maaß seiner Kräfte zu erreichen fähig war […]. Wir wollen daher beides auf diejenigen Schranken zurückführen, welche das gemeinsame Wohl nöthig macht, und verordnen daher Folgendes:

§ 1. Jeder Einwohner Unsrer Staaten ist, ohne alle Einschränkung in Beziehung auf den Staat, zum eigentümlichen und Pfandbesitz unbeweglicher Grundstücke aller Art berechtigt; der Edelmann also zum Besitz nicht blos adelicher, sondern auch unadelicher, bürgerlicher und bäuerlicher Güter aller Art, und der Bürger und Bauer zum Besitz nicht blos bürgerlicher, bäuerlicher und anderer unadelicher, sondern auch adelicher Grundstücke, ohne daß der eine oder der andere zu irgendeinem Güter-Erwerb einer besonderen Erlaubnis bedarf. […]

§ 2. Jeder Edelmann ist, ohne allen Nachtheil seines Standes, befugt, bürgerliche Gewerbe zu treiben; und jeder Bürger oder Bauer ist berechtigt, aus dem Bauer- in den Bürger- und aus dem Bürger- in den Bauerstand zu treten. […]

§ 12. Mit dem Martini-Tage Eintausend Achthundert und Zehn [1810] hört alle Guts-Unterthänigkeit in Unseren sämmtlichen Staaten auf. Nach dem Martini-Tage 1810 giebt es nur freie Leute, so wie solches auf den Domainen in allen Unsern Provinzen schon der Fall ist, bei denen aber, wie sich von selbst versteht, alle Verbindlichkeiten, die ihnen als freien Leuten vermöge des Besitzes eines Grundstücks, oder vermöge eines besonderen Vertrages obliegen, in Kraft bleiben.

E. R. Huber (Hg.): Dokumente zur deutschen Verfassungsgeschichte. Bd. I. Stuttgart 1961, S. 38 ff.

a) Welche Nachteile der alten Ordnung soll das Edikt beseitigen?

b) Erörtern Sie, warum das Edikt solche Berühmtheit erlangt hat.

Q6 Grenzen der Freiheit auf dem Lande

Aus der „Gesindeordnung für die Provinzen der preußischen Monarchie" (gültig 1810–1918):

§ 64. Das Gesinde ist schuldig, seine Dienste treu, fleißig und aufmerksam zu verrichten. – *§ 70.* Auch außer seinen Diensten ist das Gesinde schuldig, der Herrschaft Bestes zu befördern, Schaden und Nachteil aber, so viel an ihm ist, abzuwenden. – *§ 71.* Bemerkte Untreue des Nebengesindes ist es der Herrschaft anzuzeigen verbunden. – *§ 74.* Ohne Vorwissen und Genehmigung der Herrschaft darf es sich auch in eigenen Angelegenheiten vom Hause nicht entfernen. – *§ 76.* Die Befehle der Herrschaft und ihre Verweise muss das Gesinde mit Ehrerbietung und Bescheidenheit annehmen. – *§ 77.* Reizt das Gesinde die Herrschaft durch ungebührliches Betragen zum Zorn, und wird in selbigem von ihr mit Scheltworten oder geringen Tätlichkeiten behandelt, so kann es dafür keine gerichtliche Genugtuung fordern. – *§ 79.* Außer dem Falle, wo das Leben oder die Gesundheit des Dienstboten durch Misshandlungen der Herrschaft in gegenwärtige und unvermeidliche Gefahr gerät, darf er sich der Herrschaft nicht tätlich widersetzen. – *§ 82.* Die Herrschaft ist schuldig, dem Gesinde Lohn und Kleidung zu den bestimmten Zeiten ungesäumt zu entrichten. – *§ 83.* Ist auch Kost versprochen worden, so muss selbige bis zur Sättigung gegeben werden. Offenbar der Gesundheit nachteilige und ekelhafte Speisen kann das Gesinde anzunehmen nicht gezwungen werden. – *§ 84.* Die Herrschaft muss dem Gesinde die nötige Zeit zur Abwartung des öffentlichen Gottesdienstes lassen und dasselbe dazu fleißig anhalten. – *§ 86.* Zieht ein Dienstbote sich durch den Dienst oder bei Gelegenheit desselben eine Krankheit zu, so ist die Herrschaft schuldig, für seine Kur und Verpflegung zu sorgen. – *§ 167.* Gesinde, welches vor Ablauf der Dienstzeit ohne gesetzmäßige Ursache den Dienst verlässt, muss durch Zwangsmittel zu dessen Fortsetzung angehalten werden.

G. Franz (Hg.): Quellen zur Geschichte des deutschen Bauernstandes in der Neuzeit. Darmstadt 1976, S. 359 ff.

a) Vergleichen Sie die hier genannten Rechte und Pflichten mit heutigen arbeitsrechtlichen Regelungen.

b) Sprechen Sie über das Gesellschaftsbild, das dieser Gesindeordnung zugrunde liegt.

Q7 Auswirkungen der Agrarreform. Bäuerliche Besitzverschiebungen in Preußen 1816–1859

a) *Bäuerliche Betriebsflächen:*

	ha (Hektar)	v. H. des Bestandes von 1816
Landabgang an nicht-spannfähige Kleinstellen	323 245	3,79
nichtbäuerliche Besitzer	114 665	1,37
Landverluste insgesamt im freien Verkauf	440 410	5,16
Landgewinn durch die Reformen	208 585	2,47
Landverluste insgesamt	231 824	2,69

H. Aubin/W. Zorn (Hg.): Handbuch der deutschen Wirtschafts- und Sozialgeschichte. Bd. 2, Stuttgart 1976, S. 298

b) *Bauernstellen:*

	Anzahl	1816 = 100
Zugang durch Separation	3 003	0,84
Dismembration	10 232	2,91
Zugang insgesamt	13 235	3,75
Abgang durch Konsolidation	20 105	5,70
Gesamtverlust an Höfen	6 870	1,95

Separation = Trennung der in Gemengelage liegenden Parzellen
Dismembration = Aufteilung bislang zusammengehörigen Besitzes
Konsolidation = Zusammenfügung bisher getrennter Lehen zugunsten des Grundherren

a) Woher stammte der bäuerliche Landgewinn aus den Reformen?

b) Versuchen Sie, aus der Tabelle die wirtschaftlichen Folgen der Reformen abzulesen! Berücksichtigen Sie dabei auch das Oktoberedikt (Q 5).

Q 8 Bauernbefreiung in Europa

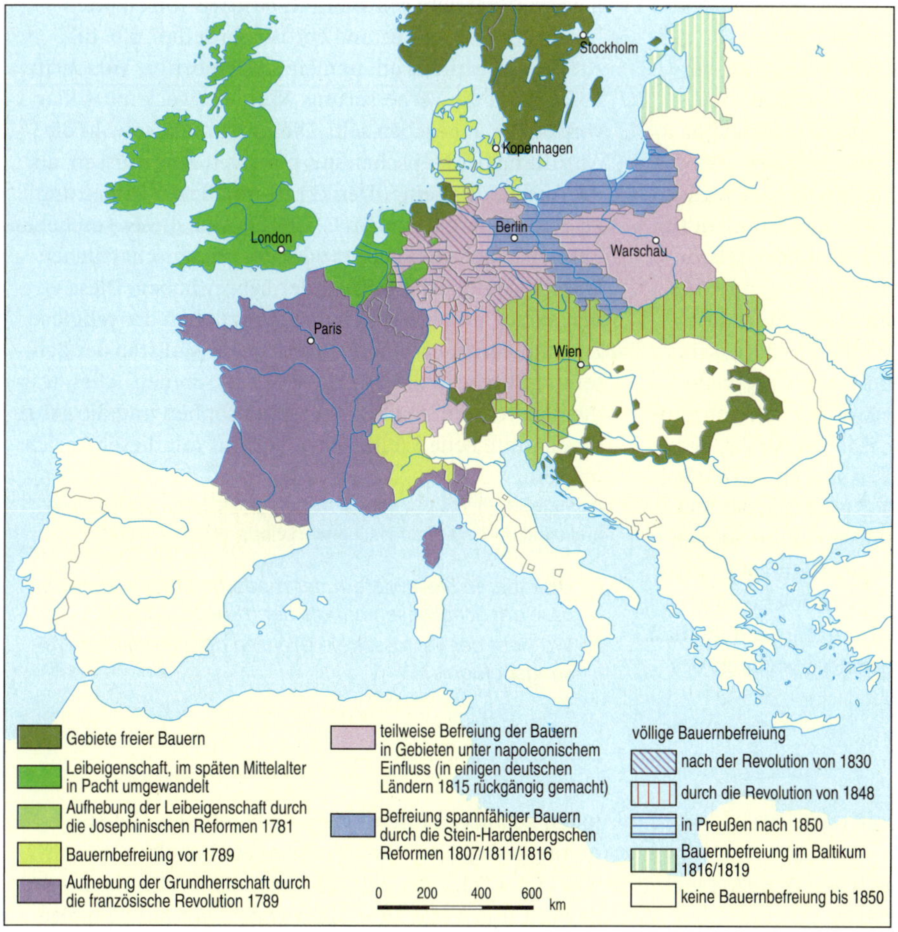

Versuchen Sie, Zusammenhänge zwischen der Bauernbefreiung und dem allgemeinen gesellschaftlichen Entwicklungsstand herzustellen.

Q 9 Wirtschaftsliberale Grundsätze

Aus den Geschäftsinstruktionen für die Provinzialregierungen (1808):

Es ist dem Staate und seinen einzelnen Gliedern immer am zuträglichsten, die Gewerbe jedesmal ihrem natürlichen Gange zu überlassen, das heißt: keine derselben vorzugsweise durch besondere Unterstützung zu begünstigen und zu heben, aber auch keine in ihrem Entstehen, ihrem Betrieb und Ausbreiten zu beschränken, insofern das Rechts-Prinzip dabei nicht verletzt wird, oder sie nicht gegen Religion, gute Sitten und Staats-Verfassung anstoßen. Neben dieser Unbeschränktheit bei Erzeugung und Verfeinerung der Produkte, ist Leichtigkeit des Verkehrs und Freiheit des Handels, sowohl im Innern, als mit dem Auslande, ein nothwendiges Erforderniß, wenn Industrie, Gewerbefleiß und Wohlstand gedeihen soll, zugleich aber auch das natürlichste, wirksamste und bleibendste Mittel, ihn zu befördern. Es werden sich alsdann diejenigen Gewerbe von selbst erzeugen, die mit Vortheil betrieben werden können, und dieses sind wieder diejenigen, welche dem jedesmaligen Produktions-Zustande des Landes, und dem Kultur-Zustande der Nation am angemessensten sind. Es ist unrichtig, wenn man glaubt, es sei dem Staate vortheilhaft, Sachen dann noch selbst zu verfertigen, wenn man sie im Auslande wohlfeiler haben kann. Die Mehrkosten, welche ihm die eigene Verfertigung verursacht, sind rein verloren und hätten, wären sie auf ein anderes Gewerbe angelegt worden, nachhaltigen Gewinn bringen können.

Stenographische Berichte über die Verhandlungen der beiden Häuser des Landtags. Haus der Abgeordneten. 1862. Bd. 2, Berlin 1862, S. 753 f.

a) Was hat man sich unter dem „natürlichen Gang" der Wirtschaft vorzustellen? Überlegen Sie, von welchen älteren wirtschaftspolitischen Denkweisen sich die Reformbürokratie distanziert!

b) Stellen Sie Beziehungen zu den Materialien Q5 und Q6 her.

Q 10 Staat und Erziehung

Aus einer Denkschrift des späteren preußischen Kultusministers Karl Freiherr von Stein zum Altenstein (1807):

Der Staat kann und muss, nötigenfalls mit Zwang, veranlassen, dass alle seine Bürger einen gewissen Grad von Erziehung und Unterricht erhalten. Ist irgendeine Vormundschaft des Staates zu rechtfertigen, so ist es die, welche er bei allen Kindern übernimmt, da sie wirklich unmündig sind und die Eltern im Allgemeinen nicht für fähig gehalten werden können, die Vormundschaft zu führen. Die Sache ist für den Staat zu wichtig, um alles dem Zufall zu überlassen. Es ist bisher viel zu wenig hierunter geschehen. Der Zwang wird nicht nötig sein, wenn der Staat gehörige Anstalten für den Unterricht und die Erziehung trifft. Auch der Zwang erscheint minder auffallend, wenn ein richtiger Plan bei der Art des Unterrichts zugrunde liegt und nicht sowohl auf die Beibringung positiver Kenntnis als die Veredlung des Menschen hingearbeitet wird. Bei dieser Veredlung werden von selbst schon zugleich mit richtiger Methode positive Kenntnisse verbreitet und der Trieb, sich solche zu verschaffen, allgemein gemacht. Es wird nach solchem nicht mehr des bloßen Nutzens willen, sondern vermöge des Gefühls der Notwendigkeit gestrebt. [...]

So sehr aber der Staat hiernach auf die Erziehung und den Unterricht einwirkt, so wenig darf er doch die Freiheit im Unterricht selbst durch positive Vorschriften beschränken. Der Zustand der Wissenschaft gibt die Art des Unterrichts an, und eine jede positive Vorschrift beschränkt die Verbesserung. Nur der Zweck muss klar vom Staate angegeben sein. Dieser ist nicht sowohl die Anfüllung des Menschen mit positiven Kenntnissen, als die Ausbildung seiner Denkkraft und deren Hinleitung zu dem Höheren, zu dem Geistigen. Wie dieses geschehen kann, ist Sache der Lehrer oder der wissenschaftlichen Männer, welche die Leitung der Lehrer haben. Diese werden auch die Prüfungen haben. Vorzüglich der religiöse Zustand der zu Erziehenden wird zum Maßstab der Beurteilung, wie weit der Zweck erfüllt ist, dienen. Alles, was die neueren größten Erzieher, Philosophen und die ganze sogenannte neue Schule lehrt, stimmt mit dieser Ansicht überein.

G. Winter (Hg.): Die Reorganisation des preußischen Staates unter Stein und Hardenberg. Teil I. Band I. Leipzig 1931, S. 457f.

a) Diskutieren Sie inwiefern der moderne Staat mehr Interesse am Schulwesen hat als der frühneuzeitliche.

b) Wo sieht der Verfasser die Grenzen der staatlichen Weisungsbefugnis?

Q 11 Die Emanzipation der Juden

Aus dem „Edikt betreffend die bürgerlichen Verhältnisse der Juden in dem Preußischen Staate" (1812):

Wir, Friedrich Wilhelm, von Gottes Gnaden König von Preußen, haben beschlossen, den jüdischen Glaubensgenossen in Unserer Monarchie eine neue, der allgemeinen Wohlfahrt angemessene Verfassung zu ertheilen, erklären alle bisherige, durch das gegenwärtige Edikt nicht bestätigte Gesetze und Vorschriften für die Juden für aufgehoben und verordnen wie folget:

§ 1. Die in Unseren Staaten jetzt wohnhaften, mit General-Privilegien, Naturalisations-Patenten, Schuldbriefen und Konzessionen versehenen Juden und deren Familien sind für Einländer und Preußische Staatsbürger zu achten. – *§ 7.* Die für Einländer zu achtenden Juden sollen, in sofern diese Verordnung nichts Abweichendes enthält, gleiche bürgerliche Rechte und Freiheiten mit den Christen genießen. – *§ 8.* Sie können daher akademische Lehr- und Schul- auch Gemeinde-Aemter, zu welchen sie sich geschickt gemacht haben, verwalten. – *§ 9.* In wie fern die Juden zu andern öffentlichen Bedienungen und Staats-Aemtern zugelassen werden können, behalten Wir uns vor, in der Folge der Zeit, gesetzlich zu bestimmen. – *§ 10.* Es steht ihnen frei, in Städten sowohl, als auf dem platten Lande sich niederzulassen. – *§ 11.* Sie können Grundstücke jeder Art, gleich den christlichen Einwohnern, erwerben, auch alle erlaubte Gewerbe mit Beobachtung der allgemeinen gesetzlichen Vorschriften treiben. – *§ 12.* Zu der aus dem Staatsbürgerrechte fließenden Gewerbefreiheit gehöret auch der Handel. – *§ 14.* Mit besonderen Abgaben dürfen die einländischen Juden, als solche, nicht beschweret werden.

E. R. Huber (Hg.): Dokumente zur deutschen Verfassungsgeschichte. Bd. I. Stuttgart 1961, S. 45ff.

Naturalisation: Verleihung der Staatsbürgerschaft an Ausländer

a) Womit begründet das Edikt die rechtliche Besserstellung der Juden?

b) Vergleichen Sie den neuen mit dem alten Rechtszustand.

Zur Diskussion: Die Reformen von oben – Erfolg oder Fehlschlag?

Misst man die Reformen an dem, was versäumt wurde, obwohl eine Verbesserung damals möglich schien, ergibt sich etwa folgende Negativbilanz: die Restauration der politischen Adelsherrschaft in Preußen; die Verweigerung einer Verfassung und einer gesamtstaatlichen Volksvertretung; das Ausbleiben einer Selbstverwaltung der Landgemeinden; die Kümmerform der städtischen Selbstverwaltung in Süddeutschland. Hier fehlte es den Reformern offenkundig an Mut und Weitsicht, um Entwicklungen einzuleiten, die zwar den alten Herrschaftseliten etliche Machteinbußen zugemutet, den politischen und sozialen Frieden aber mit hoher Wahrscheinlichkeit nicht gefährdet hätten.

Q 12 Dilemma der Reformer – Langfristige Erfolge der Reformen

a) *Der deutsche Historiker Thomas Nipperdey (1983):*

Mit den Repräsentanten der alten Gesellschaft konnte man die Politik der Modernisierung nicht vorantreiben, ja sie erwiesen sich als Hindernis. Aber ohne sie konnte man aus finanz- wie nationalpolitischen Gründen nicht auskommen. Das war das Dilemma. Man war auf sie angewiesen. Und zugleich sollten ihnen doch ihre Privilegien genommen werden. Die ständische Wirklichkeit der Gesellschaft hatte zur Folge, dass jede Repräsentation mit Macht und Einfluss den Fortgang der Reform und den Abbau der adligen Privilegien wie der partikularen Sonderrechte – Agrar-, Steuer-, Kreis- und Gemeindereform vor allem – blockierte. Darum blieben die Versuche mit Repräsentativorganen dosiert und gehemmt; Wirtschaft und Verwaltung sollten zuerst reformiert werden. Als die Reformer realisierten, dass Repräsentation nicht unmittelbar der Abstützung der Reform zugutekam, wurde ihr Interesse geringer. Aber die Finanznot verwies auf die Stände und gab den konservativ-restaurativen Kräften gerade in den Provinzen stärkeres Gewicht. Weil man zudem vieles erprobte und vieles in der Schwebe ließ und ganz radikale Maßnahmen scheute, bekam die Opposition die Möglichkeit, die Reformen in einem dauernden Kleinkrieg abzuschwächen oder gar zu Fall zu bringen. Noch einmal anders gewendet: Die Reform war der Versuch der Bürokratie, sich gegen die Feudalität durchzusetzen, den Staat zum Staat der Bürokratie umzuformen und die Gesellschaft zu modernisieren. Der Adel aber war noch ein bestimmender Teil der Gesellschaft. Seine Teilhabe an den zentralen politischen Entscheidungen musste, obwohl sie zu den Zielen der Reform gehörte, die Reform erschweren. Die Modernität der gesellschafts- und staatspolitischen Zielsetzung stand im Gegensatz zu einer modernen Verfassungspolitik; deshalb kam es bis 1815 noch zu keinen endgültigen Entscheidungen.

Th. Nipperdey: Deutsche Geschichte 1800–1866. München 1983, S. 68 f.

b) *Der deutsche Historiker Hans-Ulrich Wehler (1987):*

In historischer Perspektive bleibt für jeden, der mit Reformen keine unrealistisch sanguinen Hoffnungen auf blitzschnelle Beseitigung aller Übel, sondern „ein starkes, langsames Bohren von harten Brettern mit Leidenschaft und Augenmaß“ über lange Zeiträume hinweg verbindet, zwischen manchen Reforminitiativen und der veränderten Wirklichkeit eine häufig verblüffend schmale Distanz. Eben das erklärt zum großen Teil die Lebens- und Entwicklungsfähigkeit Preußens auch nach der Hardenberg-Ära, da entscheidend wichtige Grundlagen für die Weiterentwicklung während des 19. Jahrhunderts dort genauso wie in den Rheinbundstaaten geschaffen worden sind. Und der Verfassungsrückstand wurde in gewissem Maße durch die erfolgreicheren Wirtschaftsreformen, die am ehesten die Gleichheit der Staatsbürger und Wirtschaftssubjekte ermöglichten, ausgeglichen. Politische und ökonomische Verfassung traten dadurch aber auch umso auffälliger auseinander. Da sich kontrafaktisch nicht prüfen lässt, was aus den deutschen Staaten ohne den Anprall der Französischen Revolution, ohne den Einfluss Napoleons, ohne die Reformgesetze der „defensiven Modernisierung“ geworden wäre, lenkt die fortab beschleunigte Entwicklung des Agrar-, Handels- und schließlich des Industriekapitalismus, der modernen sozialen Klassen und einer egalitären Staatsbürgergesellschaft auch in Preußen immer wieder auf das Reformwerk zurück. Ohne diese zum Teil radikale Veränderung des institutionellen Rahmens für Wirtschaften und Handeln der Bewohner der Monarchie lassen sich die Erfolge der preußischen Industrialisierung, der preußischen Universitäten, der preußischen Staatsideologie und – last not least – der preußischen Hegemonialpolitik in Deutschland kaum vorstellen.

H.-U. Wehler: Deutsche Gesellschaftsgeschichte. Bd. I: 1700–1815. München 1987, S. 542

a) Prüfen Sie Nipperdeys These, die Reformer hätten ihre Wirtschafts- und Gesellschaftspolitik nicht mit ihrer Verfassungspolitik in Einklang bringen können.

b) Welche Reformen verbucht Wehler als Erfolge? Welche Reformen bleiben unerwähnt?

c) Wehler nennt die Veränderungen „zum Teil radikal“. Wie denken Sie darüber?

3. Anfänge des modernen Nationalismus

Französische Fremdherrschaft Die Armeen des republikanischen und napoleonischen Frankreich waren zunächst kaum auf national motivierten Widerstand gestoßen. Wo sich die Angegriffenen zur Wehr setzten, geschah es auf Geheiß ihrer Regierungen oder zur Verteidigung der Heimat. Auch traten die Franzosen nicht als Eroberer auf, sondern als Befreier vom Joch des Feudalismus und Despotismus. Als jedoch die Politik und Kriegführung Napoleons immer stärker hegemoniale Züge annahm, empfanden die betroffenen Menschen die französische Macht als Fremdherrschaft. Dieses Gefühl verstärkte sich unter den Belastungen, die von den mancherlei Tribut- und Hilfsverpflichtungen, vor allem aber von der seit 1806 bestehenden Kontinentalsperre herrührten.

Nationaler Patriotismus Die Vorkämpfer der Französischen Revolution hatten Europa vor Augen geführt, zu welchen Leistungen und Opfern Menschen imstande waren, die von patriotischer und nationaler Begeisterung erfasst wurden. Dieser nationale Patriotismus der Girondisten und Jakobiner bezog seine schier unwiderstehliche Kraft aus der Erfahrung eines revolutionären Aufbruchs, der der Sache des „ganzen Volkes" dienen sollte und alle Franzosen auf die gleiche Stufe der gemeinsamen Staatsbürgerschaft stellte. Er entstand aber auch im Zeichen der Not und Bedrängnis von außen, im Zusammenschluss gegen einen Feind, der das Vaterland bedrohte. Dieser doppelte Selbstbestimmungswille machte das Wesen des revolutionären Nationalismus aus: Gleichheit und Brüderlichkeit im Innern, Selbstbehauptung und Unabhängigkeit nach außen.

Suche nach nationaler Identität Während die französische Nation 1792 längst eine politische Tatsache war, mussten andere Völker ihre „nationale Identität" zuallererst finden. Sie besaßen sie nicht, wie die Franzosen und Engländer in der (national)staatlichen Einheit, sondern allenfalls in der Gemeinsamkeit ihrer Sprache, Geschichte, Kultur. Die Sprach- und Kulturnation war die Entdeckung der Romantik, insbesondere ihres Bahnbrechers Johann Gottfried Herder (1744–1803). In seinem theoretischen Hauptwerk „Ideen zur Philosophie der Geschichte der Menschheit" entwickelte er seine Lehre vom „Volksgeist". Danach besaß jedes Volk, gemäß einem göttlichen Schöpfungsplan, bestimmte, nur ihm eigentümliche kulturschöpferische Fähigkeiten, verkörperte also, unabhängig von seiner politischen Macht, einen eigenen, unersetzlichen Wert. Die Völker waren, wie der deutsche Historiker Leopold von Ranke (1795–1886) später schrieb, „unmittelbar zu Gott" und hatten darum einen Anspruch auf Eigenständigkeit, den Herder religiös, andere aber auch politisch, moralisch oder naturrechtlich zu begründen suchten.

Nationalität als „objektive" Gegebenheit Die Romantiker sahen in den Völkern „Kollektivindividualitäten", ursprüngliche, weit in die Geschichte zurückreichende Sozialgebilde von außerordentlicher Formungskraft. Jedem Einzelnen war demnach seine Nationalität durch Erbe und Geburt, Erziehung und Umwelt, Tradition und Sozialisation unauslöschlich eingeprägt. Im Unterschied zum Nationsverständnis der Französischen Revolution, das eine freie Entscheidung für oder gegen die Zugehörigkeit zur Nation einschloss – Franzose war, wer sich zu den Ideen der Revolution bekannte –, betonten die Romantiker den objektiven Charakter der Nationalzugehörigkeit; sie war keine Sache des freien Willens, sondern eine Wirklichkeit, in die man hineingeboren wurde.

Sprache und Geschichte Als wichtigster Ausdruck des „Volksgeistes" galt den Romantikern die Sprache. Darum fanden die alten Volksdichtungen wieder Beachtung, erarbeiteten Sprachwissenschaftler Wörterbücher und Grammatiken der Nationalsprachen, erschienen Sammlungen literarischer Denkmäler der Vergangenheit. Sprachen, die fast nur noch von den Unterschichten gesprochen wurden – wie das Tschechische –, die von anderssprachigen Zentralregierungen unterdrückt worden waren – wie das Weißrussische oder Katalanische –, die nahezu in Vergessenheit geraten waren – wie das Norwegi-

sche oder Irische – oder die kaum den Rang einer ausgeformten Schriftsprache erreicht hatten – wie das Slowakische – wurden neu belebt und wieder eingebürgert.
Eine ähnliche Bedeutung für das Erwachen des nationalen Bewusstseins gewann die Geschichte; sie wurde für viele ein Schatz von Erinnerungen, Traditionen, Wertüberzeugungen, durch den man erfuhr, woher man kam, wer man war und wohin man ging.
Nationale Vorstellungen spielten im ausgehenden 18. und frühen 19. Jahrhundert fast nur für die vergleichsweise schmale Schicht der Gebildeten eine Rolle. Sie standen – als Richter und höhere Staatsbeamte, als Professoren, Pfarrer und Lehrer, als Schriftsteller, Advokaten und Ärzte – außerhalb der überkommenen ständischen Gesellschaft und waren darum für neue Ideen besonders empfänglich. Was sie bewegte, hatte freilich wenig Einfluss auf die wirkliche Politik. Die breite Masse des Volkes, im täglichen Existenzkampf und in der Enge ihrer Lebenswelt befangen, nahm kaum daran Anteil. Für sie hatten die kirchlich-konfessionellen Bindungen, die Welt des Dorfes oder der Kleinstadt, der dynastisch-territoriale Staat, dessen Zugriff man täglich spürte, weitaus mehr zu bedeuten.

Träger des Nationalismus Das änderte sich erst in der Zeit der französischen Fremdherrschaft. Zwar nahmen auch jetzt die meisten Menschen den Wechsel der Obrigkeit in traditioneller Untertanenmentalität mit Gleichmut hin; aber die Gegensätze zwischen Herrschenden und Regierten machten sich je länger, desto stärker bemerkbar. Eine immer unverblümter werdende anti-französische Publizistik goss Öl ins Feuer. Vereine aller Art – Lese- und Diskussionszirkel, studentische Korporationen, die vom „Turnvater Jahn" ins Leben gerufenen Turnerbünde – pflegten „vaterländisches" Denken und Empfinden, träumten von der großen Erhebung gegen Napoleon oder bereiteten sich durch Turn- und Wehrübungen darauf vor. Als die „Grande Armee" im russischen Winterfeldzug 1812/13 ein völliges Debakel erlebte und Napoleons Vormachtstellung in Europa ins Wanken geriet, kam lang aufgestauter Zorn und Hass zum Ausbruch; deutsche Schriftsteller und Publizisten riefen zu blutiger Rache auf und überboten sich in der Verspottung und Verteufelung des französischen „Erbfeindes".

Fremdenhass als elementarer Nationalismus Der 1813 beginnende Krieg der europäischen Völker gegen die Hegemonie Frankreichs trug Züge eines „Konternationalismus", einer nationalen Rache und Revanche für die vom Feind erlittenen Demütigungen. Besonders wilde Formen nahm dieser Konternationalismus in Spanien an, wo es zu blutigen Massakern kam und Pardon von keiner Seite gegeben wurde. Solche Exzesse blieben in Deutschland die Ausnahme. Die Monarchen und ihre Regierungen – an der Spitze Metternich – waren sehr darauf bedacht, das Heft in der Hand zu behalten und es nicht zu einem spontanen „Volkskrieg" kommen zu lassen. Die Kriegsbegeisterung und Kampfeslust der meisten Deutschen erreichte nicht entfernt jenen Überschwang, den der spätere nationale Mythos der „Freiheitskriege" vorspiegelte. Nur gelegentlich kam es zu örtlichen Aufständen aus eigenem Antrieb, und auch hier waren in der Regel mehr ökonomische als national-patriotische Beweggründe im Spiel. Der Andrang zu den Freiwilligenverbänden hielt sich in Grenzen. In der Hauptsache waren es die regulären Armeen, die den Sieg über die Franzosen errangen.

Nation/Nationalismus

Völker, Nationen, Nationalstaaten gab es schon im vormodernen Europa. Sie waren jedoch noch keine Größen, die das politische Denken und Handeln bestimmten. Das änderte sich mit der Französischen Revolution und der romantischen Bewegung. Die Jakobiner propagierten die *nation une et indivisible* und erhoben sie zur maßgebenden, alle anderen politischen Bindungen in sich einschließenden Vergemeinschaftungsform. Die Romantiker entdeckten den „Volksgeist" und die „Volksseele"; sie erhoben die Nation in den Rang einer natürlichen, auf kultureller und sprachlicher Gemeinsamkeit beruhenden Lebensgemeinschaft. Der Nationalismus des 19. Jahrhunderts, für den die Nation die maßgebende politische Einheit war, berief sich stets auf beides: die Staatsnation und die Kulturnation.

Q 13 Der Nationalstaat als „natürlichster Staat“

Aus Johann Gottfried Herders „Ideen zur Philosophie der Geschichte der Menschheit“ (entstanden 1784–1791):

Die Natur erzieht Familien; der natürlichste Staat ist also auch ein Volk, mit einem Nationalcharakter. Jahrtausendelang erhält sich dieser in ihm und kann, wenn seinem mitgebornen Fürsten daran liegt, am natürlichsten ausgebildet werden; denn ein Volk ist sowohl eine Pflanze der Natur als eine Familie, nur jenes mit mehreren Zweigen. Nichts scheint also dem Zweck der Regierungen so offenbar entgegen als die unnatürliche Vergrößerung der Staaten, die Vermischung der Menschengattungen und Nationen unter einen Zepter. Der Menschenzepter ist viel zu schwach und klein, dass so widersinnige Teile in ihn eingeimpft werden könnten; zusammengeleimt werden sie also in eine brechliche Maschine, die man Staatsmaschine nennt, ohne inneres Leben und Sympathie der Teile gegeneinander. Reiche dieser Art, die dem besten Monarchen den Namen des Vaterlandes so schwer machen, erscheinen in der Geschichte wie jene Symbole der Monarchien im Traumbilde des Propheten, wo sich das Löwenhaupt mit dem Drachenschweif und der Adlersflügel mit dem Bärenfuß zu einem unpatriotischen Staatsgebilde vereinigt. Wie trojanische Rosse rücken solche Maschinen zusammen, sich einander die Unsterblichkeit verbürgend, da doch ohne Nationalcharakter kein Leben in ihnen ist [...]; denn eben die Staatskunst, die sie hervorbrachte, ist auch die, die mit Völkern und Menschen als mit leblosen Körpern spielet. Aber die Geschichte zeigt genugsam, dass diese Werkzeuge des menschlichen Stolzes von Ton sind und wie aller Ton auf der Erde zerbrechen oder zerfließen.

J. G. Herder: Ideen zur Philosophie der Geschichte der Menschheit. Bd. I. Berlin/Weimar 1965, S. 368 f.

a) *Erläutern Sie Herders Begriff „Nationalcharakter“.*

b) *Inwieweit können Sie seiner Unterscheidung zwischen dem „Natürlichen“ und dem „Künstlichen“ zustimmen? Woher rührt die Verehrung des Natürlichen?*

Q 14 Literatur und Geschichte als Quelle des Bewusstseins eines Volkes

Der polnische Kritiker und Politiker Maurycy Mochnacki (1804–1834):

Erreicht nun ein Volk auch nur einmal, und sei es auf ganz kurze Zeit, die Erkenntnis seiner selbst in seiner Wesenheit, dann wird sein Andenken auch nicht vergehen. Es wird zum Ausdruck kommen, sich offenbaren und berühmt werden. Es wird Dichter haben, Künstler, Historiker, Redner. Dieses Empfinden, dass das Volk seine unteilbare Wesenheit fühlt wie seinen Puls, ist so schön, so edel, dass sich notwendigerweise jeder darin offenbaren, sich zum Licht emporringen, auftauchen – sein Ich den Blicken offenbaren muss. Dieses Zum-Ausdruck-kommen des Geistes, dieses Hervorbringen des gemeinschaftlichen Denkens an das Tageslicht, diese Gesamtheit aller Begriffe und Vorstellungen, die das Wesen eines Volkes kennzeichnen, sie bilden die Literatur eines Volkes. Das bisher Gesagte zusammenlassend, bekenne ich: Einzig und allein in der Literatur hat ein Volk seine Reflexion; bei der Fülle von Vorstellungen und Gedanken kann ein Volk nur in seinem Inneren zu einer Auffassung von sich selbst gelangen, festen Boden finden und sich selbst und sein Wesen erkennen. Eine wichtige Wahrheit: Von einem bestimmten Standpunkt aus ist die Literatur gleichsam das Gewissen des Volkes. Daraus ergibt sich, dass ein Volk, das keine eigene originale Literatur hat, das heißt, keine ans Licht geförderte Gesamtmasse aller seiner Vorstellungen, Begriffe und Gedanken besitzt, nur eine Ansammlung von Menschen ist, die auf einem bestimmt umgrenzten Raum wohnen, aber noch kein moralisches Ganzes bilden.

St. Hafner u. a. (Hg.): Slawische Geisteswelt. West- und Südslawen. Baden-Baden 1959, S. 162 f.

a) *Warum braucht ein Volk nach Meinung des Verfassers das durch Literatur und Geschichte erzeugte Bewusstsein seiner selbst?*

b) *Nennen Sie andere Momente, die das Bewusstsein nationaler Identität zu vermitteln vermögen.*

Q 15 Völkerhass

Ernst Moritz Arndt (1769–1860), Schriftsteller und Literaturwissenschaftler, in seiner Schrift „Über Volkshaß und den Gebrauch einer fremden Sprache" (1813):

Es ist eine unumstößliche Wahrheit, dass alles, was Leben und Bestand haben soll, eine bestimmte Abneigung, einen Gegensatz, einen Hass haben muss; dass, wie jedes Volk sein eigenes, innigstes Lebenselement hat, es ebenso eine feste Liebe und einen festen Hass haben muss, wenn es nicht in gleichgültiger Nichtigkeit und Erbärmlichkeit vergehen und zuletzt mit Unterjochung endigen will. Ich könnte traurig hinweisen, wodurch die letzten Jahre über Deutschland gekommen sind. Wir liebten und erkannten das Eigene nicht mehr, sondern buhlten mit dem Fremden. [...] Ich will den Hass gegen die Franzosen, nicht bloß für diesen Krieg, ich will ihn für lange Zeit, ich will ihn für immer. Dann werden Deutschlands Grenzen auch ohne künstliche Wehren sicher sein, denn das Volk wird immer einen Vereinigungspunkt haben, sobald die unruhigen und räuberischen Nachbarn überlaufen wollen. Dieser Hass glühe als die Religion des deutschen Volkes, als ein heiliger Wahn in allen Herzen und erhalte uns immer in unsrer Treue, Redlichkeit und Tapferkeit.

[...]

Wir haben mehr als alle anderen Völker Ursache zu wachen, dass das Eigentümliche und Besondere, was uns als Deutsche, als ein bestimmtes Volk mit einem bestimmten Namen, auszeichnet, durch die Völkerflut und Geistesflut, die immer von uns und zu uns geht, nicht weggespült und weggewaschen werde; wir müssen dreifache und vierfache Bollwerke und Schanzen um uns aufführen, damit wir nicht zuletzt matte Bilder werden, welche Allem und Nichts ähnlich sehen und welche, weil sie Gestalt und Gepräge verloren haben, auch nichts andres gestalten und bilden können; dass ich es mit einem Wort sage, damit der Deutsche der große geistige Spiegel der Welt bleiben könne, muss er seine Eigentümlichkeit nicht verschleifen noch vertändeln: Er muss ein Deutscher bleiben.

H. Vogt (Hg.): Nationalismus gestern und heute. Opladen 1967, S. 102ff.

Der Dichter Ernst Moritz Arndt war einer der vehementesten Verfechter der Demokratie und ein Vordenker extremen Nationalismus. Rassismus und Antisemitismus waren ihm ebenso nicht fremd. – Radierung aus dem Jahr 1848

a) Was verspricht sich Arndt vom Franzosenhass?

b) Die Bewahrung und Reinhaltung der eigenen Art war stets eine Forderung überzeugter Nationalisten. Welche Beweggründe hatten sie dafür? Was kann man ihnen entgegenhalten?

Zur Diskussion: Zur Bedeutung des frühen Nationalismus

Die moderne Nation als eine Ausschließlichkeit beanspruchende politische Vergemeinschaftungsform war eine Entdeckung des Zeitalters der Französischen Revolution und Napoleons. Worauf beruhte die Überzeugungskraft, die von ihr ausging?

Q 16 Nationalismus als Integrationsideologie

a) *Der deutsche Sozialwissenschaftler und Historiker Eugen Lemberg (1964):*

Was also die Nationen zu Nationen macht oder – allgemeiner gesagt – große gesellschaftliche Gruppen zu selbstbewussten, aktionsfähigen, nationalen oder nationähnlichen Gemeinschaften bindet und von ihrer Umwelt abgrenzt, das ist nicht die Gemeinsamkeit irgendeines Merkmals, die Gleichheit der Sprache, der Abstammung, des Charakters, der Kultur oder der Unterstellung unter eine gemeinsame Staatsgewalt, sondern umgekehrt: ein System von Vorstellungen, Wertungen und Normen, ein Welt- und Gesellschaftsbild, und das bedeutet: eine Ideologie, die eine durch irgendeines der erwähnten Merkmale gekennzeichnete Großgruppe ihrer Zusammengehörigkeit bewusst macht und dieser Zusammengehörigkeit einen besonderen Wert zuschreibt, [...] Eine solche Ideologie muss: a) aufgrund irgendeines charakteristischen Merkmals ein Gesamtbild der zu integrierenden Gruppe enthalten, das diese Gruppe von ihrer Umgebung abgrenzt; b) dieser Gruppe eine Rolle in ihrer Umgebung zuweisen; c) die Gruppe mit dem Bewusstsein seiner Überlegenheit über diese Umwelt erfüllen; d) ein gruppenbezogenes Normensystem, eine Gruppenmoral, entwickeln, die unter Umständen innerhalb der Gruppe ein anderes Verhalten vorschreibt als außerhalb; e) das Gefühl einer Bedrohung von außen, eine Feindvorstellung erzeugen; f) die Einheit der Gruppe als ein lebenswichtiges, gegen Spaltungen sorgsam zu hütendes Gut erscheinen lassen; g) der Gruppe die Hingabe ihrer einzelnen Angehörigen verschaffen und diese Angehörigen für ihre Hingabe belohnen.

E. Lemberg: Nationalismus, Bd. 2. Reinbek bei Hamburg 1964, S. 52, 65

b) *Der deutsche Historiker Peter Alter (1985):*

Der moderne Nationalismus, wie er sich seit der Amerikanischen und Französischen Revolution darstellt, wird im Folgenden als eine Ideologie und zugleich als eine politische Bewegung verstanden, die sich auf die Nation und den souveränen Nationalstaat als zentrale innerweltliche Werte beziehen und die in der Lage sind, ein Volk oder eine große Bevölkerungsgruppe politisch zu mobilisieren. Nationalismus verkörpert also in hohem Maße ein dynamisches Prinzip, das Hoffnungen, Emotionen und Handlungen auszulösen vermag. Er ist ein Instrument zur politischen Solidarisierung und Aktivierung von Menschen, um ein gemeinsames Ziel zu erreichen. Nationalismus liegt dann vor, wenn die Nation die gesellschaftliche Großgruppe ist, der sich der Einzelne in erster Linie zugehörig fühlt, und wenn die emotionale Bindung an die Nation und die Loyalität ihr gegenüber in der Skala der Bindungen und Loyalitäten oben steht. Nicht der Stand oder die Konfession, nicht eine Dynastie oder ein partikularer Staat, nicht die Landschaft, nicht der Stamm und auch nicht die soziale Klasse bestimmen primär den überpersonalen Bezugsrahmen. Der Einzelne ist auch nicht länger, wie das z.B. noch die Philosophie der Aufklärung postulierte, in erster Linie Mitglied der Menschheit und damit Weltbürger, sondern fühlt sich vielmehr als Angehöriger einer bestimmten Nation. Er identifiziert sich mit ihrem historischen und kulturellen Erbe und mit der Form ihrer politischen Existenz. Die Nation (oder der Nationalstaat) bildet für ihn den Lebensraum und vermittelt ihm ein Stück Lebenssinn in Gegenwart und Zukunft.

P. Alter: Nationalismus. Frankfurt a. M. 1985, S. 14f.

a) Versuchen Sie, Lembergs Merkmalskatalog a) bis g) auf den deutschen Nationalismus der Napoleon-Ära anzuwenden.

b) Inwiefern kann man dem Nationalismus mobilisierende und integrierende Wirkungen zuschreiben?

c) Stellen Sie Bezüge zwischen den Ausführungen der beiden Wissenschaftler und dem deutschen Frühnationalismus her (Q 15).

1. *Diskutieren Sie die Auswirkungen der Säkularisierung und Mediatisierung von 1803.*
2. *Vergleichen Sie die preußische und die rheinbündische Reformpolitik.*
3. *Wo sehen Sie Erfolge, wo Versäumnisse der Reformen in Deutschland?*
4. *Versuchen Sie den Siegeszug der nationalen Idee seit der Französischen Revolution zu erklären.*

Europa zwischen Restauration und Revolution (1815–1847)

Wartburgfest – Burschenschaftler verbrennen am 18. Oktober 1817 vor der Wartburg als undeutsch und reaktionär bezeichnete Schriften und Symbole. Holzstich nach einer Zeichnung von Ludwig Burger (Ausschnitt), um 1848.

Umsturz der Altäre und Throne

„Systematisch in ihren Plänen, streng folgerichtig in ihrem lichtscheuen Treiben finden die Führer dieser gottlosen Sekte, die sich zum Umsturz der Altäre und Throne zusammenschloss, von einem Ende Europas zum anderen Verbündete für die Durchführung ihrer verbrecherischen Unternehmungen."

Klemens Wenzel Lothar Fürst von Metternich, österreichischer Staatsmann (1773–1859)

Völkerfrühling

„Die Menschheit wird nur dann erst in Wahrheit gegründet sein, wenn alle Völker, welche sich bilden, ihre natürliche Souveränität erlangt und einen republikanischen Bund geschlossen haben werden."

Giuseppe Mazzini, italienischer Politiker (1805–1872)

Der Begriff „Restauration“, die übliche Bezeichnung für die drei Jahrzehnte zwischen dem Wiener Kongress und den Revolutionen von 1848/49, trifft nur die halbe Wahrheit. Angemessen ist er, insofern die Kräfte der Beharrung, repräsentiert durch die monarchisch-bürokratischen Obrigkeitsstaaten, ihre meisten Machtpositionen damals zu behaupten wussten. Aber der Begriff verdeckt auch, dass die Kräfte der Bewegung in jenen 33 Jahren anwuchsen. Die alten Mächte hatten sich vor allem einer dreifachen Herausforderung zu erwehren: der liberalen Verfassungsbewegung, die einen gebührenden Anteil des Bürgertums an der politischen Macht forderte; der nationalen Bewegung, die nach nationaler Unabhängigkeit und Selbstbestimmung des Volkes verlangte; der sozialen Protestbewegung, die auf mehr soziale Gerechtigkeit drängte.

Die Karikatur (1815/16) zeigt Kritik an der Übernahme des Rheinlandes durch Preußen. Der preußische Steuereintreiber wird zum Symbol ungeliebter staatlicher Macht.

1815	Der Wiener Kongress beschließt die territoriale Neuordnung und verfassungspolitische Restauration Europas.
1819	Mit den „Karlsbader Beschlüssen“ verschärft der Deutsche Bund die Unterdrückung aller oppositionellen Kräfte.
1822–1829	In einem blutigen Krieg gegen das Osmanische Reich erringen die Griechen, mit Unterstützung Russlands und der Westmächte, die nationale Unabhängigkeit.
1830	Die Julirevolution in Frankreich stärkt die Macht des Besitzbürgertums. Revolutionen in Mittel- und Norddeutschland erzwingen konstitutionelle Staatsformen.
1831	Belgien erlangt seine staatliche Unabhängigkeit. Der polnische Aufstand gegen die russische Hegemonialmacht scheitert.
1832	Die Wahlrechtsreform in England erweitert den Kreis der Wahlberechtigten.
	Das „Hambacher Fest“ wird zu einer Kundgebung der liberalen, demokratischen und nationalen Opposition in Deutschland.
1838	Eine von den unteren Bevölkerungsschichten in England getragene Protestbewegung fordert in der „People's Charter“ das allgemeine Männerwahlrecht.
1844	Der Weber-Aufstand in Schlesien wird von preußischen Truppen niedergeschlagen.

1. Die politische Ordnung des Wiener Kongresses

Territoriale Neuordnung Die Neuordnung Europas war das Werk der 5 Großmächte Frankreich, Großbritannien, Österreich, Preußen, Russland. Wo sie sich einig waren, hatten die vielen Mittel- und Kleinstaaten wenig zu bestellen. Überhaupt kein Gehör für ihre Wünsche und Hoffnungen fanden die Völker selbst; sie blieben Untertanen, Objekte der Kabinettspolitik. Maßgebend für die territorialen Regelungen waren die in der napoleonischen Ära geschaffenen Verhältnisse (S. 8 f.). Von einer Wiederherstellung des vorrevolutionären Besitzstandes konnte im Allgemeinen keine Rede sein. Nutznießer der neuen Machtverteilung waren neben den Großmächten (außer Frankreich) vor allem die süddeutschen Staaten, die ihre Säkularisierungs- und Mediatisierungsgewinne von 1803 behielten, aber auch der niederländische König, der die Österreichischen Niederlande (seit 1831 Belgien) hinzugewann. Österreich verlagerte sich aus dem deutschen Siedlungsraum heraus nach Osten und Südosten, Preußen dehnte sich nach Westdeutschland aus. Die nationalen Einheitswünsche der Polen und Italiener wurden ignoriert. Polen wurde ein viertes Mal, nunmehr mit Zustimmung aller europäischen Regierungen, auf die drei alten Teilungsmächte Russland, Preußen, Österreich verteilt; den Löwenanteil erhielt Russland. Die in Wien festgelegte Verpflichtung der Teilungsmächte, ihren polnischen Untertanen „nationale Einrichtungen" zu gewähren, bedeutete wenig, weil die Art der Ausführung freigestellt blieb. Von Piemont-Sardinien abgesehen, regierten in Italien ausschließlich ausländische Dynastien. Wie Metternich befriedigt feststellte, war Italien nurmehr ein „geografischer Begriff".

Deutscher Bund An die Stelle des 1806 aufgelösten Deutschen Reiches trat der Deutsche Bund, ein lockerer Zusammenschluss von bis zu 42 souveränen deutschen Fürsten und Freien Städten. Dieser Staatenbund besaß kein Oberhaupt und keine Regierung. Sein Leitungsorgan war die Bundesversammlung in Frankfurt am Main, ein Kongress weisungsgebundener Gesandter unter dem Vorsitz Österreichs, in dem die 11 großen Staaten über je eine Stimme, die restlichen über 6 gemeinsame Stimmen verfügten und für dessen Abstimmungen je nach Beratungsgegenstand die einfache oder die Zweidrittelmehrheit vorgeschrieben war. Erklärtes Ziel des Deutschen Bundes war die Erhaltung des Status quo nach innen und außen.
Das bedeutete die Konservierung des „monarchischen Prinzips", auf das sich die Bundesstaaten in ihrem „zweiten Grundgesetz", der Wiener Schlussakte von 1820, festlegten. Wo dieses Prinzip bedroht schien, hatte der Bund das Recht einzugreifen. Solcher Interventionen bedurfte es jedoch nur selten, weil ein ausgeklügeltes Kontroll- und Überwachungssystem jeder Störung der Ruhe und Ordnung vorbeugte. Es war insbesondere der österreichische Staatskanzler Metternich, der im Bunde mit Preußen für das Funktionieren des Polizeistaates sorgte. Hauptsächlich sein Werk waren auch die „Karlsbader Beschlüsse" von 1819, die jegliche Opposition mundtot machen sollten, indem sie die studentischen Burschenschaften verboten, die Entlassung politisch missliebiger Professoren („Demagogen") verfügten, eine staatliche Aufsicht über die Universitäten einführten sowie eine Zensur für Zeitungen, Zeitschriften und Bücher einrichteten. Darüber hinaus verbot der Bund 1832 alle politischen Vereine und Versammlungen, Fahnen und Abzeichen, Feste und Reden.

Grundrechte und Verfassungen Dennoch war der Bund nicht nur ein Instrument finsterster Reaktion. Er gewährleistete einige Grundrechte, so die Sicherheit des Eigentums, die religiöse Toleranz und das Auswanderungsrecht, und stellte sich Reformen nicht grundsätzlich in den Weg. Der Artikel 13 der Bundesakte von 1815 sah für alle Bundesmitglieder „landständische Verfassungen" vor, setzte allerdings keine Fristen. Schon 1821 besaßen nicht weniger als 28 Mitglieder Verfassungen, und zwar sowohl „altständische" als auch Repräsentativverfassungen. Zu den Staaten ohne Verfassungen zählten freilich die beiden Großmächte Österreich und Preußen.
Bis zur Julirevolution waren in der Verfassungsentwicklung die süddeutschen Staaten tonangebend. Sie gewährleisteten wichtige Grundrechte, insbesondere die persönliche Freiheit, die Gleichheit vor dem Gesetz, die unbeschränkte Verfügung über das Eigentum, die Gleichberechtigung der christlichen Konfessionen, das Petitionsrecht. Da alle Verfassungen aus dem freien Willen der Fürsten, nicht aus Vereinbarungen mit Vertretern des Volkes hervorgegangen waren, hatte die Exekutive stets die Oberhand. Die Monarchen und die allein von ihnen zu ernennenden und zu entlassenden Regierungen kontrollierten die Verwaltung und die Finanzen, führten die auswärtige Politik und kommandierten das Heer. Die Gesetz- und Haushaltsentwürfe konnten allein die Regierungen vorlegen, und jeder Monarch besaß das Vetorecht gegen Gesetze, die ihm nicht gefielen. Die Krone allein durfte die gesetzgebenden Körperschaften einberufen, vertagen oder auflösen. Allerdings blieb sie an die einmal erlassene Verfassung gebunden und konnte sie nicht aus eigener Machtvollkommenheit wieder aufheben.
Die Volksvertretungen bestanden in der Regel aus 2 Kammern. Der ersten Kammer gehörten der Hochadel, Vertreter der Kirche sowie sonstige vom Landesherrn auf Lebenszeit ernannte Mitglieder an. In der zweiten Kammer waren der Landadel, Geistliche (Präla-

Restauration

Diese zeitgenössische Wortbildung bezeichnet die Generallinie der politischen Machthaber seit 1815, den „Krater der Revolution" zu schließen und alle politischen Kräfte zu bekämpfen, die die bestehende Staats- und Gesellschaftsordnung in Frage stellten. Allerdings war die mit dem Begriff „Restauration" gemeinte Grundbedeutung der „Wiederherstellung" eine Fiktion. Die alte Ordnung des „„Ancien Régime" wurde nicht wieder hergestellt, sondern fortgebildet und den veränderten Verhältnissen angepasst.

ten) und Stadtbürger vertreten. Beide Kammern zusammen berieten und beschlossen die Gesetze und die Steuern (nicht jedoch die Staatshaushalte). Trotz ihrer beschränkten Rechte kam den Volksvertretungen erhebliche politische Bedeutung zu. Sie entwickelten sich zu Foren der politischen Diskussion und der Artikulierung auch oppositioneller Standpunkte und zu Institutionen für dauerhafte politische Zusammenschlüsse in Gestalt der sich langsam herausbildenden Fraktionen.

Das Legitimitätsprinzip in Europa Auch das übrige Europa bewegte sich nach 1815 zwischen den Polen der konservativen Bevormundung und des liberalen Gewährenlassens. Nach den Vorstellungen der drei östlichen Großmächte oblag ihnen zusammen mit England und Frankreich die Pflicht, überall die „legitime" Herrschafts- und die überkommene Gesellschaftsordnung zu schützen und zu bewahren. Als „legitim" galt ihnen jede Staatsgewalt, die sich durchgesetzt hatte und in der Lage war, Gehorsam zu erzwingen.
1820/21 und 1830/31 warfen österreichische Truppen im Namen des Legitimitätsprinzips Aufstände in Italien nieder, 1823 griff Frankreich in Spanien ein. Schon im gleichen Jahr jedoch rückte England davon ab, als es zusammen mit den Vereinigten Staaten von Amerika den Versuchen Spaniens, Portugals und Frankreichs entgegentrat, die abgefallenen Kolonien in Mittel- und Südamerika zurückzuerobern. 1827 unterstützten Russland, England und Frankreich, zum Entsetzen Metternichs, mit Flotten- und Truppenmacht den griechischen Unabhängigkeitskampf gegen die „legitime" Herrschaft des türkischen Sultans. 1831 unterstützten alle Großmächte, Frankreich sogar unter Einsatz von Soldaten, die Loslösung Belgiens aus dem 1815 geschaffenen Königreich der Vereinigten Niederlande.

Q 17 Staatsverfassungen im Deutschen Bund

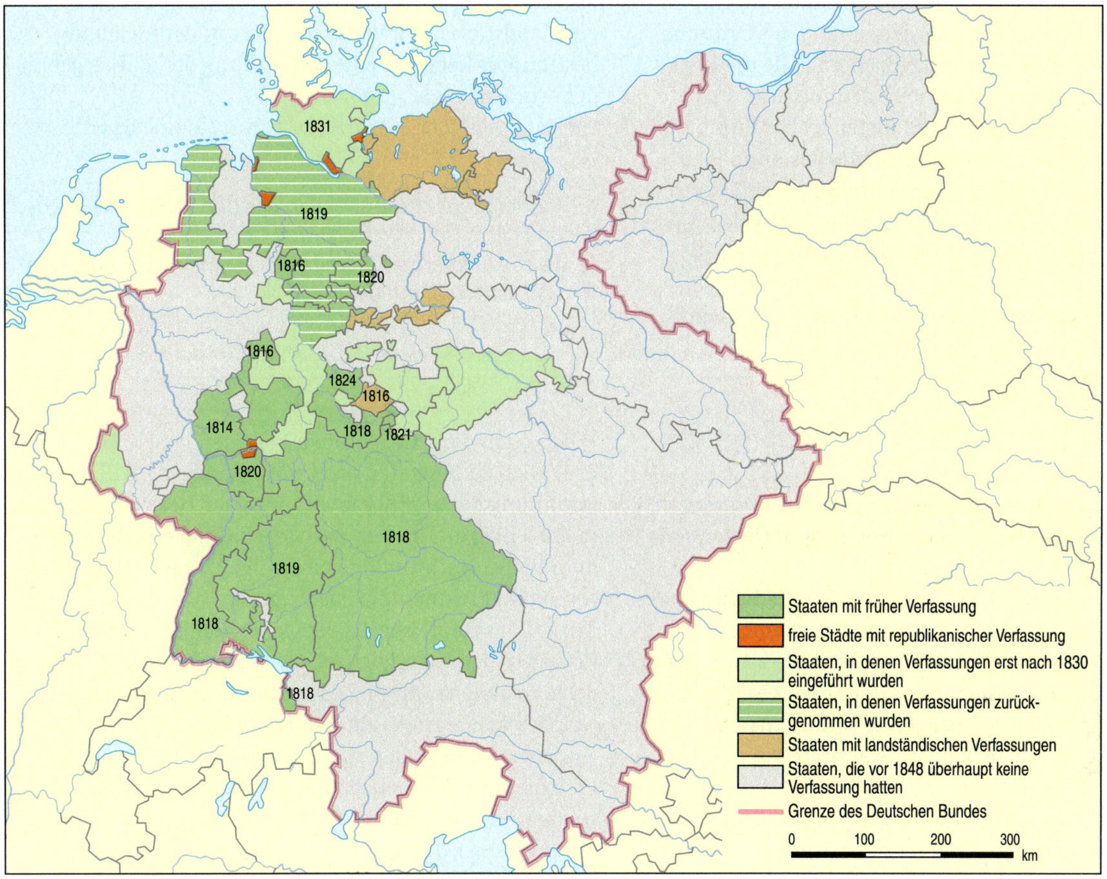

Erläutern Sie die sechs Typen mithilfe von Beispielen.

Q 18 Die Grundgesetze des Deutschen Bundes

a) *Aus der Deutschen Bundesakte von 1815:*

Art. 1. Die souverainen Fürsten und Freien Städte Deutschlands mit Einschluß Ihrer Majestäten des Kaisers von Oesterreich und der Könige von Preußen, von Dänemark und der Niederlande, und zwar der Kaiser von Oesterreich, der König von Preußen, beyde für ihre gesammten vormals zum deutschen Reich gehörigen Besitzungen, der König von Dänemark für Holstein, der König der Niederlande für das Großherzogtum Luxemburg, vereinigen sich zu einem beständigen Bunde, welcher der deutsche Bund heißen soll.

Art. 2. Der Zweck desselben ist Erhaltung der äußeren und inneren Sicherheit Deutschlands und der Unabhängigkeit und Unverletzbarkeit der einzelnen deutschen Staaten.

Art. 11. Alle Mitglieder des Bundes versprechen sowohl ganz Deutschland als jeden einzelnen Bundesstaat gegen jeden Angriff in Schutz zu nehmen und garantiren sich gegenseitig ihre sämmtlichen unter dem Bunde begriffenen Besitzungen. […] Die Bundes-Glieder behalten zwar das Recht der Bündnisse aller Art; verpflichten sich jedoch, in keine Verbindungen einzugehen, welche gegen die Sicherheit des Bundes oder einzelner Bundesstaaten gerichtet wären. Die Bundes-Glieder machen sich ebenfalls verbindlich, einander unter keinerley Vorwand zu bekriegen, noch ihre Streitigkeiten mit Gewalt zu verfolgen. […]

Art. 13. In allen Bundesstaaten wird eine Landständische Verfassung statt finden.

b) *Aus der Wiener Schlussakte von 1820:*

Art. 26. Wenn in einem Bundesstaate durch Widersetzlichkeit der Unterthanen gegen die Obrigkeit die innere Ruhe unmittelbar gefährdet, und eine Verbreitung aufrührerischer Bewegungen zu fürchten, oder ein wirklicher Aufruhr zum Ausbruch gekommen ist,

und die Regierung selbst, nach Erschöpfung der verfassungsmäßigen und gesetzlichen Mittel, den Beistand des Bundes anruft, so liegt der Bundesversammlung ob, die schleunigste Hülfe zur Wiederherstellung der Ordnung zu veranlassen. Sollte im letztgedachten Falle die Regierung notorisch außer Stande sein, den Aufruhr durch eigene Kräfte zu unterdrücken, zugleich aber durch die Umstände gehindert werden, die Hülfe des Bundes zu begehren, so ist die Bundes-Versammlung nichts desto weniger verpflichtet, auch unaufgerufen zur Wiederherstellung der Ordnung und Sicherheit einzuschreiten.
Art. 57. Da der deutsche Bund, mit Ausnahme der freien Städte, aus souverainen Fürsten besteht, so muß dem hierdurch gegebenen Grundbegriffe zufolge die gesammte Staats-Gewalt in dem Oberhaupte des Staates vereinigt bleiben, und der Souverän kann durch eine landständische Verfassung nur in der Ausübung bestimmter Rechte an die Mitwirkung der Stände gebunden werden.

E. R. Huber (Hg.): Dokumente zur deutschen Verfassungsgeschichte. Bd. 1. Stuttgart 1961, S. 75 f., 78, 84, 88

a) *Was folgt aus der Festlegung des Bundes auf die „Erhaltung der … inneren Sicherheit Deutschlands“?*
b) *Welche Staatsform schreiben die beiden „Grundgesetze“ des Deutschen Bundes fest?*

Q 19 Verbot der politischen Betätigung

Aus dem Bundesbeschluss „Über Maßregeln zur Aufrechterhaltung der gesetzlichen Ordnung und Ruhe in Deutschland“ (1832):

Art. 2. Alle Vereine, welche politische Zwecke haben, oder unter anderm Namen zu politischen Zwecken benutzt werden, sind in sämmtlichen Bundesstaaten zu verbieten und ist gegen deren Urheber und die Theilnehmer an denselben mit angemessener Strafe vorzuschreiten.
Art. 3. Außerordentliche Volksversammlungen und Volksfeste, nämlich solche, welche bisher hinsichtlich der Zeit und des Ortes weder üblich noch gestaltet waren, dürfen, unter welchem Namen und zu welchem Zweck es auch immer sey, in keinem Bundesstaate, ohne vorausgegangene Genehmigung der competenten Behörde, statt finden. […] Auch bei erlaubten Volksversammlungen und Volksfesten ist es nicht zu dulden, daß öffentliche Reden politischen Inhalts gehalten werden; diejenigen, welche sich dieß zu Schulden kommen lassen, sind nachdrücklich zu bestrafen, und wer irgend eine Volksversammlung dazu mißbraucht, Adressen oder Beschlüsse in Vorschlag zu bringen und durch Unterschrift oder mündliche Bestimmung genehmigen zu lassen, ist mit geschärfter Ahndung zu belegen.
Art. 4. Das öffentliche Tragen von Abzeichen in Bändern, Cocarden oder dergleichen, sey es von In- oder Ausländern, in andern Farben, als jenen des Landes, dem der, welcher solche trägt, als Unterthan angehört, – das nicht autorisirte Aufstecken von Fahnen und Flaggen, das Errichten von Freiheitsbäumen und dergleichen Aufruhrzeichen – ist unnachsichtlich zu bestrafen.

H. R. Huber (Hg.): Dokumente zur deutschen Verfassungsgeschichte. Bd. I. Stuttgart 1961, S. 121

a) *Welche Rückschlüsse auf die Mentalität der Regierenden lassen diese Bestimmungen zu?*
b) *Äußern Sie sich zur Wirksamkeit dieses Bundesbeschlusses.*

Q 20 Die Revolution – ein verbrecherisches Unternehmen?

Aus einer Instruktion Metternichs für einen österreichischen Gesandten (1826):

Das erste Ziel der Bemühungen unserer Regierung und aller seit der Wiederherstellung der Unabhängigkeit Europas mit ihr verbündeten Regierungen ist die Aufrechterhaltung der gesetzlichen Ordnung, die das glückliche Ergebnis dieser Wiederherstellung ist; eines Zustandes der Ruhe, der allen die Früchte eines so teuer erkauften Friedens sichert. […] Seit einigen Jahren sehen wir zu unserer Genugtuung, wie mehrere der Regierenden, die am spätesten die Notwendigkeit der zur Erreichung dieses Zieles geeigneten Maßnahmen einsahen, sich endlich zu der Überzeugung durchrangen, dass die Unterdrückung des noch bestehenden Übels die erste und unerlässliche Vorbedingung dafür ist. Dieses Übel, man kann es nicht verhehlen, hat gerade seit der allgemeinen Befriedung erschreckende Fortschritte gemacht. Es ist allumfassend in seiner unheilvollen Betätigung, es äußert sich in allen möglichen Formen, in fast allen Ländern. Da es in seiner destruktiven Betätigung allumfassend ist, kann es nur durch einen allumfassenden Widerstand bekämpft und besiegt werden. Dieses Übel ist der revolutionäre Geist, geboren aus jener ordnungswidrigen Unruhe, welche die Umwälzungen der Epoche der heutigen Generation aufgeprägt haben, gespeist durch begehrliche Leidenschaften und tiefe Entsittlichung der einen, begrüßt durch den Fanatismus der anderen. Systematisch in ihren Plänen, streng folgerichtig in ihrem lichtscheuen Treiben finden die Führer dieser gottlosen

Sekte, die sich zum Umsturz der Altäre und Throne zusammenschloss, von einem Ende Europas zum anderen Verbündete für die Durchführung ihrer verbrecherischen Unternehmungen, überall da, wo dieselben Leidenschaften und dieselben sozialen Verhältnisse in gleicher Weise auf die Geister sich auswirken.

W. Näf (Hg.): Europapolitik zu Beginn des 19. Jahrhunderts. Bern 1953, S. 47

a) Worauf führt Metternich den „revolutionären Geist" zurück? Wird er der Oppositionsbewegung gerecht?

b) Beurteilen Sie sein antirevolutionäres Programm.

Q 21 Zeitgeist und Anti-Zeitgeist

Zeitgenössische Karikaturen aus dem „Vormärz" (1819) von J. M. Voltz. Der Artikel XIII, den der „Zeitgeist" auf seine Fahne geschrieben hat, entstammt der Deutschen Bundesakte von 1815; er ordnet die Einführung landständischer Verfassungen in allen deutschen Bundesstaaten an.

a) Erklären Sie Aufmachung und Kleidung des Zeit- wie des Anti-Zeitgeistes und die Attribute, die jedem von ihnen beigegeben sind.

b) Was lässt sich über den politischen Standpunkt des Künstlers aussagen?

Q 22 Die Wirklichkeit des Polizeistaates

Der Dichter Franz Grillparzer (1791–1872) über das Vorgehen der Wiener Polizei (1826):

Am 19. April morgens um 6 Uhr, da ich, spät zu Bette gegangen, noch im Schlafe lag, bin ich von drei Polizeibeamten überfallen worden, die mich aufstehen und alle meine Schriften zur Einsicht vorlegen hießen. Alles ward durchsucht, ein weitläufiges Verhör aufgenommen. Anfangs glaubte ich, den Verdacht eines wichtigen Staatsverbrechens auf mich geladen zu haben; endlich zeigte es sich, dass die ganze Untersuchung sich auf die sogenannte Ludlamshöhle bezog, eine Versammlung froher Menschen, in der ich erst seit acht Wochen her einige Abende zugebracht hatte. Zum Scherze gewählte Abzeichen und Gesellschaftsnamen, einige Verhaltungsregeln, die man niedergeschrieben und mit Geldstrafen belegt, hatten die Aufmerksamkeit auf sich gezogen, und die Gesellschaft ward als eine verbotene geheime aufgehoben. 32 Kommissäre, um Mitternacht aufgeboten, erbrachen den Versammlungsort im zweiten Stocke eines Wirtshauses und verteilten sich sodann in die Wohnungen der vornehmsten Mitglieder, d.h. derjenigen, die als Schriftsteller bekannt waren.

Untersuchung, Verhör, Hausarrest bis abends. Gerade weil sie nichts Verdächtiges gefunden, werden sie genötigt sein, um ihre Dummheit zu bemänteln, etwas herauszusuchen. Wie ich höre, will man die Untersuchung als gegen eine schwere Polizei-Übertretung anhängig machen. Wer mir die Vernachlässigung meines Talentes zum Vorwurf macht, der sollte vorher bedenken, wie in dem ewigen Kampfe mit Dummheit und Schlechtigkeit endlich der Geist ermattet. Wie kein Aufschwung möglich ist, wenn man bei jeder Flügelbewegung an den Plafond der Zensur stößt, und die Arbeit aufhört, ein Vergnügen zu sein, wenn das Hervorgebrachte die Quelle tausendfältiger Unannehmlichkeiten wird.

F. Grillparzer: Briefe und Tagebücher. In: Sämtliche Werke. 2. Abt., Bd. 8, 2. Teil. Wien 1912, S. 203f.

a) Beschreiben Sie Ihren Eindruck vom Auftreten der Polizei.
b) Wie beurteilt der Dichter die Zensur?

Q 23 Der Denkerclub

Anonyme Lithografie (ca. 1830)

a) Welche Zustände prangert die Karikatur an?
b) Welche Gesetze haben diese Zustände herbeigeführt?

Q 24 Deutscher Frühkonstitutionalismus

Aus der Verfassungsurkunde für das Königreich Württemberg (1819):

§ 21. Alle Württemberger haben gleiche staatsbürgerliche Rechte, und eben so sind sie zu gleichen staatsbürgerlichen Pflichten und gleicher Theilnahme an den Staatslasten verbunden, so weit nicht die Verfassung eine ausdrückliche Ausnahme enthält; auch haben sie gleichen verfassungsmäßigen Gehorsam zu leisten.

§ 22. Kein Staatsbürger kann wegen seiner Geburt von irgend einem Staats-Amte ausgeschlossen werden.

[...]

§ 24. Der Staat sichert jedem Bürger Freiheit der Person, Gewissens- und Denkfreiheit, Freiheit des Eigenthums und Auswanderungs-Freiheit.

§ 25. Die Leibeigenschaft bleibt für immer aufgehoben.

§ 26. Niemand darf seinem ordentlichen Richter entzogen und anders als in den durch das Gesetz bestimmten Fällen und in den gesetzlichen Formen verhaftet und bestraft, noch länger als Einmal 24 Stunden über die Ursache seiner Verhaftung in Ungewißheit gelassen werden.

§ 27. Jeder, ohne Unterschied der Religion, genießt im Königreiche ungestörte Gewissensfreiheit. Den vollen Genuß der staatbürgerlichen Rechte gewähren die drei christlichen Glaubens-Bekenntnisse. Andere christliche und nicht christliche Glaubensgenossen können zur Theilnahme an den bürgerlichen Rechten nur in dem Verhältnisse zugelassen werden, als sie durch die Grundsätze ihrer Religion an der Erfüllung bürgerlicher Pflichten nicht gehindert werden.

§ 28. Die Freiheit der Presse und des Buchhandels findet in ihrem vollen Umfange statt, jedoch unter Beobachtung der gegen den Mißbrauch bestehenden oder künftig zu erlassenden Gesetze.

§ 29. Jeder hat das Recht, seinen Stand und sein Gewerbe nach eigener Neigung zu wählen, und sich dazu im In- und Auslande auszubilden. [...]

§ 124. Die Stände sind berufen, die Rechte des Landes in dem durch die Verfassung bestimmten Verhältnisse zum Regenten geltend zu machen. Vermöge dieses Berufes haben sie bei Ausübung der Gesetzgebungs-Gewalt durch ihre Einwilligung mitzuwirken, in Beziehung auf Mängel oder Mißbräuche, die sich bei der Staatsverwaltung ergeben, ihre Wünsche, Vorstellungen und Beschwerden dem König vorzutragen, auch wegen verfassungswidriger Handlungen Klage anzustellen, die nach gewissenhafter Prüfung für nothwendig erkannten Steuern zu verwilligen, und überhaupt das unzertrennliche Wohl des Königs und des Vaterlandes mit treuer Anhänglichkeil an die Grundsätze der Verfassung zu befördern.

§ 172. Gesetzes-Entwürfe können nur von dem Könige an die Stände, nicht von den Ständen an den König gebracht werden. Den Ständen ist aber unbenommen, im Wege der Petition auf neue Gesetze sowohl, als auf Abänderung oder Aufhebung der bestehenden anzutragen. Der König allein sanctionirt und verkündet die Gesetze. [...]

E. R. Huber (Hg.): Dokumente zur deutschen Verfassungsgeschichte. Bd. I. Stuttgart 1961, S. 173 ff.

a) Vergleichen Sie die Grundrechtsbestimmungen mit denen des Grundgesetzes der Bundesrepublik Deutschland?

b) Wo lagen die Fortschritte gegenüber der vorkonstitutionellen Zeit?

c) Wie verhalten sich die hier garantierten Rechte zu den Bestimmungen des Bundesbeschlusses von 1832 (Q 19)?

2. Verfassungen und Verfassungsstaaten

West-Ost-Gefälle In der ersten Hälfte des 19. Jahrhunderts wies Europa ein deutliches West-Ost-Gefälle auf. Zwischen den entwickelten Verfassungsstaaten in Westeuropa – Großbritannien, Frankreich, Belgien (seit 1831), Schweiz (seit 1847) – und den absolutistischen Monarchien im Osten und Süden (Russland, Österreich, Preußen, Neapel, Piemont-Sardinien) lag eine mittlere Zone konstitutioneller Monarchien (Spanien, Niederlande, Skandinavien, „drittes" Deutschland). Von der Schweiz und den Freien Städten des Deutschen Bundes abgesehen, waren alle europäischen Länder Monarchien. In Großbritannien, Belgien, mit etwas Abstand auch in Frankreich waren sie seit den 1830er-Jahren auf dem Wege zur parlamentarischen Regierungsform, in der konstitutionellen Mittelzone sahen sich die Fürsten zwar an die Verfassungen gebunden, ansonsten aber im Besitz weitreichender Machtbefugnisse. Preußen verkörperte einen bürokratischen Reformabsolutismus, Österreich einen restaurativen Spätabsolutismus, das zaristische Russland die unumschränkte Autokratie.

Der Adel In fast allen europäischen Staaten genoss der Adel nach wie vor eine politische und gesellschaftliche, zumeist auch wirtschaftliche Vorzugsstellung. In Westeuropa musste er sie freilich mehr und mehr mit dem wohlhabenden Wirtschaftsbürgertum teilen. In Russland überragte der Adel zwar alle übrigen Stände, blieb aber von der politischen Herrschaftsausübung oberhalb der Lokalverwaltung weitgehend ausgeschlossen. Im übrigen Osteuropa, in Österreich und Preußen, in Italien und Spanien war er der in jeder Hinsicht führende Stand, wenn auch natürlich fest in die monarchische Ordnung eingebunden. In der konstitutionellen Mittelzone hatte er seine politischen Herrschaftsrechte zu einem großen Teil eingebüßt und sich mit seiner Einfügung in die egalitäre Staatsbürgergesellschaft abfinden müssen, behauptete aber im Wirtschafts- und Gesellschaftsleben weiterhin einen Vorsprung.

Die Kirchen Je traditionsgebundener die Gesellschaftsordnung und je ausgeprägter das monarchisch-altständische Element war, desto mehr Einfluss übten die Kirchen in der Regel aus. Die Zulassung zu Staatsämtern blieb in den meisten Ländern an die Zugehörigkeit zu einer der anerkannten christlichen Konfessionen gebunden. Überall verstand sich die Kirche als Stütze der bestehenden Ordnung. Nur in den nationalen Konflikten stellte sie sich auf die Seite ihrer Gläubigen, zumal da, wo die Gegenseite einer anderen Religion zugehörte.

Adelige Gesellschaft im Salon. Gouache, um 1830.

Bürgerliche Abendunterhaltung im Kreis von Familie und Freunden. Holzstich, um 1840.

Politische Beteiligung Der verfassungspolitische Vorsprung Westeuropas rührt nicht zuletzt von der größeren Mobilität seiner Bevölkerung her. Hier nahmen nicht nur der Adel und die Intelligenz, sondern auch Kaufleute und Fabrikanten, Handwerker und Arbeiter am politischen Geschehen teil. Im überwiegend agrarischen Süd- und Osteuropa war der Anteil dieser Bevölkerungsgruppen weit kleiner. Die Bauern, in Ost wie West, stellten zwar ein sehr ernst zu nehmendes Protestpotenzial dar, wo es um ihre eigenen Belange ging, aber an der großen, überlokalen Politik zeigten sie im ganzen wenig Interesse. Selbst in England, dem sozial und politisch damals fortgeschrittensten Land, war die Zahl der Menschen, die sich dauerhaft um politische Angelegenheiten kümmerten, gering. Die politische Betätigung setzte damals Wohlstand und berufliche Abkömmlichkeit voraus, kam also nur für den Adel und das Großbürgertum infrage.

Reformen in Großbritannien Zum Musterland politischer Reformfähigkeit wurde Großbritannien. Zwar hielt die seit 1688 herrschende Parlamentsaristokratie, deren Machtgrundlage Landbesitz oder Kaufmannskapital war, mit Zähigkeit an ihren Machtpositionen fest, wusste aber immer dann einzulenken, wenn der Gegendruck gefährlich wurde. 1828 opferte das Parlament die Vorzugsstellung der anglikanischen Kirche und gestand auch den Nonkonformisten den Zugang zu politischen Ämtern zu. 1829 erhielten die Katholiken die Gleichberechtigung, nachdem eine katholische Massenbewegung in Irland die innere Ordnung erschüttert hatte. 1832 reagierte das Parlament durch eine Wahlrechtsreform auf den Druck einer aufgebrachten Öffentlichkeit. Damit verschwand ein Teil jener ländlichen Wahlkreise, in denen kaum noch Wähler lebten (*rotten boroughs*), zugunsten der einwohnerreichen Industriestädte im Norden, denen man so lange Unterhaussitze vorenthalten hatte. Eine Herabsetzung des Wahlzensus erhöhte die Zahl der Wahlberechtigten von 500000 auf 800000 – ein angesichts der Gesamtbevölkerung von 25 Millionen immer noch bescheidener Prozentsatz.

Chartistenbewegung Ohne Erfolg blieb dagegen der Versuch der städtischen Unterschichten, durch Demonstrationen und Petitionen mehr politische Rechte für alle Bevölkerungsklassen zu erlangen. Die 1838 beschlossene „People's Charter" erhielt 1842 zwar nicht weniger als 3,3 Millionen Unterschriften und löste sogar einen Generalstreik aus; aber das Parlament blieb unnachgiebig und lehnte die Eingaben der „Chartisten" dreimal ab. Die Oberschicht des Landes war nicht gesonnen, ihre Macht mit den *„common people"* zu teilen. Als sich Mitte der 1840er-Jahre die allgemeine Wirtschaftslage spürbar besserte, verloren die Chartisten schnell ihren Zulauf.

Eine reisende Bettlerfamilie wird am Heiligen Christabend von armen Bauersleuten beschenkt. Gemälde von Ferdinand Georg Waldmüller (1793–1865). Öl auf Holz, um 1834.

Restauration in Frankreich Die 1814 zurückgekehrten Bourbonen hatten dem Land mit der „Charte" eine vergleichsweise liberale Verfassung gegeben. Sie stützten sich vornehmlich auf den wieder in seine Rechte eingesetzten Adel und die Kirche und entfremdeten sich damit der in den Revolutions- und Empirejahren entstandenen nichtständischen Gesellschaft. Schule und Universität sahen sich unter kirchliche Aufsicht gestellt, die Emigranten erhielten staatliche Entschädigungen für ihre seit 1789 erlittenen Verluste. Als die königliche Regierung im Juli 1830 die Pressefreiheit aufhob, die Abgeordnetenkammer auflöste und das Wahlrecht auf die Grundbesitzer beschränkte, hatte sie den Bogen überspannt. In blutigen Straßenkämpfen in Paris fand die Herrschaft der bourbonischen Dynastie ihr Ende.

Die Julimonarchie Die das Parlament beherrschenden „Notabeln", die großen Grund- und Kapitalbesitzer, waren die Hauptgewinner der Julirevolution. Sie beriefen Louis Philippe, den Herzog von Orleans, als König der Franzosen auf den Thron. Er hatte einen Eid auf die Verfassung abzulegen und einer konstitutionellen Regierungsform zuzustimmen, in der die Volksvertretung gleichberechtigt neben die Exekutive trat und das Recht der Gesetzesinitiative erhielt. Die Pressezensur entfiel, der Katholizismus verlor seinen Rang als Staatsreligion. Die Großbourgeoisie sicherte ihre Macht, indem sie den Wahlzensus weiterhin hochhielt. Die dem „Bürgerkönig" in den Mund gelegte Parole „Bereichert euch" wurde zum Wahlspruch dieser „Plutokratie", die sich den Intellektuellen und Kleinbürgern immer mehr entfremdete.

Die liberale Verfassung Belgiens Als Vorbild eines liberalen Verfassungsstaates galt seit 1831 Belgien, dessen Unabhängigkeitsverlangen unwiderstehlich geworden war, nachdem sich die lange verfeindeten politischen Hauptkräfte, die Liberalen und die Katholiken, zu einer nationalen Allianz zusammengefunden hatten. Diese war sich in dem Willen einig, die Zuständigkeiten der Staatsgewalt zu beschränken und möglichst viel den gesellschaftlichen Gruppen und Einrichtungen zu überantworten. Die katholische Kirche nahm große Teile des Bildungswesens in ihre Obhut, die Gemeinden erhielten umfassende Selbstverwaltungsbefugnisse. Die Bürokratie verlor erheblich an Macht, der Adel büßte alle Vorrechte ein. Die Volkssouveränität wurde zum Verfassungsgrundsatz erhoben, die Politik der Regierung an die Zustimmung der Parlamentsmehrheit gebunden. Vom allgemeinen (Männer-) Wahlrecht war freilich auch in Belgien vorerst nicht die Rede: Ein hoher Zensus sorgte dafür, dass nicht mehr als 2 % der Männer wählen durften.

Verfassungspolitik in Deutschland Das politische Leben im „dritten Deutschland" war durch das Übergewicht der Exekutive und die Bemühungen der Volksvertretungen geprägt, mehr Einfluss auf die Staatspolitik zu gewinnen. Am erfolgreichsten war die zweite badische Kammer, die zum Hort des deutschen Frühliberalismus wurde. Hier wurden die Mängel des vormärzlichen Deutschland am schärfsten angeprangert: die feudalen Überreste auf dem Lande; die unzureichenden staatsbürgerlichen Mitwirkungsrechte; das fehlende Budget-, Gesetzesinitiativ- und Selbstversammlungsrecht der Landtage; die Pressezensur; die Selbstherrlichkeit der Bürokratie; die verzögerte Gleichstellung der jüdischen Mitbürger. Das politische Interesse der Öffentlichkeit nahm trotz allen staatlichen Unterdrückungsmaßnahmen in den 1840er-Jahren fast sprunghaft zu. Die Presse wurde zu einem erstrangigen politischen Faktor. Ein wahres Vereinsgründungsfieber breitete sich aus. Allerorts entstanden Turner-, Schützen-, Sänger-, Heimat-,

Die „People's Charter" wird ins britische Parlament gebracht.

Museums-, Geschichtsvereine, die zwar keine direkten politischen Aktivitäten entfalten durften, aber dennoch politisch wirksam waren, weil sie Verbindungen über die Grenzen von Gemeinden, Provinzen, Ländern hinweg herstellten und das Zusammengehörigkeitsbewusstsein stärkten.

Opposition in Deutschland Besonderen Widerhall erregten zwei Ereignisse: das Hambacher Fest von 1832, eine eindrucksvolle Kundgebung vor allem der demokratischen Kräfte, deren Freiheits-, Gleichheits- und nationale Einheitsparolen den Deutschen Bund zu harten Unterdrückungsmaßnahmen herausforderten; und der Protest der sieben Göttinger Professoren (die „Göttinger Sieben") 1837 gegen die verfassungswidrige Aufhebung der hannoverschen Verfassung durch den König; zwar verloren die Gelehrten (der Jurist Wilhelm Eduard Albrecht, die Historiker Friedrich Christoph Dahlmann und Georg Gottfried Gervinus, die Germanisten Jacob und Wilhelm Grimm, der Orientalist Heinrich Ewald und der Physiker Wilhelm Eduard Weber) ihre Ämter, aber die Welle der Zustimmung, die ihnen entgegenschlug, war eine moralische Niederlage für den König und sein absolutistisches Gebaren.

Liberalismus

Diese erst im 19. Jahrhundert auftretende, in der Sache aber viel ältere Bezeichnung sowohl für eine Denk- und Verhaltensweise als auch für eine politische Richtung und Partei hat ihren Kern im Verlangen nach „Freiheit" (*libertas*). Der Liberalismus strebt die Freiheit des Individuums von allen Einschränkungen und Bevormundungen an, die seiner Mündigkeit im Wege stehen. Die Selbstbestimmung und Selbstentfaltung jedes Menschen gilt ihm darum als die eigentliche Aufgabe jeglicher Politik. Daraus ergeben sich als wesentliche liberale Grundsätze: Der Staat ist um des Menschen willen da, nicht umgekehrt. Jeder soll seine Kräfte und Möglichkeiten, im Rahmen der Rechtsordnung, ungehindert entfalten können. Die Freiheit des Denkens und der Überzeugungen ist unantastbar. Regierungen hängen von der Zustimmung der Regierten ab. Das Wirtschaftsleben verträgt keine unnötige Reglementierung. Der Liberalismus vertraut auf die schöpferischen Kräfte des Individuums und misstraut jeder kollektiven Daseinsregelung.

Q 25 Reformieren, um zu erhalten

Aus einer Unterhausrede des liberalen britischen Politikers und Historikers Thomas B. Macaulay (1800–1859) zur Wahlrechtsreform (1831):

Wir schließen von allem Anteil der Regierung große Massen des Besitzes und der Intelligenz aus, große Massen derer, die an der Erhaltung der Ruhe interessiert sind und die am besten wissen, wie sie erhalten werden kann. Wir tun sogar noch mehr. Wir treiben auf die Seite der Revolution alle jene, die wir von der Macht ausschließen. [...] Das ist nicht eine Regierung durch das Eigentum. Es ist eine Regierung durch losgelöste Teile und Fragmente des Eigentums, die aus dem Rest ausgewählt sind und vor dem Rest vorgezogen werden, ohne dass irgendein vernünftiges Prinzip für diese Auswahl sichtbar wird. [...] Wir müssen reformieren, auf dass wir erhalten. Alles im Lande und im Auslande verheißt Untergang all jenen, die bei einem hoffnungslosen Kampf gegen den Geist der Zeit beharren. Das Dröhnen des stolzesten Thrones des Kontinents klingt noch in unseren Ohren wider. [...] Überall sehen wir altehrwürdige Einrichtungen umgestürzt und in große Gemeinschaften aufgelöst. Nur, während das Herz Englands noch gesund ist, während die alten Gefühle und die alten Bindungen eine Gewalt und einen Zauber beibehalten, den sie rasch verlieren können, in dieser Zeit, die ihr euch erwählt habt, in dieser eurer Stunde der Rettung nehmt Rat nicht vom Vorurteil, nicht vom Parteigeist, nicht von dem schändlichen Stolz auf eine Politik, die [...] nichts als konsequent bleiben will, sondern von der Geschichte, von der Vernunft, von den vergangenen Jahrhunderten, von den Zeichen dieser schicksalsschwangeren Zeit.

M. Freund (Hg.): Der Liberalismus. Stuttgart 1965, S. 138 f.

a) Welche Gesellschaftsordnung will der Redner retten?
b) Wie denkt er über das Wahlrecht?

Q 26 Der Chartismus

Aus der „People's Charter" (1838):

1. Eine Stimme für jeden Mann, der mindestens 21 Jahre alt und geistig gesund ist und nicht eine Strafe für ein Verbrechen verbüßt. 2. Der geheime Stimmzettel. – Um den Wähler bei der Stimmabgabe zu schützen. 3. Kein Eigentumszensus für Parlamentsmitglieder – um so den Wahlkreisen die Entsendung des Mannes ihrer Wahl zu ermöglichen, sei er reich oder arm. 4. Bezahlung der Abgeordneten, um einem ehrlichen Handwerker, Arbeiter oder einer anderen Person zu ermöglichen, seinem Wahlkreis zu dienen, wenn er seine Erwerbstätigkeit aufgibt, um den Interessen des Landes zu dienen. 5. Gleiche Wahlkreise, die dieselbe Anzahl Vertreter für dieselbe Anzahl Wähler sichern, – anstatt dass kleine Wahlkreise die Stimmen von größeren überwältigen dürfen. 6. Jährliche Legislaturperioden, als wirksamste Einschränkung von Bestechung und Einschüchterung, weil zwar ein Wahlkreis alle sieben Jahre einmal gekauft werden könnte (selbst bei geheimer Wahl), aber keine Geldbörse einen Wahlkreis (bei allgemeinem Wahlrecht) alle 12 Monate erneut kaufen könnte; und weil Abgeordnete, die nur für ein Jahr gewählt werden, außerstande wären, ihre Wähler so zu missachten und zu verraten wie heute.

M. Vester (Hg.): Die Frühsozialisten 1789–1848. Bd. 1. Reinbek b. Hamburg 1970, S. 124

a) Kennzeichnen Sie die Missstände des geltenden Wahlrechts, die der Text deutlich macht.
b) Was für eine politische Ordnung schwebt den Antragstellern vor? Vergleichen Sie damit die Verfassungswirklichkeit heutiger westlicher Demokratien.

Q 27 Restaurative Kritik an der Presse

Aus einem Bericht des Ministerrats an den französischen König Karl X. (König 1824–1830) vom 25. Juli 1830:

Zu allen Zeiten ward in der Tat die periodische Presse nur ein Werkzeug der Unordnung und des Aufstandes, und es liegt in ihrer Natur, nur ein solches Werkzeug zu sein. [...] Sie bemüht sich, durch unterhaltende, ausdauernde, täglich wiederholte Anstrengungen alle Bande des Gehorsams und der Subordination locker zu machen, die Hilfsmittel der Autorität des Staates zu schwächen, sie in der Meinung der Völker zu erniedrigen und ihr allenthalben Verlegenheit und Widerstand zu erregen. [...] Dies ist noch nicht alles. Die Presse trachtet nach nichts Geringerem, als die Souveränität zu unterjochen und in die Staatsgewalt Eingriffe zu machen. Vorgebliches Organ der öffentlichen Meinung, trachtet sie die Debatten der beiden Kammern zu leiten; und es ist unbestreitbar, dass sie das Gewicht eines ebenso nachteiligen als bestimmten Einflusses dahin bringt. [...]

Es ist Zeit, es ist mehr als Zeit, diesem Übelstande ein Ziel zu setzen. Es gibt hierzu nur ein Mittel, nämlich das, auf die Charte zurückzukommen. Sind die Ausdrücke des 8. Artikels [Anm. Charte, Art. 8: Die Franzosen haben das Recht, ihre Meinungen zu veröffentlichen und drucken zu lassen, wobei sie sich nach den Gesetzen zu richten haben, die die Missbrauche dieser Freiheit unterdrücken sollen.] doppelsinnig, so ist sein Geist klar. Es ist gewiss, dass die Charte die Freiheit der Journale und periodischen Schriften nicht gewährt hat. Das Recht, seine persönliche Meinung zu äußern, schließt sicher nicht das Recht in sich, die Meinungen anderer auf dem Wege einer Unternehmung zu publizieren. [...] Der Art. 14 [Anm. Art. 14: Der König [...] trifft die zur Ausführung der Gesetze und für die Sicherheit im Staat erforderlichen Bestimmungen und Verordnungen] bekleidet Eure Majestät mit einer hinlänglichen Gewalt. [...] Der Augenblick ist gekommen, zu Maßregeln Zuflucht zu nehmen, die im Geiste der Charte, aber außerhalb der gesetzlichen Ordnung liegen.

O. Jäger/F. Moldenhauer (Hg.): Auswahl wichtiger Aktenstücke zur Geschichte des 19. Jahrhunderts. Berlin 1893, S. 124ff.

a) *Unter welchem Blickwinkel sieht der Ministerrat die öffentliche Meinung? Welche Motive unterstellt er der Presse?*

b) *Beurteilen Sie die von den Ministern empfohlene Auslegung der Verfassung.*

Q 28 Der „Bürgerkönig“

Louis-Phillipe, oftmals „Bürgerkönig“ genannt, wirft seine Krone in die Waagschale. Dennoch neigt sich die Waage der Justitia zugunsten der Republik. – Undatierte Litografie von Charles Joseph Travies de Villers.

Wer unterstützte den „Bürgerkönig“? Und aus welchen Motiven? Die Karikatur enthält Hinweise zur Beanwortung dieser Fragen.

Q 29 Liberalismus: vernünftiger Gebrauch der Freiheit

Der liberale württembergische Abgeordnete und politische Schriftsteller Paul Pfizer (1801–1867) über den Liberalismus (1831):

Der Liberalismus ist es, der den erwachten Geist der Freiheit auf vernünftige Prinzipien zurück- und seinem höhern Ziel entgegenführt oder, wo er noch schlummert, durch bildende Institutionen und durch Aufklärung des Volks über seine Rechte und Interessen ihn zu wecken sucht. Er will den trüb gewordenen Strom der Menschensatzungen von seinem Schlamm säubern und das verdorbene, verfälschte Recht aus seinem ewig frischen, immer reinen Urquell, der Vernunft, erneuern. Eben deshalb bleibt auch sein letztes Ziel, auf dem Wege naturgemäßer Entwicklung des Volkslebens die Stufe zu erreichen, auf welcher die höchste und die gleichste Freiheit aller möglich ist. Welcher Grad von Freiheit und von Gleichheit aber möglich sei, ist nach der Verschiedenheit des Nationalcharakters, der Kulturperiode und der übrigen Momente des Volkslebens sehr verschieden. Dieselben Institutionen, welche bei einem gebildeten Volke die Schutzwehr aller Freiheit und die Lebensbedingungen des Fortschritt sind, Pressfreiheit, Volksvertretung, Schwurgerichte, Nationalbewaffnung, können bei einem ungebildeten, noch auf der Kindheitsstufe der Entwicklung stehenden Volke eine Quelle der Zerrüttung und Gesetzlosigkeit, ein Werkzeug der Gewalt und Unterdrückung werden, und von der bloß privatrechtlichen Freiheit und der rein passiven Gleichheit eines von jeder Teilnahme an der Staatsgewalt ausgeschlossenen

Volks bis zur demokratischen Selbstregierung liegt eine weite Stufenreihe liberaler Institutionen in der Mitte, von denen der vernünftige Liberalismus keine weder unbedingt verwerfen, noch für die absolut heilbringende erklären wird. […]

[…] Dass unter dem gleichen Rechte und der gleichen Freiheit aller, welche der Liberalismus fordert, nicht die äußerliche Gleichheit von Besitz und Macht gemeint sein könne, indem Rechtsgleichheit himmelweit verschieden ist von materieller Gleichheit des Besitzes, und die bleibende Durchführung der letztern ohne einen die Freiheit des Verkehrs, des Eigentums und der Verträge vernichtenden Despotismus gar nicht denkbar wäre, – dies wird zwar allmählich von den Gegnern des Liberalismus ebensogut, als von den Liberalen selbst eingesehen.

G. Küntzel (Hg.): Paul Achatius Pfizer. Politische Aufsätze und Briefe. Stuttgart 1924, S. 2f.

a) Wo sieht Pfizer die Widersacher des Liberalismus?
b) Erörtern Sie Pfizers Angriff auf die Gleichheit.

Q 30 Grafik aus dem liberalen Badischen Volksblatt (1832)

Stufenleiter
des constitutionellen Lebens in Baden.
Tabellarisch dargestellt am 29. August 1832.

1. Aufhebung des Straßengeldes. 22. April 1830.
2. Aufhebung der Straßenbau-, Militär- und Gerichtsfrohnden. 28. Mai 1831.
3. Wiederherstellung der Verfassung. 13. Juni 1831.
4. Aufhebung der Herrenfrohnden. 28. Dezember 1831.
5. Aufhebung des Blutzehnten. 28. Dezember 1831.
6. Aufhebung des Neubruchzehnten. 28. Dezember 1831.
7. Preßgesez. 28. Dezember 1831.
8. Gesez über die Ehrenkränkungen. 28. Dez. 1831.
9. Gemeindeordnung. 31. Dezember 1831.
10. Verbot der Adressen an die Bundesversammlung. 3. Dezember 1831.
11. Verbot der Zeitschrift: das konstitutionelle Deutschland. 3. Dezember 1831.
12. Verbot der deutschen Tribüne, des Westboten und der neuen Zeitschwingen. 31. März 1832.
13. Verbot der Adressen. 19. Mai 1832.
14. Verbot der Volksversammlungen und öffentlichen Reden. 5. Juni 1832.
15. Verbot der Vereine zu politischen und andern Zwecken. 5. Juni 1832.
16. Verbot des Freisinnigen und des Wächters am Rhein. 24. Juli 1832.
17. Aufhebung des Preßgesezes. 28. Juli 1832.
18. Verkündung der Bundesbeschlüsse vom 28. Juni, über die Rechte der deutschen Landstände.

Erläutern Sie die auf- und die absteigende Linie des politischen Lebens in Baden zwischen 1830 und 1832. – Welches waren die markanten Ereignisse dieser Jahre?

Q 31 Demokratisch-republikanisches Denken im Vormärz

Philipp Jakob Siebenpfeiffer (1789–1849), politischer Schriftsteller, war einer der Initiatoren und Hauptredner des Hambacher Festes von 1832. Er wurde dafür verhaftet und vor Gericht gestellt. In seiner Verteidigungsrede hieß es:

Was mich betrifft, ich bin Republikaner von ganzer Seele; nicht bloß der Theorie nach, sondern ich halte die Repräsentativ-Republik für die einzige Staatsform, die einem großem Volk, das seine Würde fühlt, geziemt, für die alleinige, die heute möglich. Sie allein kann freies Denken, freies Handeln geben, somit den Zweck der Völkerbewegung erfüllen. Die konstitutionelle Monarchie, welche Republik und Fürstlichkeit vereinen soll, ist mir praktisch ein Unding. Nur ein Wille kann Staaten regieren; jene stellt aber einen zweifachen auf: den Willen des Monarchen und den Willen des Volkes. So entsteht ein Doppelprinzip, das sich selbst feindselig bekämpft. […] Man flüstert auch von Güterteilung, von Beraubung der Reichen zugunsten der Armen. Dergleichen gewaltsame Maßregeln könnten nur für kurze Zeit fruchten. Ungleichheit des Besitzes liegt in der Natur, welche die Menschen mit ungleichen Kräften und Neigungen ausstattet. […] Die Gütergemeinschaft ist eine Schimäre. Soll man aber darum einer andern Staatsordnung das Wort reden, wo die Gesamtheit nur für etliche Familien keucht und schwitzt; wo die unermessliche Mehrheit kaum die

Mittel zur Befriedigung der untersten Bedürfnisse des Leibes erübrigt, indes die Minderzahl in Müßiggang, im Übermut des Überflusses schwelgt […]? Nein, eine solche Staatseinrichtung ist naturwidrig, ist gottlos! Darum will ich eine andere, will ich ein bares Gemeinwesen, eine Staatsordnung, die jedem das Seinige sichert.

F. Federici (Hg.): Der deutsche Liberalismus. Zürich 1946, S. 142 ff.

a) Worauf gründet der Redner seine Hoffnungen auf eine deutsche Republik?

b) Vergleichen Sie seine Staatsvorstellung mit der der Liberalen (Q 29).

Q 32 Politischer Widerstand aus Gewissensgründen

Jacob Grimm (1785–1863), einer der „Göttinger Sieben", über die Vorgänge von 1837:

Wie ein ruhig wandelnder Mann in ein Handgemenge gerät, aus dem ein Ruf erschallt, dem er auf der Stelle gehorchen muss, sehe ich mich in eine öffentliche Angelegenheit verflochten, der ich keinen Fußbreit ausweichen darf, nicht erst lange umblicken, was Hunderttausende tun oder nicht tun, die gleich mir zu ihrer Aufrechterhaltung verbunden sind. […] Wie allseitig musste also die Universität von der Kunde ergriffen werden, dass die Verfassung des Landes dem Umsturz ausgesetzt sei. Unter den Professoren taten sich bald verschiedenartige Gruppen hervor; die Charaktere, wie mein Bruder treffend bemerkte, fingen an, sich zu entblättern gleich den Bäumen des Herbstes bei einem Nachtfrost; da sah man viele in nackten Reisern, des Laubes beraubt, womit sie sich in dem Umgang des gewöhnlichen Lebens verhüllten. […] In so peinlicher, vielberatener und hingehaltener Lage entschied sich endlich eine geringe Zahl Beherztgebliebener, das Eis des Schweigens zu brechen, dessen Rinde hart und schmählich das ganze Land überzogen hatte. Unsere Erklärung an das Kuratorium war den 17. November abends entworfen worden, noch wussten wir nicht, ob sie am folgenden Tag von fünf oder von sieben oder von dreizehn unterschrieben abgehen sollte. Sieben Namen standen am Schluss der am 18. November entsandten Ausfertigung. Jeder war auf seinem Wege mit völliger Unabhängigkeit des Geistes zu der Überzeugung gelangt, welche die Protestation aussprach. […]

Jacob Grimm über seine Entlassung. Frankfurt a. M. 1964, S. 8 ff.

a) Welche Beweggründe für sein Verhalten gibt Jacob Grimm an?

b) Überlegen Sie, warum die Göttinger Sieben so viel Aufsehen erregten.

Q 33 „Ruhe ist die erste Bürgerpflicht"

Der Dichter Ludwig Börne (1786–1837) über die deutschen Zustände (1826):

Wer von uns den Jüngsten Tag erlebt, wird viel zu lachen bekommen. Was Gott unter zwanzig Bogen spricht, wird zensiert werden, und wenn die Welt brennt und das Fett schmilzt von den Sündern herab, wird die Polizei bekanntmachen: „Unruhestifter haben das Gerücht verbreitet, es sei heiß in der Welt; aber das ist eine hämische Lüge, das Wetter war nie kühler und schöner gewesen. […] Man bleibe ruhig! Ruhe ist die erste Bürgerpflicht." Und dann wird die ganze Welt deutsch sein.

L. Börne: Werke, Bd. 1. Berlin o. J., S. 325

a) Welcher Stilmittel bedient sich der Autor?

b) Erläutern Sie die Anspielungen auf zeitgenössische Umstände.

3. Nationale Bewegungen

Bewusstsein, Selbstbestimmung, Einheit Das „nationale Erwachen" (ital. „risorgimento"), die Entdeckung vieler Menschen, einer Nation mit einer eigenen Geschichte und einem politischen Anspruch in der Gegenwart zuzugehören, stand am Anfang jeder nationalen Bewegung. Besonders bedeutsam war es für jene Völker, die nicht in einem eigenen oder einem einheitlichen nationalen Staat lebten. Charakteristisch für diesen Risorgimento-Nationalismus war die große Rolle, die kulturpolitische Aktivitäten spielten: die Pflege nationaler Kunst und Literatur, Geschichtsschreibung und Publizistik; die Gründung von Museen, Theatern, Universitäten und Schulen.
Nationale Selbstbestimmung konnte sich in unterschiedlichen Stufen verwirklichen: als staatlich garantierte Bewahrung nationaler Eigenarten, Rechte, Institutionen (insbesondere die Zulassung der Muttersprache als Amts- und Unterrichtssprache); als Selbstverwaltung und Selbstregierung innerhalb eines größeren Staatsverbandes (Autonomie); als volle staatliche Unabhängigkeit und Souveränität. Die nationale Einheit war ein vordringliches Ziel all der Völker, die staatlich getrennt lebten (wie Deutsche, Italiener, Polen) oder deren Nationalstaat nicht alle Volksangehörigen umfasste (wie Griechenland nach der Erringung seiner Unabhängigkeit 1829).

Organisationsformen Die nationalen Kräfte formierten sich auf unterschiedliche Weise. Wo es Parlamente oder Ständeversammlungen gab, kam es zu nationalen Fraktionsbildungen (so die Iren im englischen Parlament, die Flamen und Wallonen in der niederländischen Kammer). In Irland und den südlichen Niederlanden organisierte die katholische Kirche Massenbewegungen, die mit Petitionen, Straßendemonstrationen und Volksversammlungen die Regierungen unter Druck setzten.
Die meisten Mitglieder hatten die vielerlei Vereine und Verbände. Da fast alle europäischen Staaten politische Vereine verboten hatten, konzentrierte sich die nationale Bewegung auf kulturelle und der Geselligkeit dienende Zusammenschlüsse wie Gesangs-, Schützen- und Turnvereine, Literatur-, Geschichts-, Museums- oder Theaterzirkel. Eine wichtige Rolle spielten auch studentische Verbindungen, in erster Linie die „Deutschen

Zwei Frauen nähen heimlich eine italienische Trikolore. Sie war das Symbol der italienischen Einheit.

Burschenschaften"; diese erregten wegen ihrer betont nationalpatriotischen Ausrichtung seit ihrer Gründung 1815 das Misstrauen der Regierungen, wurden 1819 als „demagogische Bewegung" verboten und bestanden seitdem an vielen Universitäten als geheime Vereinigungen weiter.
Angesichts der staatlichen Verfolgungen gewannen solche Geheimbünde in der nationalen Bewegung zeitweilig große Bedeutung. Bekannt wurden die griechische „Hetairia" („Vereinigung von Freunden"), die italienischen „Carbonari" („Köhler") sowie die mehrheitlich aus Literaten bestehenden Zusammenschlüsse des „Jungen Italien", „Jungen Deutschland", „Jungen Polen". Sie druckten Zeitungen und Flugblätter, verübten Attentate und Überfälle, bereiteten Aufstände vor; viele Mitglieder zahlten für ihren Mut mit langjähriger Gefängnishaft. In Griechenland, auf dem Balkan, in Italien knüpften solche Geheimbünde an die Tradition des Banditentums an, das sich, in einer Grauzone zwischen Kriminalität und Sozialprotest, im Guerillakampf gegen die Fremdherrschaft unentbehrlich machte.
Viele nationalpolitische Aktivitäten wurden von Emigranten gesteuert, die als politische Flüchtlinge in der Schweiz, in Frankreich, Belgien, England Unterschlupf fanden. Auslandsgriechen lösten den griechischen Freiheitskampf aus. Nach dem Scheitern des polnischen Aufstandes von 1830/31 war die „Große Emigration" in Westeuropa eine Zeit lang der Mittelpunkt des polnischen Nationalismus.

Griechischer Unabhängigkeitskampf Seit dem 14. Jahrhundert lebten die Griechen unter osmanischer Herrschaft. Wie die übrigen südosteuropäischen Völker waren sie als Christen Untertanen minderen Rechts und ohne jede politische Selbstbestimmung. Mit dem Rückgang der türkischen Macht im 18. Jahrhundert wuchs der Einfluss Russlands, das sich zum Schutzherrn der orthodoxen Kirche aufwarf und alle Bemühungen unterstützte, die zur Schwächung des osmanischen Widersachers beitrugen. Auf russischem Boden entstanden griechische Organisationen, die den Freiheitskampf vorbereiteten. Unter der Führung des Fürsten Alexander Ypsilanti wagten sie 1821 einen bewaffneten Einfall in türkisches Gebiet, wurden aber schnell besiegt. Dennoch war dieser Angriff der Auftakt für einen großen Volksaufstand in der Peloponnes. Unter der Führung von Klerikern, Adligen und angesehenen Kaufleuten metzelten griechische Bauern, Handwerker, Seeleute die verhassten Türken zu Tausenden nieder. Es begann ein langer, von beiden Seiten gnadenlos geführter Guerillakrieg, der viele Menschenleben forderte und ganze Landstriche verwüstete und entvölkerte. Ein Großteil des gebildeten Europa ergriff in philhellenischer Begeisterung die Partei der griechischen Aufständischen und schickte Geld, Waffen, Freiwillige. Aber erst als die Großmächte Russland, Großbritannien und Frankreich zugunsten der bedrängten Griechen in den Kampf eingriffen, musste sich der Sultan geschlagen geben und die griechische Unabhängigkeit anerkennen (1829). Das neue Königreich Griechenland umfasste jedoch nur einen Teil des griechischen Siedlungsgebietes, und seine Politik blieb in den nächsten Jahrzehnten darauf gerichtet, den Kampf gegen die Türken fortzusetzen und die nationale Einigung zu vollenden.

Polnischer Aufstand 1830/31 Seit dem Wiener Kongress war es das Ziel der polnischen Patrioten, die vierte polnische Teilung rückgängig zu machen und die nationale Unabhängigkeit wiederherzustellen. Die besten Aussichten dafür boten sich im russischen Teilungsgebiet, dem „Königreich Polen". Hier hatte der Zar seinen polnischen Untertanen beträchtliche Autonomierechte gewährt: eine eigene Volksvertretung („Sejm"), ein eigenes Heer, eine Regierung unter einem polnischen Statthalter. So glaubte sich die adelig-großbürgerliche Führungsschicht in der Lage, die russische Herrschaft in einem regelrechten Krieg abschütteln zu können. Aber der im November 1830 ausgelöste Aufstand endete mit einer Niederlage, weil die polnische Führung unter Fürst Czartoryski ihre Kräfte überschätzte und es versäumte, die Masse der nach wie vor erbuntertänigen Bauern durch wirtschaftliche und soziale Zugeständnisse für die nationale Sache zu gewinnen. Das Strafgericht der zaristischen Regierung war hart: die polnischen Autono-

Novemberaufstand 1830/31. – Warschauer Bürger befestigen ihre Stadt gegen den Angriff der russischen Armee.

mierechte wurden aufgehoben, Sejm und Heer abgeschafft, die Universitäten Warschau und Wilna auf Jahrzehnte geschlossen. Die am Aufstand Beteiligten verloren ihren Besitz und mussten, soweit sie nicht hatten fliehen können, ins Gefängnis oder in die Verbannung gehen. Nur die Bauern blieben ungeschoren.

Der russischen Armee gelang die Niederwerfung des Aufstandes auch deswegen, weil die beiden anderen Teilungsmächte Preußen und Österreich gewaltsam alle Versuche polnischer Patrioten unterbanden, den aufständischen Landsleuten zu Hilfe zu kommen. Fortan änderte die Berliner Regierung ihre bis dahin polenfreundliche Politik: Sie ersetzte den polnischen Statthalter im Großherzogtum Polen durch einen deutschen Oberpräsidenten und führte Deutsch als verbindliche Amtssprache ein. Ein Putschversuch 1846 wurde vorzeitig unterbunden und mit drakonischen Strafen, darunter 8 (freilich nicht vollstreckten) Todesurteilen, geahndet. So sah sich die nationalpolnische Opposition nunmehr endgültig genötigt, ihre Aktivitäten ins Ausland, vornehmlich nach Paris, zu verlagern.

Q 34 Nationale Einheit und Einigkeit

Aus den „Grundsätzen und Beschlüssen" der Deutschen Burschenschaft (1817):

1. Ein Deutschland ist, und ein Deutschland soll sein und bleiben. Je mehr die Deutschen durch verschiedene Staaten getrennt sind, desto heiliger ist die Pflicht für jeden frommen und edlen deutschen Mann und Jüngling, dahin zu streben, dass die Einheit nicht verloren gehe und das Vaterland nicht verschwinde.

12. Die Sehnsucht nach Kaiser und Reich ist ungeschwächt in der Brust jedes frommen und ehrlichen deutschen Mannes und Jünglings und wird bleiben, solange die Erinnerung an Kaiser und Reich nicht verschwunden und das Gefühl der Nationalehre nicht ausgetilgt und die Betrachtung der Lage des Vaterlandes zu anderen Völkern und Ländern nicht vernichtet ist. Es ist die Pflicht jedes frommen und ehrlichen deutschen Mannes und Jünglings, diese Sehnsucht in sich selbst zu nähren und in anderen zu erregen. Der Deutsche Bund aber, welchen die souveränen Fürsten und Freien Städte Deutschlands miteinander abgeschlossen und dessen Urkunde sie geschrieben haben, ist in Ehren zu halten als ein großes Gut, weil er auf den heiligen ungeschriebenen deutschen Bund hinweist, der uns alle einigen soll. [...]

24. Der 13. Artikel der Urkunde des deutschen Bundes: „In allen Bundesstaaten wird eine landständische Verfassung stattfinden", enthält die feierliche Bestimmung, dass in keinem deutschen Staate die Willkür herrschen soll, sondern das Gesetz. Der 13. Artikel kann keinen anderen Sinn haben, als dass das Deutsche Volk durch frei gewählte, und aus seiner Mitte frei gewählte Vertreter unter der Sanktion der deutschen Fürsten seine Verhältnisse ordnen, die Gesetze beschließen, die Abgaben bewilligen soll.

H. Haupt (Hg.): Quellen und Darstellungen der deutschen Burschenschaft und der deutschen Einheitsbewegung. Bd. 4. Heidelberg 1913, S. 117ff.

a) Welche Textstellen dürften von den Regierungen der Restaurationszeit beanstandet worden sein? Warum?

b) Nehmen Sie Stellung zu dieser Auslegung des Artikels 13 der Bundesakte.

Q 35 „Wir – die Nachkommen der edlen und klugen Völker von Hellas"

Aus der Unabhängigkeitserklärung der griechischen Nationalversammlung (1822):

Wir, die Nachkommen der edlen und klugen Völker von Hellas, wir, die wir Zeitgenossen der aufgeklärten und zivilisierten Völker Europas sind, wir, die wir die Vorteile, die jene unter dem Schutz der unüberwindlichen Ägide des Rechts genießen, von Ferne beobachten, können um unserer Selbstachtung willen nicht länger das Joch der ottomanischen Macht ertragen, die uns seit mehr als 400 Jahren bedrückt – einer Macht, die für Gründe taub ist und kein anderes Recht kennt als ihren eigenen Willen, die willkürlich befiehlt und anordnet. Aufgrund dieser fortdauernden Sklaverei haben wir beschlossen, zu den Waffen zu greifen, um uns und unser Land zu rächen für eine schreckensreiche, ihrer Natur nach frevlerische Tyrannis, für eine beispiellose Despotie, unvergleichbar jeder anderen Herrschaft. Der Krieg, den wir gegen die Türken führen, ist nicht der einer Partei oder das Resultat einer Meuterei, er wird nicht geführt, um Vorteile für irgendeinen einzelnen Teil des griechischen Volkes zu gewinnen: Es ist ein nationaler Krieg, ein heiliger Krieg, ein Krieg mit dem Ziel, die Rechte der persönlichen Freiheit, des Eigentums und der Ehre zurückzuerobern – [...].

H. Kohn: Von Machiavelli zu Nehru. Freiburg 1964, S. 117f.

Griechischer Freiheitskampf 1821–29: Landung des französischen Hilfskorps auf Morea (Peloponnes) am 29. August 1828. Feierlicher Einzug in eine Ortschaft. Zeitgenössische Illustration

a) Worauf gründen die Griechen ihre nationale Identität?

b) Welche Beweggründe für die Unabhängigkeit nennt die Erklärung? An welche Traditionen knüpft sie an?

Q 36 Polen – Eigentum des Zaren

Aus einer Ansprache des Zaren Nikolaus I. (1825–1855) an eine polnische Delegation in Warschau (1835):

Ihr habt mich zu sehen gewünscht, hier bin ich. Ich lasse euch nicht reden, weil ich nicht will, dass ihr mir dieselben Lügen wiederholt, die ich vor sechs Jahren hörte, als ich hierher kam, um mich zum König von Polen krönen zu lassen. Aber hier unter vier Augen will ich mich euch gegenüber erklären, und da es das letzte Mal ist, dass ich mit euch sprechen werde, werde ich offen reden. Der verstorbene Kaiser hatte auf Kosten Russlands Polen zum höchsten Gipfel des Gedeihens und des Glücks erhoben. Ich bin seinen Spuren gefolgt. Ich habe meine Schwüre treu gehalten, aber ihr habt alles umgestürzt, ihr habt verraten – mich, meine Familie und euer Vaterland, und ihr habt das Unglück eurer Kinder herbeigeführt. Trotz allem, was ihr sagen mögt, weiß ich, dass ihr noch dieselben revolutionären Gedanken im Kopf habt; aber denkt daran, dass es hier eine Zitadelle gibt, die ich nur gegen euch erbaut habe und die in 24 Stunden eure Stadt zu Asche machen würde, und gewiss werde ich es nicht sein, der sie wieder aufbauen wird. Trotz allem hege ich keinen Groll wegen dessen, was geschehen ist. Ich habe alles Üble vergessen wollen, was ihr gegen mich persönlich getan habt, aber der Kaiser vergisst nicht. Ich will nur das Beste Polens, und es hängt nur von euch ab, sich dessen würdig zu machen (hier verbeugten sich die Deputierten) – verbeugt euch nicht, ich glaube euch nicht! Der Fürst-Marschall kennt meine Absichten, und ihr müsst ihm in allen Dingen gehorchen. Lasst dieses fiktive und schimärische Polen fahren, das immer das Unglück eures Landes war, und denkt nur daran, loyal eure Pflicht zu erfüllen. Erzieht eure Kinder zur Religion, zum Gehorsam gegen die Regierung, und ich werde an euer materielles Wohl denken.

V. Gitermann: Geschichte Russlands. Bd. 3. Frankfurt a. M. 1965, S. 551

a) Wie geht der Zar mit den Delegierten um?
b) Wie denkt er über die nationalen Bestrebungen der Polen?

Q 37 „Nützliche Söhne des Vaterlandes"

Der polnische Historiker Joachim Lelewel, Teilnehmer des Aufstandes 1830/31, über den polnischen Unabhängigkeitskampf (1847):

Diejenigen, die auf ihrem heimatlichen Boden das Mannesalter erreichen, sollten daheim bleiben, um bei günstiger Gelegenheit die Waffen zu ergreifen; denn Polen wird nur innerhalb der Grenzen seines eigenen Gebietes wiederhergestellt werden. Wehe dem Volk, das die Hoffnung seiner Unabhängigkeit auf den Schutz einer fremden Macht setzt; ein solches wird niemals frei, niemals unabhängig werden, es wird stets geknechtet und unterdrückt bleiben. Die Erfahrung hat bewiesen, dass nichts so nachteilig ist, wie allzuviel Hoffnung auf diplomatischen Beistand. [...] Vierzig Jahre im Leben der Nationen sind nur eine kurze Spanne, auch erfordert die schmachvolle Arbeit der Wiedergeburt mehrere Jahre. Ihr wachset heran, meine Freunde, und vielleicht tretet ihr gerade in der heißesten Zeit, die eure Dienste verlangen wird, in die Reife der Jahre. Bedenket dies und bildet euch zu nützlichen Söhnen des Vaterlandes, zu Männern, die aufgeklärter und beharrlicher sind als jene, die in der Vergangenheit so viele Fehler begangen haben. [...] Alsdann werdet ihr mir die Bitterkeit des Exils versüßen, indem ihr mich überzeugt, dass ich mit diesem kleinen Werke der Sache unserer Nation noch einen Dienst geleistet habe. Gedenket der Vergangenheit, bewahret die Heiterkeit eures Geistes und wiederholet, was eure Väter gesungen: „Noch ist Polen nicht verloren, in uns lebt sein Glück."

St. Hafner u. a. (Hg.): Slawische Geisteswelt. Bd. 2. Baden-Baden 1959, S. 188

a) Worin sieht der Verfasser die Fehler seiner Generation?
b) Welche politische Strategie empfiehlt er den Jüngeren?

4. Soziale Protestbewegungen

Industrialisierung und Bevölkerungszunahme Der Übergang von der altständischen Agrar- in die kapitalistische Industriegesellschaft und die damit einhergehende explosionsartige Zunahme der Bevölkerung schufen wirtschaftliche und soziale Probleme, mit denen die bestehenden politischen Regime lange Zeit nicht fertig wurden. Trotz einer ständigen Steigerung der Nahrungsmittelerzeugung, trotz enormen technischen Fortschritten und einer erheblichen Ausweitung der gewerblichen Produktion reichte in den meisten Ländern die Wirtschaftskraft nicht hin, um Hunger, Not und Arbeitsmangel abzuwenden. Die Zeit der Frühindustrialisierung (1820–1850) wurde zu einem Zeitalter der Massenarmut, des „Pauperismus". 1816/17 und vor allem 1846/47 führten Missernten zu Hungersnöten, an denen fast eine Million Menschen starben. Zu Beginn der 1830er-Jahre wütete eine Cholera-Epidemie, der vor allem die von chronischer Unterernährung geschwächten Menschen zum Opfer fielen. Die von der Dauerkrise Heimgesuchten reagierten unterschiedlich: mit der fatalistischen Haltung äußerster Sparsamkeit und Bedürfnislosigkeit; mit vermehrten Anstrengungen, vor allem langen Arbeitszeiten und Frauen- und Kinderarbeit; mit der Auswanderung nach Übersee; mit Notstandskriminalität (hauptsächlich Eigentumsdelikten); mit sozialem Aufruhr und Protest; mit genossenschaftlichen Selbsthilfeeinrichtungen; mit politischer Mobilisierung und Organisation.

Widerstand und Protest Die zahlreichen Protest- und Widerstandsaktionen des Vormärz entwickelten sich ausnahmslos aus chronischen oder akuten Notsituationen. Sie waren so gut wie nie von langer Hand geplant, hatten nur selten klar umrissene Ziele, liefen ohne feste Organisation und Führung ab und beschränkten sich vorwiegend auf den lokalen Bereich. Auf dem Lande drehten sich die Unruhen fast immer um Nutzungsrechte am ehemaligen Gemeinbesitz, um Abgaben und Dienstleistungen an die Grundherren, um das Verhalten der Verwaltung und Polizei. Handwerker lehnten sich für oder gegen Zunftbeschränkungen auf, verweigerten Steuerzahlungen, forderten ein gerechteres Preis-Einkommens-Verhältnis. Arbeiter rebellierten gegen Hungerlöhne, überlange Arbeitszeiten, ungerechte Entlassungen, Gesundheits- und Lebensrisiken am Arbeitsplatz. Viele Protest- und Gewaltaktionen verrieten Rat- und Hilflosigkeit gegenüber einer in ihren Ursachen schwer durchschaubaren Notlage. Die „Ludditen" (unzufriedene Arbeiter) in England zerschlugen 1811 Maschinen und Fabrikeinrichtungen – ein irrationaler Akt der Verzweiflung gegenüber einer modernen Technik, die sie als bedrohlich empfanden.

Weberaufstände Die Notlage der Leinenweber in Ostwestfalen und Schlesien, die als Handarbeiter mit der Produktivität der modernen maschinellen Webstühle nicht Schritt halten konnten und trotz immer längerer Arbeitszeiten immer niedrigere Verkaufserlöse erzielten, entlud sich 1844 im schlesischen Weberaufstand. Die Weber verprügelten einige verhasste Buchhalter und plünderten die Wohnhäuser von Fabrikanten und Verlegern, denen sie Ausbeutung und Lohndrückerei vorwarfen. So berechtigt ihre Empörung im Einzelfall sein mochte, und so sehr die Profitmacherei der Kapitalgeber die Not der Heimarbeiter verschärfte, so wenig lag hier die Wurzel des Übels. Preußisches Militär warf den Aufstand schnell nieder, und die Gerichte verhängten hohe Strafen.

Frühsozialismus Im Unterschied zu den Not leidenden Bauern, Handwerkern, Arbeitern suchten die Frühsozialisten – Intellektuelle, Philanthropen, Handwerker – das Übel an der Wurzel zu packen und von den spontanen Einzelaktionen zu einer langfristigen, auf Ursachenerfassung gegründeten Strategie zu gelangen. Eine durchgreifende Besserung erwarteten sie von einer gerechteren Verteilung der erwirtschafteten Güter, vor allem aber von einem Gesinnungswandel der Menschen. Ihre Hoffnungen setzten sie auf die „Assoziation", den genossenschaftlichen und gemeinnützigen Zusammenschluss der Produzenten, die sich entweder aus eigener Kraft organisierte oder vom Staat eingerichtet wurde. Das im Entstehen begriffene industriekapitalistische Wirtschafts- und Gesellschaftssystem sollte reformiert, nicht – wie Marx später forderte – abgeschafft werden.

Selbsthilfe der arbeitenden Klassen Seit 1825 entstanden in Großbritannien gewerkschaftliche Organisationen, während auf dem Kontinent weder der konservative noch der liberale Staat Zusammenschlüsse von Arbeitern duldeten. Hier hatten lediglich Arbeiterbildungsvereine eine Chance, die sich der individuellen beruflichen Förderung ihrer Mitglieder verschrieben. Viele von ihnen wurden dennoch verboten und mussten ins westliche Ausland ausweichen, wo hier und dort auch konspirative Geheimbünde entstanden. Einer davon war die „Gesellschaft der Menschenrechte", in deren Namen der Dichter Georg Büchner (1813–1837) 1834 den „Hessischen Landboten" schrieb, eine leidenschaftliche Anklage gegen die Unmenschlichkeit der Gesellschaft; ein anderer war die von Louis Blanqui (1805–1881) gegründete „Gesellschaft der vier Jahreszeiten" in Frankreich, deren Putschversuch 1839 mit hohen Kerkerstrafen für die Putschisten endete. Aber selbst den vorzüglich organisierten englischen Arbeitern gelang es mit ihrer Chartistenbewegung (S. 39) nicht, die herrschenden Klassen zu Zugeständnissen zu bewegen.

Staatliche Sozialpolitik Die Regierungen reagierten auf die sozialen Proteste zumeist mit Polizei- und Militärmacht, härterer Unterdrückung und verstärkter Sozialdisziplinierung, aber nur zögernd mit begrenzten Hilfsmaßnahmen und Reformen. Wo die Unruhen gefährliche Ausmaße annahmen, erhielten die Soldaten Schießbefehl. Das britische Parlament scheute sich 1817 nicht, die Habeas-Corpus-Akte von 1677 aufzuheben, um der Sozialrebellen besser Herr werden zu können. Das „Poor Law" von 1834 machte mit der bisherigen Praxis von Unterstützungszahlungen an Bedürftige Schluss und verfügte die Einrichtung von Armenhäusern, die den Notleidenden bei kümmerlichem Lohn und gefängnisähnlichen Existenzbedingungen ein Überleben auf niedrigstem Niveau ermöglichen sollten. Preußen suchte nach Abhilfe, indem es alle Einschränkungen der Freizügigkeit aufhob und dadurch die Chancen eines freien Arbeitsmarktes zu fördern suchte. In England, Frankreich, Deutschland traten erste Sozialschutzgesetze in Kraft. England beschränkte 1842/1844 die Kinder- und Frauenarbeit in Fabriken und erklärte 1847 den 10-Stunden-Arbeitstag zur Norm. Frankreich verbot 1841 die Fabrikarbeit von Kindern unter 8 Jahren. Ein preußisches Regulativ von 1839 untersagte die Fabrikarbeit von Kindern unter 9 Jahren und schrieb für Kinder und Jugendliche bis zu 16 Jahren eine tägliche Höchstarbeitszeit von 10 Stunden vor.

Frühindustrielle Eisenverarbeitung. – Außen- und Innenansicht einer Schmiede bei Châtillon-sur-Seine. Im Hintergrund des rechten Bildes ist ein Eisenhammer zu sehen. Étienne Bouhot (1780–1862), Öl auf Leinwand (1823)

Q 38 Ordnung in den englischen Arbeitshäusern

Aus der „Allgemeinen Ordnung" für Arbeitshäuser (1841):

Jeder Arme, der es versäumt, die in dieser Ordnung enthaltenen Regelungen, die sich auf ihn beziehen und ihn binden, zu beachten –
Oder der Lärm macht, wenn Ruhe eingehalten werden muss –
Oder mit Worten oder Taten irgendjemanden beleidigt oder verleumdet –
Oder der irgendjemanden Schläge oder tätliche Körperverletzung androht –
Oder der nicht pflichtschuldigst seine Person reinhält –
Oder der Arbeit vernachlässigt oder verweigert, nachdem er dazu aufgefordert worden ist –
Oder der Krankheit simuliert –
Oder der Karten oder andere Glücksspiele spielt –
Oder der ohne Erlaubnis eine Abteilung oder einen Hof betritt, der einer anderen Klasse von Armen gehört als derjenigen, zu der er selbst gehört –
Oder der sich auf dem Weg zum Gottesdienst außerhalb des Armenhauses, währenddessen oder bei der Rückkehr oder bei Gebeten im Arbeitshaus ungehörig benimmt –
Oder der nach der festgelegten Zeit seiner Abwesenheit, wenn ihm erlaubt worden ist, das Arbeitshaus zeitweise zu verlassen, zurückkehrt –
Oder der willentlich einem rechtmäßigen Befehl eines Aufsehers im Arbeitshaus nicht gehorcht – soll als aufrührerisch betrachtet werden.

Dem Leiter des Arbeitshauses ist es rechtmäßig erlaubt, mit oder ohne Zustimmung des Aufseherkollegiums einen aufrührerischen Armen dadurch zu bestrafen, dass für einen Zeitraum von nicht länger als 48 Stunden sein oder ihr Abendbrot, so wie es im Speiseplan beschrieben ist, durch eine Mahlzeit aus 8 Unzen (227 Gramm) Brot oder einem Pfund abgekochter Kartoffeln ersetzt wird und ihm für den gleichen Zeitraum Butter, Käse, Tee, Zucker oder Brühe, die ein solcher Armer normalerweise erhalten würde, bei jeder Mahlzeit in der genannten Zeit vorenthalten wird.

W. Grütter/H. Brandt (Hg.): Die soziale Frage im 19. Jahrhundert. Paderborn 1981, S. 14

a) Wie beurteilen Sie die Liste der strafwürdigen Ordnungsverstöße?

b) Versuchen Sie, sich die psychischen Folgen eines Aufenthaltes im Arbeitshaus vorzustellen.

Q 39 Das Elend der schlesischen Weber

Aus der Beschreibung des Weberaufstandes, die Wilhelm Wolff, ein Freund und Mitarbeiter von Karl Marx und Friedrich Engels, vorgenommen hat (1844):

„Nehmen wir nicht den schlimmsten Fall, sagt Treumund Welp weiter, treten wir nicht in das niedrige, dunkle, ungesunde Gemach, das der ganz Mittellose vom Armen für jährlichen Zins von 6 oder 8 Thalern miethet – blicken wir nicht in solche, dem reinen Hunger, der bittersten Noth gewidmete Lokale, gegen die der Viehstall eines Dominialbesitzers ein Prunksaal genannt werden muß; – besuchen wir den Häusler, der unter eigenem Dach und Fach wohnt und nebenbei 1, 1½ bis 2 Morgen Landes besitzt. – Seine Einnahme ist jährlich mit Beihülfe von Weib und Kindern allerhöchstens 60 Thaler." Die Ausgaben sind durchschnittlich folgende:

Grundsteuer an den Staat jährlich	1 Thlr.	15 Silbergroschen
Klassensteuer	2 Thlr.	
Grundzins an die Grundherrschaft	3 Thlr.	5 Sgr.
Jagd- und Spinngeld an die Gutsherrschaft		15 Sgr.
3 Tage Feldarbeit an dieselbe		15 Sgr.
Gemeindeabgaben	1 Thlr.	10 Sgr.
3–4 Tage Arbeit bei Wegebessern		20 Sgr.
Schulgeld für 2–3 Kinder	4 Thlr.	
Zins eines auf dem Hause stehenden Kapitals von 100 Thlr.	5 Thlr.	
Feuerassekuranzbeitrag		15 Sgr.
Summa	19 Thlr.	5 Sgr.
Folglich bleiben:	40 Thlr.	25 Sgr.

von der ganzen Einnahme der 60 Thlr. zur Bestreitung von Reparaturen des Hauses, Ausgleichung des Ausfalls im Arbeitslohne, während man im Garten arbeitet, zur Feuerung, Beleuchtung zur Bestreitung der dringendsten Lebensbedürfnisse, ohne die Kosten für Kindtaufen, Begräbnisse usw., ohne Krankheits- und andere Unglücksfälle in Anschlag zu bringen. Der arme Weber zahlt jährlich 2 Thlr. Klassensteuer, der große Besitzer, und hätte er hundert Herrschaften, höchstens 12 Thlr. monatlich im niedrigsten Falle 4 Thlr." [...]

Es ist den Webern häufig der Vorwurf gemacht worden, daß sie lieber bei ihrem Geschäft elend leben, als zu etwas anderem greifen wollen. [...] Seltsamer Vorwurf!

Während die Gesellschaft sich um die Weber von deren Geburt an nicht weiter kümmert, als daß sie dieselben bis zum 14ten Jahre zum Schulbesuch zwingt, so durch Verkürzung der Arbeitszeit den Armen noch ärmer macht und ihm in der Schule dafür keinen anderen Ersatz gibt, als eine Menge auswendig gelernter Sprüche, Gesänge, Episteln, Evangelien und etwas Schreiben und Rechnen – was man alles zusammen doch wahrhaftig nicht menschliche Bildung nennen wird – verlangt man von ihnen, sich von Vorurtheilen loszumachen, da doch die höheren Klassen mit all ihrer Aufklärung und Kultur noch weit hartnäckiger an den ihrigen hängen. Bringt den Webern Bildung bei, und damit sie möglich und zugleich für's Leben fruchtbar sei, sorgt für ihr körperliches Wohlergehen und sie werden sich leicht in die Fortschritte des menschlichen Geistes finden.

W. Steitz (Hg.): Quellen zur deutschen Wirtschafts- und Sozialgeschichte im 19. Jahrhundert bis zur Reichsgründung. Darmstadt 1980, S. 199 f., 202 f.

a) Beurteilen Sie die Höhe der Steuern- und Abgabenquote.
b) Wie schätzt der Verfasser die Rolle der Schule ein?

Q 40 Trotz Arbeit in Not

Darstellung einer Schuhmacherfamilie 1845, Zeichnung von Theodor Hosemann, 1845

Erläutern Sie die wirtschafts- und sozialgeschichtlichen Zusammenhänge und Hintergründe der hier zum Ausdruck kommenden Not.

Q 41 Georg Büchners Kampfaufruf

Der Hessische Landbote.

Erste Botschaft.

Darmstadt, im Juli 1834.

Vorbericht.

Dieses Blatt soll dem hessischen Lande die Wahrheit melden, aber wer die Wahrheit sagt, wird gehenkt, ja sogar der, welcher die Wahrheit liest, wird durch meineidige Richter vielleicht gestraft. Darum haben die, welchen dies Blatt zukommt, folgendes zu beobachten:

1) Sie müssen das Blatt sorgfältig außerhalb ihres Hauses vorder Polizei verwahren;
2) sie dürfen es nur an treue Freunde mittheilen;
3) denen, welchen sie nicht trauen, wie sich selbst, dürfen sie es nur heimlich hinlegen;
4) würde das Blatt dennoch bei Einem gefunden, der es gelesen hat, so muß er gestehen, daß er es eben dem Kreisrath habe bringen wollen;
5) wer das Blatt nicht gelesen hat, wenn man es bei ihm findet, der ist natürlich ohne Schuld.

Friede den Hütten! Krieg den Pallästen!

Im Jahr 1834 siehet es aus, als würde die Bibel Lügen gestraft. Es sieht aus, als hätte Gott die Bauern und Handwerker am 5ten Tage, und die Fürsten und Vornehmen am 6ten gemacht, und als hätte der Herr zu diesen gesagt: Herrschet über alles Gethier, das auf Erden kriecht, und hätte die Bauern und Bürger zum Gewürm gezählt. Das Leben der Vornehmen ist ein langer Sonntag, sie wohnen in schönen Häusern, sie tragen zierliche Kleider, sie haben feiste Gesichter und reden eine eigne Sprache; das Volk aber liegt vor ihnen wie Dünger auf dem Acker. Der Bauer geht hinter dem Pflug, der Vornehme aber geht hinter ihm und dem Pflug und treibt ihm mit den Ochsen am Pflug, er nimmt das Korn und läßt ihm die Stoppeln. Das Leben des Bauern ist ein langer Werktag; Fremde verzehren seine Aecker vor seinen Augen, sein Leib ist eine Schwiele, sein Schweiß ist das Salz auf dem Tische des Vornehmen.

Im Großherzogthum Hessen sind 718,373 Einwohner, die geben an den Staat jährlich an 6,363,364 Gulden, als

1) Direkte Steuern	2,128,131	fl.
2) Indirecte Steuern	2,478,264	„
3) Domänen	1,547,394	„
4) Regalien	46,938	„
5) Geldstrafen	98,511	„
6) Verschiedene Quellen	64,198	„
	6,363,363	fl.

Dies Geld ist der Blutzehnte, der von dem Leib des Volkes genommen wird. An 700,000 Menschen schwitzen, stöhnen und hungern dafür. Im Namen des Staates wird es erpreßt, die Presser berufen sich auf die Regierung und die Regierung sagt, das sey nöthig die Ordnung im Staat zu erhalten. Was ist denn nun das für gewaltiges Ding: der Staat? Wohnt eine Anzahl Menschen in einem Land und es sind Verordnungen oder Gesetze vorhanden, nach denen jeder sich richten muß, so sagt man, sie bilden einen Staat. Der Staat also sind Alle; die Ordner im Staate sind die Gesetze, durch welche das Wohl Aller gesichert wird, und die aus dem Wohl Aller hervorgehen sollen. — Seht nun, was man in dem Großherzogthum aus dem Staat gemacht hat; seht was es heißt: die Ordnung im Staate erhalten!

Der Schriftsteller Georg Büchner war einer der radikaleren Schriftsteller des Vormärz. Im Juli 1834 erschien das achtseitige Flugblatt „Der hessische Landbote" in Darmstadt. Er sollte die hessische Landbevölkerung zum Aufstand bewegen. Das gelang nicht. Büchner hatte auch eine Geheimorganisation gegründet, die „Gesellschaft für Menschenrechte". Um der Nachstellung der Polizei nach dieser Veröffentlichung zu entgehen, emigrierte er nach Straßburg. Später ging er nach Zürich.

Welches Bild vom Staat der Restaurationszeit vermittelt dieser Text?

Zur Diskussion: Massenarmut im Vormärz – Versagen von Staat und Gesellschaft?

War das Massenelend in der Frühphase der Industrialisierung eine unvermeidliche Begleiterscheinung des wirtschaftlichen und sozialen Strukturwandels oder das Resultat einer ungerechten, ausbeuterischen Gesellschaftsordnung? Hätte der Staat durch eine sozialverantwortliche Gesetzgebung die Härten des Modernisierungsprozesses abmildern können, oder waren die Opfer, die den unteren Klassen abverlangt wurden, ein letztlich unvermeidlicher Preis des Fortschritts?

Q 42 Ursachen des Pauperismus

a) *Aus der Analyse eines Zeitgenossen, Wilhelm Freiherr von Reden (1847):*

4. Die Mängel der geistigen und körperlichen Erziehung und Ausbildung. Diese Mängel treten zwar auch im öffentlichen Erziehungswesen auf, z.B. hinsichtlich der für einen Theil der ärmeren Volksklassen durchaus unzureichenden Schulbildung, hinsichtlich der fast überall noch fehlenden Gelegenheit der Vorbereitung und Vorbildung zum Berufe des Handarbeiters (z. B. auch zum Berufe eines guten Haushalters), hinsichtlich der Einrichtungen für die Erziehung des weiblichen Geschlechts. [...] Ein Hauptgebrechen fast aller dieser Staatsanstalten ist, daß der Unterricht an denselben mehr auf das Wissen als auf das Leben berechnet scheint.

9. Der Wucher, möge er nun in Gestalt eines Kapitalisten oder eines Pfandleihers oder eines auf Hunger spekulirenden Getreidebesitzers auftreten.

14. Die Leichtigkeit der Verheirathung und Ansässigmachung ohne Erwerbssicherheit, mit allen ihren traurigen Folgen für das Familienleben, für die Moralität des Erwerbes, für die Armenkassen [...]

16. Die Verteuerung der unentbehrlichsten Lebensbedürfnisse, namentlich Nahrungsmittel, durch Abgaben, mögen dieselben an der Grenze oder an den Thoren bezahlt werden oder auch nur indirect den Preis der Lebensmittel erhöhen oder deren Beschaffenheit verschlechtern.

21. Daß der Preis der Arbeitslöhne zu den Preisen der unentbehrlichsten Lebensbedürfnisse häufig nicht mehr im richtigen Verhältnisse steht, [...].

W. Steitz (Hg.): Quellen zur deutschen Wirtschafts- und Sozialgeschichte im 19. Jahrhundert bis zur Reichsgründung. Darmstadt 1980. S. 228ff.

b) *Ein Historiker des 20. Jahrhunderts, Wolfram Fischer (1982):*

Vor dem Hintergrund so weitverbreiteter Armut, wie sie sich für die Jahrhunderte vor der Industrialisierung nachweisen lässt, fällt es schwer, den „Pauperismus" des frühen und die „soziale Frage" des späteren 19. Jahrhunderts als Ergebnis der Industrialisierung zu sehen. [...] Der Pauperismus der ersten Jahrzehnte des Jahrhunderts ist vielmehr der letzte Ausläufer der alten vorindustriellen Armut, verschärft nun einerseits durch das schnellere Bevölkerungswachstum bei noch langsamem Produktivitätszuwachs in Landwirtschaft und Industrie, verschärft aber auch durch die erhöhte Sensibilität gegenüber sozialen Fragen. [Die Armut] freilich denen zur Last zu legen, die den Anstieg der Produktivität verursachten, hieße, die Kausalkette umzukehren. Weder die „rationalen Landwirte" noch die Bergwerks- und Hüttenbesitzer noch die Fabrikindustriellen schufen die Armut; sie zogen sie nur an, weil sie in einer Welt der Unterbeschäftigung Arbeitsplätze anboten und weil sie Löhne zahlten, die meist höher lagen als die Löhne, die man in anderen Beschäftigungen, sei es als Heimarbeiter, Tagelöhner, Transportarbeiter oder Dienstbote. am gleichen Ort verdienen konnte. Indirekt sorgten sie freilich im Laufe der Zeit in der Tat für Lohndruck. Indem sie mithilfe der neuen Techniken die Preise mancher Massenartikel, insbesondere der Bekleidung und ihrer Vorprodukte, ermäßigen konnten, verdarben sie den Heimarbeitern in anderen Gegenden, in denen die Mechanisierung der Produktion noch nicht Einzug gehalten hatte, die Preise.

W. Fischer: Armut in der Geschichte. Göttingen 1982, S. 56f.

a) Welche Art von Ursachen dominiert in den Betrachtungen des zeitgenössischen Beobachters? Wie schätzen Sie deren Erklärungswert ein?

b) Wie beurteilt der heutige Historiker die „Schuld" am Pauperismus?

1. *Versuchen Sie, eine politische Bilanz der Restaurationszeit zu ziehen. Wo waren die herrschenden Mächte erfolgreich, wo die oppositionellen Kräfte?*
2. *Unter welchen Voraussetzungen unterstützten die Regierungen nationale Bestrebungen, wann bekämpften sie sie als staatsgefährdend?*
3. *Äußern Sie sich zu den politischen Reaktionen auf die Massenarmut des Vormärz.*

Die Revolution von 1848/49

Barrikadenkämpfe in Berlin am 18. März 1848. – Kolorierter zeitgenössischer Stich.

Parlamente statt Könige

„Aufhebung der erblichen Monarchie (Einherrschaft) und Ersetzung derselben durch frei gewählte Parlamente, an deren Spitze frei gewählte Präsidenten stehen.“

Antrag des Radikaldemokraten Gustav Struve im Frankfurter Vorparlament (1848)

Volkssouveränität – eine Anmaßung

„Soll die tausendjährige Krone deutscher Nation, die 42 Jahre geruht hat, wieder einmal vergeben werden, so bin ich es und meinesgleichen, die sie vergeben werden; und wehe dem, der sich anmaßt, was ihm nicht zukommt.“

Der preußische König Friedrich Wilhelm IV. (1848)

Die Revolution von 1848/49 war eine gescheiterte Revolution. Über die Gründe dafür wird bis heute gestritten: Waren die Träger der Revolution zu unerfahren, die Bevölkerungsmassen politisch zu unreif? War das alte Regime stärker, weil es mit der Macht besser umzugehen verstand und bald wieder die Anerkennung der Mehrheit fand? Eindeutig waren die Ziele der Revolution: ein freiheitlicher Rechts- und Verfassungsstaat; nationale Selbstbestimmung und Einheit; die Beseitigung der feudalen Rechts- und Eigentumsordnung und mehr soziale Gerechtigkeit. Die jeweilige Stoßrichtung der Revolution war darum unterschiedlich: in Frankreich ging es um die soziale Stellung der Arbeiterklasse, in Österreich, Ungarn, Italien, Posen und Schleswig um die nationale Selbstbestimmung, in Deutschland um liberale Verfassungen und nationale Einheit.

Den brennende Thron, ein Symbol der Zeit, zeigt einen Ausschnitt aus einer zeitgenössischen Darstellung.

1848	24. Februar Ein Volksaufstand in Paris führt zur Ausrufung der Republik.
	März In allen deutschen Staaten gelangen liberale Regierungen ins Amt und beginnen mit liberalen Reformen.
	15. März Ein Volksaufstand in Wien erzwingt die Abdankung Metternichs und die Einsetzung einer liberal-konservativen Regierung.
	18. März Nach blutigen Straßenkämpfen in Berlin verspricht der preußische König Friedrich Wilhelm IV. liberale und nationale Reformen.
	18. Mai In Frankfurt tritt die Deutsche Nationalversammlung zusammen.
	Juni Ein Arbeiteraufstand in Paris wird blutig niedergeschlagen.
	Oktober Kaiserliche Truppen belagern und erobern das aufständische Wien.
1849	27. März Die Deutsche Nationalversammlung verabschiedet die Verfassung des Deutschen Reiches.
	3. April Der preußische König Friedrich Wilhelm IV. lehnt die deutsche Kaiserkrone ab.
	Mai–Juli Volksbewegungen in Sachsen, Baden und in der Pfalz versuchen die Reichsverfassung in Kraft zu setzen („Reichsverfassungskampagne"), werden aber von preußischen Truppen niedergeschlagen.

1. Die Märzrevolutionen

Es beginnt in Paris Wie die Julirevolution von 1830 begann auch im Jahre 1848 die Revolution in Paris und breitete sich von da wie ein Steppenbrand über weite Teile Europas, vor allem in Deutschland und Italien, aus.

Frankreich Das Vorspiel der Pariser Revolution waren Demonstrationen der liberalen Opposition gegen den hohen Wahlzensus. Als der „Bürgerkönig" und seine Regierung sich schwach und unentschlossen zeigten, nutzten die bürgerlichen Honoratioren im Bunde mit Handwerkern, Arbeitern und Bediensteten die Gunst der Stunde und riefen die Republik aus. Die provisorische Revolutionsregierung bestand aus bürgerlichen Liberalen und zwei Sozialisten. Zu ihren ersten Maßnahmen gehörten die Öffnungen der Nationalgarde auch für das Kleinbürgertum, die Verkündigung des „Rechts auf Arbeit", die Einrichtung von „Nationalwerkstätten", in denen bis zu 100000 Arbeiter Beschäftigung fanden. Die Kosten dafür hatten hauptsächlich die Bauern aufzubringen, deren Grundbesitz mit

Die große Seeschlange, wie sie Vielen im Jahre 1848 erschienen ist.

„Die große Seeschlange, wie sie Vielen im Jahre 1848 erschienen ist."
Die Karikatur aus der „Leipziger Illustrierten Zeitung" vom 30. Dezember 1848 spielt auf den Ausgangspunkt Frankreich der revolutionären Bewegung an.

einem 45%-igen Steuerzuschlag belastet wurde. Das Bündnis zwischen Liberalen und Sozialisten stand von Anfang an auf schwachen Füßen: Die Liberalen wollten die Freiheit und Sicherheit des Privateigentums, die Sozialisten und Arbeiter staatliche Hilfe für die wirtschaftlich Schwachen. Als die Liberalen bei den Wahlen zur Verfassunggebenden Nationalversammlung im Mai eine klare Mehrheit errangen, kündigten sie die ungeliebte Koalition und verfolgten fortan eine unverhüllt besitzbürgerliche Interessenpolitik.

Drittes Deutschland Zu ähnlich raschen Erfolgen kam das liberale Bürgertum, ebenfalls im Bunde mit den handarbeitenden Schichten, auch in Nord- und Süddeutschland. In allen Mittel- und Kleinstaaten des Deutschen Bundes vollzog sich in den frühen Märztagen der von vielen lange herbeigesehnte Machtwechsel. Der Ablauf war überall der gleiche: Unter dem Druck von Volksversammlungen und Demonstrationen fanden sich die Machthaber schnell bereit, die so lange abgelehnten liberalen Forderungen zu erfüllen: die Presse-, Versammlungs- und Vereinsfreiheit; Geschworenengerichte; Bürgergarden; Verfassungen (wo es sie noch nicht gab). An die Stelle der konservativen traten liberale Regierungen („Märzministerien"). Nirgendwo wurde Blut vergossen, in keinem Land eine Dynastie gestürzt. Von den Regierungen abgesehen, blieben die staatlichen Machtapparate – Militär, Verwaltung, Justiz – unverändert und unbehelligt.

Revolution auf dem Lande Weniger friedlich ging es vielfach auf dem Lande zu Wo die Bauern immer noch in feudalen Abhängigkeiten lebten oder sich durch die Agrarreformen benachteiligt fühlten, brach sich ihr lange aufgestauter Zorn in elementarer Weise Bahn. Oft unter Führung der reichsten und angesehensten Bauern, zogen sie zu den Adelssitzen und Ämtern, verlangten von den Grundherren den unentgeltlichen Verzicht auf alle Abgaben und Leistungen und das uneingeschränkte Eigentum an ihren Höfen; wo ihrem Verlangen nicht sofort stattgegeben wurde, schreckten sie vor Plünderung, Brandschatzung, Körperverletzung nicht zurück; es gab auch Tote. Die Wut der Bauern richtete sich in erster Linie gegen die lokalen Grundherren, gelegentlich gegen reiche Händler und Geldverleiher, darunter auch Juden, nicht gegen die Regierungen oder Fürsten. Der Aufstand auf dem Lande verbreitete so viel Angst und Schrecken, dass die alten und neuen Machthaber die bäuerlichen Forderungen so schnell wie möglich erfüllten: die Aufhebung der Abgaben und Dienste, die (entgeltliche) Übereignung der Höfe, die Beseitigung der Patrimonialgerichtsbarkeit und des adligen Jagdrechts. Mit einigen Monaten

Verzögerung erfolgte die Agrarrevolution auch in Österreich. Diese schnelle und großzügige Abstellung der bäuerlichen Beschwerden hatte zur Folge, dass die Bauern frühzeitig aus der revolutionären Bewegung ausschieden und fortan zu den Verteidigern der bestehenden Ordnung zählten.

Revolution in Wien In Wien waren es vor allem die unteren Bevölkerungsschichten aus den Not leidenden Vorstädten, aber auch Handwerker, kleine Kaufleute, untere Beamte, Studenten, die mit ihrem radikalen Auftreten die Regierung und den Hof einschüchterten und Metternich zum Rücktritt und zu eiliger Flucht zwangen. Das Versprechen einer Verfassung und einer Volksvertretung, die Gewährung liberaler Freiheitsrechte, die Volksbewaffnung in Form einer (klein)bürgerlichen „Nationalgarde" und einer studentischen „Akademischen Legion" verschafften der Regierung, die lediglich um einen liberalen Minister erweitert wurde, eine Atempause. Als der Hof die Kühnheit hatte, eine Verfassung von oben zu oktroyieren, brach ein neuer Aufstand los. Der Kaiser floh nach Innsbruck, in Wien entstand mit dem „Sicherheitsausschuss" eine Art revolutionärer Nebenregierung. Die kaiserliche Regierung musste allgemeine Wahlen zu einem Verfassunggebenden Reichstag ausschreiben, der im Juli zusammentrat, doch behauptete die Regierung ihre Verfügungsgewalt über das Heer und den Verwaltungsapparat.

Revolution in Berlin Die zunehmende Unruhe in Berlin bewog den König Friedrich Wilhelm IV., Entgegenkommen zu zeigen. Am 18. März ließ er die Aufhebung der Zensur und die Einberufung des Vereinigten Landtages (der von den ständischen Provinzial-Landtagen beschickt werden sollte) bekannt geben. Als sich aus Freude darüber auf dem Platz vor dem Schloss eine größere Menschenmenge versammelte, fielen aus den Reihen der aufmarschierten Truppen plötzlich Schüsse, und aus der Panik der undurchschaubaren Situation entwickelten sich erbitterte Straßen- und Barrikadenkämpfe. Auf der einen Seite standen Handwerker, Arbeiter, Dienstleute, Krämer, einige Akademiker und Studenten, auf der anderen wehrpflichtige Soldaten aus den gleichen Bevölkerungsschichten, die nicht zögerten, auf ihre Landsleute zu schießen. Nach durchkämpfter Nacht gab der König seinen Truppen den Befehl, die Stadt zu räumen, und erwies öffentlich den 230 gefallenen Revolutionskämpfern die letzte Ehre. In den nächsten Tagen berief er eine liberale Regierung und stimmte der Wahl einer Verfassunggebenden Preußischen Nationalversammlung zu. Diese trat im Mai zusammen, wies eine deutlich liberal-demokratische Mehrheit auf und steuerte einen vergleichsweise radikalen Reformkurs. Aber auch in Preußen behielt die Krone den Befehl über das Heer und den Staatsapparat.

Republikanischer Aufstand in Baden Am 12. April rief der badische Radikaldemokrat Friedrich Hecker (1811–1881) in Konstanz die Deutsche Republik aus. Er stützte sich auf 6000 Freischärler und hoffte auf den spontanen Zuzug des „Volkes", insbesondere der Bauern. Darin sah er sich jedoch in Baden völlig enttäuscht. Da die Aufständischen kaum über Waffen verfügten, hatten die schnell aufgebotenen Truppen des Deutschen Bundes wenig Mühe, sie auseinanderzutreiben. Soweit die am Aufstand Beteiligten nicht ins Ausland zu fliehen vermochten, wurden sie in nicht weniger als 3000 Hochverratsprozessen zu langjährigen Freiheitsstrafen verurteilt.

Gesamtdeutsche Weichenstellungen Der Bundestag in Frankfurt am Main, nunmehr von liberalen Regierungen beschickt, reagierte schnell und wendig. Noch im März stimmte er der Pressefreiheit zu, setzte einen (17er-)Ausschuss für die Ausarbeitung eines Verfassungsentwurfes für einen künftigen deutschen Nationalstaat ein und beraumte Wahlen für eine Verfassunggebende Deutsche Nationalversammlung an. Anfang April schrieb er für die Wahlen zur Nationalversammlung das allgemeine und gleiche Männerwahlrecht für alle „selbstständigen" Staatsbürger des Bundesgebietes vor.
Am 5. März trafen sich in Heidelberg 51 liberale und demokratische Politiker und wählten einen 7er-Ausschuss, der ein gesamtdeutsches Vorparlament vorbereiten sollte. Dieser

Aufbahrung der im März 1848 gefallenen Barrikadenkämpfer vor der Neuen Kirche auf dem Gendarmenmarkt in Berlin. Unvollendetes Gemälde von Adolph Menzel (1815–1905), Öl auf Leinwand, 1848.

verschickte Einladungen an sämtliche deutschen Volksvertretungen und besonders angesehene Einzelpersonen. Das daraus hervorgehende „Vorparlament" tagte vom 31. März bis 3. April in Frankfurt am Main. Es fasste einige wichtige Beschlüsse: Schleswig sowie Ost- und Westpreußen wurden in den Deutschen Bund aufgenommen; eine Verfassunggebende Nationalversammlung sollte nach dem allgemeinen und gleichen (Männer-) Wahlrecht gewählt werden; es wurde ein 50er-Ausschuss gebildet, der die „Interessen der Nation" gegenüber dem Bundestag zu wahren und im Falle einer Gefahr das Vorparlament wieder einzuberufen hatte. Einen Antrag des radikaldemokratischen badischen Delegierten Gustav Struve (1805–1870), das Vorparlament in Permanenz tagen zu lassen und einem „Vollziehungsausschuss" die provisorische Regierungsgewalt für ganz Deutschland zu übertragen, lehnte die liberale Mehrheit ab. Die Wahlen zur Nationalversammlung fanden im Mai statt. Da die Einzelstaaten die vom Bundestag geforderte Wählerqualifikation der „Selbstständigkeit" unterschiedlich auslegten, blieben in einzelnen Regionen bis zu 25 %, im Durchschnitt zwischen 10 und 20 % der männlichen Bevölkerung ausgeschlossen. In der Mehrzahl wurden Honoratioren gewählt, und so kamen hauptsächlich Akademiker, aber nur wenige „einfache Leute" ins Frankfurter Parlament.

Q 43 Bauernaufstand im Odenwald

Aus einem Aktenbericht über die Vorgänge in Adelsheim (1848):

In der Nacht vom 7./8. März wurde der Schlosshof des Freiherrn von Adelsheim der Schauplatz einer wütenden Bauernmenge. Der in die dunkle Märznacht hineinleuchtende Schein eines riesigen Feuers, das man aus Büchern und Akten der Grundherrschaft angemacht hatte, beleuchtete eine tobende und lärmende Menge von Bauern, die aus der Nachbarschaft herbeigekommen waren. Frauen, Mädchen und Kinder jubelten dem Beginn zu. Aus dem oberen Stockwerk des einen Flügels des Schlosses schleppten zerstörenswütende Bauernfäuste Bücher und Papiere, die ihre Leistungspflicht an die Herrschaft enthielten, Rechnungen und Schuldscheine herbei und warfen sie in das lodernde Feuer, als ginge mit ihrer Vernichtung auch das ganze Abhängigkeitsverhältnis zum Adel in Rauch und Asche auf. [...] Der Amtmann erschien mit der Gendarmerie. Er war machtlos. Weder Zurede noch Warnen half. Die versuchte Verhaftung der Hauptübeltäter hätte den Hass und die Wut aufs Äußerste getrieben. [...] Man schrie nach dem Baron, nach dem verhassten Rentbeamten Zorn. Der war glücklicherweise nicht am Platze, er wäre offenbar das Opfer der wütenden Menge geworden. Freiherr Richard von Adelsheim aber, der allein im Schlosse anwesend war, machte sich, während die Menge um das Feuer tobte und der Freiheit zujubelte, heimlich und unbemerkt davon. Der inzwischen herbeigekommene Rentbeamte eines anderen Adelsheimschen Rentamtes überreichte der Menge endlich im Namen seiner Herrschaft die folgende Verzichtsurkunde: 1. Die Grundherrschaft wolle zu den Gemeindebedürfnissen gleich anderen Bürgern mit ihrem Steuerkapital beitragen. 2. Sie verzichte auf das Marktstandgeld jeder Art, sowohl bei Krämer- als bei Viehmärkten. 3. Auf die Bürgerannahmetaxen. 4. Die Jagden und Fischereien sollten verpachtet werden und das Pachtgeld in die Gemeindekassen fließen. 5. Sie verzichte auf das Präsentationsrecht bei den Bürgermeisterwahlen. 6. Sie hebe die Abzugssteuer von den Auswanderern auf. 7. Sie leiste Verzicht auf alle sogenannten alten Abgaben jeder Art.

F. Lautenschlager (Hg.): Volksstaat und Einherrschaft. Konstanz 1920, S. 50ff.

a) Aus welcher Perspektive ist der Bericht geschrieben? Wie werden die Bauern gesehen?

b) Erläutern Sie die Feudalrechte, auf die hier verzichtet wird. Warum waren sie den Bauern ein solches Ärgernis?

Q 44 Märzereignisse in Wien

Aus Briefen des sächsischen Legationsrates Graf Vitzthum von Eckstädt (1848):

Montag, 13. März. 8 Uhr. Großer Zug der Studenten nach dem Ständehaus. Massen wohlgekleideter Menschen wogen in den Straßen. – 11 Uhr. Die Masse der Studenten im Hofe versammelt, durch Redner angefeuert, dringt in den Sitzungssaal. Diese Sitzung wird aufgehoben. Wünsche des Volkes: 1. Pressfreiheit, 2. Lehrfreiheit, 3. Assoziationsrecht, 4. allgemeine Stände, verantwortlicher Minister, 5. Öffentlichkeit, Mündlichkeit, Schwurgerichte. – 12. Uhr. Großer Zug. Montecuccoli (Marschall der niederösterreichischen Landstände) an der Spitze der Studenten zieht in die Burg mit der ständischen Deputation. Zugleich gewinnt eine Bürgerdeputation Zutritt in die Burg. Unterdessen nehmen die Straßen ein bedrohliches Aussehen an. Volksredner gruppieren das Volk um sich. [...] Vier Bataillone stehen an den Türen der Burg. Kanonen werden aufgefahren und geladen. Die Staatskanzlei mit Truppen umgeben. Der Schrei „Nieder Metternich!“ wird allgemein und Losungswort. – 2 Uhr. Der Posten in der Herrengasse wird verstärkt. Erzherzog Albrecht versucht, das Volk zu beschwichtigen. Umsonst. Er wird mit Steinen empfangen. Auf mehrmalige Warnung wird scharf geschossen. Vier Tote, zwei Verwundete. Ein Leichnam wird dem Erzherzog Albrecht gebracht. – 3 Uhr. Keine Nachricht von der Deputation. Ratlosigkeit in der Burg und in der Staatskanzlei. Die Erzherzöge Albrecht und Wilhelm durchreiten die Straßen. Die Bewegung wird allgemein. Bajonett-Attacken. Mehrere Opfer. Man spricht von fünfzig Toten. – 5 Uhr. Die Bürgergarde schlägt Alarm und greift zu den Waffen. Eine Deputation von zehn Offizieren begibt sich nach der Burg. Es kommt eine Art von Waffenstillstand zu Stande. Die Bürgeroffiziere verlangen 1. sofortige Entfernung des Militärs aus der Stadt, 2. Bewaffnung der Studenten, 3. Rücktritt des Fürsten Metternich. [...] Beratung in der Burg; Stände und Bürger nehmen daran teil.

Der Polizeiminister Sedlnitzky vollkommen paralysiert. – 8 Uhr. Der Pöbel durchzieht in dichten Massen die Straßen. In den Vorstädten werden die kaiserlichen Marstallgebäude angegriffen und von den ungarischen Grenadieren verteidigt. Großes Gemetzel. In der Burg fortdauernde Ratlosigkeit. Man will sich zu keinen Konzessionen verstehen. – 9 Uhr. Der Rücktritt des Fürsten Metternich beschlossen. Graf Brenner und Erzherzog Johann übernehmen es, ihm die Eröffnung zu machen. Fürst Metternich gibt seine Entlassung. – 9 Uhr. Die Kunde durchläuft die Straßen. Einzelne Patrouillen sagen sie in jedem Hause förmlich an. – 10 Uhr nachts bis 2 Uhr. Von da an einzelne Haufen, die jubelnd und vivatschreiend die Straßen durchziehen. […] Einzelne Volksredner mahnen das Volk, sich mit den beiden Konzessionen: Rücktritt des Fürsten und Studentenbewaffnung nicht zu begnügen.

Graf C. F. Vitzthum von Eckstädt: Berlin und Wien in den Jahren 1845–1852. Stuttgart 1886, S. 76ff.

a) Welche Gruppen von Akteuren lassen sich erkennen, und welche Ziele verfolgen sie jeweils?
b) Wie verhalten sich Hof und Regierung?
c) Inwieweit lassen die Notizen den Standpunkt des Autors erkennen?

Q 45 Der 18. März 1848 in Berlin: Königliche Proklamation und die Antwort der Berliner

a) *Aus der Proklamation des Königs am Tage nach dem Aufstand (19. März 1848):*

Noch war der Jubel, mit dem unzählige treue Herzen mich begrüßt hatten, nicht verhallt, so mischte ein Haufen Ruhestörer aufrührerische und freche Forderungen ein und vergrößerte sich in dem Maße, als die Wohlgesinnten sich entfernten. Da ihr ungestümes Vordringen bis ins Portal des Schlosses mit Recht alle Absichten befürchten ließ und Beleidigungen wider Meine tapferen und treuen Soldaten ausgestoßen wurden, musste der Platz durch Kavallerie im Schritt und mit eingesteckter Waffe gesäubert werden, und zwei Gewehre der Infanterie entluden sich von selbst. Gottlob! ohne irgend jemand zutreffen. Eine Rotte Bösewichter, meist aus Fremden bestehend, die sich seit einer Woche, obgleich ausgesucht, doch zu verbergen gewusst hatten, haben diesen Umstand im Sinne ihrer argen Pläne durch augenscheinliche Lüge verdreht und die erhitzten Gemüter von vielen Meiner treuen und lieben Berliner mit Rachegedanken um vermeintlich vergossenes Blut erfüllt und sind so die gräulichen Urheber von Blutvergießen geworden. […] An Euch, Einwohner meiner geliebten Vaterstadt, ist es jetzt, größerem Unheil vorzubeugen. Erkennt, Euer König und treuester Freund beschwört Euch darum – bei allem, was Euch heilig ist, den unseligen Irrtum! Kehrt zum Frieden zurück, räumt die Barrikaden, die noch stehen, hinweg und entsendet an Mich Männer, voll des echten alten Berliner Geistes, mit Worten, wie sie sich Eurem König gegenüber geziemen. […] Hört die väterliche Stimme Eures Königs. Bewohner Meines treuen und schönen Berlins, und vergesset das Geschehene, wie Ich es vergessen will und werde in meinem Herzen.

E. R. Huber (Hg.): Dokumente zur deutschen Verfassungsgeschichte. Bd. 1. Stuttgart 1961, S. 365

b) *Carl Schurz (1829–1906), Augenzeuge der Berliner Vorgänge (nach seiner Emigration General, Senator und Minister in den USA), in seinen Lebenserinnerungen (1906):*

Stille, feierliche Züge von Männern, Frauen und Kindern bewegten sich dem königlichen Schlosse zu. Die Männer trugen auf ihren Schultern Bahren mit den Leichen der in der Straßenschlacht getöteten Volkskämpfer – die verzerrten Züge und die klaffenden Wunden der Gefallenen unbedeckt, aber mit Lorbeer, Immortellen und Blumen umkränzt. So marschierten diese Züge langsam und schweigend in den inneren Schlosshof, wo man die Bahren in Reihen stellte – eine grausige Leichenparade – und dazwischen die Männer, teils noch mit zerrissenen Kleidern und pulvergeschwärzten und blutbefleckten Gesichtern und in den Händen die Waffen, mit denen sie auf den Barrikaden gekämpft; und bei ihnen Weiber und Kinder, die ihre Toten beweinten. Auf den dumpfen Ruf der Menge erschien Friedrich Wilhelm IV. in einer oberen Galerie, blass und verstört, an seiner Seite die weinende Königin. „Hut ab!“ hieß es, und der König entblößte sein Haupt vor den Leichen da unten. Da erklang aus der Volksmasse heraus eine tiefe Stimme und begann den Choral „Jesus meine Zuversicht“, und alles stimmte ein in den Gesang. Als er beendigt war, trat der König mit der Königin still zurück, und die Leichenträger mit ihrem Gefolge schritten in grimmiger Feierlichkeit langsam davon. Dies war in der Tat für den König eine furchtbare Strafe; aber zugleich eine schlagende Antwort auf den Satz in seiner Proklamation an die „lieben Berliner“, in dem er die Volkskämpfer „eine Rotte von Bösewichtern“ oder deren verführte Opfer genannt hatte.

C. Schurz: Lebenserinnerungen. Bd. I. Berlin 1906, S. 125

a) Was bezweckte der König mit seinen Schuldzuweisungen? Wurde er damit den Vorgängen gerecht?
b) Inwiefern war die Aufbahrung der Gefallenen im Schlosshof für den König „eine furchtbare Strafe“?

Q 46 Der preußische König reitet am 21. März 1848 durch Berlin

Aus dem „Neuruppiner Bilderbogen" von Gustav Kühn, 1848.

Welche Haltung zeigt das „Publikum" auf diesem Bild?

Q 47 Das neue Deutschland nach dem Willen der Radikalen

Aus dem Antrag Gustav Struves im Frankfurter Vorparlament vom 31. März 1848:

Eine lange Zeit tiefster Erniedrigung lastet auf Deutschland. Sie läßt sich bezeichnen durch die Worte: Knechtung, Verdummung und Aussaugung des Volkes. […] Daher haben sich alle Bande gelöst, welche das deutsche Volk an die bisherige sogenannte Ordnung der Dinge geknüpft hatten, und es ist die Aufgabe, […] neue Bande vorzubereiten, mit denen das gesammte deutsche Volk zu einem freien und großen Ganzen umschlungen werden soll. Sicherheit des Eigenthums und der Person, Wohlstand, Bildung und Freiheit für alle ohne Unterschied der Geburt, des Standes und des Glaubens ist das Ziel, nach welchem das deutsche Volk strebt. Die Mittel, zu demselben zu gelangen, sind:

1. Aufhebung der stehenden Soldatenheere und Verschmelzung derselben mit der Bürgerwehr zum Behufe der Bildung einer wahren, alle waffenfähigen Männer umfassenden Volkswehr.

2. Aufhebung des stehenden Heeres von Beamten und Ersetzung desselben durch eine wohlfeile Regierung, welche aus freigewählten Volksmännern besteht.

3. Abschaffung der stehenden Heere von Abgaben, welche an dem Marke des Volkes zehren, insbesondere aller derjenigen Abgaben, welche den innern Verkehr Deutschlands hemmen, Binnenzölle und Schiffahrtsabgaben, welche die Landwirtschaft drücken, Zehnten, Gülten, Frohnden usw., welche die Gewerbe belasten, Gewerbesteuern, Akzise usw. und Ersetzung derselben: a) durch eine progressive Einkommens- und Vermögenssteuer, bei welcher der notwendige Lebensunterhalt frei von allen Abgaben verbleibt; b) durch einen an den Grenzen Deutschlands zum Schutze seines Handels, seiner Industrie und seiner Landwirthschaft erhobenen Zoll.

4. Abschaffung aller Vorrechte, welchen Namen dieselben tragen mögen, insbesondere des Adels, der Privilegien des Reichthums, Zäsur der bevorzugten Gerichtsstände und Ersetzung derselben durch ein allgemeines deutsches Staatsbürgerrecht.

5. Abschaffung der Bevormundung der Gemeinden.

6. Aufhebung aller Klöster und klösterlichen Einrichtungen.

7. Auflösung des Bundes, welcher bisher bestand zwischen Kirche und Staat und Kirche und Schule. […]

8. Abschaffung der Zensur, […] Grundsatz der Preßfreiheit […]

9. Abschaffung der geheimen und schriftlichen Inquisi-

tionsgerichte und Ersetzung derselben durch öffentlich und mündlich gepflogene Schwurgerichte.

10. Abschaffung der Hunderte von Beschränkungen der persönlichen Freiheit der Deutschen der verschiedenen Stände und gleichmäßige Sicherstellung derselben durch ein besonderes Gesetz [...], welches insbesondere auch das Vereins- und Versammlungsrecht des Volkes feststellt.

11. Beseitigung des Nothstandes der arbeitenden Klassen und des Mittelstandes, Hebung des Handels, des Gewerbestandes und der Landwirthschaft.

12. Ausgleichung des Mißverhältnisses zwischen Arbeit und Kapital vermittelst eines besonderen Arbeiterministeriums, welches dem Wucher steuert, die Arbeit schützt und derselben namentlich einen Antheil an dem Arbeitsgewinne sichert. [...]

15. Aufhebung der erblichen Monarchie (Einherrschaft) und Ersetzung derselben durch frei gewählte Parlamente, an deren Spitze frei gewählte Präsidenten stehen, alle vereint in der föderativen Bundesverfassung nach dem Muster der nordamerikanischen Freistaaten. [...]

E. R. Huber (Hg.): Dokumente zur deutschen Verfassungsgeschichte. Bd. I. Stuttgart 1961, S. 269 ff.

a) Beschreiben Sie die Missstände der alten Ordnung, gegen die sich dieses Programm wendet.

b) Wo geht es über die Forderungen der Liberalen hinaus?

Q 48 Republikanische Blütenträume

Aus der Verfassung der Französischen Republik vom 4. November 1848:

I. Frankreich hat sich zur Republik erklärt. Dadurch, dass es diese endgültige Regierungsform annimmt, hat es sich zum Ziel gesetzt, freiheitlicher auf dem Wege des Fortschritts und der Kultur voranzuschreiten, eine immer gerechtere Verteilung der Lasten und der Annehmlichkeiten der Gesellschaft sicherzustellen, das Wohlergehen des Einzelnen durch die schrittweise Verringerung der staatlichen Ausgaben und der Steuern zu verbessern und allen Bürgern durch allmähliches und beständiges Wirken der staatlichen Einrichtungen und der Gesetze zu einem immer höheren Stand von Sittlichkeit, Bildung und Wohlstand zu verhelfen. – II. Die Französische Republik ist demokratisch, einheitlich und unteilbar. – III. Sie erkennt bestehende und den festgelegten Gesetzen übergeordnete Rechte und Pflichten an. – IV. Ihre Grundsätze sind Freiheit, Gleichheit und Brüderlichkeit. Ihre Grundlage bilden die Familie, die Arbeit, das Eigentum und die staatliche Ordnung. [...] VII. Die Bürger sollen ihr Vaterland lieben, der Republik dienen, sie um den Preis ihres Lebens verteidigen, an den Lasten des Staates im Verhältnis zu ihrem Vermögen teilnehmen; sie sollen durch Arbeit die Mittel zur Existenz und durch Vorsorge die Mittel für die Zukunft aufbringen; sie sollen zum allgemeinen Wohl dadurch beitragen, dass sie sich brüderlich gegenseitig helfen, und zur staatlichen Ordnung dadurch, dass sie die sittlichen und die geschriebenen Gesetze [...] beachten. VIII. Die Republik soll den Bürger in seiner Person, seiner Familie, seiner Religion, seinem Eigentum und seiner Arbeit beschützen und jedem den Zugang zu der allen Menschen unentbehrlichen Bildung verschaffen; sie soll durch brüderliche Hilfe die Existenz der Not leidenden Bürger sichern, entweder dadurch, dass sie ihnen im Rahmen ihrer Mittel Arbeit verschafft, oder dadurch, dass sie anstelle der Familie Hilfe denen verschafft, die zu arbeiten außerstande sind.

W. Altmann: Ausgewählte Urkunden zur außerdeutschen Verfassungsgeschichte seit 1776. Berlin 1897, S. 234 f.

a) Welche sozialen Klassen lassen sich als die Nutznießer dieser Verfassung ausmachen?

b) Erläutern Sie die liberalen und sozialstaatlichen Vorstellungen dieser Verfassung.

2. Politische Emanzipation und Mobilisierung in Deutschland

Politische Öffentlichkeit Der schnelle und leichte Sieg der Märzrevolution erzeugte eine allgemeine politische Aufbruchstimmung. Überall trafen sich die Menschen zu Versammlungen und Demonstrationen, schlossen sich in Komitees, politischen und berufsständischen Vereinigungen zusammen, verbreiteten ihre Ansichten in Flugblättern und Zeitungen. Fast über Nacht entstand eine vielgestaltige, engagierte politische Öffentlichkeit, die das politische Geschehen verfolgte und diskutierte und auf die Entscheidungen der Volksvertretungen und Regierungen Einfluss zu nehmen suchte. Es waren jetzt nicht mehr, wie im Vormärz, vornehmlich die adligen und bürgerlichen Honoratioren, die ihre politischen Auffassungen öffentlich vertraten; jetzt meldeten sich auch die bislang abseitsstehenden Bevölkerungsschichten zu Wort: die Bauern, Handwerker, kleinen Händler und Gewerbetreibenden, die Arbeiter und Bediensteten, die Volksschullehrer und Subalternbeamten, hier und dort auch die Frauen.

Frühformen der Parteien und Interessenverbände Das Frühjahr 1848 wurde zur Geburtsstunde politischer und wirtschaftlicher Zusammenschlüsse, die als Frühformen der modernen politischen Parteien und Interessenverbände gelten können. Sie stützten sich auf Grundsatz- und Aktionsprogramme, bauten feste, durch Satzungen geregelte Organisationen auf, wirkten mithilfe von Zeitungen, Broschüren, Flugblättern auf die öffentliche Meinung ein, arbeiteten nach Möglichkeit mit den ihnen nahestehenden Parlamentariern zusammen und suchten auf die Entscheidungen der Parlamente, Regierungen und Verwaltungen Einfluss zu nehmen. Weltanschauliche oder religiöse Überzeugungen verbanden sich mit handfesten wirtschaftlichen und sozialen Interessen. Damals bildete sich endgültig jenes Spektrum der politischen Richtungen heraus, das sich schon im Vormärz abgezeichnet hatte und das deutsche Parteiensystem auf lange Zeit prägen sollte: Konservativismus, politischer Katholizismus, Rechtsliberalismus, demokratischer Linksliberalismus, Sozialismus.

Etwa 1834 entstand dieses Gemälde von Alfred Rethel (1816–1859). Es zeigt die Harkortsche Fabrik auf Burg Wetter. In wenigen Jahren – 1819 erst hatte Harkort zusammen mit Heinrich Kamp auf der Burg sein Unternehmen gegründet – wandelte sich die Burg zur Fabrik, ein Symbol der Entwicklung zum industrialisierten Deutschland.

Politische Richtungen Die Konservativen rekrutierten sich aus dem Adel, der hohen Beamten- und Richterschaft, den Offizieren, vielen Bauern und protestantischen Pfarrern. Als Honoratioren und wirtschaftlich Mächtige verfügten sie traditionsgemäß über den größten politischen Einfluss und konnten insoweit auch ohne straffe Organisation auskommen. Unter den veränderten Bedingungen der Revolutionszeit bemühten sie sich jedoch ebenfalls um eine massenwirksame politische Werbung und Selbstdarstellung.
Der politische Katholizismus konnte sich auf die festgefügte Organisation der katholischen Kirche und ihres Klerus stützen. Daneben entstand die Laienorganisation der Pius-Vereine, die einen Großteil der katholischen Bevölkerung zu mobilisieren verstand und mit ihrem dichten Netz örtlicher und regionaler Verbände erhebliche politische Wirksamkeit entfaltete. Charakteristisch für den politischen Katholizismus war, dass er Katholiken aller Sozialschichten zusammenführte und insoweit nach rechts wie links offen war.
Die Rechtsliberalen, die ihren Rückhalt vornehmlich im wohlhabenden Wirtschafts- und einflussreichen Bildungsbürgertum hatten und in den Volksvertretungen der Revolutionszeit zumeist die stärkste Fraktion stellten, verließen sich, ähnlich wie die Konservativen, gern auf ihr persönliches Ansehen und vernachlässigten den organisatorischen Zusammenhalt. Das minderte jedoch nicht ihren starken Einfluss auf die öffentliche Meinung.
Die Linksliberalen, zu denen die Anhänger sowohl der konstitutionellen Monarchie als auch der demokratischen Republik gehörten, zeichneten sich durch besondere politische Aktivitäten aus. Zu ihren Parteigängern zählten vor allem Rechtsanwälte, Journalisten, Lehrer, aber auch untere und mittlere Beamte, Handwerker, kleinere Kaufleute und Gewerbetreibende. Ihre zahlenmäßige Schwäche glichen sie durch eine wirkungsvolle Presse und ein intensives Vereinsleben aus. Den „Zentralmärzverein" bauten sie zu einer der größten Massenorganisationen aus.
Der Arbeiterbewegung fehlte es 1848/49 zwar nicht an Zulauf, aber an innerer und äußerer Geschlossenheit. Landarbeiter und Bergleute hielten sich gänzlich abseits. Die das Gros der Anhänger bildenden kleinen Handwerksmeister und -gesellen, gelernten und ungelernten Arbeiter hatten allzu unterschiedliche Bedürfnisse und Interessen. Es gab maschinen- und industriefeindliche Gruppen, die das Heil von einer zunftähnlichen Arbeitsverfassung erwarteten, und solche, die die Industriegesellschaft bejahten und auf den solidarischen Zusammenschluss der Lohnarbeiter in Genossenschaften und Gewerkschaften setzten. Den meisten Zuspruch fand die von Stefan Born (1824–1898) gegrün-

Arbeiterabordnung vor dem Magistrat von Remscheid 1848. Ausschnitt aus dem 1849 entstandenen Gemälde von Johann Peter Hasenclever (1810–1853).

dete „Arbeiterverbrüderung“; sie strebte sowohl die genossenschaftliche Selbsthilfe in Form von „Arbeiterassoziationen“ als auch das politische Engagement an, war also eine Art Mischform zwischen Gewerkschaft und politischer Partei.

Frauenbewegung Während der Revolution entstanden die ersten Frauenvereine, die mit Petitionen, Aufrufen für mehr bürgerliche Rechte, eine höherwertige Ausbildung und bessere berufliche Chancen für Mädchen und Frauen zu erlangen suchten. „Emanzipation“ im Sinne einer grundlegenden Veränderung geschlechtstypischer Lebensformen und Verhaltensmuster war noch nicht Ziel, wohl aber die Ermöglichung weiblicher „Selbstverwirklichung“ in Familie und Gesellschaft. Die Frauenbewegung von 1848/49 nahm sich hauptsächlich sozialer Aufgaben an, dazu gehörten nicht nur die karitative Hilfe für Notleidende, sondern vor allem auch die Beratung und Unterstützung von Hausfrauen und Müttern sowie Maßnahmen zur Verbesserung der Mädchenbildung. Politische Aktivitäten im engeren Sinne entwickelten die Frauenvereine im Allgemeinen nicht; das Wahlrecht für Frauen und ihre Mitwirkung in politischen Vereinen lagen für die meisten Frauen noch außerhalb ihres Vorstellungsbereiches. In Louise Otto Peters „Frauen-Zeitung“ finden sich viele Berichte vom revolutionären Aufbegehren der Frauen.

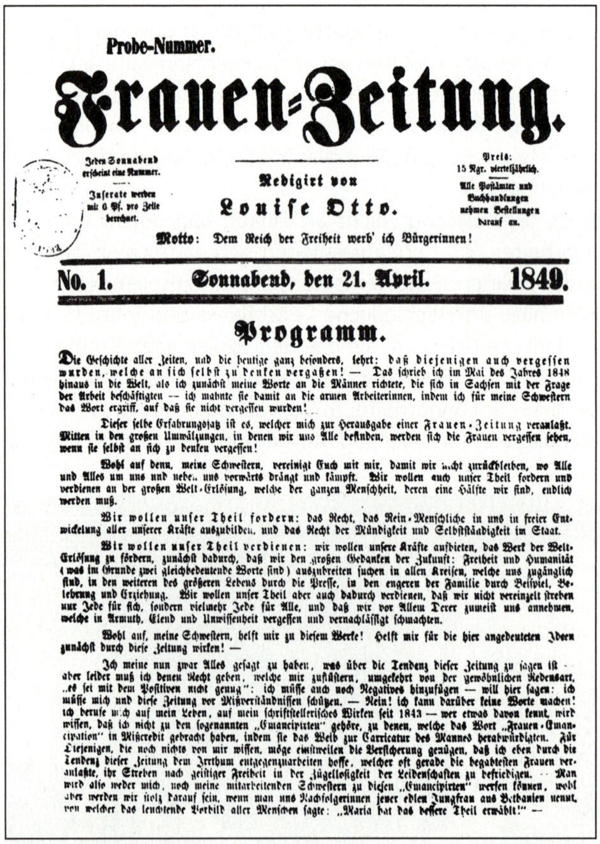

Probe-Nummer.

Frauen-Zeitung.

Jeden Sonnabend erscheint eine Nummer.

Inserate werden mit 6 Pf. pro Zeile berechnet.

Redigirt von
Louise Otto.

Preis: 15 Ngr. vierteljährlich.

Alle Postämter und Buchhandlungen nehmen Bestellungen darauf an.

Motto: Dem Reich der Freiheit werb' ich Bürgerinnen!

No. 1. Sonnabend, den 21. April. 1849.

Programm.

Die Geschichte aller Zeiten, und die heutige ganz besonders, lehrt: daß diejenigen auch vergessen wurden, welche an sich selbst zu denken vergaßen! — Das schrieb ich im Mai des Jahres 1848 hinaus in die Welt, als ich zunächst meine Worte an die Männer richtete, die sich in Sachsen mit der Frage der Arbeit beschäftigten — ich mahnte sie damit an die armen Arbeiterinnen, indem ich für meine Schwestern das Wort ergriff, auf daß sie nicht vergessen wurden!

Dieser selbe Erfahrungssatz ist es, welcher mich zur Herausgabe einer Frauen-Zeitung veranlaßt. Mitten in den großen Umwälzungen, in denen wir uns Alle befinden, werden sich die Frauen vergessen sehen, wenn sie selbst an sich zu denken vergessen!

Wohl auf denn, meine Schwestern, vereinigt Euch mit mir, damit wir nicht zurückbleiben, wo Alle und Alles um uns und neben uns vorwärts drängt und kämpft. Wir wollen auch unser Theil fordern und verdienen an der großen Welt-Erlösung, welche der ganzen Menschheit, deren eine Hälfte wir sind, endlich werden muß.

Wir wollen unser Theil fordern: das Recht, das Rein-Menschliche in uns in freier Entwickelung aller unserer Kräfte auszubilden, und das Recht der Mündigkeit und Selbstständigkeit im Staat.

Wir wollen unser Theil verdienen: wir wollen unsere Kräfte aufbieten, das Werk der Welt-Erlösung zu fördern, zunächst dadurch, daß wir den großen Gedanken der Zukunft: Freiheit und Humanität (was im Grunde zwei gleichbedeutende Worte sind) auszubreiten suchen in allen Kreisen, welche uns zugänglich sind, in den weiteren des größeren Lebens durch die Presse, in den engeren der Familie durch Beispiel, Belehrung und Erziehung. Wir wollen unser Theil aber auch dadurch verdienen, daß wir nicht vereinzelt streben nur Jede für sich, sondern vielmehr Jede für Alle, und daß wir vor Allem Derer zumeist uns annehmen, welche in Armuth, Elend und Unwissenheit vergessen und vernachlässigt schmachten.

Wohl auf, meine Schwestern, helft mir zu diesem Werke! Helft mir für die hier angedeuteten Ideen zunächst durch diese Zeitung wirken! —

Ich meine nun zwar Alles gesagt zu haben, was über die Tendenz dieser Zeitung zu sagen ist — aber leider muß ich denen Recht geben, welche mir zuflüstern, umgekehrt von der gewöhnlichen Redensart, „es sei mit dem Positiven nicht genug“: ich müsse auch noch Negatives hinzufügen — will hier sagen: ich müsse mich und diese Zeitung vor Mißverständnissen schützen. — Nein! ich kann darüber keine Worte machen! ich berufe mich auf mein Leben, auf mein schriftstellerisches Wirken seit 1843 — wer etwas davon kennt, wird wissen, daß ich nicht zu den sogenannten „Emancipirten“ gehöre, zu denen, welche das Wort „Frauen-Emancipation“ in Mißcredit gebracht haben, indem sie das Weib zur Carricatur des Mannes herabwürdigten. Für Diejenigen, die noch nichts von mir wissen, möge einstweilen die Versicherung genügen, daß ich eben durch die Tendenz dieser Zeitung dem Irrthum entgegenzuarbeiten hoffe, welcher oft gerade die begabtesten Frauen veranlaßte, ihr Streben nach geistiger Freiheit in der Zügellosigkeit der Leidenschaften zu befriedigen. — Man wird also weder mich, noch meine mitarbeitenden Schwestern zu diesen „Emancipirten“ werfen können, wohl aber werden wir stolz darauf sein, wenn man uns Nachfolgerinnen jener edlen Jungfrau aus Bethanien nennt, von welcher das leuchtende Vorbild aller Menschen sagte: „Maria hat das bessere Theil erwählt!“ —

Titelblatt der „Frauen-Zeitung“

Q 49 „Das Recht von oben“

Aus dem Gründungsprogramm der konservativen „Kreuzzeitung“ vom 16. Juni 1848:

Die reißende Gewalt, mit welcher sich die Revolution in unsrem Vaterlande Bahn gebrochen, die Veränderungen, welche sie uns gebracht hat und mit welchen sie uns noch bedroht, die Lehren, aus welchen dies alles geboren worden ist, machen es zur unabweislichen Pflicht, den entfesselten Geistern der Empörung mit Kraft und Nachdruck entgegenzutreten. Jedoch hiermit allein, mit dem bloßen Bekämpfen und Bestreiten, ist's nicht getan, vielmehr gilt es, neben dem Kampf gegen die Revolution und ihre verderblichen Grundsätze und Konsequenzen zugleich eine positive Stellung zu der neuen Ordnung der Dinge einzunehmen; denn nur dem gehört die Zukunft, der auf die bewegenden Gedanken der Gegenwart positiv einzugehen vermag. [...] Wir wollen demnach mit diesem Blatte [...] kein bloßes Hemmen und Negieren der neuen Entwicklung. Wir wollen aber auch nicht, dass dem deutschen Volke im Namen der Freiheit und des Fortschritts fremde und undeutsche Institutionen aufgedrungen werden, die uns mit dem Verluste wie der heiligsten sittlichen Güter, so auch der ganzen Summa an Recht, Gesittung und Bildung bedrohen, die ein kostbares Erbe unserer geschichtlichen Vorzeit, der Schmuck und Ruhm unseres deutschen Vaterlandes sind. Diesen Tendenzen und dem zerstörenden Nivellierungstriebe der Zeit gegenüber werden wir die wahren und geschichtlichen Grundlagen unseres Staats- und Rechtslebens geltend machen. Wir werden das Recht von oben gegen die willkürliche Rechtsbildung von unten nach einem nirgend dargetanen, bloß vorgeschützten Volkswillen, die Obrigkeit von Gottes Gnaden gegen selbstzusetzende und selbstzuentsetzende Machthaber vertreten, die geltende Rechtsordnung und die dadurch geschützten Interessen gegen offene und versteckte Gewalt, gegen das Andrängen eines alle Ungleichheit nicht aufhebenden, sondern umkehrenden Radikalismus verteidigen.

W. Mommsen (Hg.): Deutsche Parteiprogramme. München 1960, S. 38

a) Was verwirft das Programm an der Revolution?

b) Erörtern Sie die Berufung auf die Geschichte und auf die deutschen (im Gegensatz zu den undeutschen) Traditionen.

Q 50 „Das will aber das katholische Volk nicht“

Aus einem Aufruf zur Bildung eines katholischen Vereins für das Erzbistum Freiburg (August 1848):

Bekanntlich hat die Regierung allgemeine Religionsfreiheit und die Gleichstellung des Nichtchristen mit den Christen in bürgerlichen und politischen Rechten zugesagt und der Landtag sie beschlossen; darnach darf jeder sich eine Religion machen, welche er will, und bleibt dennoch zur Verwaltung von Staats- und Gemeindeämtern fähig: Sonach können Juden und Heiden und völlig Ungläubige die Leitung des katholischen Volkes in ihre Hände bekommen. Das will aber das katholische Volk nicht. [...] Es ist zu befürchten, dass gemischte Schulen errichtet werden, in welchen die Kinder der Katholiken mit den Kindern Andersgläubiger zugleich unterrichtet werden, wodurch die katholische Erziehung geschädigt wird. Das will aber das katholische Volk nicht [...]. Was will aber das katholische Volk? Es will seinen katholischen Glauben, seine katholischen Schulen, seine katholischen Stiftungen und seine katholischen Anstalten unvermischt für sich behalten. Das katholische Volk will in dem Glauben seiner Väter leben und sterben und denselben als den kostbarsten Schatz und die alleinige Gewähr der ewigen Seligkeit und der irdischen Wohlfahrt unverkümmert auf seine Kinder vererben; das katholische Volk will, dass die Kirche Gottes von dem Papst und den Bischöfen und von keinem andern regiert werde, dass die Katholiken alles tun dürfen, was ihnen ihr heiliger Glaube gebietet, und alle Stiftungen und Anstalten gründen dürfen, durch welche die Sendung der Kirche gefördert wird, ohne dass die Rechte anderer verletzt werden. Die Katholiken wollen also Freiheit der Kirche und der Schule, des Glaubens und des Unterrichts.

W. Mommsen (Hg.): Deutsche Parteiprogramme. München 1960, S. 205 f.

a) Hatten die Katholiken 1848 Grund, um die Freiheit der Kirche und Schule zu fürchten?

b) Wie lässt es sich erklären, dass sich nur die Katholiken, nicht die Protestanten politisch formierten?

Q 51 Über allen Parteien: Einheit und Freiheit

Aus dem Gründungsaufruf des rechtsliberalen Nürnberger Volksvereins (Juni 1848):

Der Reichstag soll Einheit und Freiheit schaffen, soll also den Volkswillen über den Willen der Fürsten setzen, sodass das Volk durch seine Reichsversammlungen das Recht zur Gesetzgebung hat, während dem Fürsten das Recht zur vollziehenden Gewalt bleibt. Zwischen beiden soll die Rechtspflege unabhängig das Richteramt üben. Nun bestehen aber Parteien, welche die Entscheidungen des Reichstags erschweren, Parteien, welche die Verwirklichung seiner Beschlüsse völlig vernichten können; denn die eine Partei wird durch einen Teil des Volkswillens geschwächt, die andere durch die Bestrebungen der Regierungen verstärkt. Und so können es die Umstände leicht fügen, dass die Einheit Deutschlands und die Freiheit des deutschen Volkes abermals nicht zustande kommen. Dann aber geht Deutschland einem unabsehbaren Elende entgegen. Diesem vorzubeugen, will sich ein Verein gründen unter dem Namen Volksverein, dessen Grundsatz ist, sich ohne Widerrede den Beschlüssen des Reichstags zu fügen, solange er seine Beschlüsse unabhängig fassen kann. Als Bedingung wird demselben nur gestellt, dass er sich für die Einheit Deutschlands entscheide und für das Recht des Volkswillens als gesetzgebende Gewalt.

W. Boldt: Die Anfänge des deutschen Parteiwesens. Paderborn 1971, S. 111f.

a) Welche Einschätzung politischer Parteien begegnet uns in diesem Text?

b) Was für eine Staatsform streben die Rechtsliberalen an?

Q 52 Volksherrschaft durch Parteiendemokratie

Aus einer Erklärung der vaterländischen Vereine in Württemberg (Juli 1848):

Wir gehen bei der Lösung unserer Aufgabe, in die Beteiligung des Volkes an den öffentlichen Angelegenheiten einen organischen Zusammenhang zu bringen, von der Überzeugung aus, daß die Scheidung der Bürger in Partheien die notwendige Folge eines frei werdenden Staatswesens ist. In geknechteten Ländern gibt es Verschwörungen, in freien Partheien; jene gehen auf Umsturz und Anarchie aus, diese vermitteln die natürliche Entwicklung des Staatslebens, indem sie einander gegenseitig spornen, zügeln und überwachen. Für unsere Gegner erklären wir die Verteidiger politischer Vorrechte und alle, welche die Berechtigung des souveränen Volkswillens leugnen. Wir stellen uns also entschieden auf den Standpunkt der Parthei, und unsere Losung ist die Demokratie, die Volksherrschaft, wie sie das civilisirte Europa fordert und bedarf. Aber wir wissen, daß unser Volk plötzliche Übergänge nicht verträgt, daß es seinem eigensten Wesen zufolge ein stufenweises Fortschreiten gewaltsamen Sprüngen vorziehen muß; wir wissen, daß friedliche Belehrung nachhaltiger wirkt als kriegerischer Zwang, wir wissen, daß, um dauernd zu bauen, das Gesetz das beste Werkzeug ist. Darum: gesetzmäßiges Handeln und friedliche, jedoch rastlose Heranbildung des Volks, zur Erfassung des Geistes der Demokratie.

W. Boldt: Die Anfänge des deutschen Parteiwesens. Paderborn 1971, S. 120

a) Was ist den Linksliberalen am Parteiwesen wichtig?

b) Wie stehen sie zur Revolution? Vergleichen Sie diese Erklärung mit dem Antrag Struves an das Vorparlament (Q 47).

Q 53 Forderungen der Meister, Gesellen und Arbeiter

Aus dem Programm des Berliner Zentralkomitees für Arbeiter (Juni 1848):

I. Für Fabrikanten oder Meister: 1. Das Staatsministerium mache es zu seiner Aufgabe, die Mittel und Wege zu finden für eine erweiterte Ausfuhr unserer Fabrikate nach den unserem Lande bis jetzt noch verschlossen gewesenen Märkten. 2. Ausfuhrprämien. 3. Freie Einfuhr aller zur Industrie gehörenden Rohprodukte. 4. Keine Beförderung neuer, künstlich einzuführender, dagegen alle Beförderung der schon bestehenden, den Verhältnissen des Landes angemessener Industrie. [...]

II. Für die kleinen Meister oder Handwerker: 1. Bildung von Korporationen, zu denen jeder selbständig Arbeitende Zutritt hat, durch welche alle gemeinschaftlichen Gewerksangelegenheiten geleitet und geordnet werden. 2. Die von den Behörden an dieselben zu erteilenden Arbeiten sollen, wo es nicht unmöglich ist, hauptsächlich nur an die kleineren Meister gegeben werden. Die Zahl der Gesellen kann hier maßgebend sein. [...] 4. Unverzinsliche Darlehen gegen zu leistende oder fertige Arbeit.

III. Für die Arbeiter: 1. Bestimmung des Minimums des Arbeitslohns und der Arbeitszeit durch Kommissionen von Arbeitern und Meistern oder Arbeitgebern. [...]

3. Aufhebung der indirekten Steuern, Einführung progressiver Einkommensteuer mit Steuerfreiheit derjenigen, die nur das Nötigste zum Leben haben. 4. Der Staat übernimmt den unentgeltlichen Unterricht und, wo es nötig ist, die unentgeltliche Erziehung der Jugend mit Berücksichtigung ihrer Fähigkeiten. [...] 9. Beschäftigung der Arbeitslosen in Staatsanstalten, und zwar sorgt der Staat für eine ihren menschlichen Bedürfnissen angemessene Existenz. [...] 11. Der Staat versorgt alle Hilflosen und also auch alle Invaliden der Arbeit. [...]

H. Fenske (Hg.): Vormärz und Revolution. Darmstadt 1976, S. 312 f.

a) Welche Art von Wirtschaftssystem streben die selbständigen Meister an?

b) Wie soll das Verhältnis zwischen Arbeitgebern und Arbeitnehmern aussehen?

c) Welche Rolle ist dem Staat zugedacht?

Q 54 Die Interessen der Frauen, Schwestern, Mütter und Töchter

Louise Otto-Peters (1819–1895), Schriftstellerin und Herausgeberin der „Frauen-Zeitung", in einem öffentlichen Schreiben an den sächsischen Minister Oberländer und die durch ihn berufene Arbeiterkommission (Mai 1848):

Meine Herren – wenn Sie sich mit der großen Aufgabe unserer Zeit: mit der Organisation der Arbeit beschäftigen, so wollen Sie nicht vergessen, dass es nicht genug ist, wenn Sie die Arbeit für die Männer organisieren, sondern dass Sie dieselbe auch für die Frauen organisieren müssen. Sie wissen es alle, dass unter den vorzugsweise sogenannten arbeitenden Klassen die Frauen so gut wie die Männer für das tägliche Brot arbeiten müssen. Ich will mich hier nicht dabei aufhalten, nachzuweisen, wie, weil die Frauen nur zu wenig Arten von Arbeiten zugelassen sind, die Konkurrenz in denselben die Löhne so heruntergedrückt hat, dass, wenn man das Ganze im Auge behält, das Los der Arbeiterinnen noch ein viel elenderes ist als das der Arbeiter. [...] Nun kann man zwar sagen: Wenn die Männer künftig besser als jetzt bezahlt werden, so können sie auch besser für ihre Frauen sorgen und diese sich der Pflege ihrer Kinder widmen, statt für andere zu arbeiten. Einmal, so fürchte ich, wird das Los der arbeitenden Klasse nicht gleich in diesem Maße verbessert werden können, und dann bleibt immer noch die große Schar der Witwen und Waisen, auch der erwachsenen Mädchen überhaupt, selbst wenn wir die Gattinnen und Mütter ausnehmen. Ferner heißt dies aber auch, die eine Hälfte der Menschen für Unmündige und Kinder erklären und von den andern ganz und gar abhängig machen. [...] Ein Mädchen, das als Arbeiterin ihr Dasein nur kümmerlich fristen kann, wird ihr ganzes Bestreben darauf richten, einen Mann zu bekommen, durch den sie dieser Sorgen enthoben wird – ist sie schon verderbt, so gibt sie sich aus Berechnung dem ersten besten Manne hin, damit er sie, wenn auch nicht um ihrer selbst, doch um ihres Kindes willen heirate – oder wenn sie auch nicht so tief gesunken, heiratet sie doch den ersten besten, gleichviel ob sie ihn liebt und zu ihm passt oder nicht. Auf alle Fälle wird die Zahl der unglücklichen, unmoralischen, leichtsinnig geschlossenen Ehen, der unglücklichen Kinder und der unglücklichsten Proletarierfamilien auf eine bedenkliche Weise gerade dadurch vermehrt: dass das Los der alleinstehenden Arbeiterinnen ein so trauriges ist. [...] Sie haben als das stärkere Geschlecht die Pflicht, sich des schwächeren anzunehmen. Sind es nicht Ihre Frauen, Schwestern, Mütter und Töchter, deren Interessen es zu wahren gilt, so gut wie Ihre eigenen? Stattdessen hat es in Berlin geschehen können, dass die Fabrikarbeiter, die eine Verbesserung ihres Loses begehrten, darauf drangen, dass aus den Fabriken alle Frauen entlassen würden! Das ist ein Missbrauch des Rechts des Stärkeren!

H. Lange: Die Anfänge der Frauenbewegung. Berlin o. J., S. 38 f.

Louise Otto-Peters (1819–1895) gründete Bildungs- und Arbeiterinnenvereine, brachte 1849 die „Frauen-Zeitung" heraus und war viele Jahre Vorsitzende des Allgemeinen Deutschen Frauenvereins.

a) Wie begründet Louise Otto-Peters ihre Forderung, Arbeiterinnen besser zu bezahlen?

b) Wie sieht die Autorin die Gleichberechtigung der Frau?

3. Nationalitäten und Nationalstaaten

Idee und Wirklichkeit Nationale Selbstbestimmung und Zusammengehörigkeit waren 1848/49 politische Ideen von unwiderstehlicher Überzeugungskraft. Ihre Verwirklichung jedoch erwies sich als unendlich schwierig. Weder waren die großen Völker bereit, die in ihrem Staatsverband lebenden fremdnationalen Minderheiten in die Unabhängigkeit zu entlassen, noch war es in den Gebieten mit gemischtnationaler Bevölkerung möglich, eindeutige und gerechte Trennungslinien zu ziehen, noch waren sich die nationalen Bewegungen selbst über ihre Ziele und die Verteilung der Macht einig.

Italien Bewaffnete Aufstände in Mailand und Venedig führten schon im März 1848 zum Abzug der österreichischen Truppen und zur Bildung provisorischer Regierungen. Der piemontesische König, darauf bedacht, die Führung der italienischen Nationalbewegung in die Hand zu bekommen, verkündete voreilig die Unabhängigkeit Italiens und den „heiligen Krieg" gegen Österreich. Neapel, Toskana, Parma und Modena folgten seinem Aufruf, der Papst, auf den sich viele nationale Hoffnungen gerichtet hatten, erklärte die Neutralität des Kirchenstaates. Die Koalition der italienischen Staaten erwies sich als brüchig. Der Führungsanspruch Piemonts bewog den König von Neapel, seine Truppen zurückzuziehen, und auch die Regierung in Mailand verweigerte ihre Hilfe, weil sie auf einem lockeren Staatenbund beharrte. Bei dieser Uneinigkeit im italienischen Lager war es dem österreichischen Feldmarschall Radetzky möglich, das italienische Heer zu besiegen und Mailand zurückzuerobern; Piemont war außerstande, den Krieg fortzuführen.
Das Versagen der Monarchie brachte den republikanisch-demokratischen Kräften Zulauf. In der Toskana und im Kirchenstaat erhob sich das „Volk", in Rom rief im Februar 1849 der Gründer des Bundes „Junges Italien" Giuseppe Mazzini (1805–1872) die Republik aus. Ein letzter Versuch des Königs von Piemont-Sardinien, das Blatt zu wenden, scheiterte nach einer neuerlichen militärischen Niederlage gegen die Österreicher. Österreichische Truppen besetzten die Toskana und den Norden des Kirchenstaates, französische eroberten nach langer Belagerung Rom (wo sie bis 1870 blieben), zuletzt kapitulierte auch Venedig. Die italienische Befreiungs- und Einigungsbewegung scheiterte nicht nur an der militärischen Überlegenheit der Großmächte, sondern auch an ihrer inneren Uneinigkeit und ihrem mangelnden Rückhalt in der Bevölkerung: die Bauern hielten sich abseits, weil niemand ihnen eine Minderung ihrer Feudallasten in Aussicht stellte.

Ungarn Die ungarische Nationalbewegung, in der der magyarische Adel im Bunde mit dem Großbürgertum die Führung besaß, verfolgte eine Doppelstrategie: möglichst viel Autonomie gegenüber der Zentralregierung in Wien, aber zugleich eine rücksichtslose Unterdrückung der nicht-magyarischen Nationalitäten – Deutsche, Kroaten, Rumänen, Slowaken – im eigenen Land. Schon im März 1848 gestand der Kaiser ein „verantwortliches ungarisches Ministerium" zu, im April eine Verfassung, die ein ungarisches Parlament vorsah und die staatsrechtliche Verbindung mit Österreich auf eine Personalunion beschränkte.
Die magyarische Oberschicht sicherte ihre Macht, indem sie die landlosen und kleinen Bauern sowie das Kleinbürgertum und die städtischen Unterschichten vom Wahlrecht ausschloss und die Wählbarkeit an die Beherrschung der ungarischen Sprache knüpfte. Folglich waren im ungarischen Reichstag 72% der Abgeordneten Adlige, 25% wohlhabende Bürgerliche, 2% Geistliche und nur 1% Bauern. Die Unzufriedenheit der Bevölkerungsmehrheit wuchs, als die längst fällige Agrarreform höchst halbherzig ausfiel und den adligen Grundbesitzern viele Privilegien erhalten blieben. Der Kaiser nutzte die Entzweiung im ungarischen Lager und suchte das Bündnis mit den benachteiligten Nationalitäten, vor allem den Kroaten. Daraufhin proklamierte der Reichstag in Budapest die Unabhängigkeit Ungarns und berief Ludwig Kossuth (1802–1894) zum Diktator. Kossuth, der einen militanten Nationalismus vertrat, organisierte den Krieg mit großer Energie und vermochte große Teile der magyarischen Bevölkerung für die Verteidigung der nati-

onalen Unabhängigkeit zu gewinnen. Dennoch unterlag die ungarische Armee schließlich der vereinigten Übermacht österreichischer, kroatischer und russischer Truppen. Die Ungarn verloren vorübergehend die meisten Autonomierechte.

Böhmen und Mähren In Böhmen und Mähren, das als altes habsburgisches Kronland zum Deutschen Bund gehörte, hatten Deutsche und Tschechen generationenlang im Ganzen friedlich neben- und miteinander gelebt; ihr Zahlenverhältnis betrug 1848 etwa 40 zu 60. Der tschechische Adel sprach überwiegend deutsch. Da es den Deutschen wirtschaftlich durchweg besser ging als den Tschechen, hatten sich gelegentlich soziale Spannungen ergeben. Dennoch galt Böhmen allen seinen Bewohnern als das gemeinsame Vaterland. Das änderte sich im „Völkerfrühling" 1848. Der hoch angesehene tschechische Historiker Franz Palacky (1798–1876) gab dem neuen Empfinden Ausdruck, als er die im April 1848 an ihn ergangene Einladung zur Mitwirkung im 50er-Ausschuß des Frankfurter Vorparlaments unter Berufung auf seine tschechische Volkszugehörigkeit ablehnte. Auch die Wahlen zur Frankfurter Nationalversammlung wurden von den meisten tschechischen Wahlberechtigten boykottiert. Palacky, jetzt der unbestrittene nationalpolitische Sprecher, forderte die Autonomie seines Volkes innerhalb des österreichischen Gesamtstaates; die volle staatliche Unabhängigkeit verwarf er ausdrücklich. Die Spannungen zwischen Deutschen und Tschechen entluden sich im Juni in einem Aufstand tschechischer Radikaler in Prag, den die kaiserliche Armee jedoch schnell niederschlug.

Das österreichische Nationalitätenproblem Dem verfassunggebenden österreichischen Reichstag oblag es, eine Verfassung zu entwickeln, die die Rechte und Ansprüche der Nationalitäten mit der Einheit und Lebensfähigkeit des Gesamtstaates in Einklang brachte. Drei Wege standen zur Diskussion: die Beibehaltung der historischen Länder und Provinzen, unter Gewährleistung bestimmter nationaler Rechte für die unterschiedlichen ethnischen Gruppen; die Schaffung neuer Reichsländer gemäß historischen wie nationalen Verhältnissen und die Zusammenfassung der Bevölkerung in nationalen Gruppierungen; die Aufteilung des Staates in nationale Kreise mit je eigener Volksvertretung und Gesetzgebung. Der schließlich angenommene Verfassungsentwurf stellte einen Kompromiss

Sitzung der Deutschen Nationalversammlung in der Frankfurter Paulskirche: stehend Heinrich von Gagern, am Rednerpult Robert Blum. Lithografie (1848) nach einer Zeichnung von Leo von Elliot.

zwischen dem ersten und zweiten Weg dar. Die historischen Länder blieben bestehen, waren aber gehalten, bei politischen Wahlen und in ihren politischen Einrichtungen die nationale Zusammensetzung der Bevölkerung zu berücksichtigen und alle im Land gesprochenen Sprachen als gleichberechtigt anzuerkennen. Nach dem Sieg der Gegenrevolution wurde jedoch der vorrevolutionäre Zustand wiederhergestellt, in dem für eine politische Anerkennung der Nationalitäten kein Platz war.

Die nationale Frage in der Deutschen Nationalversammlung Die Frankfurter Nationalversammlung wollte einen deutschen Nationalstaat schaffen, der alle Deutschen vereinte. Dabei musste sie drei Probleme lösen: Was sollte mit den Deutschen geschehen, die außerhalb des bisherigen Bundesgebietes lebten? Wie sah die Zukunft der nicht deutschen Bevölkerung aus, die bislang zum Deutschen Bund gehört hatte? Was sollte aus Österreich werden, in dem die Deutschen zwar traditionell eine Führungsrolle innehatten, zahlenmäßig aber nicht die Mehrheit bildeten? Vorparlament, Bundestag und Nationalversammlung hatten vollendete Tatsachen zu schaffen versucht, indem sie die Einverleibung der bislang nicht zum Deutschen Bund gehörenden Provinzen Ostpreußen, Westpreußen, Posen und Schleswig beschlossen, aber gleichzeitig alle Bestrebungen mehrheitlich nicht-deutscher Gebiete, vor allem Böhmens, abgewiesen hatten, aus dem deutschen Staatsverband auszuscheiden.

Schleswig Schleswig, aufgrund eines alten Vertrages mit Holstein „up ewig ungedeelt", war, im Unterschied zu Holstein, Bestandteil der dänischen Monarchie. Es war in seinem (kleineren) nördlichen Teil mehrheitlich von Dänen, im südlichen Teil fast ausschließlich von Deutschen bewohnt. Nach dem Thronwechsel im Januar 1846 kündigte der neue dänische König eine Gesamtstaatsverfassung an, die Schleswig, aber nicht Holstein einschließen sollte. Unter Berufung auf ihr Widerstandsrecht bildeten die schleswigschen Stände eine provisorische Landesregierung. Zu ihrem Schutz rückten preußische Truppen in das Land ein.
Am 9. Juni erklärte das Frankfurter Parlament den Konflikt der Schleswig-Holsteiner mit Dänemark zur Sache der deutschen Nation. Einen britischen Vermittlungsvorschlag, der auf eine Teilung Schleswigs zielte, lehnten beide Seiten ab. Keine der Konfliktparteien wollte die alte historische Einheit aufgelöst sehen, jede strebte den alleinigen Besitz des Herzogtums an. Unter dem Druck Englands und Russlands, die eine Schwächung der dänischen Krone verhindern wollten, musste Preußen jedoch am Ende, ohne sich zuvor mit der Frankfurter Zentralgewalt zu verständigen, seine Truppen zurückziehen und der Einsetzung einer deutsch-dänischen Regentschaft über Schleswig zustimmen. In nationaler Entrüstung, die in weiten Kreisen der deutschen Öffentlichkeit geteilt wurde, verwarf die Nationalversammlung zunächst diesen in Malmö ausgehandelten Waffenstillstand und beharrte auf der Zugehörigkeit ganz Schleswigs zum künftigen Deutschen Reich. Da sie aber über keinerlei militärische und sonstige Machtmittel verfügte, blieb ihr schließlich nichts anderes übrig, als sich mit der nationalen Niederlage im Norden abzufinden. Dieser Rückzieher löste eine schwere Vertrauenskrise in Frankfurt und Unruhen aus, die nur durch den Einsatz von Militär beigelegt werden konnten.

Posen In der Hochstimmung des „Völkerfrühlings" hatte das Frankfurter Vorparlament eine „heilige Pflicht des deutschen Volkes" anerkannt, „zur Wiederherstellung Polens mitzuwirken". Auch die preußische Regierung stellte eine „nationale Reorganisation" des Großherzogtums Posen in Aussicht. Ein Aufstand polnischer Nationalisten, der vollendete Tatsachen schaffen sollte und sich gegen die deutschen, aber auch die jüdischen Mitbürger richtete, veränderte die Stimmung. Die preußische Regierung legte nacheinander unterschiedliche Pläne zur Teilung der Provinz nach ethnischen Gesichtspunkten vor. Dabei verschob sie von Mal zu Mal, gegen den polnischen Protest, die Demarkationslinie nach Osten, sodass schließlich fast zwei Drittel des Territoriums dem deutschen Staatsgebiet zugeschlagen waren. In einer mehrtägigen leidenschaftlichen Debatte nahm die Frankfurter Nationalversammlung dazu Stellung. Zwei Auffassungen prallten dabei aufeinander: die Bereitschaft, den Polen Gerechtigkeit widerfahren zu lassen und sich ehrlich an das Nationalitätsprinzip zu halten; und die Entschlossenheit, die deutschen Machtinteressen um jeden Preis zu wahren, das Prinzip des nationalen Egoismus, ohne Rücksicht auf die anderen Völker, durchzusetzen. Am Ende siegten die Befürworter des nationalen Machtstaates mit der erdrückenden Mehrheit von 342 zu 31 Stimmen.

Großdeutsche und Kleindeutsche Für die Mehrheit der Frankfurter Nationalversammlung stand von Anfang an fest, dass das Kaisertum Österreich nicht mit der Gesamtheit seiner nicht deutschen Länder Bestandteil des Deutschen Reiches werden könne und solle. Den meisten Abgeordneten schwebte die „großdeutsche" Lösung vor: die Zugehörigkeit der deutschsprachigen Länder Österreichs einschließlich Böhmens und Mährens sowie Südtirols zum zukünftigen deutschen Nationalstaat. Daraus ergab sich als zwingende Konsequenz eine Lockerung der staatlichen Einheit des Habsburgerreiches. So sah es auch der erste Verfassungsentwurf vom 27. Oktober 1848 in seinem §3 vor: „Hat ein deutsches Land mit einem nicht deutschen Land dasselbe Staatsoberhaupt, so ist das Verhältnis zwischen beiden Ländern nach den Grundsätzen der reinen Personalunion zu ordnen." Alle Hoffnungen auf eine solche Lösung zerstoben, als der neue österreichische Ministerpräsident Felix Fürst zu Schwarzenberg (1800–1852) am 27. November erklärte, Österreich werde seine staatliche Einheit unter keinen Umständen einschränken lassen. Heinrich von Gagern (1799–1880), seit Mitte Dezember 1848 Reichsministerpräsident, suchte mit seinem Kompromissvorschlag eines engeren und eines weiteren Bundes zu retten, was kaum noch zu retten war: Demnach sollte das Deutsche Reich ohne Österreich gegründet werden (engerer Bund), mit dem fortbestehenden österreichischen Vielvölkerstaat aber eine staatenbündische Verbindung eingehen (weiterer Bund). Als Schwarzenberg auch diesen Plan verwarf und am 9. März 1849 ultimativ die Aufnahme Gesamtösterreichs in das Deutsche Reich verlangte, blieb nur noch die „kleindeutsche" Lösung: die Beschränkung auf die deutschen Länder außer Österreich und damit die Erhebung Preußens zur Führungsmacht. Diese Lösung stand und fiel mit der Bereitschaft des preußischen Königs, die Kaiserkrone aus der Hand der Volksvertretung anzunehmen und den Konflikt mit Österreich zu wagen. Als Friedrich Wilhelm IV., wie kaum anders zu erwarten, vor beidem zurückschreckte, war das Scheitern der deutschen Nationalstaatsgründung vorerst besiegelt.

Nationalitätsprinzip

Dieses erstmals 1848 geforderte, in den Friedensverträgen von 1919/20 völkerrechtlich anerkannte Prinzip besagt, dass bei der territorialen, politischen, verfassungsrechtlichen, kulturellen Festlegung einer staatlichen Ordnung die nationale Eigenart und Zugehörigkeit zu beachten ist. In letzter Konsequenz läuft die strikte Anwendung des Nationalitätsprinzips auf eine Staatenwelt hinaus, in der jede Nation ihren eigenen Staat besitzt und alle Nationsangehörigen in diesem ihrem (National-)Staat vereint sind. In der Geschichte erwies sich die Anwendung des Nationalitätsprinzips häufig als problematisch, und zwar vornehmlich aus zwei Gründen: Zum einen war strittig, wann ein Volksteil als eigenständige Nationalität gelten kann; die Unterschiede zwischen einer Nation und einem Volksstamm waren und sind fließend und lassen sich nicht zwingend definieren. Zum andern erwies sich die Anwendung des Nationalitätsprinzips überall da als äußerst problematisch, wo verschiedene Nationalitäten innerhalb eines gemeinsamen Territoriums lebten, das ihnen allen Heimat und Vaterland war, sodass bei konsequenter Verwirklichung des Prinzips fast nur die Teilung des Landes oder die Aussiedlung einer oder mehrerer nationaler Minderheiten übrig blieb.

Q 55 Böhmen und Mähren – tschechisch oder deutsch?

a) *Aus dem Absagebrief des tschechischen Historikers Franz Palacky an den Präsidenten des 50er-Ausschusses vom 11. April 1848:*

Der ausgesprochene Zweck Ihrer Versammlung ist, einen deutschen Volksbund an die Stelle des bisherigen Fürstenbundes zu setzen, die deutsche Nation zu wirklicher Einheit zu bringen, das deutsche Nationalgefühl zu kräftigen und Deutschlands Macht dadurch nach innen und außen zu erhöhen. So sehr ich auch dieses Bestreben und das ihm zugrunde liegende Gefühl achte, und eben weil ich es achte, darf ich mich daran nicht beteiligen. Ich bin kein Deutscher – fühle mich wenigstens nicht als solcher, – und als bloßen meinungs- und willenlosen Ja-Herren haben Sie mich doch gewiss nicht zu sich berufen wollen. […] Ich bin ein Böhme slawischen Stammes und habe mit all dem wenigen, was ich besitze und was ich kann, mich dem Dienste meines Volkes ganz und für immer gewidmet. Dieses Volk ist nun zwar ein kleines, aber von jeher ein eigentümliches und für sich bestehendes; seine Herrscher haben seit Jahrhunderten am deutschen Fürstenbunde teilgenommen, es selbst aber hat sich niemals zu diesem Volke gezählt und ist auch von andern im Ablauf aller Jahrhunderte niemals dazu gezählt worden. Die ganze Verbindung Böhmens, zuerst mit dem Heiligen Römischen Reiche, dann mit dem Deutschen Bunde, war von jeher ein reines Regale [königliches Hoheitsrecht], von welchem das böhmische Volk, die böhmischen Stände kaum jemals Kenntnis zu nehmen pflegten. Diese Tatsache ist allen deutschen Geschichtsforschern wohl ebenso gut wie mir selbst bekannt. Alle Welt weiß, dass […] die ganze bisherige Verbindung Böhmens mit Deutschland als ein Verhältnis, nicht von Volk zu Volk, sondern nur von Herrscher zu Herrscher aufgefasst und angesehen werden muss.

Fordert man aber, dass über den bisherigen Fürstenbund hinaus nunmehr das Volk von Böhmen selbst mit dem deutschen Volke sich verbinde, so ist das eine wenigstens neue und jeder historischen Rechtsbasis ermangelnde Zumutung, der ich für meine Person mich nicht berechtigt fühle, Folge zu leisten, solange ich dazu kein ausdrückliches und vollgültiges Mandat erhalte.

F. Palacky: Gedenkblätter. Prag 1874, S. 149 f.

b) *Aus einer Rede des Abgeordneten Ernst Moritz Arndt in der Frankfurter Nationalversammlung am 5. Juni 1848:*

Wo wollen wir hin mit unseren Individualitäten, wo wollen wir hin, wenn wir jeder kleinen Individualität ein eigenes Leben geben, ihr ein eigenes Leben verkündigen? Das hieße den Aufruhr gleichsam gegen unsere Macht und Ehre ermuntern; da können noch fünf und zehn Teile von Deutschland sich melden und sagen: Wir haben diese und jene Keime in uns, wir wollen ein eigenes Leben bilden. […] Was würden die Franzosen sagen, wenn die bretagnischen, baskischen, die altligurischen Volksteile, die an der Außenseite, am Meer liegen, also leichter gesondert werden könnten als Böhmen, das in unserm Herzen liegt, was würden die Franzosen sagen, wenn diese Landesteile erklären würden, wir wollen wieder Bretagner, Provenzalen und keine Franzosen sein? Und Böhmen war jahrhundertelang ein Teil des Deutschen Reichs, ein großes Kurfürstentum, rings umgeben von deutschen Völkern! […] Indem ich anerkenne, was jene würdigen Stämme, die in diesem Lande und um dasselbe herum wohnen, getan haben, kann ich doch nicht vergessen, dass wir den Grundsatz in Deutschland festhalten müssen, dass, was ein Jahrtausend zu uns gehört hat und ein Teil von uns gewesen ist, ferner zu uns gehören muss, wenn wir nicht zusammenfallen wollen, dass wir auch die Deutschen, die dort wohnen, wenngleich die Tschechen um viele Prozente stärker sind, schützen müssen.

F. Wigard (Hg.): Stenographischer Bericht über die Verhandlungen der deutschen constituirenden Nationalversammlung zu Frankfurt a. M. Band I. Frankfurt a. M. 1848, S. 214 f.

c) *Der deutsch-böhmische Abgeordnete Kuranda (Prag) in der Frankfurter Nationalversammlung am 1. Juli 1848:*

Diese Minorität, die wir Deutschen in Böhmen bilden, wird aber bei weitem durch die Kraft aufgewogen, welche sie in die Schale legen. In dem halbmondförmigen Kreise, welchen die reindeutsche Bevölkerung (von der gemischten nicht zu sprechen) um den tschechischen Mittelpunkt bildet: der Ackerbau, wo ist er am besten gepflegt? Die Industrie, wo sind ihre Hauptsitze? Fragen Sie nach, was der Saazer Kreis für Böhmen ist, was die Städte Reichenberg, Rumburg bedeuten. Der Lebensstrom des Landes, der es mit dem Meere verbindet, die Elbe, wird deutsch in dem Momente, wo er für größere Fahrzeuge schiffbar wird. Die Brunnen- und Badeorte Teplitz, Karlsbad, Marienbad, die ein Brunnen unversiegbaren Einkommens für das Land sind, wo liegen sie? In den deutschen Kreisen. Die Bergwerke, welche seit Jahrhunderten den Reichtum des Landes begründeten – wer hat sie bebaut? Deutsche Hände, deutscher Fleiß. Wer hat das Städtewesen, den Bürgerstand in Böhmen begründet, den fleißigen behäbigen Mittelstand, durch den sich Böhmen vor Polen, Kroatien und andern halben oder ganzen Slawenländern auszeichnet? […] Jetzt handelt es sich nicht mehr darum, dass die Tschechen gleiche Rechte besitzen sollen mit den Deutschen! Es handelt sich um ihre Oberherrschaft! Unsere Wahlen wurden als nicht berechtigt ausgeschrieen, unsere Farben wurden insultiert, unsere Vereine wurden gesprengt, unsere Presse eingeschüchtert und terrorisiert. Es handelt sich darum, dass wir Deutsche fortan bloß als Eingewanderte, als geduldete Fremdlinge betrachtet werden sollen; es handelt sich hier nicht mehr etwa darum, dem deutschen Element zum Sieg über das tschechische zu verhelfen, es handelt sich nur um Verteidigung desselben gegen slawische Tyranneigelüste.

a. a. O., S. 664 f.

a) Was versteht Palacky unter dem „böhmischen Volk"? Wie begründet er dessen Eigenständigkeit gegenüber dem deutschen Volk?

b) Wie stichhaltig finden Sie Arndts Vergleich zwischen den Tschechen und etwa den Bretonen oder Provenzalen?

c) Wägen Sie die Gründe ab, die Kuranda zugunsten einer Gleichberechtigung der deutschen Minderheit mit der tschechischen Mehrheit anführt!

Q 56 Schutz der nationalen Minderheiten

Erklärung der Frankfurter Nationalversammlung vom 31. Mai 1848:

Die Verfassunggebende deutsche Nationalversammlung erklärt feierlich: Dass sie in vollem Maße das Recht anerkenne, welches die nicht deutschen Volksstämme auf bundesdeutschem Boden haben, den Weg ihrer volkstümlichen Entwicklung ungehindert zu gehen, und in Hinsicht auf das Kirchenwesen, den Unterricht, die Literatur und die innere Verwaltung und Rechtspflege sich der Gleichberechtigung ihrer Sprache, so weit deren Gebiete reichen, zu erfreuen, wie es sich denn auch von selbst verstehe, dass jedes der Rechte, welche die im Bau begriffene Gesamtverfassung dem deutschen Volk gewährleisten wird, ihnen gleichmäßig zusteht. Das fortan einige und freie Deutschland ist groß und mächtig genug, um den in seinem Schoße erwachsenen anders redenden Stämmen eifersuchtslos in vollem Maße gewähren zu können, was Natur und Geschichte ihnen zuspricht; und niemals soll auf seinem Boden weder der Slawe, noch der dänisch redende Nordschleswiger, noch der italienisch redende Bewohner Süddeutschlands, noch wer sonst, uns angehörig, in fremder Zunge spricht, zu klagen haben, dass ihm seine Stammesart verkümmert werde, oder die deutsche Bruderhand sich ihm entziehe, wo es gilt.

a. a. O., S. 183

a) Worauf erstreckte sich die Garantie der „ volkstümlichen Entwicklung", wo lagen ihre Grenzen?

b) Erläutern Sie die Begriffe, die die Erklärung für die fremdnationalen Minderheiten verwendet.

Q 57 Gesunder deutscher Volksegoismus oder Gerechtigkeit für Polen?

a) *Der linksliberale Abgeordnete Wilhelm Jordan über die Zukunft der Provinz Posen (24. Juli 1848):*

Soll eine halbe Million Deutscher unter deutscher Regierung, unter deutschen Beamten leben und zum großen deutschen Vaterlande gehören, oder sollen sie in der sekundären Rolle nationalisierter Ausländer in die Untertänigkeit einer anderen Nationalität, die nicht so viel humanen Inhalt hat als das Deutschtum, gegeben und hinausgestoßen werden in die Fremde? – Wer die letztere Frage mit ja beantwortet; wer da sagt, wir sollten diese deutschen Bewohner von Posen den Polen hingeben und unter polnische Regierung stellen, den halte ich mindestens für einen unbewussten Volksverräter. […]

Ich sage, die Politik, die uns zuruft: Gebt Polen frei, es koste, was es wolle, ist eine kurzsichtige, eine selbstvergessene Politik, eine Politik der Schwäche, eine Politik der Furcht, eine Politik der Feigheit. Es ist hohe Zeit für uns, endlich einmal zu erwachen aus jener träumerischen Selbstvergessenheit, in der wir schwärmten für alle möglichen Nationalitäten, während wir selbst in schmachvoller Unfreiheit darniederlagen und vor aller Welt mit Füßen getreten wurden, zu erwachen zu einem gesunden Volksegoismus, um das Wort einmal gerade heraus zu sagen, welcher die Wohlfahrt und Ehre des Vaterlandes in allen Fragen oben anstellt. […] Ich gebe es ohne Winkelzüge zu: Unser Recht ist kein anderes als das Recht des Stärkeren, das Recht der Eroberung.

F. Wigard (Hg.): Stenographischer Bericht über die Verhandlungen der deutschen constituirenden Nationalversammlung zu Frankfurt a. M. Band II. Frankfurt a. M. 1848, S. 1143 ff.

b) *Der Abgeordnete der äußersten Linken, Arnold Ruge (24. Juli 1848):*

Die Intervention der Gewalt und Tyrannei ist überall das schmachvolle Unrecht, die Propaganda der Freiheit und des Humanismus dagegen ist das welthistorische Recht der Völker und ihres Geistes. […] Darum ist es ein richtiges Gefühl, und das Gefühl der Völker irrt sich nicht, dass die Teilung Polens ein schmachvolles Unrecht war. […] Die Polen sind das Element der Freiheit, das in das Slawentum geworfen wurde. […] Die Polen sind also ein wirkendes Element auch noch in der jetzigen Bildung. Sie wirken, füge ich hinzu, gut, und weil sie gut wirken, weil sie notwendig sind, so sind die Polen keineswegs tot. So wie die Juden nicht tot sind, die nicht aufhörten, in der Weltgeschichte zu wirken, wie Sie von Spinoza, Heine und Börne erfahren können, so haben die Polen nicht aufgehört zu wirken. Die Polen sind deshalb, ich wiederhole es, nicht aus der Geschichte zu streichen. Im Gegenteil, im Namen der Humanität und Gerechtigkeit verlange ich, dass Polen wiederhergestellt werde, und dass wir das Vorparlament nicht Lügen strafen, welches erklärt hat, die Teilung Polens sei ein schmachvolles Unrecht. [...] An der Ehre Deutschlands ist es, dass es die lang fortgesetzte Unterdrückung der slawischen Völker aufhebe: An der Ehre Deutschlands ist es, dass Deutschland die Freiheit nach Osten propagiere und nicht an der Grenze von Russland und Polen damit stehen bleibe. An unserer Ehre ist es, dass wir aufhören, Unterdrücker zu sein, dass wir Freunde aller befreiten Völker werden, dass wir die Italiener befreien und ihre Freunde werden und dass wir die Polen befreien und ihre Freunde werden.

a.a.O., S. 1184

a) Diskutieren Sie Jordans und Ruges Auffassung vom Verhältnis zwischen nationalen Interessen und Völkerrecht.

b) Wie begründet Ruge das Recht der Polen auf nationale Unabhängigkeit?

Q 58 Das Problem Österreich

a) Aus dem Entwurf der Reichsverfassung vom 19. Oktober 1848:

§ 1. Das deutsche Reich besteht aus dem Gebiete des bisherigen deutschen Bundes. [...] *§ 2.* Kein Teil des deutschen Reiches darf mit nicht deutschen Ländern zu einem Staate vereinigt sein. (Minoritätserachten. Zusatz: Insofern die eigentümlichen Verhältnisse Österreichs die Ausführung dieses § 2 und der daraus abgeleiteten Paragraphen hinsichtlich desselben nicht zulassen, soll die angestrebte Einheit und Macht Deutschlands im größtmöglichen Maße durch den innigsten Anschluss Österreichs an Deutschland im Wege des völkerrechtlichen Bündnisses zwischen der Reichsgewalt und der österreichischen Regierung erzielt werden.) *§ 3* Hat ein deutsches Land mit einem nicht deutschen Lande dasselbe Staatsoberhaupt, so ist das Verhältnis zwischen beiden Ländern nach den Grundsätzen der reinen Personalunion zu ordnen.

F. Wigard (Hg.): Stenographischer Bericht über die Verhandlungen der deutschen constituirenden Nationalversammlung zu Frankfurt a. M. Band IV. Frankfurt a. M. 1848, S. 2717 f.

b) Der rechtsliberale Abgeordnete Alfred von Arneth (Wien, Oktober 1848):

Der Österreicher, meine Herren, ist deutsch, er will es bleiben; [...] er will aber auch Österreich nicht zerrissen, er will Österreich nicht vernichtet sehen; er will das Fortbestehen Österreichs in und mit Deutschland. Dies, meine Herren, ist nicht Partikularismus, wie man etwa von dem Partikularismus irgendeines anderen deutschen Landes zu sprechen sich manchmal für berechtigt hielt. Nein, meine Herren, wenn es sich darum handeln wird, ganz Österreich samt seinen nicht deutschen Provinzen Deutschland förmlich zu inkorporieren, dann würde es, ich glaube fest, nur wenige Deutsch-Österreicher geben, welche einem solchen Aufgehen ihres Vaterlandes in Deutschland Widerspruch entgegensetzen würden. Wir glauben aber, dass mit einer Zerreißung Österreichs Deutschland nur ein schlechter Dienst geschähe; wir glauben, dass es in Deutschlands Interesse liege, die aus einer Losreißung der nicht deutschen Provinzen in Österreich unzweifelhaft hervorgehende Entstehung neuer selbständiger, sei es Slawen-, sei es Magyarenreiche an der Ostgrenze Deutschlands zu hindern.

a.a.O., S. 2779 f.

c) Der rechtsliberale Abgeordnete Georg Waitz (Göttingen, Oktober 1848):

Mir steht die Alternative allein so: Die deutschen Österreicher ganz mit und bei Deutschland, oder die deutschen Österreicher ganz mit und in der österreichischen Monarchie. [...] Es ist in mehreren Anträgen versucht, ein Mittleres zu finden. [...] Diese Alternative, meine Herren, sage ich, ist nicht vorhanden, denn Deutschland muss wissen, was es will, wohin es will, und es muss gleichartige Verhältnisse in allen seinen Teilen begründen. Für Österreich mag eine solche Wendung vorteilhaft sein; für Deutschland ist sie es nimmermehr. Meine Herren! Deutschlands Bau würde leichter sein ohne Österreich; aber ich glaube, es ist niemand, niemand sage ich, in der Versammlung, der nicht den schwierigsten und mühseligsten Bau lieber will als den leichteren ohne Österreich. Aber einen einigen und festgeschlossenen Bau wollen wir und müssen wir wollen. Und auch Österreich muss ihn mit uns wollen; denn auch Österreich ist Deutschland und soll Deutschlands Interesse teilen. Darum, meine Herren, keine Alternative. Nur das eine Wort, nur die eine Voraussetzung: Das deutsche Österreich bleibt bei uns! Mögen wir die andere Alternative tief im Herzen tragen, mögen wir sie als eine traurige Aussicht still erwägen, aber mögen wir sie nicht in unsere Verfassungsurkunde niederschreiben!

a.a.O., S. 2789 f.

a) Wo liegen die Gemeinsamkeiten der zwei Redner, wo ihre Unterschiede?

b) Was sprach für die großdeutsche, was für die kleindeutsche Lösung?

4. Das Wiedererstarken der alten Kräfte

Verschenkter Sieg Der schnelle und leichte Erfolg der Februar- und Märzrevolution hatte die Sieger dazu verleitet, die eigene Stärke zu überschätzen und zu wenig zu tun, um die ihnen zugefallene Macht auf Dauer zu sichern. Die gemäßigt-liberalen Gruppierungen, die fast überall die Mehrheit bildeten, waren nur allzu bereit, sich mit den Mächten der alten Ordnung auf halbem Wege zu treffen, die Revolution für beendet zu halten und sich fortan mit friedlich-einvernehmlichen Reformen zu begnügen. Sie widersetzten sich den Forderungen der Linken – der Radikalen, Demokraten, Republikaner, Sozialisten –, die Macht der Fürsten und der ihnen verbundenen alten Machteliten energisch zu beschneiden und die Souveränität des Volkes zu verwirklichen. Dabei spielte die Sorge vor einer Gefährdung des Eigentums und einer Herrschaft des „Pöbels“ eine wichtige Rolle.

Frankreich Wieder ging Frankreich in dieser Entwicklung voran. Nach den Parlamentswahlen im Mai 1848, die eine klare Mehrheit für die Konservativen und die bürgerlichen Liberalen erbracht hatten, war die aus der gemeinsamen Gegnerschaft gegen das Julikönigtum entstandene Koalition zwischen dem Besitzbürgertum und dem „vierten Stand“ ständig schwächer geworden. Der vollständige Bruch trat ein, als die Regierung die Entlassung aller unverheirateten Beschäftigten der Nationalwerkstätten verfügte. Über Nacht erhoben sich 40–50000 Pariser Arbeiter, Handwerker, kleine Händler und Gewerbetreibende – keineswegs nur Beschäftigte der Nationalwerkstätten, die für ihren Arbeitsplatz kämpften. Ihnen traten, unter Führung des Kriegsministers Cavaignac, reguläre Truppen, aber auch die Nationalgarde entgegen, der vornehmlich Klein- und Mittelbürger angehörten; gerade sie kämpften mit besonderer Erbitterung gegen die „rote Gefahr“. Der Massenaufstand der Armen erstickte in einem Blutbad. Die Aufständischen verloren mehr als 3000 Tote im Kampf; von den Überlebenden wurden Tausende ermordet oder zum Tode verurteilt, 15000 in die Verbannung geschickt. Mit der „Junischlacht“ war der Sieg der Reaktion besiegelt; binnen kurzem entwickelte sich die französische Republik zu einem autoritären Regime.

Zweiter badischer Aufstand Im September versuchte der badische Radikale Gustav Struve in einem zweiten Anlauf zu erreichen, was seinem Freund Friedrich Hecker fünf Monate zuvor misslungen war: die Errichtung einer republikanischen Staatsgewalt, zunächst im Südwesten, dann in ganz Deutschland. Aber auch dieser zweite badische Aufstand scheiterte sang- und klanglos, weil die Aufständischen dilettantisch zu Werke gingen und die Bevölkerung nicht auf ihre Seite zu bringen vermochten.

Reaktion in Österreich Seit dem Märzaufstand war die Hauptstadt Wien nie wieder ganz zur Ruhe gekommen. Als Anfang Oktober in Wien stationierte Truppen auf den ungarischen Kriegsschauplatz verlegt werden sollten, meuterte ein Bataillon: Es erstürmte das Kriegsministerium und ermordete den Kriegsminister. Das war das Signal zu einem allgemeinen Volksaufstand. Dieser Wiener Oktoberaufstand übertraf an Gewalttätigkeit und Grausamkeit alle bisherigen Auseinandersetzungen: die radikal demokratischen Aufständischen, in der Hauptsache Arbeiter, Kleinbürger, Intellektuelle, kämpften mit dem Mute der Verzweiflung für die Selbstbehauptung der Revolution; die kaiserliche Regierung und die Armeeführung waren entschlossen, die Revolution, deren Kopf und Herz das aufständische Wien war, den Todesstoß zu versetzen. Linke Abgeordnete der Frankfurter Nationalversammlung, unter ihnen Robert Blum (1807–1848), eilten nach Wien, um der revolutionären Sache beizustehen. Ihr Einsatz war vergeblich. In blutigen Straßenkämpfen eroberten die kaiserlichen Truppen die Stadt: 2000 Aufständische fielen auf den Barrikaden; 25 wurden als Rädelsführer standrechtlich erschossen, darunter Robert Blum, der vergeblich auf seine Immunität als Abgeordneter pochte. Die siegreiche Reaktion, deren führender Kopf Ministerpräsident Fürst Schwarzenberg war, verlegte zunächst den österreichischen Reichstag in das mährische Städtchen Kremsier, löste ihn

Deputation der preußischen Nationalversammlung vor König Friedrich Wilhelm IV. in Potsdam bei der Übergabe einer Adresse am 3. November 1848. Bei dieser Gelegenheit rief der Abgeordnete Dr. Johann Jacoby (auf der Abbildung die dritte Person von links): „Das ist immer das Unglück der Könige gewesen, dass sie die Wahrheit nicht hören wollen." – Zeitgenössische Darstellung.

am 4. März 1849 auf und gab dem Lande eine Verfassung nach ihrem Geschmack, die sie aber bereits 1851 wieder aufhob.

Gegenrevolution in Preußen Die preußische Nationalversammlung, in der die liberale Linke die stärkste Fraktion stellte, hatte einen entschiedenen Kurs politischer und sozialer Veränderungen eingeschlagen: Sie wollte den Adel politisch entmachten und das Militär parlamentarischer Kontrolle unterwerfen, dem König das Attribut „von Gottes Gnaden" nehmen und die gutsherrlichen Rechte entschädigungslos aufheben. Im November 1848 holten die alten Mächte zum Gegenschlag aus: Am 8. November vertagte die Regierung die Nationalversammlung und verlegte sie in die Provinz; zwei Tage später rückten 80 000 Soldaten in die seit den Märztagen vom Militär geräumte Hauptstadt ein. Aufrufe von Abgeordneten zum passiven Widerstand und Steuerstreik blieben ohne Wirkung. Am 5. Dezember 1848 löste die Regierung die Nationalversammlung auf; zugleich erließ sie eine (oktroyierte) Verfassung, die erstaunlicherweise wesentliche Elemente des liberalen Verfassungsentwurfes des aufgelösten Parlaments enthielt: bürgerliche Grundrechte, das allgemeine Männerwahlrecht, das Gesetzgebungsrecht der Volksvertretung, die Ministerverantwortlichkeit, die Vereidigung der Armee auf die Verfassung; allerdings behielt sich die Krone erhebliche Ausnahmebefugnisse vor.

Die Frankfurter Zentralgewalt Die Frankfurter Nationalversammlung sah sich durch den politischen Umschwung in Wien und Berlin in ihrem Handlungsspielraum erheblich eingeengt. Sie hatte zwar in einem „kühnen Griff" (von Gagern) am 28. Juni 1848 eine Provisorische Zentralgewalt mit einem „Reichsverweser" als Oberhaupt und einem dem Parlament verantwortlichen Reichsministerium ins Leben gerufen, es aber nicht vermocht, dieser Exekutive ausreichende Machtmittel in die Hand zu geben. Die Frankfurter Reichsregierung besaß keinen nennenswerten Verwaltungsunterbau; ihren Finanzbedarf bestritt sie aus Beiträgen der Einzelstaaten, die aber schleppend und unvollständig eingingen. Sie war in fast allen Dingen auf den guten Willen der Einzelstaaten angewiesen und besaß keine Handhabe, diese zum Gehorsam anzuhalten.

Die Frankfurter Nationalversammlung Die Arbeit des Frankfurter Parlaments begann fast am Nullpunkt. Umso mehr Anerkennung verdient es, wie schnell und wirksam sich diese Versammlung ihrer vielfältigen Aufgaben annahm. Sie hatte, stets unter Zeitdruck

Vor der Erschießung Robert Blums am 9. November 1848

stehend, mindestens drei große Problembereiche zu bewältigen: die Umwandlung eines gemischtnationalen Staatenbundes in einen geschlossenen deutschen Nationalstaat; die Beratung, Verabschiedung und Durchsetzung einer liberal-rechtsstaatlichen Reichsverfassung; die Meisterung der von Tag zu Tag anstehenden politischen Herausforderungen und Krisen.

Das politische Profil der Paulskirche Obwohl es zum Zeitpunkt der Wahlen keinerlei feste politische Organisationen gab, fanden sich die Abgeordneten in Frankfurt schnell zu fraktionsähnlichen Verbindungen politisch Gleichgesinnter zusammen. Dabei bildeten sich sechs politische Grundrichtungen heraus: die konservative Rechte (etwa 12% der „organisierten" Abgeordneten); die Rechtsliberalen (40%); die liberale Mitte (11%); die Linksliberalen (19%); die gemäßigte Linke (12%); die äußerste Linke (6%). Daneben gab es rund 150 Abgeordnete, die keine festen Bindungen eingingen und von Fall zu Fall abstimmten.

Grundrechte In 99 Sitzungen bis zum 19. Oktober 1848 beriet die Paulskirche die Grundrechte. Dies geschah in einer Zeit, während der die konservativen Gegengewalten zwar an Stärke gewannen, aber noch nicht zum großen Gegenschlag ausgeholt hatten. Als dann die Fragen der Staats- und Regierungsform auf der Tagesordnung standen, war der Sieg der Gegenrevolution in den beiden deutschen Großstaaten im Wesentlichen entschieden. War es also ein Fehler - wie viele Kritiker später gemeint haben -, so viel Zeit auf die Erörterung der Grundrechte zu verwenden und die Entscheidung über die politischen Strukturfragen auf die lange Bank zu schieben?

Staats- und Regierungsform In den Beratungen zur Staats- und Regierungsform des künftigen Deutschen Reiches war vieles mehrheitlich unstrittig: die parlamentarische Monarchie; die ausgewogene Verbindung zentral- und bundesstaatlicher Elemente; das Zwei-Kammer-System; die Unabhängigkeit der Reichsgerichtsbarkeit; die kommunale Selbstverwaltung. Heiß umkämpft wurden vor allem zwei Dinge, das Wahlrecht und die Alternative: Wahl oder Erbkaisertum. Für ein nach Besitz und möglichst auch Bildung gestuftes (Zensus-)Wahlrecht machten sich die Liberalen stark, für das allgemeine Männerwahlrecht die Linken. Das Erbkaisertum war die Forderung der Rechten und der Mitte, das Wahlkaisertum das äußerste, wozu sich die Linke, die an sich der Republik den Vorzug

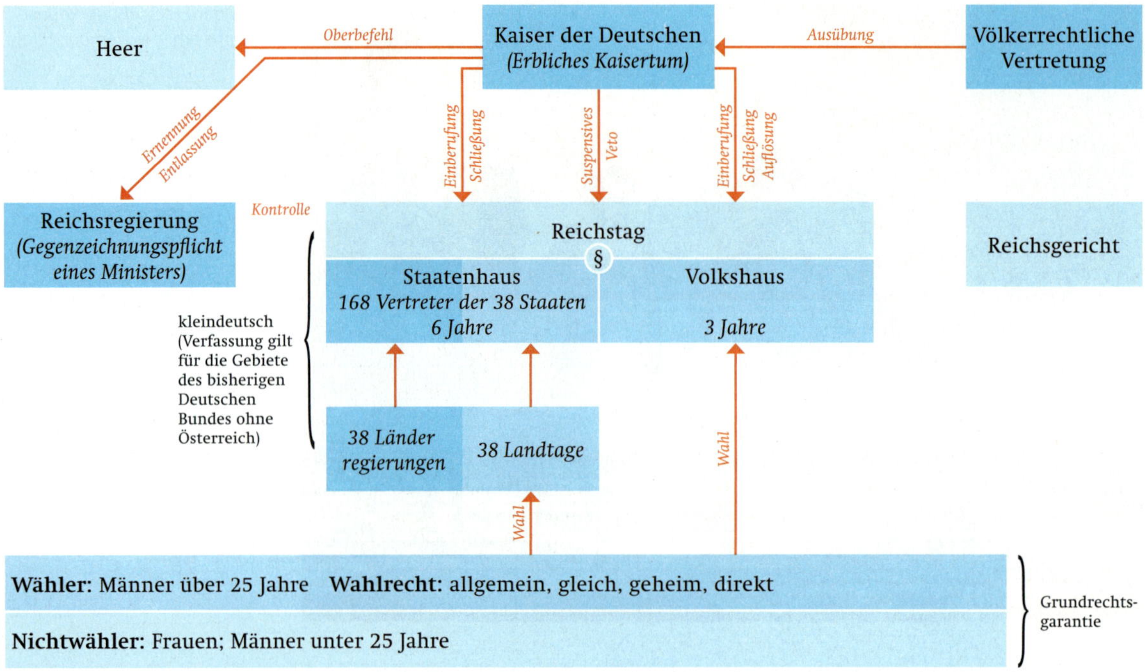

Schaubild der Reichsverfassung von 1849

gab, bereitfinden mochte. Unter dem Druck der österreichischen Obstruktionspolitik seit dem November 1848 einigten sich im März 1849 Liberale und gemäßigte Linke auf einen Kompromiss: die Liberalen fanden sich mit dem allgemeinen (Männer-)Wahlrecht ab, die gemäßigten Linken mit dem (preußischen) Erbkaisertum. Mit der hauchdünnen Mehrheit von 267 zu 263 Stimmen wurde die Reichsverfassung am 27. März 1849 angenommen. Sie trat jedoch niemals in Kraft, weil Friedrich Wilhelm IV. von Preußen die Kaiserkrone ablehnte und die sechs bedeutendsten deutschen Staaten – Österreich, Preußen, Sachsen, Hannover, Bayern, Württemberg – die Anerkennung verweigerten.

Wahlrecht

Die wesentlichen Bestimmungsmerkmale des Wahlrechts lassen sich am besten in vier Begriffspaaren erfassen: allgemein – begrenzt; gleich – ungleich; direkt – indirekt; geheim – öffentlich. „Allgemein" heißt ein Wahlrecht, das allen Bürgern von einem bestimmten Alter ab die Teilnahme an politischen Wahlen gewährt; im 19. Jahrhundert sprach man auch dann von „allgemeinem" Wahlrecht, wenn es sich, wie bis 1918 allgemein üblich, lediglich auf Männer bezog. „Begrenzt" ist ein Wahlrecht, das an bestimmte Qualifikationen, zumeist Besitz (gelegentlich auch Sozialstatus oder Bildung), geknüpft ist; der klassische Fall ist das Zensuswahlrecht, das die Berechtigung zum Wählen vom Steueraufkommen abhängig macht oder das Gewicht der Stimme nach der Steuerleistung bemisst (Beispiel: das preußische Dreiklassenwahlrecht, das von 1850 bis 1918 galt). „Gleich" ist ein Wahlrecht, das jeder Stimme das gleiche Gewicht zuerkennt; für ungleiches Wahlrecht ist wiederum das preußische Dreiklassenwahlrecht das bekannteste Beispiel: Es teilte die gesamte Wählerschaft in drei Klassen auf, deren jede ein Drittel der Steuern aufbrachte, aber höchst unterschiedliche Kopfzahlen aufwies.
„Direkte" Wahl findet statt, wo die Wähler ihre Repräsentanten selber bestimmen, indirekte, wo zunächst „Wahlmänner" nominiert werden, die dann ihrerseits unter den Kandidaten auswählen. „Geheime" Wahl bedeutet, dass die Wähler ihre Stimme unbeobachtet und insoweit unbeeinflusst abgeben können; die „öffentliche" Wahl eröffnet Möglichkeiten der Einschüchterung, Bestechung und Manipulation.

Q 59 Die Pariser Junischlacht – die Erhebung eines ganzen Volksteiles

Aus den Erinnerungen des französischen Sozialwissenschaftlers Alexis de Tocqueville (Juni–Oktober 1849 Außenminister):
So komme ich endlich zum Juniaufstand, dem größten und seltsamsten unserer und vielleicht auch der Weltgeschichte: Der größte, weil während vier Tagen mehr als hunderttausend Mann daran beteiligt waren, und der seltsamste, weil die Aufständischen ohne Kriegsparole, ohne Führer, ohne Fahne und dennoch in bewundernswerter Einheit und mit einer die ältesten Offiziere in Erstaunen setzenden militärischen Sachkenntnis kämpften. Es gibt noch einen Punkt, der diesen Aufstand von allen gleicher Art, die bei uns seit sechzig Jahren aufeinander gefolgt waren, unterscheidet: Sein Ziel war die Änderung nicht der Regierungsform, sondern der Gesellschaftsordnung. Es war nicht im eigentlichen Sinne [...] ein politischer, sondern ein Klassenkampf, eine Art von Sklavenaufstand. Er führte die Februar-Revolution, die von den sozialistischen Theorien geprägt war, zu ihrem äußeren Höhepunkt, oder vielmehr, er ging aus ihr hervor wie das Kind aus der Mutter. Er war ein brutaler und blinder, aber machtvoller Versuch der Arbeiter, sich aus ihrer Notlage, die man ihnen als eine rechtswidrige Bedrückung geschildert hatte, zu befreien und sich mit Gewalt einen Weg zu dem imaginären Wohlergehen zu bahnen, das man ihnen vorgespiegelt hatte. Diese Mischung von heftigen Begierden und falschen Theorien hatte diesen Aufstand hervorgerufen und machte ihn so schrecklich. Man hatte die Unglücklichen zu dem Glauben verleitet, dass das Gut der Reichen gewissermaßen das Produkt eines Diebstahls an den Armen sei. Man hatte ihnen versichert, dass die Ungleichheit des Eigentums der Moral und der Gesellschaftsordnung ebenso widerspreche wie der Natur. Unter dem Einfluss ihrer Not und ihrer Leidenschaften hatten viele es geglaubt. Diese finstere und falsche Auffassung des Rechtes gab der brutalen Kraft, hinter der sie stand, eine Energie, Zähigkeit und Macht, welche diese allein niemals besessen hätte.

A. de Tocqueville: Erinnerungen (posthume französische Erstveröffentlichung 1893) Stuttgart 1962, S. 203 f., 241

a) Mit welchem Recht spricht Tocqueville von einer sozialistischen Prägung der Februarrevolution?

b) Worin sieht der Verfasser die Gründe für den Arbeiteraufstand? Wie bewertet er sie?

Q 60 „In Wien entscheidet sich das Schicksal Deutschlands."

Robert Blum in einem Brief an seine Frau vom 20. Oktober 1848:
Wiens Begeisterung und Kampfesmut ist unermesslich, und man lebt jede Stunde ein ansehnliches Stück Menschenalter, wenn man diese Züge geistiger Größe sieht. Man achtet das Leben nicht im Geringsten, geht auf Vorposten hin und her und wechselt Kugeln, wie man sich mit Brotkügelchen wirft nach heiterem Mahle. Einen Feind treffen, macht gerade so viel Vergnügen und so wenig Gewissensbisse, als einen Kegel treffen im Spiel. Wir haben hier jetzt etwa 100 000 Bewaffnete, gegen uns stehen etwa 72 000, aber freilich dort geübte Soldaten, hier Bürger. Nun, dafür aber auch dort nur Sold, hier Begeisterung und Bewusstsein des Kampfes. Besonders die Arbeiter sind bewundernswert; für die Bourgeoisie, die ihnen nie etwas gab oder gönnte, stehen sie bereit, in den Tod zu gehen. Nein, es ist doch für etwas Höheres, denn in Wien entscheidet sich das Schicksal Deutschlands, vielleicht Europas. Siegt die Revolution hier, dann beginnt sie von neuem ihren Kreislauf; erliegt sie, dann ist wenigstens für eine Zeitlang Kirchhofsruhe in Deutschland, wenn auch die Tyrannei keineswegs damit gesichert ist, denn ihre Soldateska selbst revolutioniert, ehe sechs Monate vergehen.

R. Bergsträßer (Hg.): Das Frankfurter Parlament in Briefen und Tagebuchblättern. Frankfurt a. M. 1929, S. 407 f.

a) Inwiefern kämpfen die Arbeiter, wie Blum meint, auch für die Bourgeoisie?

b) Äußern Sie sich zu Blums Prognosen über die Folgen des Wiener Oktoberaufstands.

Q 61 Verteidigung der Märzerrungenschaften

Aus einem Aufruf des Zentralmärzvereins, in dem sich Demokraten und Republikaner zusammengeschlossen hatten (November 1848):

Wir haben zu gemeinsamem Handeln nach den beigefügten Grundsätzen einen Verein gebildet. Wir verhehlen nicht, dass wir in einzelnen Punkten verschiedener Ansicht sind; die einen sind Anhänger der konstitutionellen Monarchie, die andern der Republik. Wir alle aber vereinigen uns zu dem gemeinsamen Zwecke, die demokratischen Grundlagen aller Verfassungen, die Freiheit und die unveräußerlichen Rechte des Volkes in gesetzlicher Weise zu erzielen und sicherzustellen. Wir fordern alle, welche gleichen Zweck mit uns haben, auf, sich uns anzuschließen und über dem gemeinsamen näher liegenden Ziele die entfernteren Punkte ihres Strebens hintanzusetzen. Unsere Zersplitterung hat unseren Feinden die Waffe wieder in die Hand gegeben, welche ihnen entrungen war – vereinigt werden wir aufs Neue siegreich sein!

Wir wollen die Einheit Deutschlands;

Wir wollen, dass die Freiheit als das natürliche Eigentum der Nation anerkannt werde, nicht als ein Geschenk oder eine Gabe, die ihm nach Belieben von irgendeiner Seite zugemessen wird; […]

Wir wollen die Berechtigung für das Gesamtvolk wie für das Volk eines jeden einzelnen Landes, sich seine Regierungsform selbst festzusetzen und einzurichten, zu verbessern und umzugestalten, wie es ihm zweckdienlich erscheint, weil jede Regierung nur um des Volkes willen und durch seinen Willen da ist; […]

K. Obermann (Hg.): Flugblätter der Revolution 1848/49. München 1972, S. 227 f.

a) Wie erklärt der Aufruf die Erfolge der Gegenrevolution?
b) Welche Forderungen gehen über die Märzerrungenschaften hinaus?

Q 62 Für und wider das allgemeine (Männer-)Wahlrecht

a) *Aus dem Entwurf des Reichswahlgesetzes vom 15. Februar 1849:*

Art. I. § 1. Wähler ist jeder selbstständige, unbescholtene Deutsche, welcher das 25. Lebensjahr zurückgelegt hat. *§ 2.* Als nicht selbstständig, also von der Berechtigung zum Wählen ausgeschlossen, sollen angesehen werden; 1) Personen, welche unter Vormundschaft oder Kuratel stehen oder über deren Vermögen Konkurs- oder Fallitzustand (Bankrott) gerichtlich eröffnet worden ist […]; 2) Personen, welche eine Armenunterstützung aus öffentlichen Mitteln beziehen oder im letzten der Wahl vorhergegangenen Jahre bezogen haben; 3) Dienstboten; 4) Handwerksgehilfen und Fabrikarbeiter; 5) Tagelöhner.

F. Wigard (Hg.): Stenographischer Bericht über die Verhandlungen der deutschen constituirenden Nationalversammlung zu Frankfurt a. M. 1848. Bd. VIII, S. 218 f.

b) *Aus einer Rede des linksliberalen Abgeordneten Ziegert (Minden) 1849:*

Aber, wendet man ferner ein, die politische Unreife des Volkes, die Bestechlichkeit! Meine Herren, kommen Sie uns nicht mit der Behauptung der politischen Unreife, welche auf den früheren Satz des alten Polizeistaates vom beschränkten Untertanenverstande hinausläuft. Ich meine, die sogenannten unteren Klassen, welche die Bewegung des vorigen Jahres mit durchgemacht haben, die zur Verbesserung der jetzigen Zustände mit Hand angelegt und auch in dieser Zeit ebenso den Lockungen der Demagogen als den Verführungen der Reaktion Widerstand geleistet haben, welche in dem Versammlungsrecht, in der freien Presse, im freien Gemeinwesen und in der Öffentlichkeit des Staatslebens die Mittel zur weiteren Ausbildung besitzen, sind nicht mehr politisch unreif zu nennen. […] Statten Sie jetzt, wo von uns zur Verbesserung der Lage der arbeitenden Klassen noch nichts geschehen ist, den Besitz und das Kapital mit einer bevorzugten politischen Berechtigung aus und schließen Sie auf der anderen Seite die arbeitende Klasse von der Möglichkeit aus, Männer ihres Vertrauens in die Reichsversammlung zu wählen, so wird der ohnehin gestörte Friede in der Gesellschaft dadurch nicht wiederhergestellt, es wird der Kampf dadurch nur noch vermehrt.

M. Freund (Hg.): Der Liberalismus. Stuttgart 1965, S. 146 f.

c) *Aus einer Rede des liberalen Abgeordneten Wernher (Nierstein) 1849:*

Unsere Vorfahren und die Staaten des Altertums, in denen die Gefahr war, von einem Nachbar besiegt und infolge der Besiegung zu Sklaven gemacht zu werden, bei denen war das Zeichen des politischen Volks die Waffenfähigkeit. […] Der moderne Staat ist nicht mehr in diesen Formen, er bedarf zu seiner Erhaltung, um die hohen Zwecke der Kultur zu erfüllen, moderner Mittel, Geld, Geld, und darum sind im modernen Staate alle diejenigen, die zum Bedürfnis des Staates etwas und ein Wesentliches beitragen, das eigentliche, das politische Volk; ich halte es für eine große Verkennung der Dinge, wenn man darin eine Anmaßung der Bezahlenden findet. […] Ich ehre das Volk, ich liebe alle Klassen desselben, […] ich habe in dem Volke eine Masse häuslicher Tugenden kennengelernt, ich schlage hoch an die Sorge, die der arme Mann für seine Kinder zeigt, und die Pflege, die er seinem Vater gibt [...]; aber, meine Herren, zwischen der häuslichen Tugend und der politischen Einsicht, da ist doch ein großer Unterschied, und wer das verwechseln will, der verwechselt den engen Kreis des Hauses und den weiten des Staates; ich behaupte nach meiner getreuen Erfahrung, dass zur Beurteilung der Bedürfnisse eines großen Staates die untersten Klassen nicht geeignet sind.

a. a. O., S. 148 f.

a) Woran misst der erste Redner die politische Reife der einfachen Leute?

b) Warum möchte der zweite Redner die unteren Bevölkerungsklassen vom Reichswahlrecht ausschließen?

Q 63 Karikatur des preußischen Königs Friedrich Wilhelm IV.

Karikatur aus der „Deutschen Reichsbremse", 1849, einem satirischen Blatt der Revolutionszeit.

Auf welche Phasen und Ereignisse der Revolution spielt der Zeichner an? – Vergleichen Sie die Repräsentanten des Volkes auf den beiden Bildern.

Q 64 Ludergeruch der Revolution und Legitimität

Friedrich Wilhelm IV. in einem Brief an seinen Freund Freiherr von Bunsen (Dezember 1848):

Die Krone, die ein Hohenzoller nehmen dürfte, wenn die Umstände es möglich machen könnten, ist keine die eine, wenn auch mit fürstlicher Zustimmung eingesetzte, aber in die revolutionäre Saat geschossene Versammlung macht, [...] sondern eine, die den Stempel Gottes trägt, die den, dem sie aufgesetzt wird, nach der heiligen Ölung von Gottes Gnaden macht, weil und wie sie mehr denn 34 Fürsten zu Königen der Deutschen von Gottes Gnaden gemacht und den letzten immer der alten Reihe gesellt. Die Krone, die die Ottonen, die Hohenstaufen, die Habsburger getragen, kann natürlich ein Hohenzoller tragen; sie ehrt ihn überschwänglich und mit tausendjährigem Glanze. Die aber, die Sie – leider meinen, verunehrt überschwänglich mit ihrem Ludergeruch der Revolution von 1848, der albernsten, dümmsten, schlechtesten, wenn auch gottlob nicht der bösesten dieses Jahrhunderts. Einen solchen imaginären Reif, aus Dreck und Lettern gebacken, soll ein legitimer König von Gottes Gnaden, und nun gar der König von Preußen sich geben lassen, der den Segen hat, wenn auch nicht die älteste, doch die edelste Krone, die niemandem gestohlen ist, zu tragen.

L. von Ranke: Aus dem Briefwechsel Friedrich Wilhelms mit von Bunsen. Leipzig 1847, S. 147

a) Wie unterscheidet der König die Prinzipien der Legitimität und der Volkssouveränität?

b) Welches Licht wirft dieser Brief auf die Hoffnung der Liberalen, das Deutsche Reich als eine parlamentarische Monarchie schaffen zu können?

5. Das Ende der Revolution

Die Auflösung der Nationalversammlung Das Scheitern der Kaiserwahl und die Ablehnung der Reichsverfassung durch die größeren deutschen Staaten bedeuteten das politische Ende der Frankfurter Nationalversammlung. Nacheinander riefen Österreich, Preußen, Hannover, Sachsen und Baden ihre Abgeordneten aus Frankfurt zurück. Am 10. Mai 1849 erklärte Heinrich von Gagern seinen Rücktritt als Reichsministerpräsident, am 30. Mai wich das übrig gebliebene „Rumpfparlament" nach Stuttgart aus; württembergische Soldaten trieben es drei Wochen später auseinander.

Die Reichsverfassungskampagne Noch zuletzt hatte die Deutsche Nationalversammlung alle Deutschen aufgefordert, für die Inkraftsetzung der Reichsverfassung einzutreten. Dieser Aufruf fand nur noch in Sachsen, Westfalen und dem preußischen Rheinland, vor allem aber in der Pfalz und in Baden Gehör. Zum organisatorischen Rückhalt dieser dritten und letzten revolutionären Welle von 1848/49 wurde der „Zentralmärzverein", ein Zusammenschluss von Demokraten und Republikanern von der gemäßigten bis zur äußersten Linken, der unter dem Eindruck der gegenrevolutionären Erfolge im November 1848 gegründet worden war und im Frühjahr 1849 nicht weniger als eine halbe Million Mitglieder zählte. Wie schon auf den Barrikaden des März, kämpften auch jetzt vorwiegend Handwerker und Arbeiter, Studenten und Intellektuelle, Hausbedienstete und kleine Händler für die Sache der Revolution, während sich das Besitzbürgertum und die Bauern abseits hielten. Neuartig war, dass erstmals Soldaten in größeren Gruppen zu den Aufständischen übergingen, in Baden fast die ganze Armee. Neu war auch das Vorherrschen republikanischer Parolen. Trotz aller Tapferkeit unterlagen die Aufständischen, weil die eigenen Kräfte zu schwach waren, weil keine Unterstützung aus der Bevölkerung kam und weil die wiedererstarkten monarchischen Regime, allen voran Preußen, ihre militärische Macht rücksichtslos einsetzten. Am 23. Juli 1849 kapitulierten die letzten 6000 Revolutionskämpfer in der Festung Rastatt. Mehr als 1000 von ihnen wurden vor Gericht gestellt, viele davon zum Tode verurteilt.

Kapitulation der Festung Rastatt am 23. Juli 1849: „Entwaffnung der Insurgentenbesatzung von Rastatt", kolorierte Kreidelitographie von Gustav Kühn aus dem „Neuruppiner Bilderbogen", 1849.

Der Sieg der Reaktion Überall in Deutschland und Europa endete die Revolution mit einer Niederlage. Überall übernahmen die alten Staatsgewalten und Machteliten erneut die Herrschaft: Sie bestraften die Revolutionäre, soweit sie ihrer habhaft wurden, und stellten die alte Ordnung wieder her. Zwischen 1850 und 1855 wanderten mehr als 700000 Menschen aus Deutschland aus, wo ihnen das Leben verleidet wurde. Der Deutsche Bund entstand neu und machte so gut wie alle Neuerungen der Frankfurter Nationalversammlung wieder rückgängig. Alle deutschen Mittel- und Kleinstaaten außer Bayern kehrten zu den vormärzlichen Verfassungszuständen zurück. Preußen ersetzte die vergleichsweise liberale Verfassung vom 5. Dezember 1848 am 31. Januar 1850 durch eine revidierte Verfassung. Sie machte alle Ansätze zu einer parlamentarischen Regierungsweise wieder zunichte: Die Regierungsbildung erfolgte nunmehr wieder unabhängig von den Kammermehrheiten, der König erhielt das volle Vetorecht und konnte in Krisenzeiten mithilfe des Belagerungszustandes quasi absolutistisch regieren. An die Stelle des allgemeinen (Männer-)Wahlrechts trat das Dreiklassenwahlrecht. Es war allgemein, ungleich, indirekt, öffentlich und bemaß das Stimmrecht entsprechend dem Steueraufkommen. Auf die erste Steuerklasse, die ein Drittel der Abgeordneten zu wählen hatte, entfielen 4,7% aller Wahlberechtigten, auf die zweite 12,6%, auf die dritte 82,7%.

Bleibende Errungenschaften Allen Niederlagen zum Trotz war die Revolution von 1848/49 nicht schlechthin ein Misserfolg; denn die siegreiche Gegenrevolution konnte und wollte das Rad der Entwicklung nicht einfach wieder vollständig zurückdrehen. Dies waren die wichtigsten Fortschritte:

- Die Feudalordnung auf dem Lande war - vorerst mit Ausnahme Italiens und mit gewissen Überbleibseln im ostelbischen Preußen und in Österreich - ein für allemal beseitigt: Die bäuerliche Erbuntertänigkeit, die Patrimonialgerichtsbarkeit, das adlige Jagdrecht verschwanden, die Ablösung der grundherrlichen Eigentumsrechte ging überall zügig vonstatten.
- Die konstitutionelle Regierungsform war - mit wenigen Ausnahmen, vor allem Österreichs - fest verankert.
- Die staatsbürgerliche Gleichheit war grundsätzlich anerkannt: Der Adel bildete nicht länger einen eigenen Rechtsstand, die Emanzipation der Juden wurde weitergeführt.
- Bestimmte Freiheitsrechte waren garantiert: die Freiheit des religiösen Bekenntnisses, der Auswanderung, der wirtschaftlichen Betätigung, die Abschaffung der Zensur.
- Die Rechtspflege war spürbar verbessert: Die Öffentlichkeit und Mündlichkeit der Gerichtsverfahren sowie Geschworenengerichte wurden allgemein üblich, die Bestimmungen des Strafrechts weiter humanisiert.

Reaktion

Ein zunächst für die nachrevolutionären Jahre 1850–1858 geprägter, hauptsächlich von Liberalen, später auch Sozialisten verwendeter polemischer Begriff, der eine Periode des Rückschritts und der Annullierung aller zuvor erreichten fortschrittlichen Errungenschaften bezeichnet. Als Schlagwort im politischen Tageskampf wird er gern von neuen politischen Bewegungen genutzt, die damit die etablierten politischen Richtungen zu diffamieren suchen (wie etwa die Kommunisten die Bourgeoisie oder die Nationalsozialisten die bürgerliche Demokratie). Fragwürdig ist die mitunter vorgenommene Gleichsetzung von Reaktion und Konservatismus.

Q 65 „Die Volkssouveränität ist fortan der Felsen von Erz“

Der radikaldemokratische Abgeordnete Johann Jacoby in einer Rede vor den Wahlmännern und Wählern des 4. Berliner Wahlbezirks am 14. April 1849:

Die Märzrevolution, mit deren Eintritt das praktisch-politische Leben unseres Volkes begann, hat zwei Hauptgrundsätze aufgestellt: die Rechtsgleichheit aller und die freie Selbstbestimmung der Bürger. […] Noch aber sind wir weit vom Ziele entfernt. Die Begeisterung der Märztage ließ uns voreilig über alle Hemmnisse hinwegsehen, wir bildeten uns ein, die Kluft zwischen Absolutismus und Volksherrschaft leichten Fußes überspringen zu können. Gestehen wir's nur: wir haben uns arg getäuscht! Ein künstlich in der Luft schwebender Bau, der Scheinkonstitutionalismus, überbrückt die tiefe Kluft: […] wir müssen schnell hinüber, soll's nicht unter unseren Füßen brechen und uns alle in den Abgrund stürzen! […] Nicht in Preußen bloß, in ganz Deutschland ist der unselige Geist des Absolutismus mit Junkertum und Polizeiwirtschaft aufs Neue erstanden. Es muss den Freund der Freiheit mit Unmut und Unwillen erfüllen, wenn er sieht, welch klägliches Ende die deutsche Bewegung genommen, wie wieder das alte Unwesen staatlicher Bevormundung sich überall breitmacht, wie selbst auf der Rednerbühne der Abgeordnetenkammer man sich nicht entblödet, die Märzrevolution und alles, was dem Volke wert und teuer ist, mit niedrigen Schmähungen zu besudeln! […] Was aber, meine Herren, haben wir, was haben namentlich die Führer und Vertreter des Volkes zu tun […]? Bei den engen Schranken, die durch die oktroyierte Verfassung dem Vereinsrecht wie der Presse gesetzt sind, bleibt uns nichts anderes übrig, als von der Tribüne herab Propaganda zu machen. In der Kammer und außerhalb derselben muss die Demokratie sich angelegen sein lassen, in immer weitere Kreise die Grundsätze des Rechts, der sittlichen Freiheit zu verbreiten, den selbstständigen Bürger über seine wohlbegründeten Ansprüche, über sein wahres Interesse zu belehren, vor allem aber, den mannigfachen Verführungen, Drohungen und Gewalttaten des Gegners gegenüber, die Gleichgesinnten zum Selbstvertrauen, zu Eintracht und männlicher Ausdauer zu ermahnen. Tut jeder von uns dies an seinem Platze – durch Wort und eigenes Beispiel – dann wird es gelingen, das Volk für die Kämpfe der Zukunft vorzubereiten und aus den Jünglingen Kämpfer zu erziehen – klüger einst und tatkräftiger, als wir uns erwiesen!

J. Jacoby: Gesammelte Schriften und Reden. Bd. 2. Hamburg 1872, S. 59 ff.

a) Welche Lehren zieht der Redner aus dem bisherigen Verlauf der Revolution?
b) Worauf gründet sich seine Siegeszuversicht? Wie denken Sie darüber?

Q 66 Volksstaat in Baden

Aus den Beschlüssen der Offenburger Volksversammlung vom 13. Mai 1849:

3. Es muss alsbald unter sofortiger Auflösung der jetzigen Ständekammer eine Verfassunggebende Landesversammlung berufen werden, welche in sich die gesamte Rechts- und Machtvollkommenheit des badischen Volkes vereinigt; diese Landesversammlung soll gewählt werden von und aus den sämtlichen volljährigen Staatsbürgern des Landes. […]
4. Es muss ohne allen Verzug die Volksbewaffnung auf Staatskosten ins Leben gerufen werden, und es sind alle ledigen Männer von 18 bis 30 Jahren als erstes Aufgebot sofort mobilzumachen. […]
5. Die politischen Flüchtlinge sind sofort zurückzurufen, die politischen Militär- und Zivilgefangenen zu entlassen und alle politischen Prozesse niederzuschlagen. […]
6. Die Militärgerichtsbarkeit muss aufgehoben werden.
7. Bei dem Heer soll eine freie Wahl der Offiziere stattfinden.
8. Wir verlangen alsbaldige Verschmelzung des stehenden Heeres mit der Volkswehr.
9. Es müssen sämtliche Grundlasten unentgeltlich aufgehoben werden.
14. Einrichtung einer Nationalbank für Gewerbe, Handel und Ackerbau zum Schutze gegen das Übergewicht der großen Kapitalisten.
15. Abschaffung des alten Steuerwesens, hierfür Einführung einer progressiven Einkommensteuer nebst Beibehaltung der Zölle.
16. Einrichtung eines großen Landespensionsfonds, aus dem jeder arbeitsunfähig gewordene Bürger unterstützt werden kann.

F. Lautenschlager (Hg.): Volksstaat und Einherrschaft. Konstanz 1920, S. 364 ff.

a) Kennzeichnen Sie die politische Linie dieser Beschlüsse.
b) Inwieweit gehen sie über die Märzerrungenschaften hinaus?

Q 67 Karikatur aus der „Deutschen Reichsbremse“

a) Erklären Sie die Bedeutung der Fahnen im Hinter- und der Wetterfahne im Vordergrund.

b) Was will der Zeichner bloßstellen und anprangern?

Q 68 Zweifel und Selbstzweifel der Revolutionäre

Der Republikaner Ludwig Bamberger über den Entschluss zur Volkserhebung in der Pfalz und in Baden:

Ich war stets der Meinung und habe bei vielen Gelegenheiten danach gehandelt, dass nichts bedächtiger erwogen sein wolle als der Entschluss, das Signal zu einer Erhebung zu geben. Das Volk ist gleich bereit, seine Haut zu Markte zu tragen, und im Nu sind Tausende dem Elend, der Verfolgung oder dem Exil verfallen. Außerdem bringt natürlich jede Niederlage noch hinter den Zustand zurück, der selber schon als unerträglich zur Erhebung aufgefordert hatte. […] Es war nicht Hoffnung, es war nicht Ekstase, überhaupt kein leidenschaftlicher Zustand, in dem wir uns befanden. Mit einem Herzen voll Unruhe, aber mit dem klaren Bewusstsein eines unvermeidlichen „Muss“ entschlossen wir uns zum äußersten Schritt. Dem letzten spärlichen Rest der sogenannten Revolutionserrungenschaften war der offene Krieg angekündigt, die höchste Gefahr war leibhaftig da. Es fragte sich: Hat das Wagnis eines Kampfes Aussicht auf Gelingen? Und die Antwort lautete: Ja, wenn ganz Deutschland sich beteiligt. – Und wird es sich beteiligen? Das war die inhaltsschwere Frage. Wir hatten unsere großen Zweifel. Allein die Antwort auf alle Bedenklichkeiten lag so nahe, war so unabweisbar kategorisch, dass man nicht anders konnte, als sich zu fügen. Diese Antwort lautete: Wenn jeder so fragen und zweifeln will, dann ist nie eine deutsche Revolution möglich, […]

L. Bamberger: Gesammelte Schriften. Bd. 3. Berlin 1896, S. 69 f.

a) Woher rührt die Not, sich für oder gegen einen Aufstand zu entscheiden?

b) Was gab nach Bambergers Zeugnis in der Situation des Mai 1849 den Ausschlag für den Entschluss zum Aufstand?

1. *Wie erklären Sie den schnellen Erfolg der Märzrevolution?*
2. *Kennzeichnen Sie die Rolle der Bauern in der deutschen Revolution.*
3. *Nennen Sie Gründe für das baldige Wiedererstarken des alten Obrigkeitsstaates.*
4. *Welche Hindernisse standen der Verwirklichung des Nationalitätsprinzips im Wege?*
5. *Woran scheiterte das Verfassungswerk der Paulskirche?*
6. *Worin sehen Sie die Hauptursachen für den Sieg der Gegenrevolution?*

Zur Diskussion: Warum scheiterte die Revolution von 1848/49?

Beim Abwägen der Gründe für das Scheitern der Revolution empfiehlt sich eine Unterscheidung zwischen den selbstverschuldeten Fehlern und den unverschuldeten Schwächen der Revolutionäre auf der einen, den strukturellen Stärken und dem politischen Geschick der gegenrevolutionären Kräfte auf der anderen Seite.

Q 69 Das Scheitern der Revolution – Schuld oder Verhängnis?

a) *Der deutsche Historiker Wolfgang Schieder (1979):*
Die Revolution ist gescheitert am Widerstand der alten Dynastien, der königstreuen Offiziere und Beamten, die ihre soziale Basis im Adel hatten. Sie ist auch gescheitert an der Lethargie der bäuerlichen Massen, die 1848 in Deutschland immer noch bei weitem den Hauptanteil der Bevölkerung stellten. Der alte Obrigkeitsstaat wurde durch die Revolution zwar schwer erschüttert, aber nicht in seinem Kern getroffen. Er konnte sich nach der Revolution daher erneut durchsetzen. Die Revolution ist aber auch gescheitert an der inneren Schwäche der revolutionären Bewegung. Das deutsche Bürgertum war in sich nicht geschlossen. Daher war es von vornherein nicht zu einheitlichem Handeln fähig, als es von der Revolution überrascht wurde. Erst recht nicht war es dazu in der Lage, mit anderen, übrigens ebenso wenig homogenen sozialen Klassen gegen den vom Adel beherrschten Obrigkeitsstaat zu kooperieren. Für ein im historischen Rückblick auch noch so wünschenswertes Bündnis von Bürgertum und Volksmassen bestand 1848 keine reale Chance. Bürgerliche Liberale und Demokraten gingen in der Revolution auseinander und kämpften jeweils mit einer eigenen Strategie gegen die etablierten Mächte. Weder der liberale Weg der Vereinbarung noch der demokratische der Konfrontation führten zum Ziel. Am Ende waren sowohl Liberale wie Demokraten geschlagen. Siegreich war allein die konservative Gegenrevolution.

W. Schieder: 1848/49 – die ungewollte Revolution. In: C. Stern/ H. A. Winkler (Hg.): Wendepunkte deutscher Geschichte. Frankfurt a. M. 1979, S. 34 f.

b) *Der deutsche Historiker Thomas Nipperdey (1983):*
Die Revolution ist nicht am Zwiespalt zwischen Linken und Mitte gescheitert. Der Zwiespalt hat, gewiss, die Gegenrevolution begünstigt, die Polarisierung hat die Revolution, die vom Verrinnen der Zeit bedroht war, geschwächt; aber er war nicht die wesentliche Ursache für ihr Scheitern. Auch ein gemeinsames Vorgehen, eine revolutionäre „Volksfrontpolitik" hätte – jenseits des großen Krieges – keine besseren Chancen gehabt, weder ein gemäßigteres noch ein geschlosseneres Auftreten der Gesamtrevolution. Gewiss, es gab zu viel und zu wenig Revolution; zu wenig, um die alten Gewalten ganz zurückzudrängen – aber das wollten die Bürger in ihrer Mehrheit nicht und das hatte wenig Chancen –, und zuviel, weil die radikalen Demokraten die gemeinsame Front zerstörten und die Mitte im Effekt nach rechts drängten, die Revolution diskreditierten [...] Darum ist die Schuldzuweisung zwischen Republikanern und Liberalen im Grunde irrelevant. Ihr Gegensatz war legitim, unvermeidlich, tragisch. [...] Das Scheitern eines politischen Handelns, und einer Revolution also, muss nicht die Schuld der Scheiternden sein, nicht ihrer – vermeidbaren – Fehler, nicht ihrer unvermeidbaren Grundeinstellungen; die Besiegten sind nicht immer schuld an ihrer Niederlage. Die eigentliche Ursache des Scheiterns ist, dass die Widerstände zu vielfältig und zu groß waren [...] und zu gegensätzliche und sich überkreuzende Probleme anstanden. [...] Wenn man unter den einzelnen Ursachen für das Scheitern in Deutschland gewichten will, so muss man meiner Meinung nach sagen, dass es das großdeutsch-kleindeutsche Problem und das Problem des österreichischen Nationalitätenstaates und seiner Konflikte waren, die am meisten zählten. Sie haben schon eine schnelle Entscheidung im Sommer unmöglich gemacht, haben die ersten großen Siege der Gegenrevolution in Österreich ermöglicht, haben die Einheit der Revolution seit dem Herbst so erschüttert, dass ein gemeinsames Handeln nicht mehr möglich war, haben die Entscheidung dann auf Preußen zugespitzt. Sie letzten Endes haben die Revolution in den Wettlauf mit der Zeit gebracht, den sie nicht gewinnen konnte.

Th. Nipperdey: Deutsche Geschichte 1800–1866. München 1983, S. 667 ff.

a) *Die beiden Autoren beurteilen das Zerwürfnis zwischen Liberalen und Republikanern unterschiedlich. Wie stehen Sie dazu?*

b) *Inwiefern befand sich die Revolution in einem Wettlauf mit der Zeit?*

Das Deutsche Kaiserreich von 1871: konservative Modernisierung

Kaiserproklamation im Spiegelsaal des Schlosses von Versailles am 18. Januar 1871. Gemälde von Anton Werner, 1882.

Disziplin und Gehorsam

„O wie wird sich die arme deutsche Nation irren, wenn sie daheim das Gewehr in den Winkel stellen und den Künsten und dem Glück des Friedens obliegen will! Da wird es heißen: Vor Allem weiter exercirt!"

Der Schweizer Historiker Jacob Burckhardt (1870)

Weltmacht im Visier

„Wir müssen begreifen, dass die Einigung Deutschlands ein Jugendstreich war, den die Nation auf ihre alten Tage beging und seiner Kostspieligkeit halber besser unterlassen hätte, wenn sie der Abschluss und nicht der Ausgangspunkt einer deutschen Weltmachtpolitik sein sollte."

Der deutsche Soziologe Max Weber (1895)

Die Gründung des Deutschen Reiches am 18. Januar 1871 war für viele Deutsche damals und später die Erfüllung ihrer politischen Wünsche. Aber schon bald fanden sich große Teile der Bevölkerung – Katholiken, Sozialdemokraten, Polen – als „Reichsfeinde" angeprangert oder – wie die Elsässer und Lothringer – als „Deutsche wider Willen" abgestempelt. So glänzend sich die Wirtschaft des neuen Reiches entwickelte – 1914 war sie die zweitstärkste der Welt –, die Kritik am politischen System, das noch halb-absolutistische Züge trug, und an der Sozialordnung, in der der Adel nach wie vor den Ton angab, wollte nicht verstummen.

Berlin wuchs nach 1871 schnell. Es entstanden auch Mietskasernen mit großen hygienischen und sozialen Problemen. Hier: Meyers Hof in der Ackerstrasse im Wedding mit insgesamt sechs Höfen. Durchblick von der Ackerstrasse auf die Hofeingänge – um 1910.

1862–1866	Im preußischen Verfassungskonflikt kommt es wegen der Frage der parlamentarischen Kontrolle des Heeres zu einem tiefen Zerwürfnis zwischen Regierung und Volksvertretung.
1862	Otto von Bismarck wird preußischer Ministerpräsident.
1871	Noch während des siegreichen Krieges der verbündeten deutschen Staaten gegen Frankreich entsteht das Deutsche Reich als Bund der Fürsten und Freien Städte unter preußischer Führung.
1872–1879	Im „Kulturkampf" drängt der Staat den Einfluss der katholischen Kirche zurück und entfremdet sich damit vielen deutschen Katholiken.
1878–1890	Das mehrfach verlängerte „Sozialistengesetz" verbietet sozialistische Organisationen, Versammlungen und Veröffentlichungen.
1883–1889	Mit der Einführung der Kranken-, Unfall-, Alters- und Invalidenversicherung eröffnet das Deutsche Reich den Weg zum Sozialstaat.
1890	Kaiser Wilhelm II. entlässt Bismarck und beginnt die Ära des „persönlichen Regiments".
1912	Die SPD wird stärkste Partei im Reichstag.

1. Die preußische Reichsgründung

Wirtschaftliche Einigung Auch nach der Niederlage der Revolution 1849 blieb der Gedanke der nationalen Einheit lebendig. Schubkraft erhielt er vor allem aus der stürmischen wirtschaftlichen Entwicklung, die damals in Deutschland, namentlich in Preußen, einsetzte. Der in den 1850er-Jahren voll in Gang kommende Industrialisierungsprozess beschleunigte die räumliche wie die soziale Mobilität der Menschen, entriss sie ihrer kleinräumigen Lebenswelt und öffnete ihnen die Augen für die überörtlichen, nationalen Bedingungen und Abhängigkeiten ihrer Existenz. Eisenbahnen und Zeitungen schufen Verbindungen zwischen Regionen, die früher weit voneinander entfernt gewesen waren. Die wachsenden Produktionskapazitäten verlangten nach einem erweiterten Handelsaustausch in einem größeren Binnenmarkt ohne hemmende staatliche Grenzen. Der seit 1834 bestehende „Deutsche Zollverein" (dem Österreich und die Hafenstädte Bremen, Hamburg, Lübeck nicht angehörten) war ein für die Vormacht Preußen außerordentlich wertvolles Instrument, die mittel- und süddeutschen Staaten zu einer liberalen Wirtschaftspolitik zu drängen und ein Höchstmaß überregionaler wirtschaftlicher Verflechtungen herzustellen. Das Zusammenwachsen der deutschen Staaten zu einem einheitlichen Wirtschafts-

Karikatur aus dem ‚Kladderadatsch', 1866.

gebiet unter Ausschluss Österreichs war eine wichtige Vorentscheidung für die „kleindeutsche" Lösung.

Nationale Zusammenschlüsse und Aktivitäten In schlechthin allen Lebensbereichen suchten die Deutschen seit den ausgehenden 1850er-Jahren nach gesamtdeutschem Kontakt und Austausch, trafen sich zu nationalen Kongressen und Festen, gründeten überregionale Bünde und Vereine. Die evangelischen Kirchentage und die Katholikentage führten regelmäßig Kirchenmitglieder aus allen Gegenden Deutschlands zusammen. Beim Deutschen Turnfest 1863 trafen sich 20 000 Turner, beim Deutschen Sängerfest 1864 16 000 Sänger. 1859 gründeten Liberale aus ganz Deutschland (außer Österreich), die sich der kleindeutschen Reichsverfassung von 1849 verbunden fühlten, den „Deutschen Nationalverein", der für die nationale Einheit werben, aber keine Parteipolitik betreiben wollte. Die insgesamt 25 000 Mitglieder bekannten sich zur „Realpolitik": sie stellten in Rechnung, dass die nationalstaatliche Einigung Deutschlands nicht ohne die preußische Staatsmacht und insoweit nicht ohne einen Verzicht auf bestimmte demokratische Freiheits- und Mitwirkungsansprüche zu erlangen sei.

Verfassungskonflikt in Preußen Die auf Preußen gerichteten nationalen und liberalen Hoffnungen erhielten einen gehörigen Dämpfer, als die preußische Krone 1862 wegen der von ihr angestrebten Heeresreform in einen erbitterten Streit mit der liberalen Mehrheit des Abgeordnetenhauses geriet. Die Regierung forderte die Erhöhung des Wehrdienstes von 2 auf 3 Jahre sowie eine Verstärkung der (vom königstreuen adligen Offizierskorps geführten) „Linie" auf Kosten der (stärker bürgerlich geprägten) Landwehr. Weil die liberale Mehrheitsfraktion, die die Heeresverstärkung nicht grundsätzlich ablehnte, aber mehr Mitsprache- und Kontrollrechte der Volksvertreter verlangte, die Erhöhung des Heeresetats vorerst verweigerte, löste der König die Zweite Kammer auf; bei den Neuwahlen musste er jedoch einen Zuwachs der liberalen Opposition hinnehmen. Als sich der Verfassungskonflikt zu einer Staatskrise auszuweiten drohte, entschloss sich König Wilhelm I., Otto von Bismarck (1815–1898) zum preußischen Ministerpräsidenten zu berufen. Bismarck, ein ostelbischer „Landjunker", damals preußischer Botschafter in St. Petersburg, galt als kompromissloser Monarchist und Erzreaktionär – sehr zu Unrecht, wie sich zeigen sollte. Seit seinem überaus konservativen Auftreten 1848/49 hatte er sich längst zum „Realpolitiker“ gemausert, der sich nicht an starren Prinzipien, sondern an den Notwendigkeiten des Augenblicks und den sich wandelnden Interessen des eigenen Staates orientierte. Den Verfassungskonflikt ließ er einstweilen in der Schwebe, indem er die Staatsfinanzen ohne parlamentarische Budgetbewilligung wie bisher weiterführte.

Schleswig-Holstein Um die Jahreswende 1863/64 hatten die Regierung und das Parlament des Königreichs Dänemark die Kühnheit, den im Anschluss an die revolutionären Vorgänge von 1848 mühsam hergestellten Kompromiss aufzukündigen und die vollständige Eingliederung Schleswigs in den dänischen Staatsverband zu beschließen. Die empörte deutsche Öffentlichkeit forderte daraufhin die nationale Unabhängigkeit der Elbherzogtümer. Bismarck ließ sich davon nicht beeindrucken und verlangte, zusammen mit Österreich, die Wiederherstellung des alten Zustandes. Als die Regierung in Kopenhagen, auch unter dem Druck der nationaldänischen Bewegung, das Ultimatum ablehnte, war der Krieg da, den die beiden deutschen Großmächte schnell zu ihren Gunsten entschieden. Entgegen den Erwartungen der deutschen Nationalisten unterstellten die Regierungen in Berlin und Wien die Herzogtümer ihrer gemeinsamen Verwaltung. Das gemeinsame Vorgehen in der schleswig-holsteinischen Sache konnte die Rivalität zwischen den beiden deutschen Großmächten nur vorübergehend verdecken. Auf die Dauer schien ein Entscheidungskampf unvermeidbar.

Preußisch-österreichischer Konflikt Österreich eröffnete 1866 die Auseinandersetzung mit dem Antrag, den Deutschen Bund über die Zukunft Holsteins entscheiden zu lassen. Preußen betrachtete dies als Bruch der vertraglichen Abmachungen und ließ seine Armee in das österreichisch verwaltete Holstein einrücken. Dies wiederum war für Wien eine Verletzung der Bundesverfassung, die den Bundeskrieg gegen Preußen auslöste. Der Sieg der preußischen Truppen in der Schlacht von Königgrätz (Mähren) entschied den Krieg überraschend schnell. In heftigen Auseinandersetzungen brachte Bismarck den König und seine Generäle dazu, auf den vollständigen militärischen Triumph über den alten Rivalen zu verzichten, sofort einen Waffenstillstand zu schließen und sich mit maßvollen Friedensbedingungen zufriedenzugeben; damit sollte Revanchegelüsten in Wien, aber auch einer Intervention des französischen Kaisers Napoleon III. vorgebeugt werden. Abgesehen von dem an Italien abzutretenden Venetien, kam die Donaumonarchie ohne territoriale Einbußen davon; sie musste allerdings der Auflösung des Deutschen Bundes und damit ihrem Ausscheiden aus der deutschen Geschichte zustimmen.

Machtzuwachs Preußens Preußen annektierte, ganz ohne legitimistische Skrupel, nicht nur die Herzogtümer Schleswig und Holstein, sondern auch Hannover, Kurhessen, Hessen-Nassau und Frankfurt. Norddeutschland bis zur Mainlinie wurde im Norddeutschen Bund zusammengeschlossen, dessen Verfassung zwar manche liberale Züge aufwies – insbesondere das allgemeine und gleiche Männerwahlrecht –, der aber vollständig von Preußen beherrscht wurde. Mit den süddeutschen Staaten vereinbarte Preußen Schutz- und Trutzbündnisse, die für den Fall eines Krieges zur Waffenhilfe verpflichteten. Die eindrucksvollen preußischen Erfolge beschleunigten den Prozess des Umdenkens im liberalen Lager. Von der (linksliberalen) Fortschrittspartei spaltete sich die weiter rechts orientierte Nationalliberale Partei ab, die sich voll hinter die Bismarcksche Machtpolitik stellte. Die Linksliberalen begrüßten zwar auch die nationale Einigungspolitik unter preußischer Führung, wollten dafür aber nicht ihre Forderung nach einem parlamentarischen Regierungssystem opfern.

Die politische Einigung Deutschlands Die Vollendung des (klein)deutschen Nationalstaates ergab sich nach der Entscheidung von 1866 keineswegs von selbst. Die Vorbehalte in Süddeutschland gegen eine Reichsgründung unter preußischen Vorzeichen waren nicht ohne Weiteres auszuräumen, wie sich 1868 bei den Wahlen zum neugeschaf-

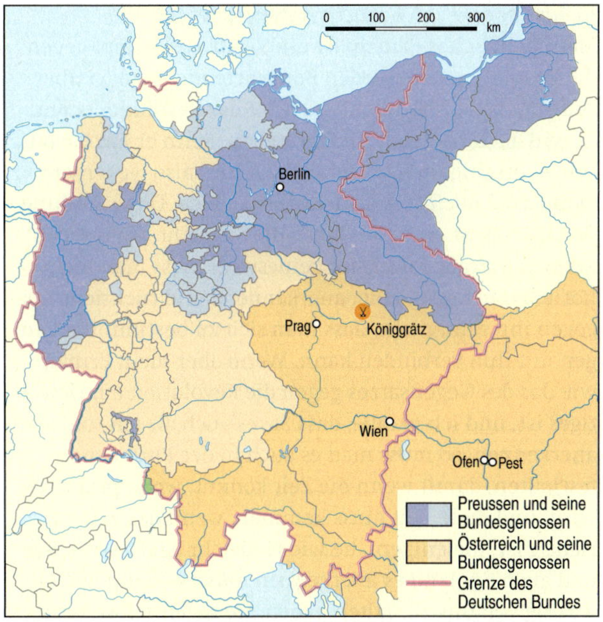

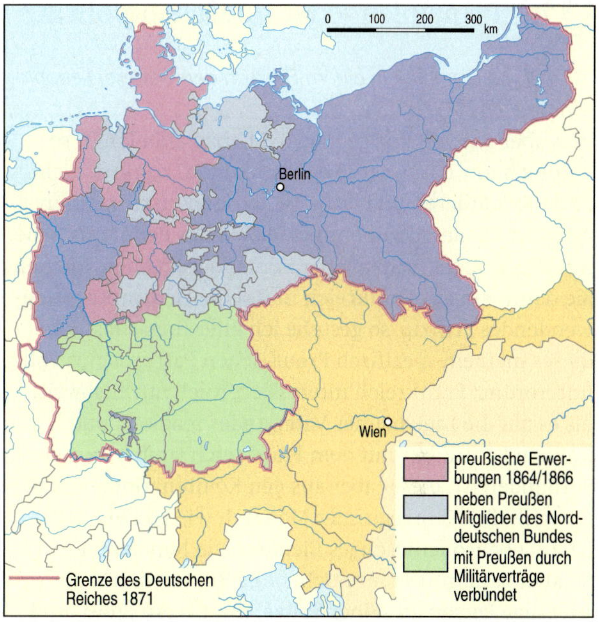

Etappen auf dem Weg zur Einigung Deutschlands.

fenen Deutschen Zollparlament zeigte: In Bayern und Württemberg errang die bäuerlich-katholische und die gegen die liberale Wirtschaftspolitik gerichtete kleinbürgerliche Protestbewegung einen überraschenden Sieg. Das bestärkte Bismarck in seinem Vorsatz, sich in seiner Einigungspolitik nicht auf die nationale Volksbewegung zu stützen, sondern vornehmlich mit den süddeutschen Regierungen zu verhandeln. Die Entscheidung fiel schließlich im Deutsch-Französischen Krieg von 1870/71. Vordergründig ausgelöst durch den Prestigestreit um die Kandidatur eines Hohenzollernprinzen für den spanischen Königsthron, war dieser Krieg letztlich ein von beiden Seiten auf Dauer für unvermeidlich gehaltener militärischer Entscheidungskampf um die Großmachtstellung in Europa. Bismarck trug das Seinige zum Kriegsausbruch bei, indem er den Bericht König Wilhelms I. über eine frostige Begegnung mit dem französischen Botschafter in Bad Ems so wirkungsvoll zurechtschnitt, dass diese „Emser Depesche“ in der französischen Öffentlichkeit einen Entrüstungssturm auslöste, der die französische Regierung zwang, Deutschland den Krieg zu erklären.
Dieser von den deutschen Staaten gemeinsam geführte Krieg, der militärisch für die Franzosen schon nach wenigen Wochen verloren war, sich aber noch bis in den Februar 1871 hinzog, vollendete den Prozess der deutschen Einigung. In einem Zusammenspiel von allgemeiner patriotischer Hochstimmung und zähen diplomatischen Verhandlungen entstand das Deutsche Reich in Form von Anschlussverträgen der vier süddeutschen Staaten an den Norddeutschen Bund. Der Norddeutsche Reichstag sowie die vier süddeutschen Landtage ratifizierten diese Verträge mit großen Mehrheiten und verzichteten auf Änderungsvorschläge; auch insoweit blieb die Mitwirkung der Volksvertreter an der Reichsgründung von untergeordneter Bedeutung. Das kam auch in der Kaiserproklamation am 18. Januar 1871 im Schloss von Versailles, mitten im Krieg und im Feindesland, sinnfällig zum Ausdruck. In der prächtigen Kulisse von Hochadel und Militär blieben die kleinen Parlamentsdelegationen schlichter Zivilisten nahezu unsichtbar. Das neue Kaiserreich war ein Bund der Fürsten und Freien Städte, nicht eine Schöpfung des Volkes. Frankreich musste seine Niederlage mit einer Kriegsentschädigung von 5 Milliarden Francs und der Abtretung Elsass-Lothringens bezahlen. Diese Annexion war von der deutschen Öffentlichkeit als Siegespreis, von den Militärs als Sicherheitsgarantie verlangt worden, und Bismarck machte sich diese Forderung nicht ohne gewisse Bedenken, aber letztlich doch aus wohlerwogenem machtpolitischen Kalkül zu eigen.

Q 70 Prinzipien- oder Interessenpolitik?

a) *Otto von Bismarck in einem Brief an den General Leopold von Gerlach (1857):*

Was aber das von mir geopferte Prinzip anbelangt, so kann ich mir das, was Sie damit meinen, konkret nicht recht formulieren und bitte Sie, diesen Punkt in einer Antwort wiederaufzunehmen, da ich das Bedürfnis habe, mit Ihnen nicht prinzipiell auseinanderzugehen. Meinen Sie damit ein auf Frankreich und seine Legitimität anzuwendendes Prinzip, so gestehe ich allerdings, dass ich dieses meinem spezifisch Preußischen Patriotismus völlig unterordne; Frankreich interessiert mich nur insoweit, als es auf die Lage meines Vaterlandes reagiert, und wir können Politik nur mit dem Frankreich treiben, welches vorhanden ist, dieses aber aus den Kombinationen nicht ausschließen. Ein legitimer Monarch wie Ludwig XIV. ist ein ebenso feindseliges Element wie Napoleon I. [...] So aber zählt mir Frankreich, ohne Rücksicht auf die jeweilige Person an seiner Spitze, nur als ein Stein, und zwar ein unvermeidlicher in dem Schachspiel der Politik, ein Spiel, in welchem ich nur meinem Könige und meinem Lande zu dienen Beruf habe. Sympathien und Antipathien in Betreff auswärtiger Mächte und Personen vermag ich vor meinem Pflichtgefühl im auswärtigen Dienste meines Landes nicht zu rechtfertigen, weder an mir noch an andern. [...] Insbesondere aber wenn man seine stehenden diplomatischen Beziehungen und die Unterhaltung des Einvernehmens im Frieden danach zuschneiden will, so hört man meines Erachtens auf, Politik zu treiben, und handelt nach persönlicher Willkür.

b) *Aus Leopold von Gerlachs Antwortbrief (1857):*

Mein politisches Prinzip ist und bleibt der Kampf gegen die Revolution. Sie werden Bonaparte nicht davon überzeugen, dass er nicht auf der Seite der Revolution steht. Er will auch nirgends anders stehen, denn er hat davon seine entschiednen Vorteile. Es ist hier also weder von Sympathie noch von Antipathie die Rede. Diese Stellung Bonapartes ist eine „Realität“, die Sie nicht „ignorieren“ können. Daraus folgt aber keineswegs, dass man nicht höflich und nachgiebig, anerkennend und rücksichtsvoll gegen ihn sein, nicht, dass man sich zu bestimmten Dingen mit ihm verbinden kann. Wenn aber mein Prinzip wie das des Gegensatzes gegen die Revolution ein richtiges ist, und ich glaube, dass Sie es auch als ein solches anerkennen, so muss man es auch in der Praxis stets festhalten, damit wenn die Zeit kommt, wo es praktisch wird, und diese Zeit muss kommen, wenn das Prinzip richtig ist, diejenigen, die wie vielleicht bald Österreich und auch England es anerkennen müssen, dann wissen, was sie von uns zu halten haben. Sie sagen selbst, dass man sich auf uns nicht verlassen kann, und es ist doch nicht zu verkennen, dass nur der zuverlässig ist, welcher nach bestimmten Grundsätzen und nicht nach schwankenden Begriffen von Interessen und so weiter handelt.

O. von Bismarck: Gesammelte Werke. Bd. 15. Teil 1, Berlin 1933. S. 464 ff.

a) Welche Rolle spielen die beiden Napoleons in diesem Meinungsaustausch?

b) In welchen Punkten unterscheiden sich die Briefschreiber? Wessen Ansichten leuchten Ihnen mehr ein und warum?

Q 71 Liberale Selbstkritik

Der Historiker Hermann Baumgarten (1825–1893) in einer Abhandlung über die Geschichte und gegenwärtige Lage des deutschen Liberalismus (1866):

Heute sind die Zweifel über das, was in Deutschland möglich sei, nicht nur den Denkenden, sondern mehr fast der Masse der Nation genommen. Sie greift die existente deutsche Macht mit Händen. Sie hat ihre Taten gesehen und empfunden, und diese Taten sind nach der langen trübseligen Misere unserer Ohnmacht von so unwiderstehlicher Gewalt, dass die Denkweise der Deutschen in Monaten Veränderungen erfahren hat, die wir vor Dezennien nicht hoffen durften. Alle die unlösbaren Probleme, mit denen wir uns seit 18 Jahren quälten, sind plötzlich aus unserem Gesichtskreis gerückt, und es ist ein einziges Problem geblieben. [...] Jetzt handelt es sich lediglich darum, wie die Kleinstaaten zu dem unbestritten dominierenden Preußen ein gesundes Verhältnis finden können. Dass Preußen die deutsche Macht, alle übrigen Länder haltlose Bruchteile sind, welche nur durch einen innigen, ehrlichen Anschluss an jene ihre eigene Existenz sichern können, das ist eine Tatsache, an welcher der eigensinnigste schwäbische Demokrat nur sich selber weismacht, zweifeln zu können. Diese wohltuende Vereinfachung unserer Lage, dieses Glück, dass wir endlich festen, sicheren Boden unter den Füßen fühlen, wird aber sicher in kurzem eine Menge unserer politischen Unarten zurückdrängen, und die kernige Gesundheit, derer wir uns gottlob auf anderen Lebensgebieten erfreuen, endlich auch unserer Politik zustatten kommen lassen. Die Schwätzer, welche bisher die Breite der Bühne besetzt hielten, werden in der klaren scharfen Luft, in der wir uns jetzt bewegen, kein Glück mehr machen. Nachdem wir im größten Maßstäbe erlebt haben, was Handeln ist, werden wir keine Freude mehr daran finden, uns das Ohr mit hochtrabenden Redensarten kitzeln zu lassen. Da die Arbeit der politischen Dilettanten so gründlich misslungen ist, werden wir fordern, dass in dem großen Staatswesen, durch das wir eingetreten sind in das Weltleben, der ganze Ernst und die männliche Tüchtigkeit bewährt werde, die sich auf allen anderen Gebieten längst für uns von selbst versteht. Nachdem wir erlebt haben, dass in einem monarchischen Staate der Adel einen unentbehrlichen Bestandteil ausmacht, und nachdem wir gesehen haben, dass diese viel geschmähten Junker für das Vaterland zu kämpfen und zu sterben wissen trotz dem besten Liberalen, werden wir unsere bürgerliche Bildung ein wenig einschränken und uns bescheiden, neben dem Adel eine ehrenvolle Stelle zu behaupten.

W. Mommsen: Deutsche Parteiprogramme. München 1977, S. 142 f.

a) Welche zeitgeschichtlichen Ereignisse gaben den Anstoß zu dieser Selbstkritik?

b) Was versteht der Autor unter den „politischen Unarten" der Liberalen?

Q 72 Streit um die Annexion Elsass-Lothringens

a) *Der sozialdemokratische Abgeordnete August Bebel (1840–1913) am 26. November 1870 im Norddeutschen Reichstag:*

Es ist notwendig, dass alles das, was dazu beitragen kann, Frankreich auf das Äußerste zu treiben, unterlassen wird, und dass dasjenige, was es einmal seit Jahrhunderten besitzt, heute ihm auch gelassen wird, um so mehr, da ja Elsass und Lothringen, mit Ausnahme von ein paar Dutzend Leuten, also die ganze Bevölkerung, entschieden gegen diese Annexion ist. Die gesamte Bevölkerung hat unzweifelhaft nicht im mindesten Lust, in diesen deutschen Staat unter den Hohenzollern einzutreten, und von meinem Standpunkte aus ist der Wille der Bevölkerung für diese Frage entscheidend. […] Wenn wir heute das Selbstbestimmungsrecht mit Füßen treten, wenn wir heute, was uns beliebt, ohne Ausnahme nehmen können, dann vergeben wir damit das eigene Selbstbestimmungsrecht, dann müssen wir es uns ebenso gut gefallen lassen, wenn andere, wo die Gelegenheit sich bietet, auch Stücke unseres Landes nehmen (große Heiterkeit). […] Das Nationalitätsprinzip ist meiner Ansicht nach ein durchaus reaktionäres Prinzip; wollen wir das Nationalitätsprinzip in Europa wirklich unverfälscht zur Geltung bringen, dann werden Sie zugeben, wäre des Kriegs kein Ende abzusehen, dann wäre der Beruf der Völker nur, immer Krieg zu führen. […] Es würden die Völker sich gegenseitig zerfleischen bis an das Ende aller Dinge. Die Nationalität hat nur wenig zu bedeuten, sie hat nur einen untergeordneten Wert in meinen Augen für das politische Staatsleben. Das höchste, die Grundidee des politischen Staatslebens, muss die innere Befriedigung der Völker über ihre Einrichtungen, muss ihr Selbstbestimmungsrecht sein.

b) *Otto von Bismarck am 2. Mai 1871 vor dem Deutschen Reichstag:*

Es blieb daher nichts anderes übrig, als diese Landesstriche mit ihren starken Festungen vollständig in deutsche Gewalt zu bringen, um sie selbst als ein starkes Glacis Deutschlands gegen Frankreich zu verteidigen und um den Ausgangspunkt etwaiger französischer Angriffe um eine Anzahl von Tagemärschen weiter zurückzulegen, wenn Frankreich entweder bei eigener Erstarkung oder im Besitz von Bundesgenossen uns den Handschuh wieder hinzuwerfen sollte. Der Verwirklichung dieses Gedankens stand in erster Linie die Abneigung der Einwohner selbst, von Frankreich getrennt zu werden, entgegen. Es ist nicht meine Aufgabe, hier die Gründe zu untersuchen, die es möglich machten, dass eine urdeutsche Bevölkerung einem Lande mit fremder Sprache und mit nicht immer wohlwollender und schonender Regierung in diesem Maße anhänglich werden konnte. […] Tatsache ist, dass diese Abneigung (gegen einen Anschluss an Deutschland) vorhanden war und dass es unsere Pflicht ist, sie mit Geduld zu überwinden. Wir haben meines Erachtens viele Mittel dazu; wir Deutsche haben im Ganzen die Gewohnheit, […] wohlwollender und menschlicher zu regieren, als es die französischen Staatsmänner tun; es ist das ein Vorzug des deutschen Wesens, der in dem deutschen Herzen der Elsässer bald anheimeln und erkennbar werden wird. Wir sind außerdem imstande, den Bewohnern einen viel höheren Grad von kommunaler und individueller Freiheit zu bewilligen, als die französischen Einrichtungen und Traditionen dies je vermochten. Ich glaube deshalb, dass es uns mit deutscher Geduld und mit deutschem Wohlwollen gelingen wird, den Landsmann dort zu gewinnen – vielleicht in kürzerer Zeit, als man jetzt erwartet.

E. Deuerlein: Die Gründung des Deutschen Reiches 1870/71 in Augenzeugenberichten. Düsseldorf 1970, S. 356 ff.

a) Wo liegt für Bebel der Gegensatz zwischen „Nationalitätsprinzip" und „Selbstbestimmungsrecht"?

b) Würdigen Sie die Argumentation beider Redner. Wer bewies größeren historischen Weitblick?

Q 73 Das neue Deutsche Reich: Hochgefühl und Beklommenheit

Georg Herwegh (Februar 1871):

Prophezeiung

Germania, der Sieg ist dein!
Die Fahnen wehn, die Glocken klingen.
Elsass ist dein und Lothringen;
Du sprichst: „Jetzt muss der Bau gelingen,
Bald holen wir den letzten Stein."

Gestützt auf deines Schwertes Knauf,
Lobst du in frommen Telegrammen
Den Herrn, von dem die Herren stammen,
Und aus Zerstörung, Tod und Flammen :
Steigt heiß dein Dank zum Himmel auf.

Nach vierundzwanzig Schlachten liegt
Der Feind am Boden überwunden;
Bis in die Stadt voll Blut und Wunden,
die keinen Retterarm gefunden,
Brichst du dir Bahn: du hast gesiegt!

Schwarz, weiß und rot! Um ein Rapier
Vereinigt stehen Süd und Norden;
Du bist im ruhmgekrönten Morden
Das erste Land der Welt geworden:
Germania, mir graut vor dir!

Mir graut vor dir, ich glaube fast,
Dass du, in argen Wahn versunken,
Mit falscher Größe suchst du prunken
Und dass du, gottesgnadentrunken,
Das Menschenrecht vergessen hast.

G. Herwegh: Morgenröte. New York 1947, S. 265

Nach einer Fotografie entstand dieses Porträt des Dichters.

a) Das Gedicht weist eine Bruchstelle auf. Wo liegt sie und welche Funktion erfüllt sie?

b) Erläutern Sie die Tendenz des Gedichts.

2. Wirtschaft und Gesellschaft im Deutschen Kaiserreich

Wirtschaftswachstum Die 43 Friedensjahre, die das Kaiserreich bis 1914 erlebte, waren eine Zeit stürmischen wirtschaftlichen Wachstums, das, wenn auch in ungleichem Maße, den Lebensstandard aller Bevölkerungsschichten spürbar verbesserte. Nicht zuletzt deswegen lebte diese Ära in der historischen Erinnerung vieler Deutscher als die „gute alte Zeit" weiter. Auf der Grundlage reicher Kohle- und Eisenerzvorkommen entwickelte sich die deutsche Montan- und Schwerindustrie zwischen 1871 und 1914 zur zweitstärksten in der Welt, und die Chemie- und die Elektrobranche nahmen zeitweilig sogar den ersten Rang ein. Wesentliche Voraussetzungen dieses Aufstiegs waren das hohe Niveau der naturwissenschaftlichen und technologischen Forschung sowie der vorzügliche Ausbildungsstand der Ingenieure und Facharbeiter. Die glänzenden Gewinne der deutschen Wirtschaft verdankten sich der starken Ausweitung des Binnenmarktes, vor allem aber der Exporte. Zwischen 1870 und 1913 stieg der deutsche Außenhandel auf das Vierfache; im gleichen Tempo wuchs die deutsche Handelsflotte, die 1914 die zweitgrößte in der Welt war.

Bevölkerungsentwicklung Ihre Dynamik bezog diese wirtschaftliche Expansion nicht zuletzt aus der Bevölkerungsentwicklung. Von Russland abgesehen, wies das Deutsche Reich die stärksten Zuwachsquoten in Europa auf; nach der Jahrhundertwende nahm die deutsche Bevölkerung jährlich um 800 000 Menschen zu. 1871 lebten in Deutschland 40,8, 1911 64,9 Millionen Menschen. Davon wohnten 1871 64 % auf dem Lande und 4,8 % in Großstädten (über 100 000 Einwohner); 1911 lauteten diese Zahlen 40 und 21,3 %. Der Anteil der Lohnarbeiter an der erwerbstätigen Bevölkerung stieg in diesem Zeitraum von 20 auf 35 %.

Lebensstandard Die Wirtschaft des Kaiserreiches vermochte die Bevölkerungsexplosion problemlos zu verkraften; es gab nicht nur so gut wie keine Arbeitslosigkeit, auch das durchschnittliche Realeinkommen stieg langsam, aber stetig an. In der Zeit der „Großen Depression" zwischen 1873 und 1896, einer weltwirtschaftlichen Flaute und einer Strukturkrise der deutschen Landwirtschaft und Schwerindustrie, blieb der Fortschritt zwar bescheiden, beschleunigte sich aber dann merklich in der langen Prosperitätsphase zwischen den mittleren 1890er-Jahren und dem Kriegsausbruch 1914. Trotz der Einkommensverbesserungen blieb jedoch das Leben der Unterschichten in Deutschland – ihr Anteil an der Gesamtbevölkerung lag 1882 bei 66, 1907 bei 55 % – weiterhin von wirtschaftlichem Mangel und sozialer Zurücksetzung geprägt. Vom Zuwachs des Volkseinkommens profitierten die Wohlhabenden ungleich mehr als die Industrie- und Landarbeiter, Heimarbeiter, Dienstboten, kleinen Beamten und Angestellten. Die meisten verheirateten Frauen aus diesen Schichten waren zu außerhäuslicher Berufstätigkeit gezwungen. Die Wohnverhältnisse waren, insbesondere in den schnell wachsenden Großstädten und auf dem Lande, durchweg erbärmlich. Die Arbeitszeiten waren lang, Ferien für Arbeitnehmer weithin unbekannt. Krankheit, Alter, früher Tod des Haupternährers bedeuteten, trotz der in den 1880er-Jahren eingeführten Sozialversicherung, nach wie vor ein Leben voller Not.

Klassengesellschaft Typisch für das Kaiserreich waren die strikte Absonderung der Berufe, Schichten und Klassen, die scharfe Betonung der Grenzlinien: zwischen Reichen und Armen, Adel und Nichtadel, Bürgern und Nicht-Bürgern, Angestellten und Arbeitern, gelernten und ungelernten Arbeitern, Vorgesetzten und Untergebenen, Offizieren und Mannschaften, Akademikern und Nicht-Akademikern, Beamten und „Publikum", Herrschaft und Dienstpersonal. Wer höher stand, gab dies den unter ihm Stehenden zu verstehen, legte größten Wert auf Gehorsam, Ehrerbietung, Abstand. Hierarchie und Rangordnung,

Autorität und Respekt, Befehl und Gehorsam durchzogen fast alle Sozialbeziehungen, besonders ausgeprägt in der Familie, der Schule, am Arbeitsplatz und beim Militär.

Bildungswesen Der Ungleichheit der Lebensverhältnisse, des Einkommens und des gesellschaftlichen Ranges entsprach die Stufung des Schulwesens. Die Masse der Heranwachsenden besuchte die „Volksschule" (die heutige Hauptschule), die sie in der Regel mit 14 Jahren abschloss, um eine Berufsausbildung zu beginnen oder auch (wie die meisten Mädchen) als ungelernte Arbeitskräfte tätig zu werden. Auf dem Lande waren sogenannte „einklassige" Schulen üblich: Hier unterrichtete eine Lehrkraft alle Jahrgangsstufen in einem einzigen Klassenraum nebeneinander. In den preußische Landschulen war ein Lehrer für durchschnittlich 83, in den Stadtschulen (die durchweg mehrklassig waren) für 73 Schüler und Schülerinnen zuständig (Stand von 1864).
Die Arbeitsbedingungen in den höheren Schulen (Gymnasien) waren wesentlich günstiger; hier entfielen im Durchschnitt auf einen Lehrer 22 Schüler/innen. Bis zum Ende des Kaiserreiches blieb die Gymnasialbildung für Mädchen noch eine Seltenheit. Die (vorwiegend männlichen) Gymnasiasten stammten durchweg aus Elternhäusern, in denen die Väter angesehene und gut bezahlte Berufe ausübten.
Diese Begünstigung der „höheren Gesellschaftskreise" setzte sich in den Universitäten fort. In Preußen entstammten im Stichjahr 1911 20,8% der Studierenden dem akademischen Bürgertum, 19% besitzbürgerlichen Familien (von den Fabrikdirektoren zu den leitenden Angestellten), 57,8% dem Mittelstand und gerade einmal 1,6% der Unterschicht. So trug das Bildungswesen maßgeblich dazu bei, die bestehende soziale Ungleichheit von Generation zu Generation zu „vererben".

Interessengruppen und Interessenpolitik Wie andere Industrieländer erlebte auch das Deutsche Reich im späten 19. Jahrhundert einen rasanten Aufstieg wirtschaftlicher Interessenverbände.
Bis 1878 hatten die von der liberalen Freihandelspolitik profitierenden Gruppen die Oberhand: die ostelbische Landwirtschaft, die Schwerindustrie und selbst die an niedrigen Einfuhrpreisen interessierte lohnabhängige Arbeiterschaft. Als die Konjunktur einbrach und der deutsche Markt mit billigem Getreide aus Übersee und Russland sowie preisgünstigen

Kellerwohnung in Berlin für 8 Personen mit einem Zimmer von 15 Quadratmeter Größe und einer Küche. Fotografie, 1916.

englischen Industriewaren überschwemmt wurde, setzten sich die Befürworter der Schutzzollpolitik durch: Das waren wiederum die Groß-Landwirtschaft und die Schwerindustrie, deren Interessenlage sich verändert hatte; das Nachsehen hatten die Rohstoff verarbeitende Leichtindustrie und die Lohnempfänger, die nun mit höheren Rohstoff- und Lebensmittelpreisen zurechtkommen mussten. Für lange Zeit waren der „Centralverband Deutscher Industrieller" (gegründet 1876) und der „Bund der Landwirte" (gegründet 1893) die einflussreichsten Interessenverbände. Ihre weniger erfolgreichen Gegenspieler waren die Gewerkschaften, vor allem die der Sozialdemokratie nahestehenden „Freien Gewerkschaften", der die Leichtindustrie repräsentierende „Bund der Industriellen" (gegründet 1890), sowie seit 1908 die Interessenvertretung des Handels, der „Hansabund". Das Hand werk hatte in den Handwerkskammern und dem „Allgemeinen Deutschen Handwerkerbund" (entstanden 1883) gut funktionierende Körperschaften, die erfolgreich für Einschränkungen der Gewerbefreiheit eintraten.

Politische Mitwirkung Trotz der formal bestehenden staatsbürgerlichen Gleichheit waren die politischen Mitwirkungsrechte nach wie vor ungleich verteilt. Frauen blieb das Wahlrecht bis 1919 verwehrt. Für die Wahlen zum Reichstag und für die Landtagswahlen in einer Reihe von Bundesstaaten galt zwar das allgemeine und gleiche Männerwahlrecht, aber in vielen Staaten, darunter auch Preußen, gingen die Volksvertretungen aus unterschiedlichen Formen des Zensuswahlrechts hervor, das stets die Ärmeren benachteiligte. Auch für die Kommunalwahlen war fast überall ein Klassenwahlrecht gültig; das führte zu einer allgemeinen Unterrepräsentation der Arbeiter in den Gemeindevertretungen.

Privilegien Der Benachteiligung der Unterschichten standen die Vorrechte der Oberschicht gegenüber. In den ostelbischen Provinzen Preußens rekrutierten sich die Landräte fast ausschließlich aus dem Kreis der Rittergutsbesitzer. Auch in den höheren Verwaltungsämtern sowie im Offizierskorps und ganz besonders in den Ministerien, der Generalität und im diplomatischen Dienst überwog der Adel. Ihm folgte, mit erheblichem Abstand, das Bildungsbürgertum. Alle anderen Bevölkerungsschichten waren im höheren Staatsdienst so gut wie gar nicht anzutreffen. Zwar war das Leistungsprinzip insoweit verbindlich, als der Zugang zu den meisten gehobenen Berufen an Prüfungen gebunden war, denen sich, freilich lange unter Ausschluss der Frauen, dem Buchstaben nach jedermann unterziehen konnte. In Wirklichkeit aber war die dafür notwendige schulische oder akademische Ausbildung durchweg nur den Söhnen aus gut situierten Familien zugänglich, während Unterschichtkinder allenfalls bei außergewöhnlicher Begabung die Chance erhielten, das Gymnasium oder gar die Universität zu besuchen. Zu den Hauptbenachteiligten dieses Systems sozialer Ungleichheit gehörten – neben den Unterschichten, den nationalen Minderheiten und den sogenannten „Reichsfeinden" (Sozialdemokraten, zeitweise auch Katholiken) – die Frauen und die Juden.

Frauen Den Frauen wurden im Kaiserreich nicht nur die politischen Teilnahmerechte vorenthalten, auch von der beruflich-sozialen und selbst der rechtlichen Gleichheit blieben sie weitgehend ausgeschlossen. Das 1900 in Kraft tretende Bürgerliche Gesetzbuch gestand ihnen zwar endlich die Rechtsmündigkeit zu – fortan durften sie selbstständig Verträge schließen oder Prozesse führen –, beließ es aber bei der Entscheidungsgewalt des Mannes in allen Familien- und Haushaltsangelegenheiten und selbst bei seiner Verfügungsbefugnis über das Vermögen der Ehefrau. Höhere Mädchenschulen führten lange Zeit nicht zum Abitur. Erst seit 1899 erhielten Mädchen die Möglichkeit, externe Reifeprüfungen abzulegen, und 1908 wurde den ersten Mädchenschulen die Berechtigung zuteil, Reifezeugnisse zu vergeben. Ein vollwertiges Universitätsstudium, das mit einem Examen abzuschließen war, durften Frauen erstmals 1900 in Heidelberg aufnehmen; Preußen gab das Studium für Frauen nicht vor 1908 frei. Damit war der Weg auch zu den gehobenen Berufen eröffnet. Bis dahin hatten sich die Frauen durchweg mit untergeordneten Tätigkeiten bescheiden müssen, abgesehen von dem Beruf der Lehrerin an Mädchen-

Versammlung Berliner Arbeiterinnen, 1890. Holzstich nach einer Zeichnung von Carl Koch, 8.3.1990, in der „Illustrierten Zeitung", Leipzig.

schulen. Die meisten erwerbstätigen Frauen arbeiteten weiterhin in der Landwirtschaft als Mägde, in den Haushalten als „Dienstmädchen", im Textilgewerbe als Näherinnen, im Handel als Verkäuferinnen. Ihre Löhne lagen stets deutlich unter denen der Männer. Das Ziel der meisten Frauen war ein Leben als Ehefrau und Mutter; das war, wie es Kirche und Schule lehrten, ihre „natürliche Bestimmung"; eine außerhäusliche Berufstätigkeit galt demgegenüber nur als vorläufige oder durch materielle Not erzwungene Lebensform. Dieses Rollenbild, das sich viele Frauen zu eigen machten, entsprach dem patriarchalischen Charakter der Gesellschaft im Kaiserreich: Beruf, Öffentlichkeit, Politik als Domäne der Männer; Haushalt, Familie, Kinder als das Reich der Frau. Einige wenige Frauen begehrten dagegen auf. Soweit sie dem Bildungsbürgertum angehörten, stellten sie das Ideal der Ehegattin, Mutter und Hausfrau nicht grundsätzlich in Frage, forderten aber für die Frauen bessere Chancen in Schule, Berufsausbildung und Arbeitswelt, Teilnahme am politischen Leben, Gleichberechtigung in allen Lebensbereichen. Es entwickelte sich ein blühendes Vereinswesen, in dem karitative, pädagogische, berufsständische Anliegen überwogen, aber auch politische Zielsetzungen wichtig waren. Der Dachverband dieser bürgerlich-gemäßigten Emanzipationsbewegung, der „Bund deutscher Frauenvereine", zählte 1913 eine halbe Million Mitglieder. Der proletarisch-sozialistische Flügel der deutschen Frauenbewegung entwickelte sich in Anlehnung an die SPD. Sie war die einzige politische Partei des Kaiserreiches, die programmatisch für die Gleichberechtigung der Frau eintrat, auch wenn in ihrer praktischen politischen Arbeit und im Verhalten ihrer männlichen Mitglieder davon oft wenig zu spüren war. Als das alte preußische Vereinsgesetz, das Frauen die Mitwirkung in politischen Vereinigungen verbot, 1908 aufgehoben wurde, gliederte sich die sozialistische Frauenbewegung voll in die sozialdemokratische Partei ein; sie verband ihre Emanzipationsforderungen mit den allgemeinen politischen Bestrebungen der marxistischen Arbeiterpartei.

Deutsche jüdischer Abstammung Die deutschen Staatsbürger jüdischer Abstammung – ihre Zahl betrug 500000 im Jahr 1871, 600000 im Jahr 1914 – machten durchweg nur 1% der Gesamtbevölkerung aus. Fast zwei Drittel der deutschen Juden lebten in Großstädten, jeder vierte in Berlin. Sie waren wirtschaftlich bemerkenswert erfolgreich: Unter den 100 wohlhabendsten Preußen zählte man 30 Juden; bei einem Anteil von 5% an der

Berliner Bevölkerung brachten sie mehr als ein Drittel der städtischen Einkommensteuer auf. Diese Erfolge verdankten sie zum einen ihrem hohen Bildungsstand – 8% aller Gymnasiasten und Studenten in Preußen waren Juden –, zum andern ihrem Leistungs- und Aufstiegswillen. Dennoch blieb den Juden in Deutschland die volle soziale Anerkennung verwehrt. Zu den hohen Staatsämtern und zum Offiziersberuf erhielten sie überhaupt keinen Zugang, als Lehrer an Volksschulen oder Gymnasien traten sie kaum in Erscheinung, unter den Universitätsprofessoren waren sie selten. Dies war nicht in irgendwelchen Rechtsvorschriften begründet, sondern in stillschweigend geübten Diskriminierungspraktiken der nichtjüdischen Mehrheit.

Antisemitismus Neben solchem versteckten gab es auch den unverhohlenen, öffentlichen Antisemitismus. Er war nahezu überall anzutreffen: in den akademischen Auseinandersetzungen der Gelehrten; in der Publizistik, wo fragwürdige Rassentheorien die wesensmäßige Fremdartigkeit der Juden behaupteten und ihre Entrechtung und Ausweisung nahelegten; in der Parteipolitik, wo Gefühle des Fremdenhasses und Sozialneides erweckt und die jüdischen Mitbürger als „Sündenböcke" für alle aus der wirtschaftlichen und gesellschaftlichen Modernisierung herrührenden Probleme angeprangert wurden. Es waren insbesondere konservative und rechtsnationale, bäuerliche und kleinbürgerliche Gruppen, die auf antisemitische Propaganda ansprachen.

Arbeiterkultur Die für das Kaiserreich charakteristische Neigung der Deutschen, die sozialen Grenzen und Unterschiede zu betonen, begünstigte die Herausbildung eigenständiger „Sozialmilieus" und „Subkulturen". Eine besondere Prägekraft entfaltete dabei die „Arbeiterkultur". Sie entwickelte sich teils in Anlehnung, teils in betonter Abhebung von der dominierenden bürgerlichen Kultur, war also gleichermaßen Nachahmung wie Gegenwelt. Getragen wurde sie von einem vielgestaltigen Vereinswesen, das – neben der SPD, den Freien Gewerkschaften, den Genossenschaften – als eine „vierte Säule" der Arbeiterbewegung gelten konnte. Die größte Breitenwirkung erreichten die Sportler und Sänger, die im „Arbeiter-Turnerbund" (1893) und im „Deutschen Arbeiter-Sängerbund" (1908) mitgliederstarke Dachorganisationen erhielten. Viel Zulauf fanden auch die Bildungseinrichtungen der SPD und der Gewerkschaften, die Tauben- und Kaninchenzucht-, die Kleingarten- und Wandervereine. Dieses blühende Vereins-, Partei- und Gewerkschaftsleben war für die Arbeiter aus mehreren Gründen wichtig: Der Kontakt und Austausch mit Menschen in ähnlichen Lebensumständen und von ähnlicher Denkart befriedigte das Geselligkeitsbedürfnis, stärkte das Gefühl der Solidarität, vermittelte die Erfahrung von „Identität", der Zugehörigkeit zu einer sozialen Großgruppe mit eigenen Merkmalen, Vorzügen, Werten. Die Arbeiterkultur war ein Gegengewicht und Ausgleich für die mancherlei Belastungen und Zurücksetzungen, die das Alltagsleben der Unterschichten überschatteten.

Q 74 Wirtschafts- und Sozialdaten

a) *Bevölkerung nach Wohnortgrößen in v.H. (Statistisches Jahrbuch für das Deutsche Reich. Berlin 1934. S. 11)*

	unter 2000	2000–4999	5000–19999	20000–99999	über 100000
1871	63,9	12,4	11,2	7,7	4,8
1880	58,6	12,7	12,6	8,9	7,2
1890	53,0	12,0	13,1	9,8	12,1
1900	45,6	12,1	13,5	12,6	16,2
1910	40,0	11,2	14,1	13,4	21,3

b) *Erwerbstätige nach Wirtschaftssektoren*

		Summe der Erwerbstätigen (in Tsd.)	Davon weiblich	Erwerbstätige + Angehörige	in v.H. der Gesamtbevölkerung
Landwirtschaft	1822	8236	30,8	18801	41,6
	1895	8293	33,2	18127	35,0
	1907	9883	46,5	17517	28,4
Industrie	1822	6396	17,6	15756	34,8
	1895	8281	18,4	19933	38,5
	1907	11256	18,7	26055	42,2
Handel und Verkehr	1822	1570	19,0	4236	9,4
	1895	2339	24,8	5683	11,0
	1907	3478	26,8	7935	12,9
Häusliche Dienste	1822	1723	85,1	2261	5,0
	1895	1772	87,4	2225	4,3
	1907	1736	90,4	2056	3,3
Verwaltung, Militär, freie Berufe	1822	1031	11,2	2058	4,6
	1895	1426	12,4	2644	5,1
	1907	1739	16,6	3184	5,2
Berufslose, Rentenbezieher	1822	1354	51,8	2117	4,7
	1895	2143	52,1	3159	6,1
	1907	3405	52,6	4973	8,1
zusammen	1822	20311	30,7	45222	100,0
	1895	24253	31,7	51770	100,0
	1907	31497	35,8	61721	100,0

G. Hohorst/J. Kocka/G. A. Ritter: Sozialgeschichtliches Arbeitsbuch. Materialien zur Statistik des Kaiserreichs 1870–1914. München 1975, S. 66

c) *Wertschöpfung nach Wirtschaftsbereichen in v.H. des Volkseinkommens*

	1870	1913
Landwirtschaft, Forsten, Fischerei	40,5	23,3
Bergbau, Salinen	1,8	3,9
Industrie, Handwerk	26,4	41,1
Verkehr	2,0	6,5
Handel, Banken, Versicherungen, Gaststätten	7,6	9,1
Häusliche Dienste	7,2	2,2
Sonstige Dienstleistungen ohne Verteidigung	11,3	8,3
Verteidigung		0,7
Nichtlandwirtschaftliche Wohnungen	3,4	5,0

a.a.O. S. 89

d) *Jahreseinkommen von Arbeitnehmern in Industrie, Handel, Verkehr*

	Durchschnittliches Jahreseinkommen nominal Mark		Index der Lebenshaltungskosten	Durchschnittliches Jahreseinkommen (real) in Preisen von 1895	
	1895 = 100 %	%	1895 = 100 %	1895 = 100 %	%
1871	493	74	105,8	466	70
1875	651	98	112,7	578	87
1880	545	82	104,0	524	79
1885	581	87	98,6	589	89
1890	650	98	102,2	636	96
1895	665	100	100,0	665	100
1900	784	118	106,4	737	111
1905	849	128	112,4	755	114
1910	979	147	124,2	789	119
1913	1083	163	129,8	834	125

a.a.O. S. 107

a) Welche Gemeindegrößenklassen veränderten sich am stärksten, welche stagnierten? Haben Sie eine Erklärung dafür?

b) Erläutern Sie die Veränderungen innerhalb und zwischen den Wirtschaftssektoren. Welche Rückschlüsse auf die wirtschaftliche Situation der Frauen lassen sich aus den Daten gewinnen?

c) Wie beurteilen Sie die Entwicklung der Arbeitnehmereinkommen? Vergleichen Sie sie mit heutigen Verhältnissen.

Q 75 Soziale Ordnung auf dem Lande

a) *Die Sicht des Gutsherrn (1936):*

Auf meinen Gütern gelang es mir, einen sesshaften Arbeiterstand zu schaffen. Im Anfang musste ich manchem ungehorsamen und aufsässigen Gesellen persönlich entgegentreten und mit der Faust Ordnung und Gehorsam erzwingen. Im Laufe der Jahre wurden die schlechten Arbeiter dadurch abgestoßen und die guten angezogen. Mein Mittel zu diesem Ziel hieß Gerechtigkeit. Als Offizier hatte ich gelernt, was Gerechtigkeit ausmacht, was man von einem gerecht behandelten Menschen verlangen kann und wie Gerechtigkeit Menschen verschiedener Lebensstufen auch für Zeiten der Not aneinanderbindet. [...] Das Geheimnis zur Lösung der Leutefrage habe ich immer darin gesehen, den Arbeitern ein gerechter Vorgesetzter und ein wohlwollender Vertrauensmann in allen Lebenslagen zu sein. [...] So führte ich denn ein, dass ich zu jeder Zeit für meine Leute in allen Dingen zu sprechen war. Freilich war ich auch niemals nachsichtig, sondern hielt darauf, dass im Betrieb Gehorsam der oberste Grundsatz blieb. [...] Der Landarbeiter ist immer eine der gesichertsten menschlichen Existenzen gewesen. Nach altem Herkommen, das schon aus der Zeit vor der Errichtung der vielen Versicherungen stammt, ist der Landarbeiter des deutschen Ostens für die Zeit seines Alters versorgt. Er wird nicht von Haus und Hof verjagt, sondern bleibt auf dem Gute wohnen und erhält sein Altleute-Deputat. Die Söhne des Landarbeiters brauchen sich nicht nach Stellung und Beruf umzusehen. Sie treten ohne weiteres an die Stelle ihres Vaters. Mit anderen Worten: Sie fangen da an, wo der Vater aufgehört hat.

H. von Oldenburg-Januschau: Erinnerungen. Leipzig 1936, S. 44 ff.

b) *Die Sicht des Landarbeiters (1911):*

Etwa um 11 Uhr sahen wir einen Reiter vom Gut auf uns zukommen. [...] „De gnä' Herr!" murmelte es allgemein, und fleißiger noch rührten sich die Hände. Jetzt setzte der Vogt seine Kartoffelkiepe auf die Erde, wischte sich schnell die Hände an den Hosen ab und ging seinem Gebieter entgegen. Sechs Schritte vor ihm blieb er stehen, nahm kurz die Hacken zusammen und zog ehrerbietig seine Mütze. Wie das aussah! Dort der Herr, hoch zu Ross, jeder Zug aristokratische Vornehmheit; hier der Vogt, barhäuptig in urpommerscher Hölzernheit – ein Charakterbild disziplinierter Demut. Beide kamen näher. Nun zogen auch die Tagelöhner mechanisch ihre Kopfbedeckung, die sie so lange in der Hand behielten, bis der „Herr" leicht an seinen graugrünen Agrarierhut tippte. [...] Da plötzlich wurde ich aus meinen Betrachtungen gerissen. Herr von Damerow ließ sein Pferd auf mich zugehen und sah mich einen Moment durchdringend an. „Hat dich dein Schulmeister noch nicht gelehrt, den Deckel zu ziehen?" fragte er scharf. Ich wusste vor Verlegenheit nicht, was ich antworten sollte. Wahrhaftig, ich hatte vor lauter Bewunderung des „gnädigen Herrn" gar nicht daran gedacht, ebenfalls die Mütze abzunehmen. Verblüfft senkte ich deshalb den Kopf und schwieg. „Welcher Person gehört der Junge?" wandte sich der Herr darauf an die Reihe der Sammler. „Es ist mein Sohn", meldete sich meine Mutter. „Dann wird's Zeit, dass Sie Ihrem Bengel beibringt, wie er einen Gutsherrn zu grüßen hat." [...] Später suchte ich unseren Vogt auf. Kindliche Neugierde trieb mich, ihn heimlich zu fragen, weshalb er vorhin so in gewisser Entfernung vor dem Herrn stehen geblieben sei. „Dat kümmt noch vom Kummiß, und dei Herr will dat so hewwe", belehrte er mich. Der Herr sei Rittmeister gewesen, und da verlange er, dass jeder seiner Arbeiter, der mit ihm sprechen wolle, sechs Schritte vor ihm stehen bleibe und abwarte, bis er von ihm angeredet werde. Er als Vogt habe seine Meldung gemacht, und nachher erfordere es der Respekt, dass er den Herrn begleite, solange bis derselbe abwinke, und zwar müsse er stets an der linken Seite gehen, „nicht zu dichte ran". Beim Inspektor verringere sich dieser Abstand etwa um die Hälfte.

F. Rehbein: Das Leben eines Landarbeiters. Jena 1911, S. 34 ff.

a) Wonach unterscheidet der Gutsherr „gute" und „schlechte" Arbeiter?

b) Äußern Sie sich zu Oldenburg-Januschaus Bemerkungen über die Vorzüge des Landarbeiterlebens.

c) Wie empfinden Sie die Umgangsformen zwischen Gutsherr und Arbeitern?

Q 76 Disziplin am Arbeitsplatz

Aus der Werkstattordnung des Berliner Elektro-Unternehmens Siemens & Halske (1875):

§2. Die Arbeitszeit ist bis auf Weiteres von Morgens 7 bis Mittags 12 Uhr, mit einer Frühstückspause von 8¾ bis 9 Uhr, und von Mittags 2 bis Abends 6 Uhr festgesetzt. [...] Wer nach der festgesetzten Arbeitszeit kommt, wird Morgens nur bis 8 Uhr und Nachmittags nur bis 3 Uhr eingelassen und ist dabei verpflichtet, dem Portier seine Karte abzugeben. Letztere wird dem betreffenden Arbeiter vor Schluss der Arbeitszeit zurückgegeben und 10 Pfennige zugunsten der Unterstützungskasse für kranke und hilfsbedürftige Arbeiter der Fabrik von ihm erhoben. Außerdem wird dem zu spät Kommenden die versäumte Zeit in Abzug gebracht [...].

§4. Den Anordnungen seines Meisters hat Jedermann pünktlich Folge zu leisten und die ihm von demselben übertragenen Accord- oder Lohnarbeiten auszuführen. Im Falle der Widersetzlichkeit kann der Meister den Arbeiter sofort entlassen. […]

§6. Wer übertragene Arbeiten so ausführt, daß sie durch seine Schuld unbrauchbar werden, ersetzt den Werth des Materials und verliert den Arbeitslohn. Werden nach Ablieferung von […] fertigen Apparaten verheimlichte Arbeitsfehler gefunden, welche der Arbeiter nicht vor der Ablieferung dem Meister selbst angezeigt hat, so wird der Arbeiter sofort entlassen und verliert jeden Anspruch auf Entschädigung für diese Pfuscharbeit. […]

§10. Die Auflösung des Arbeitsverhältnisses kann von beiden Seiten ohne vorhergehende Kündigung zu jeder Zeit stattfinden. Zuwiderhandlungen gegen diese Werkstattordnung, Veruntreuung, Widersetzlichkeit gegen Vorgesetzte, ungebührliches Betragen gegen die Mitarbeiter, sowie Nachlässigkeit beim Umgehen mit Feuer und Licht hat die sofortige Entlassung zur Folge.

J. Kocka: Unternehmensverwaltung und Angestelltenschaft am Beispiel Siemens 1847–1914. Stuttgart 1969, S. 575ff.

a) Wie sind die Rechte und Pflichten von Arbeitgeber und Arbeitnehmer verteilt?

b) Nehmen Sie zu den Gründen und Fristen für Entlassungen Stellung.

Q 77 Frauen im Kaiserreich

a) *Ein Dienstmädchen berichtet (1902):*

Ich musste früh ½6 aufstehen, […]. Aber da musste man schon vollständig angekleidet sein und auch sein Bett gemacht haben. Das Ende der Arbeit war verschieden. Eine Dame war empört darüber, dass ich abends um 10 Uhr schlafen gehen wollte. Dann hat man aber auch seine Sachen in Ordnung zu halten. Oft habe ich bis spät in die Nacht gesessen und genäht, gestopft, gestrickt und so weiter. Aufbleiben musste man im Sommer sehr oft, wenn die Herrschaften im Garten saßen bis spät in die Nacht, dann musste man noch Gläser, Flaschen, Decken und sonst was in die Wohnung tragen. Im Winter auch, zum Beispiel, wenn die Herrschaften im Theater waren, wurde erst spät Abendbrot gegessen, und man musste noch das Geschirr waschen und was dazu gehört. Auch bis nach Mitternacht hat man oft warten müssen, wenn die Herrschaften anderweit eingeladen waren; da musste man sehr aufpassen, wenn der Wagen hielt, damit die hohen Herrschaften nicht schließen oder klingeln mussten.

O. Stillich: Die Lage der weiblichen Dienstboten in Berlin. Berlin 1902, S. 125

b) *Aus dem Programm des „Allgemeinen Deutschen Frauenvereins" (1905):*

Die Frauenbewegung setzt sich somit das Ziel: den Kultureinfluss der Frau zu voller innerer Entfaltung und freier sozialer Wirksamkeit zu bringen, […].

I. Bildung: a) obligatorische Fortbildungsschulen für alle aus der Volksschule entlassenen Mädchen; b) eine Reorganisation der höheren Mädchenschule, durch welche diese, unbeschadet ihrer dem Wirkungskreise der Frau entsprechenden Besonderheit, den höheren Knabenschulen gleichwertig wird; […]. c) unbeschränkte Zulassung ordnungsmäßig vorgebildeter Frauen zu allen wissenschaftlichen, technischen und künstlerischen Hochschulen.

II. Berufstätigkeit: Die Frauenbewegung betrachtet für die verheiratete Frau den in der Ehe und Mutterschaft beschlossenen Pflichtenkreis als ersten und nächstliegenden Beruf. […] In Anbetracht der großen Zahl von Frauen, die unverheiratet bleiben, und der weiteren Zahl derer, die in der Ehe keine ausreichende wirtschaftliche Versorgung finden können, ist die Berufsarbeit der Frau eine wirtschaftliche und sittliche Notwendigkeit. Die Frauenbewegung betrachtet die berufliche Frauenarbeit aber auch in weiterem Sinne und unabhängig von jeder äußeren Notwendigkeit als Kulturwert, da auch die Frau Träger hervorragender spezifischer Begabung sein kann und bei vollkommen freier Entfaltung ihrer Fähigkeiten auf vielen Gebieten geistiger und materieller Tätigkeit Aufgaben finden wird, die sie ihrer Natur nach besser lösen kann als der Mann. – In Bezug auf die wirtschaftliche Bewertung der beruflichen Frauenarbeit vertritt die Frauenbewegung den Grundsatz: Gleicher Lohn für gleiche Leistung.

III. Ehe und Familie: Die Frauenbewegung sieht in der Heilighaltung der Ehe die wesentlichste Bürgschaft für das körperliche und geistige Wohl der Nachkommenschaft und die Grundbedingung sozialer Gesundheit. Sie legt in Bezug auf die sexuelle Sittlichkeit Männern und Frauen die gleichen Pflichten auf und bekämpft die doppelte Moral, die einerseits dem Manne eine in jeder Hinsicht verhängnisvolle sexuelle Freiheit gewährt, andererseits die Frau mit ungerechter Härte trifft. Sie fordert für die Frau als Leiterin des Hauses und Erzieherin der Kinder, dass sie im Einklang mit der Höhe ihrer Verpflichtung und dem Wert ihrer Leistungen auch rechtlich die gleiche Verantwortung in allen Angelegenheiten der Ehe und der Familie trage wie der Mann. […]

IV. Öffentliches Leben, Gemeinde und Staat: a) Zulassung der Frauen zu verantwortlichen Ämtern in Gemeinde und Staat, vor allem solchen, die zu den Interessen der Frauen in besonders nahen Beziehungen stehen; […].

b) Zuziehung der Frauen zur Vertretung der Laien bei der Rechtspflege;
c) Beseitigung der vereinsrechtlichen Beschränkungen der Frau;
d) Teilnahme der Frauen am kirchlichen Wahlrecht;
e) Teilnahme der Frauen am kommunalen Wahlrecht;
f) Teilnahme der Frauen am politischen Wahlrecht.

H. Lange: Die Frauenbewegung in ihren gegenwärtigen Problemen. Leipzig 1914, S. 134ff.

c) *Einwände eines katholischen Autors (1912):*

Die Männer sind die Vertreter der Kraft und zeichnen sich aus durch die darauf beruhenden aktiven Tugenden des Heldenmutes und der Standhaftigkeit, der Vaterlandsliebe und der Gerechtigkeit. Die Frauen sind die Vertreterinnen der Schönheit und der Liebe und ragen in unerreichbarer Überlegenheit über die Männer hinaus in den mehr passiven Tugenden der Demut und der Milde, der aufopfernden Hingebung und Barmherzigkeit. Die fast ausschließliche männliche Schöpfungskraft in Wissenschaft und Kunst wird ausgeglichen durch die unglaublich steigerungsfähige Empfänglichkeit der Frauen für die höchsten Ideale des Lebens. Der Mann wird in seinem Denken und Handeln bestimmt von seinem scharfen, alles durchdringenden Verstande, das Weib lässt sich leiten von den Regungen des bei ihm stärker entwickelten Gefühls. „Männer richten nach Gründen, des Weibes Urteil ist seine Liebe."
Bei allen Erwägungen und Vorschlägen, die eine Verbesserung der Stellung der Frauen bezwecken, muss deshalb immer beachtet werden, dass die Frauen nach ihren geistigen und körperlichen Anlagen von der Natur dazu berufen sind, das höchste menschliche Glück, das Glück häuslichen und friedlichen Familienlebens, zu begründen und zu pflegen und sich den erhabenen sozialen Pflichten zu widmen, die ihnen durch die Herrschaft des Gemütslebens als besonderer Vorzug ihres Geschlechtes zugewiesen sind. Diese von der Natur selbst gezogenen Grenzen können ungestraft nicht überschritten werden.

E. Windthorst: Lebenserfahrungen eines Idealisten. Bonn 1912, S. 464

a) Kennzeichnen Sie die besonderen Schattenseiten des Dienstmädchenberufes.
b) Welche Benachteiligungen der Frau sucht die Frauenbewegung zu beseitigen?
c) Erörtern Sie die Auffassung, es gäbe eine natürliche Wesensverschiedenheit der Geschlechter.

Q 78 Antisemitismus

a) *Der Schriftsteller Jakob Wassermann (1873–1934) erinnert sich 1921:*

Obwohl ich meine Ehre und ganze Kraft darein setzte, als Soldat meine Pflicht zu tun und das geforderte Maß der Leistung zu erfüllen, wozu zuweilen keine geringe Selbstüberwindung nötig war, gelang es mir nicht, die Anerkennung meiner Vorgesetzten zu erringen, und ich merkte bald, dass es mir auch bei exemplarischer Führung nicht gelingen würde, dass es nicht gelingen konnte, weil Absicht dawider war. Ich merkte es an der verächtlichen Haltung der Offiziere, an der unverhehlten Tendenz, die befriedigende Leistung selbstverständlich zu finden, die unbefriedigende an den Pranger zu stellen. Von gesellschaftlicher Annäherung konnte nicht die Rede sein, menschliche Qualität wurde nicht einmal erwogen, Geist oder auch nur jede originelle Form der Äußerung erweckte sofort Argwohn, Beförderung über eine zugestandene Grenze hinaus kam nicht in Frage, alles, weil die bürgerliche Legitimation unter der Rubrik Glaubensbekenntnis die Bezeichnung Jude trug. […]
Auffallender, weitaus quälender war mir […] das Verhalten der Mannschaft. Zum ersten Mal begegnete ich jenem in den Volkskörper gedrungenen dumpfen, starren, fast sprachlosen Hass, von dem der Name Antisemitismus fast nichts aussagt, weil er weder die Art noch die Quelle, noch die Tiefe, noch das Ziel zu erkennen gibt. Dieser Hass hat Züge des Aberglaubens ebenso wie der freiwilligen Verblendung, der Dämonenfurcht wie der pfäffischen Verstocktheit, der Rankünе des Benachteiligten, Betrogenen ebenso wie der Unwissenheit, der Lüge und Gewissenlosigkeit wie der berechtigten Abwehr, affenhafter Bosheit wie des religiösen Fanatismus. […] Kam hinzu, dass die katholische Bevölkerung Unterfrankens reichlich durchsetzt war mit einem unerfreulichen Schlag noch halb ghettohafter, handelsbeflissener, wuchernder Juden, Krämer, Trödler, Viehhändler, Hausierer, einer dauernden Verhetzung preisgegeben war […] und das Andenken an Brunnenvergiftungs- und Passahschlachtungsmärchen, bischöfliche Bluterlässe, mörderische und gewinnbringende Judenverfolgungen noch lebendig im Sinne trug.

J. Wassermann: Mein Weg als Deutscher und Jude. Berlin 1921, S. 38ff.

b) *Der nationalliberale Historiker Heinrich von Treitschke (1834–1896) über den Antisemitismus in Deutschland (1880):*

Was wir von unseren israelitischen Mitbürgern zu fordern haben, ist einfach: Sie sollen Deutsche werden, sich schlicht und recht als Deutsche fühlen – unbeschadet ihres Glaubens und ihrer alten heiligen Erinnerungen, die uns allen ehrwürdig sind; denn wir wollen nicht, dass auf Jahrtausende germanischer Gesittung ein Zeitalter deutsch-jüdischer Mischkultur folge. Es wäre sündlich zu vergessen, dass sehr viele Juden, getaufte und ungetaufte, […] deutsche Männer waren im besten Sinne, Männer, in denen wir die edlen und guten Züge deutschen Geistes verehren. Es bleibt aber ebenso unleugbar, dass zahlreiche und mächtige Kreise unseres Judentums den guten Willen, schlechtweg Deutsche zu werden, durchaus nicht hegen. […] Mancher meiner jüdischen Freunde wird mir mit tiefem Bedauern recht geben, wenn ich behaupte, dass in neuester Zeit ein gefährlicher Geist der Überhebung in jüdischen Kreisen erwacht ist, dass die Einwirkung des Judentums auf unser nationales Leben, die in früheren Tagen manches Gute schuf, sich neuerdings vielfach schädlich zeigt, […] Überblickt man alle diese Verhältnisse – und wie vieles ließe sich noch sagen! –, so erscheint die laute Agitation des Augenblicks doch nur als eine brutale und gehässige, aber natürliche Reaktion des germanischen Volksgefühls, gegen ein fremdes Element, das in unserem Leben einen allzu breiten Raum eingenommen hat. […] Bis in die Kreise der höchsten Bildung hinauf, unter Männern, die jeden Gedanken kirchlicher Unduldsamkeit oder nationalen Hochmuts mit Abscheu von sich weisen würden, ertönt es heute wie aus einem Munde: Die Juden sind unser Unglück!

H. von Treitschke: Ein Wort über unser Judentum. Berlin 1880, S. 3f.

c) *Der liberale Historiker Theodor Mommsen (1817–1903) entgegnete 1880:*

Das ist der eigentliche Sitz des Wahnes, der jetzt die Massen erfasst hat, und sein rechter Prophet ist Herr von Treitschke. Was heißt das, wenn er von unseren israelitischen Mitbürgern fordert, sie sollen Deutsche werden? Sie sind es ja, so gut wie er und ich. Er mag tugendhafter sein als sie; aber machen die Tugenden den Deutschen? Wer gibt uns das Recht, unsere Mitbürger dieser oder jener Kategorien wegen der Fehler, welche im Allgemeinen dieser Kategorie, es sei auch mit Recht, zur Last gelegt werden, aus der Reihe der Deutschen zu streichen? Wie scharf man die Fehler dieser Mitbürger empfinden, wie schroff man über alle Milderungsgründe sich hinwegsetzen mag, immer wird man logisch wie praktisch höchstens dahin kommen, die Juden für Deutsche zu erklären, welche im Punkte der Erbsünde doppelt bedacht worden sind. […] Wir, die eben erst geeinigte Nation, betreten mit dem Judenkrieg eine gefährliche Bahn. Unsere Stämme sind recht sehr ungleich. Es ist keiner darunter, dem nicht spezifische Fehler anhaften, und unsere gegenseitige Liebe ist nicht so alt, dass sie nicht rosten könnte. Heute gilt es den Juden, […] morgen wird vielleicht bewiesen, dass genau genommen jeder Berliner nicht besser sei als ein Semit.

Zit. nach W. Boehlich: Der Berliner Antisemitismusstreit. Frankfurt 1988, S. 216f.

a) *Auf welche Wurzeln des Antisemitismus weisen die Texte hin?*

b) *Wie sehen Treitschke und Mommsen das Verhältnis von Deutschen und Juden. Nehmen Sie Stellung dazu.*

Q 79 Antisemitische Wunschträume

(Der künftige) Kaiser Friedrich I. weist die Juden aus Deutschland aus.

Erläutern Sie Vorurteile und Hassgefühle gegen die Juden, wie sie in diesem Bild deutlich werden.

Q 80 Sozialdemokratisches Milieu

Aus einem Bericht des evangelischen Theologen Paul Göhre (1864–1928), der drei Monate unerkannt als Fabrikarbeiter lebte (1891):

Vortrag und Debatte wurden von den etwa 40 Männern, die immer anwesend zu sein pflegten, mit größter Aufmerksamkeit verfolgt. Man sah es diesen sinnenden, leuchtenden Augen an, wie die Köpfe mitarbeiteten, die vorgetragenen Gedankengänge aufzufassen und mitzudenken. Man rauchte viel Pfeife, doch auch Zigarren dazu und trank im Durchschnitt daneben ein, höchstens zwei Glas Bier, einfaches für 8 Pfennig oder Lagerbier für 15 Pfennig. Nur wenige verließen die Versammlung vor dem Schluss, wenige auch, von den Mühen der Tagesarbeit überwältigt, schlummerten zuletzt ungestört ein. Sonst herrschte, wie gesagt, ungeteilte Aufmerksamkeit; denn solche Abende waren für diese Männer kein bloßes Vergnügen, sondern schwere Arbeit und immer Stunden eifrigen Lernens, scharfen Nachdenkens, der Auffrischung und Ermutigung in ihrem abwechslungslosen, einförmigen Fabrikleben. Sie ersetzten, das kann man wohl ohne große Übertreibung sagen, vielen den früher gewohnten Kirchgang. Und darin liegt die große agitatorische Bedeutung dieser sozialdemokratischen Wahlvereine mit ihren regelmäßig wiederkehrenden Versammlungsabenden gerade in solchen Mittelstädten wie Chemnitz. Sie sind es, die den zur Sozialdemokratie sich neigenden Arbeiter dauernd, unaufhörlich, unauffällig bearbeiten, bis er mit seinem Dichten und Denken in den parteisozialistischen Gedankenkreisen aufgeht, und die den Befähigten schulen, dass er imstande ist, das Feuer der Überzeugung, das er in jenen Stätten in sich entfacht hat, nicht nutzlos verglühen zu lassen, sondern seine Kraft zu verwerten in Agitation unter den Arbeitsgenossen und der eigenen Familie, wie im Eintreten für die gemeinsame Sache bei Versammlungen mit den politischen Gegnern.

P. Göhre: Drei Monate Fabrikarbeiter und Handwerksbursche. Leipzig 1891, S. 45

a) Worin sieht Göhre die Bedeutung politischer Versammlungen im Leben der Arbeiter?

b) Äußern Sie sich zu Göhres Gleichsetzung von Parteiversammlung und Kirchgang.

c) Setzen Sie das Bild des SPD-Parteitags in Beziehung zur Textquelle.

SPD-Parteitag in Berlin 1892 (im Vordergrund rechts August Bebel). Nach einem Gemälde von Werner Zehme, 1892.

3. Politisches System und politische Kultur des Kaiserreiches

Konstitutionelle Monarchie Das Deutsche Kaiserreich von 1871 war eine konstitutionelle Monarchie, in der der Kaiser und die von ihm ernannte und ihm verantwortliche Regierung den Großteil der politischen Macht ausübten. Ähnlich war es in den 25 Gliedstaaten: Auch hier oblag es, außer in den drei Freien Städten, den Fürsten, die Regierungen zu berufen und mit ihrer Hilfe die den Einzelstaaten verbliebenen Hoheitsrechte - vor allem im Bildungs-, Wirtschafts- und Finanzwesen - wahrzunehmen. Mit dem Gesetzgebungs- und Budgetrecht besaßen die Volksvertretungen (Reichstag wie Landtage und Senate) wesentliche politische Befugnisse, mittels derer sie die grundlegenden politischen Weichenstellungen und Entscheidungen mitzubestimmen vermochten; auf die Ernennung, Kontrolle und Abberufung der Regierungen und damit auf die Gestaltung der täglichen Politik, vor allem auch der Außenpolitik, hatten sie jedoch keinen Einfluss. Von so fundamentalen Fragen wie der Entscheidung über Krieg und Frieden, internationalen Verträgen, der Ausübung der militärischen Kommandogewalt war der Reichstag völlig ausgeschlossen. Bismarck, der sich zeit seines Lebens mit der „Volkssouveränität" nicht abzufinden vermochte, verschmähte zwar, wo ihm dies zweckdienlich schien, zeitweilige Bündnisse mit dieser oder jener Reichstagsmehrheit nicht, war aber weit davon entfernt, das Parlament als gleichwertigen politischen Partner der Regierung gelten zu lassen. Die Parteien akzeptierte er nur, solange sie die Regierung unterstützten; wo immer sie ihr entgegentraten, verfolgte er sie mit allen erdenklichen Schikanen.

Persönliches Regiment Solange Bismarck Reichskanzler war, vermochte er mit seiner Autorität die einheitliche politische Führung des Reiches zu garantieren. Nach seiner Entlassung 1890 versuchte der junge Kaiser Wilhelm II. selbst die Zügel in die Hand zu nehmen und, auf Kosten der eher schwachen Reichskanzler, ein „persönliches Regiment" auszuüben. Aber die persönlichen Ratgeber des Kaisers, die politische Reichsleitung, der Generalstab verfolgten oft widersprüchliche Ziele, und der sprunghafte Kaiser war nicht der Mann, das Ganze zusammenzuhalten. So erwarb sich das Deutsche Reich im Ausland den fatalen Ruf politischer Unberechenbarkeit.

Schaubild der Verfassung des Deutschen Reiches von 1871

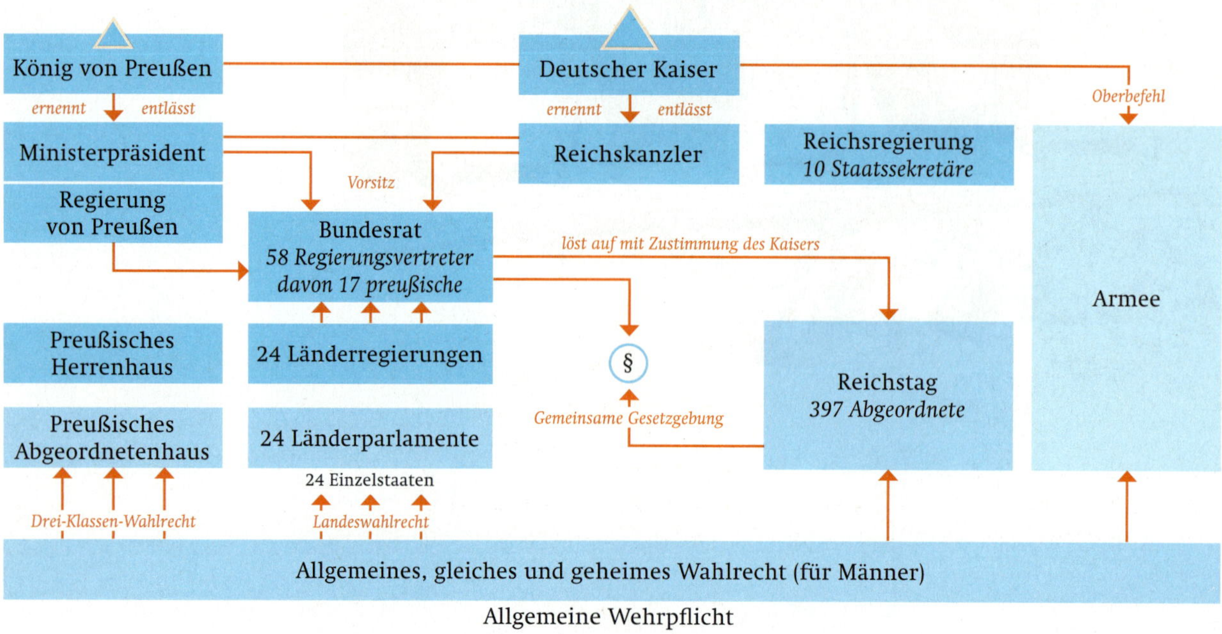

Parteien Das Parteiensystem des Kaiserreichs war eine geradlinige Fortsetzung des Parteienspektrums von 1848/49. Allerdings vollzogen sich dabei erhebliche Kräfteverschiebungen. Die Konservativen, mit einem altständischen und einem nationalistischen Flügel, erreichten in ihren besten Zeiten zwischen 1878 und 1887 Stimmenanteile bis knapp 27%, verloren aber danach unaufhaltsam an Stärke. Die Glanzzeit der Liberalen, insbesondere der ziemlich weit rechts stehenden Nationalliberalen, waren die 1870er-Jahre; danach begann für den Rechtsliberalismus ein langsamer Abstieg, der auch durch den Stimmenzuwachs der Linksliberalen nicht zu kompensieren war. Ein Element der Stabilität war das Zentrum, die Partei des politischen Katholizismus, die sich wegen ihrer sozialen Breite für Koalitionen nach rechts wie nach links anbot; sie errang im Durchschnitt ein Fünftel der Mandate. Den größten Aufschwung nahm die Sozialdemokratische Partei, die seit 1890 regelmäßig die meisten Wählerstimmen (wenn auch, wegen des Mehrheitswahlsystems, bis 1912 nicht die meisten Reichstagssitze) errang.

Maifeier 1901 – Sozialdemokratisches Flugblatt. Zeitgenössische Farblithografie.

Sozialdemokratie Ihren Aufstieg verdankte die SPD zum einen dem rapide wachsenden Anteil der Arbeiterschaft an der Gesamtbevölkerung, zum anderen ihrer straffen Organisation. Die SPD war die erste Massenpartei in Deutschland und die erste, die einen Parteiapparat mit hauptamtlichen Mitarbeitern aufbaute; mit beachtlichem Erfolg war sie bemüht, ihren Mitgliedern eine „politische Heimat" zu bieten, ein Parteileben, das sich nicht in Wahlkämpfen und parlamentarischer Arbeit erschöpfte, sondern auch der politischen Schulung und Diskussion oder der Pflege der Geselligkeit viel Platz einräumte; eine wichtige Rolle spielte dabei die Parteipresse. Die übrigen Parteien folgten eher zögernd, am schnellsten das Zentrum, am wenigsten die Liberalen, die eine Honoratiorenpartei blieben.
Die SPD war eine Art Fremdkörper im Parteiensystem des Kaiserreiches, weil sie sich, zumindest programmatisch, als kompromisslosen Gegner der bestehenden Wirtschafts-, Gesellschafts- und Staatsordnung betrachtete und deren – evolutionäre oder revolutionäre – Abschaffung anstrebte. Nachdem anfänglich das Ideengut Ferdinand Lassalles (1825–1864), der auf die Erringung parlamentarischer Mehrheiten mithilfe des allgemeinen Wahlrechts und die gesetzliche Einführung sozialistischer Produktions- und Eigentumsformen baute, maßgeblich gewesen war, wandelte sich die Partei, nicht zuletzt unter dem Druck der Verfolgungsmaßnahmen des Bismarck-Staates zu einer marxistischen Partei, die nichts mehr vom bestehenden bürgerlichen System erhoffte. Das Erfurter Programm von 1891, das diesen Kurswechsel besiegelte, kündigte den mit gesetzlicher Notwendigkeit heranreifenden Untergang der alten und die Heraufführung der neuen klassenlosen Gesellschaft an.

Revisionismus Als die Erfüllung dieser Prophezeiung jedoch auf sich warten ließ und die Partei erleben musste, dass viele ihrer Anhänger in die Gesellschaft des wilhelminischen Deutschland hineinwuchsen und bürgerliche Lebensformen und Maßstäbe zu übernehmen begannen, entbrannte ein heftiger Grundsatzstreit. Der sogenannte revisionistische Flügel der Partei, dessen Wortführer Eduard Bernstein (1850–1932) war, forderte eine Abkehr vom radikalrevolutionären Kurs und eine pragmatische Politik der allmählichen Umwandlung der bestehenden Machtverhältnisse mit parlamentarischen und rechtsstaatlichen Mitteln. Zwar vermochten sich die orthodoxen Marxisten um August Bebel (1840–1913), Karl Kautsky (1854–1938) und Rosa Luxemburg (1870–1919) noch einmal durchzusetzen und auf dem Dresdener Parteitag von 1903 die Verurteilung des Revisionismus zu erwirken. Aber die praktische Politik der Sozialdemokratie, nicht zuletzt

Kulturkampf

1872 proklamierte der liberale Reichstagsabgeordnete Rudolf Virchow den „Kampf für die Kultur" gegen die katholische Kirche, der er Feindseligkeit gegenüber dem modernen Welt- und Wissenschaftsverständnis vorwarf. Er lieferte damit die ideologische Rechtfertigung für die antiklerikalen Gesetze und Maßnahmen Preußens und des Reiches von 1871 bis 1878. Der mit einem Kompromiss zwischen staatlichen und kirchlichen Ansprüchen endende „Kulturkampf" entfremdete viele Katholiken lange dem Hohenzollernreich.

auch ihre patriotische Loyalität während des Ersten Weltkrieges, unterschied sich letztlich nicht von dem Weg, den Bernstein empfohlen hatte. Stärke und Erfolg der Parteien hingen nicht zuletzt von ihrer Zusammenarbeit mit den organisierten Interessengruppen ab. Die SPD konnte sich auf die Freien Gewerkschaften stützen. Diese schufen sich 1890 mit der „Generalkommission der Gewerkschaften Deutschlands" ein zentrales Führungsgremium, das unter seinem langjährigen Vorsitzenden Carl Legien wesentlichen Anteil daran hatte, dass die Mitgliederzahl bis 1914 auf 2,5 Millionen kletterte. Dahinter blieben die Christlichen Gewerkschaften mit 340 000 und die liberalen „Hirsch-Dunckerschen Gewerkvereine" mit 105 000 Mitgliedern weit zurück. Die Verquickung von SPD und Freien Gewerkschaften war denkbar eng: 1912 bestand die sozialdemokratische Reichstagsfraktion zu einem Drittel aus Gewerkschaftsfunktionären. Nachdem die Partei lange eine Führungsrolle beansprucht hatte, einigte man sich im „Mannheimer Abkommen" von 1906 auf die Gleichberechtigung beider Partner.

Interessenverbände Ähnlich enge Beziehungen gab es auch in den anderen politischen Lagern: zwischen den Konservativen und dem Bund der Landwirte, den Nationalliberalen und dem Centralverband Deutscher Industrieller, zwischen den Linksliberalen und dem Bund der Industriellen sowie dem Hansabund, zwischen dem Zentrum und dem (1890 entstandenen) „Volksverein für das katholische Deutschland". Eine beachtliche Wirksamkeit entfalteten im wilhelminischen Deutschland die großen Agitationsverbände, die zwar ihre Überparteilichkeit und Ausrichtung auf das nationale Gemeinwohl betonten, aber alles andere als politisch neutral waren: Der „Deutsche Flottenverein" propagierte eine starke deutsche Kriegsflotte, der „Deutsche Wehrverein" pflegte den militärischen Geist, der „Deutsche Ostmarkenverein" unterstützte den antipolnischen „Volkstumskampf", der „Deutsche Kolonialverein" machte sich für den Erwerb von Kolonien stark. Am militantesten gebärdete sich der „Alldeutsche Verband", die Organisation aller nationalchauvinistischen Kräfte, die sich für einen nach innen und außen mächtigen deutschen Nationalstaat begeisterten, der eines Tages alle in Europa lebenden Deutschen umfassen sollte. Alle dieser Verbände standen „rechts", befürworteten eine nationalistische, ja expansionistische Politik und bekämpften jede Form „antideutscher", pazifistischer, demokratischer Gesinnung.

„Reichsfeinde" Wer es zu Bismarcks Zeiten wagte, der Reichsregierung in Grundsatzfragen entgegenzutreten, sah sich schnell als „Reichsfeind" diffamiert und unter Druck gesetzt. Dieser Bannstrahl traf eine Zeit lang die Katholiken und für die gesamte Dauer des Kaiserreiches bis 1914 die Sozialdemokratie. Die Auseinandersetzung mit dem Katholizismus, die die 1870er-Jahre erfüllte, entsprang dem katholischen Anspruch auf die Autonomie der Kirche und dem Willen des Staates, seine Hoheitsrechte überall geltend zu machen. Bismarck fand bei den Protestanten und den Liberalen die parlamentarischen Mehrheiten, um die geistliche Schulaufsicht abzubauen, den Jesuitenorden zu verbieten, politische Predigten unter Strafe zu stellen, die Ausbildung und Anstellung des Klerus staatlich zu kontrollieren, die Rechtsgültigkeit einer Ehe ausschließlich von der standesamtlichen Beurkundung abhängig zu machen („Zivilehe"). Dieser sogenannte Kulturkampf entfremdete die katholischen Staatsbürger dem neuen Reich.
Bismarck brach ihn schließlich ab, weil ihm die Loyalität der deutschen Katholiken wichtig war und weil sich auch der Vatikan zum Einlenken bereitfand.

Kampf gegen die Sozialdemokratie Der Kampf gegen die Sozialdemokratie war härter und länger. Nachdem die Reichstagsmehrheit aus Sorge um den Rechtsstaat wiederholt Gesetzesvorlagen der Regierung abgelehnt hatte, die die „Aufreizung zum Klassenhass" zur strafbaren Handlung erklären wollte, beseitigten zwei Attentate auf den Kaiser 1878 die Bedenken gegen das „Gesetz gegen die gemeingefährlichen Bestrebungen der Sozialdemokratie", Bismarck hatte keine Skrupel, die Attentate auf den beliebten Monarchen den Sozialdemokraten in die Schuhe zu schieben, obwohl es dafür keinerlei stichhaltige

Polizeiliche Durchsuchung einer Arbeiterwohnung.

Beweise gab. Das sogenannte Sozialistengesetz verbot alle sozialistischen Vereine, Versammlungen und Druckschriften und sah die Ausweisung sozialistischer „Agitatoren" vor. In seinen oft dehnbaren Formulierungen gab es der Polizei und den Gerichten viele Handhaben, um gegen die Anhänger der verfemten Partei vorzugehen. Die Partei durfte zwar weiterhin bei den politischen Wahlen kandidieren, konnte sich aber keines (legalen) Organisationsapparates bedienen. Das Gesetz blieb bis 1890 dank mehrmaliger Verlängerung in Kraft. Auch Schule und Heer wurden in den Kampf gegen die „rote Gefahr" eingespannt; sie hatten die Verderblichkeit der marxistischen Lehren zu erweisen und die bestehende Staats- und Gesellschaftsordnung anzupreisen. Bewerber für den Staatsdienst, die auch nur der Sympathie für die SPD verdächtigt waren, hatten keine Chance.

Staatliche Sozialpolitik Bismarck setzte nicht nur auf eine Politik der Unterdrückung, sondern wollte dem Sozialismus auch durch positive Maßnahmen das Wasser abgraben. Ihm schwebte eine umfassende, staatlich finanzierte Kranken- und Altersversicherung vor, die alle lohnabhängigen Arbeiter vor der schlimmsten wirtschaftlichen Not bewahren und dadurch an den monarchischen Staat binden sollte. Doch dafür reichte weder die Finanzkraft des Reiches, noch waren die Liberalen für eine derartige Aufgabenerweiterung des Staates zu gewinnen. Die Gesetze über die Krankenversicherung (1883), die Unfallversicherung (1884) sowie die Invaliden- und Altersversicherung (1889) sahen die Finanzierung durch Abgaben der Arbeitgeber und -nehmer vor, nur für die Invalidenversicherung leistete die Staatskasse Zuschüsse. Die Altersrente wurde erst mit dem 70. Lebensjahr fällig. Trotz solcher Abstriche stellten die Gesetze beachtliche sozialpolitische Fortschritte dar, die im Ausland als beispielhaft galten.

Nationale Minderheiten Im Deutschen Reich von 1871 lebten Polen, Dänen, französischsprachige Elsässer und Lothringer. Sie waren als Staatsbürger dem Buchstaben nach gleichberechtigt, in Wirklichkeit aber mancher Benachteiligung ausgesetzt. Die Bewohner Elsass-Lothringens mussten bis 1911 warten, ehe ihr Land eine Verfassung und damit die staatsrechtliche Gleichstellung mit den übrigen Bundesstaaten erhielt. Die nordschleswigschen Dänen büßten 1878 ihren im „Prager Frieden" von 1866 verbrieften Anspruch ein, mittels einer Volksabstimmung über die staatliche Zugehörigkeit ihrer Heimat zu entscheiden. In den preußischen Provinzen Posen und Westpreußen setzten die

Sozialdarwinismus

Unter Sozialdarwinismus versteht man die Übertragung der von Charles Darwin entwickelten Lehre der Entstehung und Selbstbehauptung der Arten durch die Auslese der biologisch stärkeren Lebewesen im Kampf ums Dasein auf die menschlichen Sozialbeziehungen, und zwar sowohl innerhalb der Gesellschaften als auch zwischen den Staaten und Völkern. Der Sozialdarwinismus behauptet, im Gegensatz etwa zum Sozialismus, die natürliche Ungleichheit der Menschen und Menschenrassen und begründet damit das „Recht des Stärkeren" auf die rücksichtslose Ausnutzung der eigenen Überlegenheit gegenüber Schwächeren. Zu den rabiatesten Verfechtern des Sozialdarwinismus gehören die Faschisten.

Behörden nach und nach das Deutsche als Unterrichts-, Behörden- und Gerichtssprache durch. Als sie 1906 die polnische Sprache auch noch aus dem Religionsunterricht verdrängen wollten, organisierten die empörten polnischen Eltern einen Schulstreik, der sich über Monate hinzog und zeitweise 40000 Schüler erfasste; dennoch setzte der Staat seinen Willen durch. 1886 beschloss der preußische Landtag ein „Ansiedlungsgesetz", das die Sesshaftmachung deutscher Bauern in den vorwiegend von Polen bewohnten Gebieten fördern sollte. Die Polen gründeten im Gegenzug Genossenschaften und Kreditbanken, die den Zweck hatten, möglichst viel Land für polnische Besitzer zu behaupten und neu zu erwerben. Diese beharrlich und zielstrebig verfolgte Politik, die durch Boykottaktionen gegen deutsche Geschäftsleute wirkungsvoll ergänzt wurde, führte auf Dauer zum Erfolg. Obwohl der preußische Staat mit einem Enteignungsgesetz von 1908 nicht davor zurückschreckte, rechtsstaatliche Grundsätze zu verletzen und missliebige polnische Grundbesitzer mit Enteignung zu bedrohen (das Gesetz wurde freilich nur viermal angewandt), blieb die Zahl von 25000 neuen deutschen gegenüber 35000 neuen polnischen Bauernhöfen für die deutsche Seite eine herbe Enttäuschung.

Nationalismus im Kaiserreich Nationales Denken und Empfinden nahm im bismarckschen und wilhelminischen Deutschland einen konservativ-antidemokratischen, aber auch militant-aggressiven Charakter an. Das Gefühl, als „verspätete Nation" bei der Verteilung weltpolitischer Macht zu kurz gekommen zu sein, prägte die Einstellung vieler Deutschen. Mit wachsender Ungeduld verlangten sie nach „Weltgeltung" und einem „Platz an der Sonne". Das unbändige Bevölkerungswachstum, die großen wirtschaftlichen Erfolge, auch die militärische Stärke und der Weltruhm der deutschen Kultur stachelten das nationale Selbstwertgefühl an und lockten zum „Griff nach der Weltmacht". Dabei spielten „sozialdarwinistische" Gedankengänge eine wichtige Rolle. In Deutschland wie auch anderswo waren Viele, insbesondere die Erfolgreichen, davon überzeugt, dass im Leben der Völker der gleiche „Kampf uns Dasein" abliefe, wie ihn Charles Darwin in der Natur entdeckt hatte. Den Staaten und Nationen blieb folglich nur die Wahl, „Hammer oder Amboss" zu sein; es galt, ein Höchstmaß staatlicher und militärischer Macht zu schaffen und jederzeit für den Krieg gerüstet zu sein. Das verpflichtete jeden Volksangehörigen zu Wehrbereitschaft, Einordnung und Disziplin. In der Sicht des „integralen Nationalismus", der das ganze Volk zu einer geschlossenen Schutz- und Kampfgemeinschaft zusammenschweißen wollte, bedeutete Kritik Schwächung der eigenen Kraft, Pazifismus Untergrabung des Selbstbehauptungswillens, Internationalismus Verrat am Volk. Darum waren Demokraten, Pazifisten, Sozialisten und Juden verdächtig.

Das Militär Besonders hohes Ansehen genoss im kaiserlichen Deutschland das Militär. Militärisches Gebaren und Auftreten, Uniformen und Paraden prägten das öffentliche und gesellschaftliche Leben. Nicht in der Armee oder Flotte „gedient" zu haben, galt als Makel. Das Reserveoffizierspatent war die fast unerlässliche Voraussetzung für eine erfolgreiche Karriere. Die Schule pries die Kriegshelden, die Veteranenvereine pflegten das Andenken an Krieg und Soldatenleben.

Zeitgenössische Postkarte der Familie Kaiser Wilhelms II., mit der Unterschrift: „Guten Morgen, Majestät! Kompagnie zur Stelle!"

Armee und Flotte genossen eine verfassungsrechtliche Sonderstellung. Bei Gesetzesvorlagen für das Militärwesen stand dem Kaiser das Vetorecht zu. Der Kanzler als der verantwortliche Leiter der Reichspolitik besaß nicht das Recht, zu den militärischen Entscheidungen gehört zu werden.

Das Militär lebte in einer eigenen, vom „Zivilleben" abgehobenen Ordnung. Welche bedenklichen Auswirkungen das haben konnte, zeigte sich an einem Vorfall 1913 in der elsässischen Garnisonstadt Zabern. Hier hatte, nach Schlägereien zwischen Bürgern und Soldaten, der befehlshabende Offizier unter Missachtung aller Rechtsvorschriften kurzerhand 28 Zaberner Bürger vorübergehend festnehmen lassen. Deswegen vor einem Kriegsgericht angeklagt, wurde er freigesprochen, und als sich daraufhin in der Öffentlichkeit heftiger Protest erhob, nahm kein Geringerer als der Kaiser den Offizier in Schutz. Als auch der Reichskanzler Theobald von Bethmann Hollweg im Reichstag den Übergriff des Offiziers zu beschönigen versuchte, sprach eine Mehrheit des Parlaments der Regierung ihre Missbilligung aus. Die Zaberner Affäre war symptomatisch, weil der Kaiser und sein Regierungschef der Wahrung der militärischen Autorität den Vorrang vor dem Schutz des bürgerlichen Rechtsstaates gaben.

Militarismus

Militarismus weist einen politischen und einen sozialen Aspekt auf. Politisch ist der Militarismus, wo militärische Prinzipien, Erwägungen, Interessen den Vorrang gegenüber politisch-zivilen Ansprüchen haben, wo die militärische Führung gleichgewichtig neben der politischen steht oder ihr sogar übergeordnet ist. Von „sozialem Militarismus" spricht man, sofern militärisch-soldatische Werte, Denkformen, Haltungen das gesellschaftliche Leben durchdringen und Militärisches in der gesellschaftlichen Rangordnung wie in der allgemeinen soziokulturellen Werteskala weit oben rangiert. Militarismus gedeiht vor allem in autoritären oder autokratischen Regimen und ist mit liberalen oder demokratischen Systemen nur schwer zu vereinbaren.

Q 81 Reichstagswahlen 1871–1918

1. Zahl = Zahl der Mandate, 2. Zahl = Stimmenanteil in v. H.:

	Konservative	Reichspartei (Freikonservative)	Nationalliberale	Liberale	Liberale Vereinigung	Deutsche Fortschrittspartei	Freisinnige Vereinigung	Deutsche Volkspartei	Zentrum	Welfen	Sozialdemokraten	Polen	Dänen	Elsass-Lothringer	Christlich-Soziale	Sonstige (hauptsächl. Antisemiten)
1871	57	37	125	30	–	46	–	1	63	7	2	13	1	–	–	–
	14,1	8,9	30,0	7,2	–	8,8	–	0,5	18,6	1,6	3,2	4,5	0,5	–	–	2,1
1874	22	33	155	3	–	49	–	1	91	4	9	14	1	15	–	–
	6,9	7,2	29,7	1,2	–	8,6	–	0,4	27,8	1,8	6,8	3,8	0,4	4,5	–	0,9
1877	40	38	128	13	–	35	–	4	93	4	12	14	1	15	–	–
	9,7	8,0	27,2	2,5	–	7,7	–	0,8	24,8	1,6	9,1	4,1	0,3	3,7	–	0,5
1878	59	57	99	10	–	26	–	3	94	10	9	14	1	15	–	–
	13,0	13,6	23,1	2,7	–	6,7	–	1,1	23,1	1,8	7,5	3,7	0,3	3,1	–	0,3
1881	50	28	47	–	46	60	–	9	100	10	12	18	2	15	–	–
	16,3	7,4	14,6	–	8,4	12,7	–	2,0	23,2	1,7	6,1	3,8	0,3	3,2	–	0,3
1884	78	28	51	–	67		–	7	99	11	24	16	1	15	–	–
	15,2	6,8	17,6	–	17,6		–	1,7	22,6	1,7	9,7	3,6	0,3	2,9	–	0,3
1887	80	41	99	–	32		–	–	98	4	11	13	1	15	1	2
	15,2	9,8	22,3	–	12,9		–	1,2	22,1	1,5	7,1	2,8	0,2	3,1	0,2	0,6
1890	73	20	42	–	66		–	10	106	11	35	16	1	10	5	2
	12,4	6,7	16,0	–	16,0		–	2,0	18,6	1,6	19,7	3,4	0,2	1,4	0,7	1,0
1893	72	28	53	–	–	24	13	11	96	7	44	19	1	8	16	5
	13,5	5,7	13,0	–	–	8,7	3,4	2,2	19,0	1,3	23,3	3,0	0,2	1,5	3,5	1,7
1898	56	23	46	–	–	29	12	8	102	9	56	14	1	10	13	18
	11,0	4,4	12,5	–	–	7,2	2,5	1,4	18,9	1,4	27,2	3,1	0,2	1,4	3,7	5,1
1903	54	21	51	–	–	21	9	6	100	6	81	16	1	9	11	11
	10,0	3,4	13,9	–	–	5,7	2,6	1,0	19,7	1,0	31,7	3,7	0,2	1,1	2,6	3,4
1907	60	24	54	–	–	28	14	7	105	1	43	20	1	7	16	17
	9,4	4,2	14,4	–	–	6,5	3,2	1,3	19,4	0,7	29,0	4,0	0,1	0,9	2,2	4,7
1912	43	14	45	–	42				91	5	110	18	1	9	3	16
	9,2	3,0	13,7	–	12,3				16,4	0,7	34,8	3,6	0,1	1,3	0,4	4,5

Nach W. Mommsen: Deutsche Parteiprogramme. München 1960, S. 790 ff.

a) Wie erklärt sich das häufige Auseinanderklaffen von Mandaten und Wählerstimmenanteilen?

b) Erklären Sie die beträchtliche Konstanz in den Wahlergebnissen der nationalen Minderheiten.

c) Wie stellen sich die Auswirkungen des Kulturkampfes und des Sozialistengesetzes auf die davon hauptsächlich betroffenen Parteien dar?

Q 82 Schule im Dienste der bestehenden Staatsordnung

Aus einem Erlass Kaiser Wilhelms II. (1889):

Schon längere Zeit hat Mich der Gedanke beschäftigt, die Schule in einzelnen Abstufungen nutzbar zu machen, um der Ausbreitung sozialistischer und kommunistischer Ideen entgegenzuwirken. In erster Linie wird die Schule durch Pflege der Gottesfurcht und der Liebe zum Vaterlande die Grundlage für eine gesunde Auffassung auch der staatlichen und gesellschaftlichen Verhältnisse zu legen haben. Aber Ich kann Mich der Erkenntnis nicht verschließen, dass in einer Zeit, in welcher die sozialdemokratischen Irrtümer und Entstellungen mit vermehrtem Eifer verbreitet werden, die Schule zur Förderung der Erkenntnis dessen, was wahr, was wirklich und was in der Welt möglich ist, erhöhte Anstrengungen zu machen hat. Sie muss bestrebt sein, schon der Jugend die Überzeugung zu verschaffen, dass die Lehre der Sozialdemokratie nicht nur den göttlichen Geboten und der christlichen Sittenlehre widersprechen, sondern in Wirklichkeit unausführbar und in ihren Konsequenzen dem Einzelnen und dem Ganzen gleich verderblich sind. Sie muss [...] nachweisen, dass die Staatsgewalt allein dem Einzelnen seine Familie, seine Freiheit, seine Rechte schützen kann, und der Jugend zum Bewusstsein bringen, wie Preußens Könige bemüht gewesen sind, in fortschreitender Entwicklung die Lebensbedingungen der Arbeiter zu heben. [...] Sie muss ferner durch statistische Tatsachen nachweisen, wie wesentlich und wie konstant in diesem Jahrhundert die Lohn- und Lebensverhältnisse der arbeitenden Klassen unter diesem monarchischen Schutze sich verbessert haben.

G. Giese (Hg.): Quellen zur deutschen Schulgeschichte seit 1800. Göttingen 1961, S. 194

a) Wie beurteilen Sie die Argumentation des Kaisers zugunsten der monarchischen Staatsform?

b) Äußern Sie sich zu dem Anspruch des Staatsoberhauptes, auf den Schulunterricht Einfluss zu nehmen.

Q 83 Kulturkampf: Konflikt zwischen Staat und Kirche

a) *Aus einem Aufruf des Vereins der deutschen Katholiken (1872):*

Der Staat, das heißt jener Staat, wie ihn die Gegner der geoffenbarten Religion und der Kirche sich mit Willkür konstruieren und mit Leidenschaft zur Geltung zu bringen suchen, leidet keine günstige Macht in seinem irdischen Bereiche, welche ihm die Wahrheit sagt, wenn er irrt, sein Unrecht rügt, wenn er frevelt. Wir dagegen stehen fest in unseren kirchlichpolitischen Grundsätzen, welche uns Vernunft und Glauben lehren. Wir halten daran, dass es auf Erden zwei Gewalten gebe, die von Gott zum Heile des Menschengeschlechts bestellt sind; dass es aber der Wille Gottes ist, dessen Fügung die irdische Ordnung im Staate ihr Dasein verdankt, und dessen Gnade die Heilsordnung in der Kirche gestiftet hat, beide Ordnungen nicht getrennt zu sehen, sondern vereint zur Herstellung des großen christlichen Gemeinwesens, welches über den ganzen Erdenkreis sich zu erstrecken bestimmt ist. Das richtige Verhältnis von Staat und Kirche aber erkennen wir aus den Zielen, welche beiden gesteckt sind: Dort ein Ziel in der Irdischkeit, das sich notwendigerweise dem höheren ewigen Ziele des Menschen unterordnet, hier dieses ewige Ziel, das unendlich weit über dieses endliche Dasein hinausreicht und zu welchem sich jenes verhält wie das Mittel zum Zweck.

E. Friedberg (Hg.): Aktenstücke, die altkatholische Bewegung betreffend. Tübingen 1876, S. 86 f.

b) *Otto von Bismarck im preußischen Herrenhaus (1873):*

Ich verweise darauf, wo ich die Genesis meiner Überzeugung, dass zur Notwehr für den gefährdeten Staat die Regierung gezwungen sei, und ferner dargelegt habe, dass die Regierung und seine Majestät der König mit ihr die Überzeugung haben, dass der Staat in seinen Fundamenten bedroht und gefährdet ist von zwei Parteien, die beide das gemeinsam haben, dass sie ihre Gegnerschaft gegen die nationale Entwicklung in internationaler Weise betätigen, dass sie Nation und nationale Staatenbildung bekämpfen, denen die Kräftigung des staatlichen Elements, die Wahrhaftigkeit des Staates am Herzen liegen, gegen die, die ihn angreifen und bedrohen, zusammenstehen, und deshalb müssen sich alle Elemente zusammenscharen, die ein Interesse haben an der Erhaltung des Staates und an seiner Verteidigung teils gegen diejenigen, welche offen sagen, was sie an die Stelle des Staates setzen wollen, teils gegen diejenigen, welche einstweilen den Staat untergraben, sich aber noch vorbehalten, was sie an seine Stelle setzen wollen – gegen diese Gegner müssen sich alle treuen Anhänger des Königs, müssen sich alle treuen Anhänger des preußischen Staates, in dem wir leben, zusammenscharen.

O. von Bismarck: Gesammelte Werke. Bd. II. Berlin 1929, S. 298

a) Vergleichen Sie die Staatsauffassungen der beiden Kontrahenten!

b) Wie beurteilen Sie Bismarcks Vorwürfe gegenüber der katholischen Kirche?

Q 84 Das Sozialistengesetz – Erinnerung an die Christenverfolgungen?

Aus den Erinnerungen August Bebels:

Während wir so in voller Tätigkeit waren, aus den Trümmern, die das Sozialistengesetz uns bis dahin geschaffen hatte, zu retten, was zu retten möglich war, wurden wir am 29. November 1878 mit der Nachricht überrascht, dass am Abend zuvor der „Reichsanzeiger" eine Proklamation des Ministeriums veröffentlichte, wonach der kleine Belagerungszustand über Berlin verhängt wurde. Dieser Hiobsbotschaft folgte am nächsten Tage die Mitteilung, dass 67 unserer bekanntesten Parteigenossen [...], bis auf einen sämtliche Familienväter, ausgewiesen worden seien. [...] Für uns in Leipzig war durch die Berliner Massenausweisung die Situation sehr verbösert worden. Jetzt galt es aufs Neue für die brot- und existenzlos gewordenen Genossen Stellung und für sie und ihre Familien Mittel zum Unterhalt zu beschaffen. [...] Eine kleine Zahl der ausgewiesenen Genossen schwamm über den „großen Teich" nach den Vereinigten Staaten, die Mehrzahl kam nach Leipzig und Hamburg. [...] Die Unterbringung der Ausgewiesenen in eine Arbeitsstelle wurde uns sehr schwer gemacht. Die wirtschaftliche Krise befand sich noch auf voller Höhe. Ein Überangebot an Arbeitskräften war in fast allen Branchen vorhanden. Und war es einem Ausgewiesenen geglückt, eine Stelle zu erhalten, flugs erschien die Polizei und denunzierte den armen Teufel bei seinem Arbeitgeber, der oft widerwillig den eben erst angenommenen Arbeiter entließ. [...] Die fortgesetzten Ausweisungen und die Schikanierung der Ausgewiesenen durch die Polizei hatten aber einen Erfolg, den unsere Staatsretter nicht vorausgesehen. Durch die Verfolgung aufs Äußerste erbittert, zogen sie von Stadt zu Stadt, suchten überall die Parteigenossen auf, die sie mit offenen Armen aufnahmen, und übertrugen jetzt ihren Zorn und ihre Verbitterung auf ihre Gastgeber, die sie zum Zusammenschluss und zum Handeln anfeuerten. Dadurch wurde eine Menge örtlicher geheimer Verbindungen geschaffen, die ohne die Agitation der Ausgewiesenen kaum entstanden wären. Der Vorgang erinnerte an die Verfolgung der Christen in den ersten Jahrhunderten unserer Zeitrechnung.

A. Bebel: Aus meinem Leben. Berlin (Ost) 1961, S. 626 ff.

a) Inwiefern waren Ausweisungen eine besonders drückende Schikane?

b) Erklären Sie den Solidarisierungseffekt, den das Sozialistengesetz hervorbrachte.

Q 85 Der Weg der Sozialdemokratie: Revolution oder Reform?

a) *Aus dem „Erfurter Programm" der SPD (1891):*

Diese gesellschaftliche Umwandlung bedeutet die Befreiung nicht bloß des Proletariats, sondern des gesamten Menschengeschlechts, das unter den heutigen Zuständen leidet. Aber sie kann nur das Werk der Arbeiterklasse sein, weil alle anderen Klassen, trotz der Interessenstreitigkeiten unter sich, auf dem Boden des Privateigentums an Produktionsmitteln stehen und die Erhaltung der Grundlagen der heutigen Gesellschaft zum gemeinsamen Ziel haben. Der Kampf der Arbeiterklasse gegen die kapitalistische Ausbeutung ist notwendigerweise ein politischer Kampf. Die Arbeiterklasse kann ihre ökonomischen Kämpfe nicht führen und ihre ökonomische Organisation nicht entwickeln ohne politische Rechte. Sie kann den Übergang der Produktionsmittel in den Besitz der Gesamtheit nicht bewirken, ohne in den Besitz der politischen Macht gekommen zu sein.

Diesen Kampf der Arbeiterklasse zu einem bewussten und einheitlichen zu gestalten und ihm sein naturnotwendiges Ziel zu weisen – das ist die Aufgabe der Sozialdemokratischen Partei. [...] Die Sozialdemokratische Partei Deutschlands kämpft also nicht für Klassenprivilegien und Vorrechte, sondern für die Abschaffung der Klassenherrschaft und der Klassen selbst und für gleiche Rechte und gleiche Pflichten aller ohne Unterschied des Geschlechts und der Abstammung. Von diesen Anschauungen ausgehend bekämpft sie in der heutigen Gesellschaft nicht bloß die Ausbeutung und Unterdrückung der Lohnarbeiter, sondern jede Art der Unterdrückung und Ausbeutung, richte sie sich gegen eine Klasse, eine Partei, ein Geschlecht oder eine Rasse.

W. Mommsen: Deutsche Parteiprogramme. München 1960, S. 350 f.

b) *Aus einer Zuschrift Eduard Bernsteins an den SPD-Parteitag von 1898:*

Ich bin der Anschauung entgegengetreten, dass wir vor einem in Bälde zu erwartenden Zusammenbruch der bürgerlichen Gesellschaft stehen und dass die Sozialdemokratie ihre Taktik durch die Aussicht auf eine solche bevorstehende große soziale Katastrophe bestimmen, bzw. von ihr abhängig machen soll. [...] 1895 hat Friedrich Engels im Vorwort zu den „Klassenkämpfen" ausführlich dargelegt, dass die Zeit der politischen Überrumpelungen, der von „kleinen bewussten Minoritäten an der Spitze bewusstloser Massen durchgeführten Revolutionen" heute vorbei sei [...] – Kurz, dass die Sozialdemokratie „weit besser bei den gesetzlichen Mitteln als bei den ungesetzlichen und dem Umsturz" gedeiht. Und er bezeichnet demgemäß als die nächste Aufgabe der Partei, „das Wachstum ihrer Stimmen ununterbrochen in Gang zu halten" – bzw. „langsame Propaganda der parlamentarischen Tätigkeit". [...] Wenn man seine Ausführungen unterschreibt, dann wird man vernünftigerweise daran keinen Anstoß nehmen können, wenn erklärt wird, was die Sozialdemokratie noch auf lange hinaus zu tun habe, sei, statt auf den großen Zusammenbruch zu spekulieren, „die Arbeiterklasse politisch zu organisieren und zur Demokratie auszubilden, und für alle Reformen im Staate zu kämpfen, welche geeignet sind, die Arbeiterklasse zu heben und das Staatswesen im Sinne der Demokratie umzugestalten.

W. Mommsen: Deutsche Parteiprogramme. München 1960, S. 368 ff.

a) Worin weicht der Revisionismus Bernsteins vom „Erfurter Programm" ab?

b) Welche Art von sozialdemokratischer Politik legt das „Erfurter Programm" nahe, welche Bernstein?

Q 86 Sehnsucht nach Weltmacht

Aus dem Gründungsaufruf des „Alldeutschen Verbandes" (1891):

In die Mitte von Europa gestellt und an seinen Grenzen bedroht von fremden und feindlichen Nationalitäten, bedarf das deutsche Volk mehr als alle anderen Völker der vollen und einheitlichen Zusammenfassung seiner Kräfte, um seine Unabhängigkeit nach außen und die Entfaltung seiner Eigenart im Innern zu sichern. Durch eigene Fehler und eine Reihe von weltgeschichtlichen äußeren Umständen ist Deutschland in dieser Zusammenfassung seiner nationalen Kraft um Jahrhunderte zurückgehalten und von fremden Völkern im Westen und Osten weit überholt worden. Erst die großen Kämpfe von 1866 und 1870 errangen die Schaffung des deutschen Einheitsstaates und damit die Grundlage, auf welcher unser Volk den Wettbewerb mit anderen Nationen aufzunehmen vermag.

Auf dieser Grundlage weiterzubauen und unserm Volk die Weltstellung zu gewinnen, wie sie seinem Rang als europäische Großmacht entspricht, das ist sowohl die Aufgabe der Regierungen wie der Nation als solcher. Es würde falsch sein anzunehmen, dass durch die Errungenschaften der letzten Kriege die politische Entwicklung Deutschlands bereits ihren endgültigen Abschluss erreicht hätte. Noch ist der Ausbau des nationalen deutschen Reiches nicht beendet, und über See genießt unsere Flagge noch nicht das Ansehen, wie es der ersten Kriegsmacht Europas zukommt. Noch immer taucht alljährlich der große Strom unserer Auswanderung in fremden Nationalitäten unter, um daselbst dauernd zu verschwinden, und ein unter allen Umständen sicheres Absatzgebiet fehlt uns, weil uns eigene aufnahmefähige Kolonien in angemessenem Umfange fehlen. [...] Wenn ein ganzes Volk sich mit der Anschauung seiner großen geschichtlichen Aufgabe erfüllt und solche zum Gegenstand seines nationalen Wollens macht, findet es auch die Mittel und Wege, den Inhalt seiner Ideale zu verwirklichen.

W. Mommsen: Deutsche Parteiprogramme. München 1960, S. 89 f.

a) Unter welchem Blickwinkel betrachtet der Aufruf die außenpolitische Lage des Kaiserreiches?

b) Was versteht der Text unter „Ausbau" des Reiches?

Q 87 Elitebewusstsein der Offiziere

Aus einer Artikelserie des „Militär-Wochenblatts" (1889):

Von der größten Wichtigkeit ist daher der Zustand des Offizierkorps; er ist entscheidend für den Werth des ganzen Heeres. Es wiederholt sich hier, was im Leben allgemeine Erfahrung ist: die unteren Schichten sind stets das, was die oberen aus ihnen machen. [...] In keinem anderen Lande der Welt steht der Offizierstand auf einer so hohen Stufe, nimmt er auf der Skala der menschlichen Gesellschaft einen so hohen Rang, eine so angesehene und geachtete Stellung ein als in Deutschland [...] Wenn der Offiziersberuf jetzt nicht mehr wie früher das Monopol des Adels ist, so dürfen doch nur Ebenbürtige, nur Ritter vom Geiste und Kavaliere von Erziehung und Gesinnung Mitglieder und Genossen dieses bevorzugten Standes sein. [...] Beide, der bürgerliche sowohl wie der adlige Offizier, vertreten das gleiche Prinzip, die aristokratische Weltanschauung gegen die demokratische. [...] Die dem Urgedanken des Offizierstandes entstammenden Gesinnungen sind: dynastischer Sinn, unbedingte Treue gegen die Person des Monarchen, erhöhter Patriotismus, Erhaltung des Bestehenden, Verteidigung der seinem Schutze anvertrauten Rechte seines Königs und Bekämpfung vaterlandsloser, königsfeindlicher Gesinnung. [...] Die Stellung als Offizier erfordert gebieterisch eine Mißbilligung aller jener politischen Richtungen, welche das Königthum von Gottes Gnaden bekämpfen oder seine ihm zustehenden Rechte verkürzen möchten.

Militär-Wochenblatt, Jg. 74, Nr. 62 und 67, Berlin 1889

a) Bewerten Sie die hier vertretenen elitären Ansprüche des Offiziers.

b) Welche Rückschlüsse auf die politische Rolle des Offizierskorps erlaubt dieser Text?

Der Bismarck-Mythos

Was war, was blieb?

Am 1. April 1965 gedachte die Prominenz der Bundesrepublik in einem großen Festakt im Bonner Bundestag des 150. Geburtstags Otto von Bismarcks. Der renommierte Historiker Hans Rothfels, der als eher konservativ galt, würdigte als Festredner den „Eisernen Kanzler" als einen genialen Staatsmann, der mit der Reichsgründung von 1871 die nationale Sehnsucht fast aller Deutschen erfüllt und sich dann als „ehrlicher Makler" um den Frieden in Europa verdient gemacht habe. Der Redner verschwieg keineswegs die Defizite der bismarckschen Innenpolitik: Sie habe die Parlamentarisierung und Demokratisierung des Reiches verhindert und den autoritären Obrigkeitsstaat gefestigt. Dies war die letzte große staatliche Gedenkfeier zu Ehren Bismarcks. Danach schwand das Bedürfnis, die öffentliche Erinnerung an den Reichsgründer zu pflegen. Zwar gibt es in Deutschland noch immer zahlreiche Bismarckdenkmäler (das wohl bekannteste in Hamburg) und über 200 Bismarcktürme, und alljährlich treffen sich Studentenverbindungen zum Bismarckkommers am 1. April. Aber von einem Bismarck-Mythos ist heute nichts mehr zu spüren. Dessen große Zeit lag zwischen seinem Tod 1898 und dem Ende der Weimarer Republik, und hier besonders im Ersten Weltkrieg und in den Weimarer Anfangsjahren, als das Trauma der Kriegsniederlage schmerzte. Davon konnte nach der Katastrophe des „Dritten Reiches" keine Rede mehr sein. Dies umso weniger, als die nationalsozialistische Propaganda Hitler zum kongenialen Nachfolger des „ersten Reichsgründers" erhoben und damit schließlich auch dessen Ansehen beschädigt hatte.
Zeit seines Lebens war Bismarck eine umstrittene Figur, die die Menschen polarisierte und neben glühenden Bewunderern auch erbitterte Gegner auf den Plan rief. Als anlässlich seines 80. Geburtstags 1895 – fünf Jahre nach seiner von ihm nie verwundenen Entlassung – erwogen wurde, ihn mit einer Glückwunschadresse des Reichstags zu ehren, lehnten die Abgeordneten diesen Antrag mit 163 gegen 146 Stimmen ab – bei Bismarcks gespanntem Verhältnis zum Parlament kein Wunder. Mit einiger Vereinfachung kann man sagen: Die politische Mitte und Rechte stand stets auf seiner Seite, die Linke stellte sich – bei allem Respekt für sein persönliches Format – entschieden gegen ihn.
Dieser einst heftige Streit ist heute abgeklungen. Bis in die 1960er-Jahre empfand man Bismarck noch als eine aktuelle Herausforderung. Seitdem wurde er zur historischen Figur, die vornehmlich die Geschichtswissenschaft und den Geschichtsunterricht interessierte. Hier besteht jetzt weitgehender Konsens: Bismarck: ein gewiefter Politiker, der seine Zeit geprägt und vieles vorangebracht, aber der Sache der Demokratie in Deutschland einen Bärendienst erwiesen hat.

Bismarck wurde, weil er für Vieles stand, was gerade Militärs schätzten, auch Namensgeber von Kriegsschiffen.
So wurde auch das zum Zeitpunkt der Indienststellung (24. August 1940) größte Schlachtschiff der Welt von der deutschen Marine „Bismarck" getauft. Die Fotografie aus dem Mai 1941 zeigt, wie das Schiff in einem Gefecht mit der britischen Marine gerade einen Treffer erleidet. Fotograf war ein deutscher Matrose auf dem Schweren Kreuzer „Prinz Eugen".

Bismarck im Widerstreit

a) *Der deutsche Historiker Lothar Machtan (2003):*

Die Akte „Bismarck" kann geschlossen werden. In der heutigen Welt der Politik, auch der Symbolpolitik, hat Bismarck seinen Platz geräumt. Das ist gut so, denn es wird Zeit, dass wir den Mann politisch in Frieden lassen. Als Figur deutschnationaler Geschichtspolitik hat Bismarck im 20. Jahrhundert doch nur Unheil angerichtet. Die geistige Mobilmachung für den Ersten Weltkrieg sowie die breite Zustimmung zur nationalsozialistischen Machtergreifung von 1933/34 wären ohne den deutschen Nationalmythos, in dem die Lichtgestalt des Reichsgründers stets den zentralen Platz einnahm, nicht so vonstatten gegangen.

E. Francois/H. Schulze (Hg.): Deutsche Erinnerungsorte. Bd. 2. München 2003, S. 86

b) *Der deutsche Historiker und Bismarck-Biograph Lothar Gall (1980):*

Was man heute mit einer modischen Formel den Prozess der Modernisierung einer Gesellschaft, eines Staates, einer Nation nennt, ist, bei Licht besehen, in entscheidender Weise mit seiner Person, mit seiner konkreten Politik und ihren realhistorischen Konsequenzen verknüpft: Die nationale Einheit, welche zugleich wirtschaftliche, kulturelle, rechtliche, politische und, in freilich sehr viel begrenzterem Sinne, auch soziale Einheit war; der Aufstieg und die immer weitläufigere Entfaltung der modernen Industriewirtschaft […]; der Aufbau des modernen bürokratischen Interventionsstaates, der am Ende seiner Amtszeit weiter ausgebildet war als irgendwo sonst in der Welt […]; schließlich die Entwicklung eines rationalisierten, also weitgehend ideologieunabhängigen internationalen Systems als ordnungsstiftendes und ordnungsbewahrendes Element ersten Ranges.

L. Gall: Bismarck. Der weiße Revolutionär. Frankfurt a. M. 1980, S. 726

1. *Inwieweit kann man Bismarck für die sich auf ihn berufende „Geschichtspolitik" von 1914 und 1933 „verantwortlich" machen?*
2. *Vergleichen Sie die Bilanzen der beiden Autoren. Wie beurteilen Sie deren Interpretationsmethoden?*
3. *Erläutern Sie ihr Verständnis von „symbolischer Politik".*

Karikaturen interpretieren

Was ist eine Karikatur?

Das aus dem Italienischen stammende Wort „Karikatur“ (*caricare* = überladen) bezeichnet ein Zerr- oder Spottbild, das zeitgenössische Personen, Vorgänge, Zustände kritisch, zumeist auch satirisch beleuchten will. Der Karikaturist bedient sich des Kunstgriffs der Übertreibung, der Metapher, der Verfremdung. Er versetzt die eigentlich gemeinten Objekte in andere Lebensumstände und sucht durch diesen Blickwechsel zu erreichen, dass die Menschen, Ereignisse, Sachverhalte, auf die er anspielt, in ihrer wahren Bedeutung entlarvt werden. Er strebt eine „erkennbare Ähnlichkeit in entstellter Wiedergabe“ an. Die Inhalte, um die es geht, werden nicht realitätsgetreu abgebildet, sondern kommentiert, beurteilt, kritisiert.

Ein Beispiel

Die vorliegende Karikatur erschien am 29. März 1890 in der englischen Satire-Zeitschrift „Punch“. Sie kommentiert die auf Betreiben des jungen Kaisers Wilhelm II. erfolgte Entlassung Bismarcks aus seinen Ämtern als Reichskanzler und preußischer Ministerpräsident. Die englischsprachige Unterschrift „Dropping the Pilot“ charakterisiert das Ereignis zutreffender als die gängige deutsche Übersetzung „Der Lotse geht von Bord“. Während die deutsche Version so etwas wie einen freiwilligen Rückzug Bismarcks aus seinen politischen Ämtern signalisiert, deutet die englische Fassung zu Recht an, dass der Lotse weggeschickt wird, weil der Kapitän (Wilhelm II.) ihn an Bord nicht mehr haben will, da er selbst das Kommando zu übernehmen gedenkt. Die Metaphorik des Bildes ist mit Händen zu greifen: das Schiff als das Deutsche Reich; das Meer als das Feld der Politik, auf dem sich Deutschland behaupten muss; der Lotse als die Person, von der der Kurs und die Sicherheit des Staates abhängen. Den Blickpunkt der Grafik bildet die Figur Bismarcks: ein alter Mann, der sich beim Heruntergehen abstützen muss; ein versteinertes Gesicht, das die erlittene Kränkung widerspiegelt; die schlichte „Berufskleidung“, die Bescheidenheit und Pflichterfüllung ausdrückt. Der sich über die Reling beugende Kaiser bildet den Gegenpol: Die prächtige Uniform mit der Krone als Kopfschmuck als Hinweis auf Eitelkeit und Imponiergehabe; ein Mienenspiel, das Zufriedenheit und Genugtuung ausstrahlt, vielleicht sogar ein Stück Selbstgefälligkeit. Die Botschaft des Bildes: Das Deutsche Reich steht vor einer ungewissen Zukunft: ohne den bewährten Staatslenker, mit einem unreifen und unerfahrenen Kaiser an der Spitze.

Merksätze:

- **Auf welche Sachverhalte bezieht sich die Karikatur?**
- **Welche Anspielungen, Metaphern, Symbole lassen sich erkennen?**
- **Welche charakteristischen Einzelzüge fallen auf, und was bedeuten sie?**
- **Wie lautet die Aussage des Bildes, welchen Standpunkt bezieht der Künstler?**
- **Wie weit wird diese Aussage den tatsächlichen (historischen) Umständen gerecht?**

Lyonel Feininger, „Ein Zivilist, ein Zivilist“, Karikatur 1899

a) *Deuten Sie die Bildunterschrift.*

b) *Welche Arten von Uniformen sind dargestellt? Inwieweit entsprechen diese der historischen Realität, inwieweit sind sie Fantasieprodukte des Künstlers?*

c) *Finden Sie typische Elemente der Bildgattung „Karikatur“ heraus.*

d) *Auf welche zeitgenössischen Verhältnisse und Mentalitäten bezieht sich der Maler? Charakterisieren Sie die von ihm herausgearbeiteten Menschentypen.*

1. ***Untersuchen Sie in diesem Buch abgedruckte Karikaturen und stellen Sie eine Liste der verwendeten Stilmittel zusammen.***

2. ***Wie erklären Sie sich die verbitterte Reaktion der islamischen Welt auf die 2007 in einer dänischen Zeitung abgedruckten Mohammed-Karikaturen?***

Zur Diskussion: Das Deutsche Kaiserreich – ein politisch rückständiger Staat?

In den Augen vieler Menschen heute war das Kaiserreich – aller wirtschaftlichen Modernität zum Trotz – ein politisch reaktionäres, im Vergleich zu den westlichen Verfassungsstaaten autoritäres, freiheitsfeindliches, undemokratisches Staatswesen. Gleichwohl war es ein funktionierender Rechtsstaat, in dem die Bürger viele Freiheiten genossen, und ein Sozialstaat, der seine Fürsorgepflicht in Notlagen erfüllte. Was zählte mehr?

Q 88 Strukturschwächen des Kaiserreiches

a) *Der deutsche Historiker Hans-Ulrich Wehler (1973):*

Zwar hat Bismarck in brillanten Formulierungen, die mancher schon deshalb für die Maximen seines Handelns gehalten hat, immer wieder die Anschauung ausgedrückt, dass Geschichte nicht machbar sei, „gewisse elementare Fragen sich ausleben müssten“, dass man „den Strom der Zeit nicht […] lenken“ könne. Dennoch hat er in entscheidenden inneren Fragen unbeirrbar das genaue Gegenteil getan und als Exponent der Führungsgruppen gegen Parlamentarisierung und Demokratisierung, gegen Gleichheitsrechte und Teilnahmechancen, mithin gegen elementare Strömungen der modernen Zeit Gegenkurs gehalten; die wilhelminische Polykratie folgte ihm darin nach. […] Das Reichstagswahlrecht erfüllte zwar nicht die Hoffnungen seiner Urheber auf konservative Plebiszite […], aber da es nicht mit parlamentarischem Regierungswechsel verknüpft wurde, bedeutete es bis zum Oktober 1918 nicht nur ein Stocken auf halbem Wege, sondern politische Opposition konnte weiter verketzert und ohnmächtig gehalten werden. Fraglos nahm die Bedeutung der Parteien vor der unübersteigbaren Schwelle zu den Arcana Imperii etwas zu, gesamtpolitische Verantwortung aber blieb ihnen vorenthalten. Damit verbaute sich das Regime indessen auch wichtige Loyalitätsgewinne unter dissentierenden Gruppen, die erleichterter Zugang zu legitimen politischen Entscheidungspositionen integrieren hilft.

H. U. Wehler: Das Deutsche Kaiserreich 1871–1918. Göttingen 1973, S. 230 f.

b) *Der deutsche Historiker Theodor Schieder (1975):*

Unstreitig entsprach das konstitutionelle System, wie es zwischen 1866 und 1871 ausgebildet wurde, den Machtverhältnissen bei der Gründung des Reiches; es stellte einen Verfassungskompromiss dar. […] Es entsprach der Tatsache, dass weder die absolute Königsherrschaft mit ihrer aristokratisch-junkerlichen und militärischen Komponente noch die reine Parlamentsherrschaft als Interessenvertretung des Bürgertums möglich war, sondern nur eine sehr labile und ungefestigte Kombination beider. Dieses System war funktionsfähig, solange es über ein gesellschaftliches und politisches Fundament verfügte, was spätestens seit 1890 fragwürdig geworden war. […] Es blieb das Schicksal der Parteien, dass sie von der Regierung ferngehalten wurden und als Rekrutierungsbasis für den Regierungsapparat, von wenigen Ausnahmen abgesehen, ausschieden. Das Charakteristische der deutschen Entwicklung wurde zunächst das Nebeneinander und Gegeneinander einer durch das Wahlrecht beschleunigten Demokratisierung des Parlaments von unten und einer den Parlamentarismus bekämpfenden Regierungspraxis und Staatstheorie von oben. Der deutsche Konstitutionalismus oder Reichskonstitutionalismus, wie er auch genannt wurde, war eine Einrichtung auf Zeit, deren Ablösung durch den gesellschaftlichen Wandel und nicht zuletzt durch die Reflexwirkung des allgemeinen Wahlrechts zur historischen Notwendigkeit geworden wäre, hätte das Regime überdauern sollen.

Th. Schieder: Staatensystem als Vormacht der Welt 1848–1918. Propyläen-Geschichte Europas, Bd. 5. Frankfurt a. M. 1975, S. 148 f.

a) Worin sehen die Autoren die verfassungspolitische Hauptschwäche des Kaiserreiches?

b) Inwieweit unterscheiden sich ihre Bewertungen?

1. *Charakterisieren Sie die Triebkräfte, die zur Reichsgründung 1871 führten!*
2. *Worauf beruhte der wirtschaftliche Aufstieg Deutschlands vor dem Ersten Weltkrieg?*
3. *Mit welchem Recht kann man die Gesellschaft des Kaiserreiches eine „Klassengesellschaft“ nennen?*
4. *Welche Bevölkerungsgruppen standen in Opposition zum Kaiserreich und warum?*
5. *Beschreiben Sie die Rolle der Parteien und Interessenverbände.*
6. *Wie war die Stellung der Frau?*
7. *Inwieweit kann man von einem „Militarismus“ des Kaiserreiches sprechen?*
8. *Setzen Sie sich mit den Beweggründen für den Antisemitismus auseinander.*

Europa 1848–1914: Monarchie und Demokratie

Barrikaden vor dem Hôtel de Ville (Rathaus) während der Pariser Kommune, 1871 (Ausschnitt)

Demokratischer Konformismus

Ich sehe, wie unter der Herrschaft gewisser Gesetze die Demokratie die von der demokratischen Gesellschaftsordnung begünstigte Geistesfreiheit austilgen könnte, sodass nach der Beseitigung aller Hindernisse, die ihr einstmals Klassen oder Menschen entgegenstellten, der menschliche Geist sich eng an den allgemeinen Willen der großen Zahl ketten ließe.

Alexis de Tocqueville, französischer Soziologe (1805–1859)

Weltreich als Ideal

Unser zweites Ziel ist oder sollte sein: Die Verwirklichung des größten Ideals, das jemals Staatsmännern in irgendeinem Lande oder zu irgendeiner Zeit vorgeschwebt hat: die Schaffung eines Reiches, wie es die Welt noch nie gesehen hat.

Joseph Chamberlain, britischer Politiker (1853–1917)

Europa im Übergang vom 19. zum 20. Jahrhundert – das bedeutete vielerlei: Industrialisierung, schnellerer oder langsamerer Wandel von der ländlich-agrarischen zur städtisch-industriellen Produktions- und Lebensweise; Ausweitung der staatlichen Funktionen und Aufgaben, wachsende Durchdringung von Staat und Gesellschaft in Richtung auf den Interventions- und Sozialstaat; Verlangen nach politischer Mitbestimmung für immer mehr Menschen, Tendenz zur Demokratisierung und Parlamentarisierung des Regierungssystems; Anspruch auf nationale Unabhängigkeit, Selbstbestimmung und Einheit; Machtkampf der Großmächte um den ‚Platz an der Sonne'.

Hauptmann Alfred Dreyfus wird wegen angeblichen Landesverrats degradiert. Damit beginnt die sogenannte Dreyfus-Affäre, ein leidenschaftlich geführter öffentlicher Streit in Frankreich über Schuld oder Unschuld dieses Offiziers, in den sehr wirksam der Schriftsteller Émile Zola mit seinem Offenen Brief J'accuse …! (Ich klage an …!) eingriff.

1852	Louis Bonaparte wird als Napoleon III. Kaiser der Franzosen.
1859/61	Durch Krieg gegen Österreich und durch Volkserhebungen erringt Italien unter Führung des piemontesischen Königshauses seine nationale Einheit.
1867	Im „Ungarischen Ausgleich" erhält Ungarn die staatsrechtliche Gleichstellung mit dem österreichischen Reichsteil („Doppelmonarchie").
1870	Nach der Gefangennahme Napoleons III. im deutsch-französischen Krieg wird Frankreich Republik (III. Republik).
1871	Der Aufstand der Pariser Kommune endet in einem Blutbad.
1886	Die Gewährung der politischen Selbstbestimmung für Irland („Home Rule") scheitert am Widerspruch des britischen Parlaments.
1905	Revolutionäre Unruhen in Russland erzwingen die Wahl einer Volksvertretung. – Der „Mährische Ausgleich" sieht die Gleichberechtigung von Tschechen und Deutschen in Mähren vor. – Die französische Nationalversammlung vollzieht die Trennung von Staat und Kirche.

1. Frankreich: Bonapartismus und Republik

Louis Bonaparte Der Schock, den der Juniaufstand der Pariser Arbeiter den besitzenden Klassen, darunter auch den Bauern, bereitet hatte, vermehrte das Verlangen nach dem starken Staat. Jetzt kam die Stunde Louis Bonapartes, des Neffen Napoleons I. Er hatte, nach zwei missglückten Putschversuchen 1836 und 1840, mehrere Jahre in Gefängnissen und im Exil verbracht und in dieser Zeit eine politische Lehre entwickelt, die so unterschiedliche Prinzipien wie Revolution und Ordnung, Liberalismus und Sozialismus, Demokratie und Monarchie zu vereinbaren suchte und als „Bonapartismus" Geschichte machen sollte. Dank einer geschickten, alle Bevölkerungsschichten ansprechenden Wahlpropaganda errang der Außenseiter bei den Präsidentschaftswahlen im Dezember 1848 mit 75% der abgegebenen Stimmen einen überwältigenden Sieg. Als Präsident gewann er das Vertrauen der Konservativen, indem er der Kirche weitgehende Zuständigkeiten im Unterrichtswesen einräumte, den Unbemittelten das Wahlrecht entzog und die republikanische Opposition in der Nationalversammlung bekämpfte. Der Unterstützung der Armee sicher, fühlte er sich am 2. Dezember 1851 stark genug, in einem Staatsstreich die diktatorische Macht an sich zu reißen; in einer Volksabstimmung hießen mehr als 90% der Wähler diese faktische Abschaffung der Republik gut.

Werbeplakat für die Präsidentschaftskandidatur Louis Bonapartes

Das Zweite Kaiserreich Schon im Januar 1852 erhielt das Land eine neue Verfassung. Das allgemeine Wahlrecht blieb zwar, auch für die Nichtsteuerzahler, bestehen; aber bei der Nominierung der Kandidaten wirkte die Regierung mit, und die gewählten Volksvertreter hatten wenig politische Rechte. Das Staatsoberhaupt konnte nach freiem Ermessen jede politische Entscheidung einem Plebiszit unterwerfen; das gab seinem Regime einen demokratischen Anstrich, auch wenn in Wahrheit alle politische Macht beim Herrscher lag. So war es nur folgerichtig, dass Frankreich in eine Erbmonarchie umgewandelt und der Präsident als Napoleon III. Kaiser (1852–1870) der Franzosen wurde. Wieder gab in einem Plebiszit eine überwältigende Mehrheit ihre Zustimmung.

Das sich auf den Volkswillen berufende Kaisertum des neuen Napoleon hatte seine Stützen in der Armee und der Kirche, bei Bauern und Kleinbürgern, einem beträchtlichen Teil des Adels und Großbürgertums, zeitweise auch bei den Arbeitern; zu seinen Gegnern zählten das liberale Bildungsbürgertum, später auch die wieder stärker werdenden Linksrepublikaner und Sozialisten. Der Eisenbahnbau, die Schwer- und Konsumgüterindustrie, die Banken erfuhren dank liberaler Gesetzgebung und staatlichen Subventionen großzügige Förderung; das Angebot an Arbeitsplätzen stieg, die Einkommen der Arbeiter wuchsen. Frankreich erlebte damals ein glänzendes Wirtschaftswachstum, ohne sich in seiner Wirtschafts- und Gesellschaftsstruktur so stark wie die anderen Industrieländer zu verändern. Der Anteil der Landwirtschaft blieb bis ins 20. Jahrhundert hinein hoch, der kleine und mittlere Familienbetrieb war in allen Wirtschaftszweigen nach wie vor die Regel. Getragen von der günstigen Wirtschaftskonjunktur, ließ sich das Regime auch auf eine vorsichtige politische Liberalisierung ein: Es amnestierte 1859 die politischen Gegner, gestand der Volksvertretung 1861 erweiterte Mitwirkungsbefugnisse für den Staatshaushalt zu, gab den Arbeitern 1864 das Koalitionsrecht. Die politische Opposition vermochte wieder Fuß zu fassen. Sie nötigte den Kaiser 1870 zu weiteren Zugeständnissen: Das Parlament bekam das Recht der Gesetzesinitiative und der Kontrolle der Minister. Am 4. September 1870 kam das jähe Ende des „Second Empire", als nach den schweren Niederlagen im Krieg mit Deutschland die Republik ausgerufen wurde.

Pariser Kommune Die Hauptstadt Paris, verteidigt von der Nationalgarde und regulären Truppen, trotzte monatelang unter großen Opfern der deutschen Belagerung. Als die neu gewählte Nationalversammlung ihren Sitz nicht in Paris, sondern in Versailles nahm und der „Chef der Exekutive", der Historiker Adolphe Thiers (1797–1877), die Auflösung von Teilen der Pariser Nationalgarde und den Abzug der in Paris postierten Kanonen anordnete, widersetzten sich die vornehmlich aus Arbeitern und Kleinbürgern bestehenden Verbände der Pariser Nationalgarde, und während der damit verbundenen Tumulte wurden zwei Generäle ermordet. Als die Versailler Regierung auf der Auslieferung der Schuldigen und der strikten Ausführung ihrer Befehle bestand, war der Bruch da. Am 26. März 1871 wählten die Pariser nach dem allgemeinen Männerwahlrecht einen Gemeinderat (Kommune), der in den nächsten zwei Monaten als eine zugleich gesetzgebende und regierende Körperschaft die Geschicke der abtrünnigen Stadt lenkte. Tonangebend waren die jakobinischen Linksrepublikaner, die ihren Rückhalt im Kleinbürgertum hatten und die „Herrschaft des Volkes" und mehr soziale Gerechtigkeit, aber keineswegs die Abschaffung des Privateigentums an den Produktionsmitteln anstrebten. Daneben bestimmten Sozialisten aller Schattierungen den politischen Kurs. Es ging der Mehrheit der Pariser Kommune nicht so sehr um die Einführung einer sozialistischen Wirtschafts- und Gesellschaftsordnung wie um eine „Demokratie von unten", Unabhängigkeit von zentralstaatlicher und kirchlicher Bevormundung, ein Höchstmaß an wirtschaftlicher und sozialer Sicherheit. Obwohl die Kommune von der Zustimmung breiter Bevölkerungsschichten getragen war, waren ihre Erfolgsaussichten denkbar schlecht. Es fehlte an einem klaren Programm, einer durchdachten Strategie, einer mitreißenden Führergestalt. Der Kommunerat war häufig zerstritten, die politische Führung von der Fülle der gleichzeitig zu bewältigenden Aufgaben überfordert. Die Einschließung und Blockade durch die Versailler Truppen verschlechterte die Lebensbedingungen der Pariser Bevölkerung von Tag zu Tag. Die eigenen Streitkräfte waren, trotz aller Tapferkeit, dem geschulten Gegner nicht gewachsen. Hilfe von außen war nicht zu erwarten; die überwiegend konservative Provinzbevölkerung in Stadt und Land hegte gegenüber dem „roten Paris" Angst- und Hassgefühle. Als den Belagerern der Durchbruch in die Innenstadt gelang, nahm das Rache- und Strafgericht seinen Lauf. Kommunekämpfer, die sich gefangen gaben, wurden auf der Stelle erschossen; nach der Kapitulation wüteten Standgerichte und Erschießungskommandos. Man schätzt die Zahl der Opfer auf 30 000; in der Folgezeit ergingen 10 000 Strafurteile, darunter mehr als 200 Todesurteile und 3000 Verbannungen.

Dritte Republik Erst 1875 entschied sich die Nationalversammlung endgültig für die republikanische Staatsform, nachdem sie lange mit einer Restauration der Monarchie geliebäugelt hatte. Es bildete sich ein parlamentarisches Regierungssystem heraus, in dem das Parlament ein klares Übergewicht besaß. Die Folge war eine chronische Instabilität der Regierungen; zwischen 1875 und 1914 hatte Frankreich 52 Kabinette. Diese verheerende Strukturschwäche war nicht zuletzt auch der Unterentwicklung des französischen Parteiensystems zuzuschreiben. Die Parteien waren Vereinigungen ohne feste Organisation und zentrale Leitung. In ihnen dominierten die großen Einzelpersönlichkeiten, die sich nur ungern einer Parteidisziplin unterwarfen und sich auf ihre persönliche Autorität und ihre Beziehungen verließen. Die stärkste politische Kraft waren die Republikaner, die die Interessen der „kleinen Leute" gegen die „Eliten" vertraten; zu ihren wichtigsten innenpolitischen Erfolgen gehörte die 1905 durchgesetzte Trennung von Staat und Kirche, die dem Klerus den lange geübten Einfluss auf das öffentliche Schulwesen nahm. Die Arbeiterbewegung zerfiel zunächst in drei Richtungen: die orthodoxen Marxisten, die den revolutionären Umsturz wollten; die gemäßigten Marxisten, die auf die evolutionäre Umgestaltung der Gesellschaft setzten; die „Possibilisten", die in der syndikalistisch-anarchistischen Tradition standen. Erst 1905 fanden sich die zerstrittenen Genossen im „Partisocialiste" zusammen, ohne dass deswegen die Spannungen aufhörten. Besonders kampfentschlossen zeigten sich die Gewerkschaften; ihr 1895 gegründeter Dachverband

Antisemitismus

Im Unterschied zur älteren, bis in die Antike zurückreichenden Judenfeindschaft, der es zwar nicht an ökonomischen, sozialen und sozialpsychologischen Beweggründen fehlte, deren Basis aber stets der religiöse Gegensatz war, stellte der Antisemitismus des 19. und 20. Jahrhunderts ein theoretisch untermauertes weltanschauliches und politisches Programm dar. Dieser moderne Antisemitismus brachte ein umfangreiches Schrifttum hervor, löste eine endlose öffentliche Diskussion über die „Judenfrage" aus, führte zur Gründung von Parteien und Agitationsverbänden und leistete Skandalen (Dreyfus), Diffamierungskampagnen und blutigen Verfolgungen (Pogromen) Vorschub. Der politische Vorkämpfer dieses Antisemitismus war die nationalistische oder klerikale Rechte, seine sozialen Träger fanden sich vornehmlich im „alten Mittelstand" der kleinen Handwerker und Kaufleute, im neuen Mittelstand der Angestellten und Beamten, bei den Bauern, aber auch in den freien akademischen Berufen und im Offizierskorps. Die wichtigsten sozialpsychologischen Antriebskräfte waren eine konservative Abneigung gegen die moderne Wirtschafts- und Gesellschaftsentwicklung, ein bornierter Hass auf Fremdes und Unvertrautes, Sozialneid gegenüber beruflich und wirtschaftlich Erfolgreicheren, ein aggressiver Nationalismus.

Ausschnitt aus einem Bilderbogen der Republikaner zu den französischen Parlamentswahlen von 1881, der Errungenschaften der II. Republik anpreist.

„Confederation Generale du Travail" (CGT) verfolgte eine radikal syndikalistische Linie: „direkte Aktionen" – Boykott, Sabotage, Streik – sollten die kapitalistische Wirtschaftsordnung zum Einsturz bringen. Die politische Rechte stand der Kirche nahe und bekämpfte den Parlamentarismus. Sie vertrat einen kämpferischen Nationalismus (Chauvinismus), der Krieg und Heldentum verherrlichte und mit einem krassen Antisemitismus einherging; ihre radikalste Organisation war die „Action Française".

Affäre Dreyfus Die innenpolitischen Spannungen entluden sich mit besonderer Schärfe in der Affäre Dreyfus, die sich um die Jahrhundertwende zu einer regelrechten Krise der französischen Gesellschaft auswuchs. 1894 war der elsässische Hauptmann Alfred Dreyfus (1859–1935), der jüdischer Abstammung war, wegen angeblichen Geheimnisverrats von einem Militärgericht zu lebenslanger Zwangsarbeit verurteilt worden. Zwei Jahre später fand der Chef des militärischen Nachrichtendienstes heraus, dass die Dreyfus belastenden Dokumente gefälscht waren und dass der wahre Schuldige ein Major Ferdinand Walsin-Esterházy sein musste. Esterházy wurde jedoch in einem äußerst fragwürdigen Verfahren von einem Militärgericht freigesprochen. Unter dem Titel „J'accuse …!" erschien daraufhin in der Presse ein Offener Brief des weltbekannten Schriftstellers Émile Zola (1840–1902), der die Verschleierungstaktik und Rechtsbeugung anprangerte und Genugtuung für Dreyfus forderte. Jetzt entbrannte in der Öffentlichkeit ein leidenschaftlicher Streit zwischen „Dreyfusards" und „Anti-Dreyfusards": Jene verteidigten die Menschenrechte, diese die Staatsautorität und das Ansehen der Armee. Weil Dreyfus Jude war, überschwemmte eine Welle des Antisemitismus das Land. In dieser Stimmung war es möglich, dass das Militärgericht den Schuldspruch aufrechterhielt und sich lediglich zu einer Strafverkürzung durchrang, die der Staatspräsident dann auf dem Gnadenweg aufhob. Erst 1906 wurde der so schmählich der angeblichen Staatsräson geopferte Dreyfus voll rehabilitiert.

Q 89 Bonapartismus

a) *Louis Bonaparte vor den Präsidentschaftswahlen 1848:*
Ich werde meine Ehre daran setzen, meinem Nachfolger am Ende der vierjährigen Amtszeit eine gefestigte Staatsmacht, eine unversehrte Freiheit, einen wirklichen Fortschritt zu hinterlassen. Wie die Wahl auch immer ausfällt, ich werde mich dem Willen des Volkes beugen und jede gerechte und tatkräftige Regierung unterstützen, die die Ordnung in den Köpfen wie in den Verhältnissen wiederherstellt; die die Religion, die Familie, das Eigentum wirksam schützt, jene dauerhaften Grundlagen jeder sozialen Ordnung; die die möglichen Reformen in Gang bringt, den Hass zügelt, die Parteien versöhnt und dem unruhigen Vaterland erlaubt, auf die Zukunft zu vertrauen. [...] Von den möglichen Reformen scheinen mir die folgenden die dringlichsten zu sein: Sparmaßnahmen einzuleiten, die es erlauben, ohne den öffentlichen Dienst zu beeinträchtigen, die für die Bevölkerung drückendsten Steuerlasten zu vermindern und wirtschaftliche Unternehmungen zu ermutigen, die den unterbeschäftigten Wirtschaftszweigen in Frankreich und Algerien Arbeit verschaffen könnten. [...] Für die Altersversorgung der Arbeit entsprechende Einrichtungen vorzusehen, unsere Industriegesetze so zu ändern, dass nicht die Reichen zugunsten der Armen ruiniert werden, sondern das Wohlergehen jedes Einzelnen sich auf den Wohlstand aller gründet. In vernünftigem Maße die Zahl der Arbeitnehmer einzuschränken, die wirtschaftlich abhängig sind und oft aus freien Menschen zu Aufwieglern werden.

R. Rémond: La vie politique en France depuis 1789. Bd. 2. Paris 1969, S. 88 (Übersetzt von J. Rohlfes)

b) *Präsident Louis Napoleon über die neue Verfassung von 1852:*
Die jetzige Verfassung legt fest, dass der Staatschef, den ihr gewählt habt, euch verantwortlich ist; dass er jederzeit das Recht hat, an euer souveränes Urteil zu appellieren, damit ihr ihm, in den vorgeschriebenen Formen, euer Vertrauen bestätigen oder entziehen könnt. Wer verantwortlich ist, muss frei und ohne Fesseln handeln können; daher die Notwendigkeit, Minister zu haben, die die geehrten und mächtigen Ausführenden seiner Ideen sind, ohne dass sie einen verantwortlichen Rat bilden, der aus selbstständigen Mitgliedern bestünde und ein tägliches Hindernis für die Absichten des Staatschefs darstellte; ein solcher Ministerrat wäre eine politische Einrichtung, die von den Kammern bestimmt würde, und er würde deswegen ständige Kurswechsel vornehmen müssen, die jedes konsequente Handeln, jedes systematische und planmäßige Vorgehen verhinderten. So aber ist die Macht frei in ihren Bewegungen, eindeutig in ihrem Vollzug.

R. Rémond: La vie politique en France depuis 1789. Bd. 2. Paris 1969, S. 141 (Übersetzt von J. Rohlfes)

a) Welche Art von Gesellschaftsordnung strebte Napoleon III. an?

b) Wie begründete er die Rückkehr zum autokratischen Regierungssystem?

Q 90 Die Pariser Kommune von 1871

a) *Aus der Erklärung der Kommune an das französische Volk vom 19. April 1871:*
Angesichts des schmerzlichen und entsetzlichen Konflikts, der Paris erneut den Schrecken der Belagerung und der Beschießung aussetzt, die wiederum das Blut von Franzosen kosten wird und unsere Brüder, unsere Frauen und Kinder den Granaten und dem Feuer der Mitrailleusen zum Opfer fallen lässt, ist es von größter Wichtigkeit, dass die öffentliche Meinung nicht gespalten und dass das Gewissen der Nation von der Güte unserer Sache überzeugt ist. [...] Auch diesmal wieder kämpft und leidet Paris für das ganze Frankreich, für dessen intellektuelle, moralische, administrative und ökonomische Wiedergeburt. [...] Welches sind seine Forderungen? Die Anerkennung und Festigung der Republik als der einzigen mit den Rechten des Volkes und der ungestörten und freien Entwicklung der Gesellschaft verträglichen Regierungsform. Die absolute Autonomie aller Kommunen Frankreichs, die jeder von ihnen ihre vollen Rechte und jedem Franzosen die freie Ausübung seiner Anlagen und Fähigkeiten als Mensch, Bürger und Arbeiter sichert. [...] Die von der Kommune untrennbaren Rechte sind: Die Entscheidung über das Kommunalbudget, über Einnahmen und Ausgaben; die Festsetzung und Verteilung der Steuern, die Leitung aller öffentlichen Einrichtungen lokalen Charakters, die Organisierung ihrer Magistratur, der inneren Polizei, des Unterrichts, die Verwendung des Kommunalbesitzes; [...] die permanente Anteilnahme der Bürger an den Angelegenheiten der Kommune durch die freie Äußerung ihrer Meinung, die Verteidigung ihrer Interessen. [...]
Die am 18. März dank der Initiative des Volkes begonnene kommunale Revolution eröffnet eine neue Epoche der praktischen, positiven und wissenschaftlichen Politik. Sie bedeutet das Ende der alten Welt des Despotismus, der Pfaffen-, Militär- und Beamtenwirtschaft, des Wuchers, der Monopole und Privilegien, denen das Proletariat seine Knechtschaft, das Vaterland sein Unglück und seinen Zusammenbruch verdankt.

b) *Zwei Proklamationen zur Zerstörung der von Napoleon I. zur Erinnerung an militärische Siege errichteten Vendôme-Säule (Mai 1871):*

Proklamation der Kommune

In Anbetracht, dass die kaiserliche Säule auf dem Vendôme-Platz ein Symbol viehischer Gewalt und falschen Ruhmes, eine Bekräftigung des Militarismus, eine Verneinung des internationalen Rechtes, ein den Besiegten durch die Sieger zugefügter Schimpf, ein fortwährender Mordanschlag auf einen der drei großen Grundsätze der französischen Republik, die Verbrüderung, ist, befiehlt der Gemeinderat: Die Säule auf dem Vendôme-Platz wird umgestürzt.

Tagesbefehl an die Regierungstruppen

Die Vendôme-Säule ist gefallen. Sie, welche der Feind geschont, der Gemeinderat von Paris hat sie zerstört. Leute, welche sich Franzosen nennen, haben es gewagt, angesichts der Deutschen, deren Blicke auf uns gerichtet sind, dieses Denkmal der Siege unserer Väter über das verbündete Europa zu zerstören. Hofften etwa die ehrlosen Urheber dieses Anschlages auf den nationalen Ruhm, damit die Erinnerung an die kriegerischen Tugenden auszutilgen, deren glorreiches Symbol dieses Denkmal war? Nein, die Erinnerungen, an welche die Säule uns mahnte, werden in unseren Herzen fortleben, und wir werden, durch sie begeistert, Frankreich ein neues Unterpfand unserer Vaterlandsliebe, Hingebung und Tapferkeit geben.

H. Swoboda (Hg.): Die Pariser Kommune 1871. München 1971. S. 175 ff. 239, 249

Anhänger der Pariser Kommune von 1871 auf den Trümmern der Vendôme-Säule.

c) *Aus der Anklageschrift eines Kriegsgerichts gegen die Kommunarden (August 1871):*

Der Aufstand des 18. März bricht plötzlich aus, mitten in der Republik, inmitten voller Freiheit, [...] gegen eine frei gewählte Versammlung, gegen das allgemeine Wahlrecht, gegen die Religion, gegen das Bürgertum, gegen die Industrie, gegen die Familie, gegen die Arbeit, gegen alles, was die Würde, die Sicherheit und das Leben eines Volkes ausmacht. Weder gegen einen Despotismus noch gegen eine Aristokratie erklärt dieser Aufstand den Krieg, sondern gegen die Kultur, gegen die Gesellschaft und gegen das Vaterland. Sein Dogma ist nur ein grober Atheismus, seine Doktrin nur ein verächtlicher Materialismus, sein Programm nur das bewaffnete Bettlertum, die Enteignung aller Klassen durch eine einzige, die Gleichheit der Anteile in dem menschlichen Futtertrog, die hündische Jagd nach dem staatlichen und privaten Besitz, der der Gier des Proletariats als Beute vorgeworfen wurde. [...] Man erweist den Zerstörern von Paris zu viel Ehre, wenn man bei ihnen ein System voraussetzt. Sie haben keine andere Logik als die der Gewalt und der Dummheit.

I. und P. Hartig: Die Pariser Kommune 1871. Stuttgart 1975, S. 70

a) *Welche politischen Ziele vertrat die Kommune? Inwieweit waren diese Ziele sozialistisch?*
b) *Worin bestand für jede der beiden Seiten die symbolische Bedeutung der Vendôme-Säule?*
c) *Versuchen Sie eine Einschätzung der sachlichen Stichhaltigkeit der Anklageschrift.*

Q 91 J'accuse ...! – Die Affäre Dreyfus

Aus dem Offenen Brief Émile Zolas an den französischen Staatspräsidenten Félix Faure(1898):

Ein Kriegsgericht hat auf Befehl von oben soeben es gewagt, einen Esterházy freizusprechen, und damit aller Wahrheit und aller Gerechtigkeit einen harten Faustschlag ins Gesicht versetzt. Es ist geschehen, Frankreich trägt diese Besudelung auf der Wange; die Geschichte wird berichten, dass Ihre Präsidentschaft es war, unter welcher ein solches Verbrechen an der Gesellschaft begangen werden konnte. [...] Wie hat man hoffen können, dass ein Kriegsgericht zunichte machen würde, was ein Kriegsgericht gemacht hatte? [...] Genügt die übermächtige Idee der Disziplin, die diesen Soldaten im Blute steckt, nicht, die Fähigkeit zur Gerechtigkeit abzutöten? Disziplin und Gehorsam bedeuten ein und dasselbe. Wie kann man, wenn der Kriegsminister, der oberste Chef, unter dem Beifall der Volksvertretung öffentlich die Unanfechtbarkeit des gefallten Urteils proklamiert, wie kann man da von einem Kriegsgericht verlangen, dass es ihn in aller Form Lügen straft? In der Hierarchie ist derartiges unmöglich. Der General Billot hat auf die Richter durch seine Erklärung eine Suggestion ausgeübt, und sie haben geurteilt, gerade so, wie sie ins Feuer gehen müssen, ohne zu überlegen. [...] Es ist ein Verbrechen, die öffentliche Meinung in die Irre zu führen. [...] Es ist ein Verbrechen, das einfache und niedere Volk zu vergiften, die Leidenschaften der Reaktion und der Intoleranz zum Äußersten zu bringen, indem man sich hinter den schändlichen Antisemitismus verschanzt, an dem das große liberale Frankreich der Menschenrechte stirbt, wenn es nicht von ihm geheilt wird. Es ist ein Verbrechen, die Vaterlandsliebe für Werke des Hasses auszubeuten, es ist endlich ein Verbrechen, den Säbel zum modernen Gott zu machen, während doch die menschliche Wissenschaft an dem Werk der Wahrheit und Gerechtigkeit arbeitet.

J. Musulin (Hg.): Proklamationen der Freiheit. Frankfurt a. M. 1959, S. 126 ff.

a) Worin sieht Zola den Kern des Übels, wie es in der Dreyfus-Affäre zutage getreten ist?

b) Worin bestand die von Zola behauptete Irreführung der Öffentlichkeit?

Q 92 Nationalismus und Fremdenfeindschaft der politischen Rechten

Aus einem Wahlaufruf des Publizisten und Politikers Maurice Barrès (1898):

Wir sind Nationalisten! Auf den Höhen der Gesellschaft wie in der tiefsten Provinz, im geistigen Leben wie in der Gestaltung des Materiellen, in Handel, Industrie und Landwirtschaft und bis zu den Baustellen, wo er den französischen Arbeitern Konkurrenz macht, wird uns der Ausländer wie ein Parasit zum Gifte. Ein wesentlicher Grundsatz, nach dem die neue französische Politik verstanden werden muss, ist der Schutz aller einheimischen Kräfte und Güter gegen dieses Eindringen, und das bedeutet auch, dass wir uns wehren müssen gegen diesen viel zu kosmopolitischen – richtiger gesagt – viel zu deutschen Sozialismus, der die Verteidigung des Vaterlandes schwächt.

Die Judenfrage ist mit der nationalen Frage verbunden. Seit der Revolution mit uns Franzosen assimiliert, haben die Juden ihren eigenen Charakter bewahrt, und waren sie früher die Verfolgten, dann sind sie jetzt Herren geworden. Wir rechnen uns zu den Vorkämpfern der denkbar vollständigsten Gewissensfreiheit. Aber auf der anderen Seite würden wir es als eine schwere Gefahr betrachten, wenn wir den Juden das Vorrecht überließen, sich auf die Prinzipien der bürgerlichen Freiheit zu berufen; [...] denn sie verletzen ja diese Prinzipien durch ihre ganz eigentümliche Handlungsweise, durch ihre Methode des Wuchers, durch ihre Spekulation, ihren Kosmopolitismus. Noch mehr: In der Armee, in den Behörden, in den Ministerien, überall in der Verwaltung geht ihr Anteil unendlich weit über die normale Proportion hinaus, zu der ihre Zahl ihnen ein Recht geben könnte. Man hat sie zu Präfekten, zu Richtern, zu Finanzbeamten, zu Offizieren ernannt, weil sie das Geld haben, das korrumpiert. Ohne das Gesetz direkt zu brechen, indem man sich nur gegen die wendet, die über das Maß hinaus an der Herrschaft teilnehmen, muss man ein gefährliches Missverhältnis zerstören und mehr Respekt verlangen für unsere wirklichen Volksgenossen, für die Kinder Galliens und nicht Judäas. [...] Vor allem aber muss man eine Schranke errichten gegenüber der Leichtigkeit der Einbürgerung; denn durch diesen Riss sind die übelsten Juden und so viel mittelmäßige Franzosen bei uns eingezogen. Es ergibt sich aus den Statistiken, dass 90 % der Ausländer sich erst haben naturalisieren lassen, wenn sie das Alter für den Dienst in der aktiven Armee hinter sich hatten. Wir müssen verlangen, dass der Militärdienst zur Bedingung für die Nationalisierung wird.

O. H. von der Gablentz: Die politischen Theorien seit der amerikanischen Unabhängigkeitserklärung. Köln/Opladen 1967[3], S. 217 f.

a) Ausländerfeindschaft ist in so gut wie allen rechtsnationalen Bewegungen anzutreffen. Worin liegt das?

b) Vergleichen Sie Barrès' Angriffe auf die Juden mit den Argumenten deutscher Antisemiten (Q 78). Welche sozialspezifischen Interessen werden dabei sichtbar?

Zur Diskussion: Der Bonapartismus – System der plebiszitären Alleinherrschaft

So unterschiedliche Geister wie Otto von Bismarck und Karl Marx gehörten zu den ersten, die erkannten, dass die Art und Weise, in der ihr Zeitgenosse Napoleon III. seine Herrschaft errang und sicherte, einem wohlüberlegten Konzept entsprach, das eine spezifische Form von Alleinherrschaft begründete. Deren Wesensmerkmale haben seitdem viele Historiker und Politologen beschäftigt.

Q 93 Das Janusgesicht Napoleons III.

a) *Karl Marx in „Der 18. Brumaire des Louis Bonaparte" (1852):*

Die Bourgeoisie halte offenbar keine andere Wahl, als Bonaparte zu wählen. Despotie oder Anarchie. Sie stimmte natürlich für die Despotie. […] Bonaparte als die verselbstständigte Macht der Exekutivgewalt fühlt seinen Beruf, die „bürgerliche Ordnung" sicherzustellen. Aber die Stärke dieser bürgerlichen Ordnung ist die Mittelklasse. Er weiß sich daher als Repräsentant der Mittelklasse und erlässt Dekrete in diesem Sinne. Er ist jedoch nur dadurch etwas, dass er die politische Macht dieser Mittelklasse gebrochen hat und täglich von neuem bricht. Er weiß sich daher als Gegner der politischen und literarischen Macht der Mittelklasse. […] Bonaparte weiß sich zugleich gegen die Bourgeoisie als Vertreter der Bauern und des Volkes überhaupt, der innerhalb der bürgerlichen Gesellschaft die unteren Volksklassen beglücken will. Neue Dekrete, die die „wahren Sozialisten" im Voraus um ihre Regierungsweisheit prellen. […] Diese widerspruchsvolle Aufgabe des Mannes erklärt die Widersprüche seiner Regierung, das unklare Hin- und Hertappen, das bald diese, bald jene Klasse bald zu gewinnen, bald zu demütigen sucht. […] Bonaparte möchte als der patriarchalische Wohltäter aller Klassen erscheinen. Aber er kann keiner geben, ohne der anderen zu nehmen. […] Durch die widersprechenden Forderungen seiner Situation gejagt, zugleich wie ein Taschenspieler in der Notwendigkeit, durch beständige Überraschung die Augen des Publikums auf sich als den Ersatzmann Napoleons gerichtet zu halten, also jeden Tag einen Staatsstreich en miniature zu verrichten, bringt Bonaparte die ganze bürgerliche Wirtschaft in Wirrwarr.

K. Marx: Der 18. Brumaire des Louis Bonaparte. Frankfurt a. M. 1965, S. 132ff.

b) *Der deutsche Historiker Heinz-Otto Sieburg (1975):*

Besonders eindrucksvoll hat wiederum von Albertini typische Übereinstimmungen zwischen dem Zweiten Kaiserreich und faschistischen Diktaturen seit der Zwischenkriegszeit herausgestellt. In beiden Fällen geht der Errichtung des autoritären und diktatorisch gelenkten Staatswesens eine Periode voraus, die durch politische Wirren, revolutionäre Erschütterungen und anarchische Infragestellungen bislang fester Gesellschaftsstrukturen gekennzeichnet ist. Infolgedessen setzt sich als Reaktion auf Zerfahrenheit und Versagen von Parteien sowie staatlicher Macht überhaupt eine antiparlamentarische Stimmung durch, die den starken Mann, der Ruhe, Ordnung und nationalen Wiederaufstieg verspricht, an die Regierung bringt. Wie zu den faschistischen Diktaturen des 20. Jahrhunderts außer der nationalistischen und autoritären Komponente ja wesenhaft auch die sozialistische gehört, so weist bereits das Herrschaftssystem Napoleons III. das Janusgesicht einer nach rechts und links gleichzeitig tendierenden Politik auf, so dass „Reaktion" und „Progression" in gleicher Weise für das Regime eigentümlich sind. Und wie jene sich von den konservativen Schichten abgrenzten, indem sie revolutionäre und sozialistische Heilsbotschaften verkündeten und dabei die Massen gewannen, die ihnen von Fall zu Fall durch manipulierte Volksabstimmungen den rechten Weg bestätigten, so hat sich auch schon der zweite Bonaparte von Legitimisten und gemäßigten Republikanern entschieden distanziert und als ein auf demokratischer Basis in Übereinstimmung mit der großen Mehrheit der Nation regierender Volkskaiser geriert.

H.-O. Sieburg: Geschichte Frankreichs. Stuttgart 1975, S. 315

a) Worin stimmen die Autoren überein, wo gehen ihre Meinungen auseinander?

b) Wo lag die Stärke, wo das Dilemma des Bonapartismus?

2. Großbritannien: Von der oligarchischen zur egalitären Demokratie

Verfassungsreformen Die Entwicklung in Großbritannien zeichnete sich durch wirtschaftliche Blüte und eine gemäßigt-reformerische Innen- und Verfassungspolitik aus. Die politische Elite – bis in die 1830er-Jahre die landbesitzende Aristokratie, seitdem bis in die 1890er-Jahre die Aristokratie im Bunde mit dem Großbürgertum („gentry“) – verstand es, immer nur so viel Macht abzugeben, wie es unvermeidlich war, im Übrigen aber die meisten Positionen zu behaupten. Erst nach den Wahlrechtsreformen von 1867 (Erhöhung der Wählerzahl von 15 auf 33 % der männlichen Bevölkerung) und 1884 (Erweiterung auf 70 %) sah sie sich genötigt, die Herausforderung der neuen Massendemokratie anzunehmen und mithilfe moderner Parteiorganisationen um die Wählergunst zu kämpfen. 1870 schufen die „Tories“ (Konservative) erstmals ein zentrales Parteibüro, 1877 zogen die „Whigs“ (Liberale) nach und bauten einen außerordentlich leistungsfähigen Parteiapparat auf. Das Mehrheitswahlrecht begünstigte ein Zwei-Parteien-System und damit eine allzeit klare Verteilung von Regierungs- und Oppositionspartei. Tories und Whigs trugen untereinander nicht weltanschauliche Richtungskämpfe aus, sondern verfochten unterschiedliche Interessen, die sie auf eine pragmatische, nicht ideologische Weise, wenn nötig auf dem Wege des Kompromisses, durchzusetzen suchten. Nur das Oberhaus, dessen Mitglieder kraft ihrer Zugehörigkeit zum Hochadel im Parlament saßen, widersetzte sich lange dem allgemeinen Demokratisierungsprozess. Der allgemeine Verdruss darüber spitzte sich seit 1909 zu, als das Oberhaus beharrlich die Einführung einer progressiven Einkommensteuer verhinderte. Der drohende Eklat wurde jedoch vermieden, weil die Lords im letzten Augenblick einlenkten und dem „Parliamentary Act“ von 1911 zustimmten, das dem Oberhaus die Mitwirkung an Finanzgesetzen entzog und sein Veto gegen sonstige Gesetze unwirksam machte, sofern das Unterhaus es in drei aufeinanderfolgenden Sitzungsperioden überstimmte.

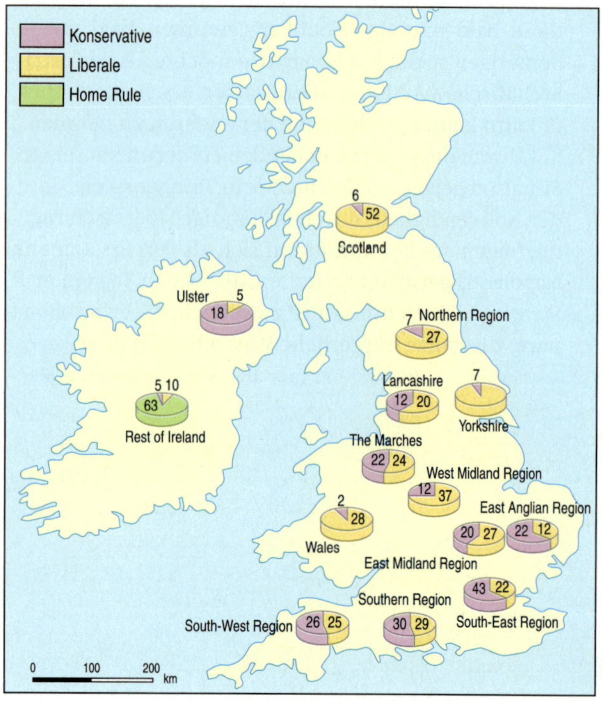

Verteilung der Unterhaussitze nach Regionen 1880

Die Irlandfrage Die Union von 1801, die Irland zum Bestandteil des Vereinigten Königreiches machte, war von Anfang an der Gegenstand erbitterter Auseinandersetzungen. Eine in den 1830er-Jahren von Daniel O'Connell ins Leben gerufene Bewegung für den Widerruf der Union („repeal") blieb ohne Erfolg, weil die Hungersnot von 1845–1847 in Irland fast eine Million Menschenleben forderte sowie eine weitere Million zur Auswanderung nach Amerika trieb und damit vorerst jede politische Aktivität abschnitt. Die Zeit der erzwungenen Ruhe endete 1867, als die Geheimorganisation der „Fenier" den Aufstand wagte. Die Fenier waren ein Bund junger Revolutionäre, der die Unterstützung in Irland geborener Amerikaner fand und sich die Loslösung von Großbritannien, wenn nötig mit Gewalt, zum Ziel setzte. Es fehlte ihnen jedoch der Rückhalt in der irischen Bevölkerung, die vornehmlich an der Abschaffung zweier Übel interessiert war: der Besteuerung zugunsten der von den irischen Katholiken gehassten Anglikanischen Staatskirche und der wirtschaftlichen Ausbeutung der irischen Pächter durch die überwiegend aus Schottland stammenden protestantischen Großgrundbesitzer. Hinzu kam, dass das überwiegend von der Landwirtschaft lebende Irland schutzlos der übermächtigen Konkurrenz der englischen Industrie ausgeliefert war.

Home Rule Im Londoner Parlament formierte sich eine nationalirische Fraktion, deren Führung 1880 Charles Stewart Parnell (1846–1891) übernahm, ein protestantischer Gutsbesitzer angloirischer Herkunft. Er verbündete sich mit den Liberalen unter William Gladstone (1809–1898), denen er dadurch eine Regierungsmehrheit verschaffte, und nutzte seine Rolle als Zünglein an der Waage zur Durchsetzung proirischer Gesetze. Sein Ziel war „Home Rule", Selbstregierung; dabei blieb offen, ob Selbstverwaltung oder Selbstbestimmung gemeint war. Der parlamentarische Kampf fand seine Ergänzung in Boykottkampagnen der irischen Bevölkerung gegen englische Großgrundbesitzer, Industrielle, Bankiers, Kaufleute, aber auch in Sprengstoffanschlägen und Attentaten. Die Londoner Regierung reagierte mit Zuckerbrot und Peitsche: die Polizei verfolgte und verhaftete Tausende von Iren, die Gerichte verhängten drakonische Strafen; gleichzeitig aber verpflichtete ein erstes Landgesetz von 1870 die Grundbesitzer, im Falle von Kündigungen ihren Pächtern die von diesen vorgenommenen Investitionen zu erstatten; ein zweites Gesetz von 1882 schützte die Pächter vor ungerechtfertigter Kündigung oder Pachterhöhung und stellte öffentliche Kredite zur Verfügung; das dritte Gesetz von 1903 gewährleistete günstige Staatskredite, mit deren Hilfe die irischen Pächter das von ihnen bewirtschaftete Land als Eigentum erwerben konnten. Auch die verhassten Kirchensteuern wurden schließlich abgeschafft. Hingegen scheiterte die Gewährung der „Home Rule". Ein von der Regierung Gladstone 1886 eingebrachter Gesetzentwurf sah die Einrichtung einer eigenständigen irischen Exekutive und Legislative und die Beschränkung der britisch-irischen Union auf die gemeinsame Außen-, Verteidigungs- und Zollpolitik vor; der Entwurf wurde abgelehnt, weil die Konservativen dagegen und die Whigs untereinander zerstritten waren. Als bei einem neuen Anlauf 1912 das Gesetz endlich Gültigkeit erlangt hatte, stellte sich nunmehr die angloprotestantische Bevölkerungsmehrheit der nordirischen Provinz Ulster in den Weg; sie wollte, als Nutznießerin der einzigen Industrieregion Irlands, ihren wirtschaftlichen Verbund mit England nicht aufgeben und sich auch nicht der irisch-katholischen Mehrheit des Landes unterwerfen. 80 000 Ulster Volunteers bekundeten in Belfast ihre Entschlossenheit, das Home Rule-Gesetz, wenn nötig mit Waffengewalt, zu verhindern. Ihnen trat die nicht minder militante nationalirische „Sinn Fein" (Wir selbst)-Organisation entgegen, und ein Bürgerkrieg drohte. Der Ausbruch des Ersten Weltkrieges setzte den Home Rule-Bemühungen vorerst ein Ende.

Unabhängigkeit statt Home Rule Unterdes vollzog sich eine Neuorientierung der irischen Nationalbewegung. Aus der Bereitschaft, sich mit Home Rule zufriedenzugeben, wurde allmählich das Verlangen nach vollständiger Unabhängigkeit. Zunehmend mehr gaben radikale Gruppierungen – neben „Sinn Fein" die „Gälische Liga", die „Irisch-Republikanische Bruderschaft" und die irischen Gewerkschaften – den Ton an. 1916 lösten sie

Karikatur mit dem Titel „The Finish". Lord Salisbury (Conservative Party) gewinnt mit einigermaßem deutlichen Vorsprung vor dem Prime Minister William Ewart Gladstone (Liberal Party). Nachdem Gladstone abermals dabei gescheitert war, die „Irish Home Rule Bill" verabschieden zu lassen – und sich die Liberalen darüber spalteten, führte dies zum Sturz seiner Regierung. Danach übernahmen die Konservativen die Regierungsverantwortung. – Aus dem „Punch" vom 17. Juli 1886.

in Dublin den Osteraufstand aus. Er brach nach einer Woche zusammen, aber das harte Vorgehen der Regierung – 15 Aufständische wurden exekutiert – heizte Emotionen an. Nach dem Kriegsende 1918 rief Sinn Fein die Republik Irland aus; die für das Londoner Unterhaus gewählten irischen Abgeordneten konstituierten sich in Dublin als irisches Parlament und setzten eine provisorische Regierung ein. Eine kleine „Irisch-republikanische Armee" begann einen Guerillakrieg gegen die britischen Truppen, die vergeblich versuchten, die Kontrolle zurückzugewinnen. Da London bald einsah, dass Irland verloren war, konzentrierte sie ihre Anstrengungen auf Ulster. In Zusammenarbeit mit der dortigen angloprotestantischen Bevölkerungsmehrheit erreichte sie die Abtrennung dieser Provinz vom übrigen Irland und ihre weitere Zugehörigkeit zum Vereinigten Königreich. Zugleich erlangte der „Freistaat Irland" seine Unabhängigkeit, zunächst als Dominion im britischen Commonwealth, aus dem er aber 1949 ausschied. Das Nordirdland-Problem blieb bis heute eine offene Wunde.

Q 94 Home Rule für Irland?

Aus einem Entschließungsantrag des irischen Abgeordneten Isaac Butt im Unterhaus (1874):

Zum ersten Mal seit der Unionsakte ist eine Mehrheit [...] von irischen Abgeordneten mit dem Auftrag gewählt worden, eine Abänderung der Unionsbestimmungen zu erreichen, die den Iren in Irland das Recht geben würde, ihre Angelegenheiten selbst zu besorgen. [...] Wir fordern, dass Irland über die ausschließlich irischen Dinge selbst entscheiden soll. Dies würde das Unterhaus von Aufgaben entlasten, die zu erfüllen es nicht die Zeit und, wie ich mit allem Respekt sagen möchte, nicht die Fähigkeit hat. Unser Plan würde nicht im geringsten die Rechte der Krone oder die Festigkeit des Reiches gefährden. [...] Ich glaube, ich spreche für jeden Abgeordneten, der für Irland im Namen des Home Rule-Grundsatzes gewählt worden ist, wenn ich sage, dass wir mit aller Entschiedenheit dagegen sind, die Einheit des Empire aufzubrechen oder eine Auseinandersetzung zwischen England und Irland herbeizuführen. [...] Das irische Volk hat diese große politische Bewegung in einer Zeit begonnen, in der im ganzen Lande vollständige Ruhe herrscht, und die Agitation, die zu diesem Ergebnis geführt hat, ist niemals verfassungswidrig oder ungesetzlich gewesen. [...] Ich glaube, dass Irland derzeit unter Gesetzen lebt, die in ihrer Strenge in keinem europäischen Staat ihresgleichen haben. [...] Der britische Statthalter kann durch bloße Verordnung den Aufenthalt im Freien während der Dunkelheit zu einem Verbrechen erklären; durch eine andere Verordnung kann er die Polizei ermächtigen, jeden Fremden festzunehmen, und ein großer Teil Irlands steht gegenwärtig unter einem solchen Gesetz. Aufgrund einer anderen Verordnung kann jeder Magistrat oder Polizeioffizier Zutritt in jedermanns Haus verlangen und dort die Papiere zu dem Zweck durchstöbern, die Handschrift mit der Handschrift eines Drohbriefes zu vergleichen.

H. J. Hanham: The Nineteenth Century Constitution. Cambridge 1969, S. 447 ff. (Übersetzt von J. Rohlfes)

a) Für wie stichhaltig schätzen Sie die Beschwerden der irischen Abgeordneten ein?

b) Inwieweit waren die Home Rule-Forderungen eine Gefahr für den Zusammenhalt des Vereinigten Königreiches?

Q 95 Die nationale Identität der Iren

Aus einem Vortrag des irischen Sprachwissenschaftlers Hyde vor der „Nationalen literarischen Gesellschaft" in Dublin (1892):

Wenn wir von der Notwendigkeit der Entanglisierung der irischen Nation sprechen, meinen wir das nicht als Protest gegen eine Übernahme dessen, was das Beste am englischen Volk ist, denn das wäre absurd, sondern wir protestieren gegen die Dummheit, alles Irische zu negieren und, holterdipolter, unterschiedslos alles Englische zu übernehmen, nur weil es englisch ist. [...] Ich möchte ihnen sagen, dass wir durch unsere Anglisierung in Bausch und Bogen leichtfertig den triftigsten Anspruch aufgegeben haben, von der Welt als Nation anerkannt zu werden. Was sagte Mazzini? Wir sollten uns damit zufriedengeben, ein integraler Bestandteil des Vereinigten Königreiches zu sein, hätten wir doch die Merkmale einer Nation aufgegeben: unsere Sprache und unsere Sitten. Es hat mich immer sehr befremdet, die Zwiespältigkeit des irischen Fühlens zu beobachten: wie es nach wie vor das Englische hasst und gleichzeitig kopiert, wie es weiterhin Anerkennung als Nation fordert und gleichzeitig mit beiden Händen verschleudert, was eine Nation ausmacht. [...] Wir haben [...] selber mit der Kontinuität des irischen Lebens gebrochen. Und gerade zu einem Zeitpunkt, in dem das keltische Volk mit größter Wahrscheinlichkeit den Besitz des eigenen Landes wiedererlangen kann, findet es sich seiner keltischen Charakteristika entkleidet und beraubt. [...] Die alten Backsteine der Nationalität haben 1800 Jahre gehalten, jetzt sind sie zerbrochen, wir müssen uns daran machen, neue zu brennen. [...] Mit einem Wort, wir müssen danach streben, alles Heimatliche, [...] alles Gälische, alles Irische zu pflegen und zu kultivieren, weil trotz der kleinen Beimischung von Sachsenblut im Nordwesten diese Insel keltisch bis ins Mark ist und immer bleiben wird.

H. Kohn: Von Machiavelli zu Nehru. Freiburg i. Br. 1964, S. 145 ff.

a) Auf welche Elemente nationaler Zusammengehörigkeit konzentriert sich der Redner, welche vernachlässigt er?

b) Vergleichen Sie den Gedankengang mit anderen Zeugnissen des Nationalismus (Q 14, Q 15, Q 35).

3. Österreich-Ungarn: Staatliche Einheit und nationale Vielfalt

Erwachen der Völker Lange war im Habsburgerreich, von Ungarn abgesehen, die Führungsstellung der Deutschen selbstverständlich gewesen. Das änderte sich mit dem „Erwachen der Völker" im frühen 19. Jahrhundert und vollends mit der Revolution von 1848/49. Jetzt forderten die nicht deutschen Nationalitäten Gleichberechtigung oder gar, wie die Ungarn, Autonomie und schließlich Unabhängigkeit. Nach dem Sieg der Gegenrevolution führte der erschreckte Kaiser Franz Josef I. (1848–1916) erneut das absolutistische und zentralistische Regierungssystem ein, in dem für nationale Sonderwünsche kein Platz war. Diese Politik war jedoch nicht auf Dauer durchzuhalten, und spätestens nach der Niederlage der Donaumonarchie 1866 stand eine Neuordnung an.

Österreichisch-ungarischer Ausgleich Das erste und weitestgehende Zugeständnis musste Wien den Magyaren machen. Im „Ausgleich" von 1867 erhielten die „Länder der Stephanskrone" (das Königreich Ungarn einschließlich Kroatiens, Siebenbürgens und der Slowakei) eine Sonderstellung, die das Habsburgische Reich zur „Doppelmonarchie" machte. Die beiden Reichsteile – nach dem kleinen, einen Teil der Grenzlinie bildenden Flüsschen Leitha als „Cisleithanien" und „Transleithanien" bezeichnet – waren lediglich durch die Person des Monarchen verbunden und betrieben eine gemeinsame Außen- und Militärpolitik, stellen im Übrigen aber selbstständige Staatswesen mit eigener Verfassung, Regierung und Parlament dar.
Beide Reichshälften waren multinationale Gebilde. Während im cisleithanischen Teil seit der Dezemberverfassung von 1867 die rechtliche und politische Gleichberechtigung aller Nationalitäten verankert war, versprach ein Gesetz im ungarischen Teil zwar die nationale Toleranz, aber die magyarische Machtelite hielt sich wenig daran und verfolgte eine ziemlich rücksichtslose Magyarisierungspolitik, von der nur die Kroaten verschont blieben.

Allegorische Darstellung der 18 Länder und Provinzen des Kaisertums Österreich. In der Bildmitte eine Büste Kaiser Franz Josephs, im Hintergrund das Schloss Schönbrunn. Lithographie von F. Kollarz, nach einer Zeichnung von Jos. A. Hellich.

Tschechen Im Unterschied zu den Ungarn, aber auch den Italienern, die mehr oder minder unverhüllt auf die Trennung von der Donaumonarchie hinarbeiteten, dachten die Slawen lange Zeit nicht an ein Ausscheiden aus dem Habsburgerstaat. Ihnen schwebte eine Autonomie nach dem Vorbild des „Ungarischen Ausgleichs" vor. 1880 wurde die Gleichberechtigung der tschechischen und deutschen Sprache in Behörden und Gerichten eingeführt, 1882 die Prager Universität in eine tschechische und eine deutsche Hochschule aufgeteilt. Als 1897 eine neue Verordnung die Zweisprachigkeit aller im Königreich Böhmen beschäftigten Beamten vorschrieb, kam es im Reichsrat in Wien zum Aufruhr. Da die wenigsten Deutschen das Tschechische, dagegen fast alle Tschechen das Deutsche beherrschten, erschien den deutschen Abgeordneten die neue Regelung als eine krasse Benachteiligung der deutschsprachigen Bevölkerung Böhmens. Die Verordnung wurde zunächst zurückgezogen, später in veränderter Form erneut in Kraft gesetzt, und die Folge war eine böse Vergiftung des deutsch-tschechischen Verhältnisses. Um so verblüffender war es, dass 1905 mit dem „Mährischen Ausgleich" ein denkwürdiger Durchbruch gelang. Aus freien Stücken stimmten die deutschen Abgeordneten im mährischen Landtag einer Reihe von Gesetzen zu, die die Gleichberechtigung der Nationalitäten sichern sollten: Dazu gehörte die Zweisprachigkeit in allen Behörden bis hinunter zu den Gemeinden, die Aufgliederung der staatlichen Schulaufsicht in nationale Abteilungen und vor allem die Aufteilung des Landtages in drei Kurien, deren zweite und dritte von Bürgern und Bauern beschickt und gemäß der nationalen Zugehörigkeit gebildet werden sollten.

Polen Ohne viel Aufhebens hatten die Polen in Galizien schon 1871 so etwas wie eine Autonomie erreicht. Sie zeigten stets eine besondere Reichstreue und waren, anders als ihre Landsleute unter preußischer und russischer Hoheit, an der Wiedererrichtung eines

Die italienisch-österreichischen Spannungen forderten 1898 ein prominentes Opfer. Die Kaiserin Elisabeth von Österreich und Königin von Ungarn („Sissi") wurde am 10. September in Genf von dem italienischen Anarchisten Luigi Lucheni ermordet. Die zeitgenössische Abbildung zeigt, wie sich der Künstler den Tathergang vorstellte.

polnischen Nationalstaates nur mäßig interessiert. In Galizien bildeten sie, gegenüber der ruthenischen Unterschicht, die wirtschaftliche, gesellschaftliche und politische Oberschicht und waren deshalb darauf bedacht, an der überkommenen historischen Ordnung nicht rütteln zu lassen.

Italiener Dagegen waren die Italiener in den adriatischen Küstengebieten und in Südtirol im Geiste des Irredenta-Nationalismus auf den Anschluss an das italienische Mutterland fixiert. Die Wiener Regierung war zwar nach Kräften bemüht, ihnen in allen kulturellen Belangen weit entgegenzukommen, um ihnen das Verbleiben im österreichischen Staatsverband schmackhaft zu machen. Aber die Deutsch-Nationalen durchkreuzten dieses Vorhaben durch ihr betont „antiwelsches" Auftreten.

Deutsch-Österreicher Vielen Deutsch-Österreichern fiel es schwer, sich mit dem weitgehenden Verlust ihrer scheinbar angestammten Vorrangstellung innerhalb der Monarchie abzufinden. Den größten politischen Einfluss gewann eine radikale Gruppierung, die ihren Rückhalt vorwiegend im Bildungsbürgertum und ihre lange Zeit beherrschende Führungspersönlichkeit in Georg von Schönerer (1842–1921) hatte. Diese „Deutschnationalen" (zeitweilig sich auch „Alldeutsche" nennend) wollten das Gewicht des deutschen Elementes stärken, den Einfluss der Slawen beschneiden und die Verbindung mit Ungarn noch weiter lockern; ihr militanter Nationalismus enthielt viel Fremdenhass, vor allem auch gegen die Juden. Schönerers Nachfolger wurde Karl Lueger (1844–1910), der die „Christlich-soziale Partei" aufbaute und mit seiner antiliberalen, antisemitischen, ständestaatlichen Propaganda vor allem Kleinbürger und Bauern ansprach.

Arbeiterbewegung Die österreichische Arbeiterbewegung hatte in ihren Anfängen unter einer harten staatlichen Unterdrückungspolitik zu leiden. Hinzu kam eine Kluft zwischen den gemäßigten Reformern und den Radikalen, die dem Anarchismus zuneigten. Die Einigung gelang erst 1888/89, als Victor Adler (1852–1918) den „Austromarxismus" durchzusetzen vermochte: Er verband die revolutionäre marxistische Theorie mit einer elastischen, kompromissfähigen Praxis und ließ die österreichische Sozialdemokratie zu einer Massenbewegung anwachsen.
Besondere Verdienste erwarb sich der Austromarxismus in seinem Umgang mit den Nationalitätenproblemen. Die Sozialdemokratische Partei Österreichs bekannte sich zu der Idee einer übernationalen Völkergemeinschaft im Rahmen des österreichischen Gesamtstaates und praktizierte dies in ihren eigenen Reihen; sie war föderalistisch aufgebaut und gestand ihren nationalen Gliederungen viel Eigenständigkeit zu, bewahrte aber auch ihre übernationale Gemeinsamkeit. Aber am Ende musste auch sie den nationalen Rivalitäten Tribut zollen: 1911 trennten sich die tschechischen Mitglieder von der sozialdemokratischen Reichsrats-Fraktion und führten bei den nächsten Wahlen ihren eigenen Wahlkampf.

Q 96 Die Nationalitäten Österreich-Ungarns im Jahre 1900

a) *Österreich-Ungarn*

Gesamtbevölkerung	47 Mio.
Deutsche	24,7 %
Magyaren	19,7 %
Tschechen	13,1 %
Polen	9,3 %
Ruthenen	8,2 %
Rumänen	6,4 %
Kroaten	5,8 %
Slowaken	4,4 %
Serben	3,5 %
Slowenen	2,6 %
Italiener	1,5 %
Muslimische Südslawen	1,3 %

b) *Cisleithanien*

Gesamtbevölkerung	26,2 Mio.
Deutsche	36,2 %
Tschechen	23,4 %
Polen	16,6 %
Ruthenen	13,0 %
Slowenen	4,7 %
Italiener	2,7 %
Serben und Kroaten	2,6 %
Rumänen	0,8 %

c) *Transleithanien*

Gesamtbevölkerung	19,3 Mio.
Magyaren	48,0 %
Rumänen	14,7 %
Deutsche	11,3 %
Slowaken	10,8 %
Kroaten	8,0 %
Serben	5,2 %
Ruthenen	2,0 %

d) *Bosnien-Herzegowina*

Gesamtbevölkerung	1,6 Mio.
Serben	40,0 %
Muslimische Südslawen	40,0 %
Kroaten	20,0 %

E. Franzel: Der Donauraum im Zeitalter des Nationalitätenprinzips. München 1958, S. 165

a) Welche politische Bedeutung hatten diese Zahlenverhältnisse?

b) Vergleichen Sie die Stellung der Deutschen und der Magyaren in den beiden Reichsteilen.

Q 97 Gleichberechtigung der Nationalitäten

a) *Aus dem „Staatsgrundgesetz über die allgemeinen Rechte der Staatsbürger für die im Reichsrat vertretenen Königreiche und Länder" (1867):*

Art. 19. Alle Volksstämme des Staates sind gleichberechtigt, und jeder Volksstamm hat ein unverletzliches Recht auf Wahrung und Pflege seiner Nationalität und Sprache. Die Gleichberechtigung aller landesüblichen Sprachen in Schule, Amt und öffentlichem Leben wird vom Staate anerkannt. In den Ländern, in welchen mehrere Volksstämme wohnen, sollen die öffentlichen Unterrichtsanstalten derart eingerichtet sein, dass ohne Anwendung eines Zwanges zur Erlernung einer zweiten Landessprache jeder dieser Volksstämme die erforderlichen Mittel zur Ausbildung in seiner Sprache erhält.

H. und S. Lehmann: Das Nationalitätenproblem in Österreich 1848–1918. Göttingen 1973, S. 44

b) *Aus dem ungarischen Nationalitätengesetz von 1868:*

Nachdem sämtliche Staatsbürger Ungarns nach den Grundsätzen der Verfassung auch in politischer Beziehung eine Nation bilden, die unteilbare, einheitliche ungarische Nation, deren Mitglied jeder Bürger des Vaterlandes, gleichviel welcher Nationalität er angehört, ist, [...] so werden, während hinsichtlich aller anderen Verhältnisse die volle Gleichberechtigung der Staatsbürger unberührt bleibt, in Bezug auf den amtlichen Gebrauch der verschiedenen Sprachen die folgenden Normen als Richtschnur dienen: § 1. Da kraft der politischen Einheit der Nation die Staatssprache Ungarns die ungarische ist, so ist die Beratungs- und Geschäftssprache des ungarischen Reichstages auch künftighin die ungarische; die Gesetze werden in ungarischer Sprache erlassen, sind aber auch in den Sprachen aller anderen das Land bewohnenden Nationalitäten in beglaubigter Übersetzung hinauszugeben; die Amtssprache der Regierung des Landes ist auch künftig in allen Zweigen der Verwaltung die ungarische.

R. Wittram: Die Nationalitätenkämpfe in Europa. Stuttgart 1964, S. 25 f.

a) Vergleichen Sie die beiden Texte. In welchem Reichsteil waren die Rechte der Nationalitäten besser geschützt?

b) Welchen Einschränkungen unterlag im Königreich Ungarn der Grundsatz der Gleichberechtigung aller Staatsbürger?

Q 98 Die Parteien und die Nationalitäten

a) *Aus dem „Linzer Programm" der „Alldeutschen" (1882):*

Es ist sowohl im nationalen als im staatlichen Interesse gelegen, dass diejenigen Länder der österreichisch-ungarischen Monarchie, welche ehemals dem Deutschen Bunde angehörten, für sich ein möglichst unabhängiges und streng einheitlich organisiertes Ganzes bilden, und es muss demnach angestrebt werden: 1. dass das derzeit bestehende Verhältnis zwischen der diesseitigen Reichshälfte und Ungarn durch die Personal-Union ersetzt werde; 2. dass das Königreich Dalmatien sowie Bosnien und die Herzegowina endgültig in Ungarn einverleibt werden; 3. dass die Kronländer Galizien und die Bukowina entweder mit Ungarn vereinigt oder aber denselben eine Sonderstellung ähnlich jener eingeräumt werde, wie sie Kroatien innerhalb des ungarischen Staatsverbandes besitzt. Es ist durch die Lage und durch die historische Entwicklung der diesseitigen Reichshälfte bedingt, dass jenen Ländern der Monarchie, welche ehemals dem Deutschen Bunde angehörten, der deutsche Charakter gewahrt bleibe, und es muss daher gefordert werden, dass durch ein Gesetz die deutsche Sprache als Staatssprache erklärt, insbesondere aber verfügt werde: 4. dass die deutsche Sprache ausschließliche Sprache des Heeres, der Vertretungskörper und der öffentlichen Ämter sei. 5. dass in Orten mit sprachlich gemischter Bevölkerung an mindestens einer Volksschule der Unterricht in deutscher Sprache erteilt und an allen Mittelschulen die deutsche Sprache als obligater Gegenstand gelehrt werde, wogegen kein Schüler zur Erlernung einer anderen, etwa landes- oder bezirksüblichen Sprache gezwungen werden kann.

b) *Aus dem „Brünner Programm" der Sozialdemokratie (1899):*

Da die nationalen Wirren in Österreich jeden politischen Fortschritt und jede kulturelle Entwicklung der Völker lähmen, da diese Wirren in erster Linie auf die politische Rückständigkeit unserer öffentlichen Einrichtungen zurückzuführen sind und da insbesondere die Fortführung des nationalen Streites eines jener Mittel ist, durch die die herrschenden Klassen sich ihre Herrschaft sichern und die wirklichen Volksinteressen an jeder kräftigen Äußerung hindern, erklärt der Parteitag: Die endliche Regelung der Nationalitäten- und Sprachenfrage in Österreich im Sinne des gleichen Rechtes und der Gleichberechtigung und Vernunft ist vor allem eine kulturelle Forderung, daher im Lebensinteresse des Proletariats gelegen; [...] die Pflege und Entwicklung der nationalen Eigenart aller Völker in Österreich ist nur möglich auf der Grundlage des gleichen Rechtes und unter Vermeidung jeder Unterdrückung, daher muss vor allem anderen jeder bürokratisch-staatliche Zentralismus ebenso wie die feudalen Privilegien der Länder bekämpft werden. Unter diesen Voraussetzungen, aber auch nur unter diesen, wird es möglich sein, in Österreich anstelle des nationalen Haders nationale Ordnung zu setzen, und zwar unter Anerkennung folgender leitender Grundsätze:

1. Österreich ist umzubilden in einen demokratischen Nationalitäten-Bundesstaat. 2. Anstelle der historischen Kronländer werden nationale abgegrenzte Selbstverwaltungskörper gebildet, deren Gesetzgebung und Verwaltung durch Nationalkammern, gewählt aufgrund des allgemeinen, gleichen und direkten Wahlrechts, besorgt wird. 3. Sämtliche Selbstverwaltungsgebiete einer und derselben Nation bilden zusammen einen national einheitlichen Verband, der seine nationalen Angelegenheiten völlig autonom besorgt. 4. Das Recht der nationalen Minderheiten wird durch ein eigenes, vom Reichsparlament zu beschließendes Gesetz gewährt. 5. Wir anerkennen kein nationales Vorrecht, verwerfen daher die Forderung einer Staatssprache.

K. Berchtold (Hg.): Österreichische Parteiprogramme. Wien 1967, S. 144 f., 198 f.

a) Wie verhalten sich die Vorstellungen der „Alldeutschen" zur gesamtösterreichischen Staatsidee?

b) Was ist an den sozialdemokratischen Vorschlägen neuartig? Warum stießen sie bei den Deutschnationalen auf Ablehnung?

Q 99 Österreich-Ungarn: Staat ohne Zukunft?

a) *Der tschechische Exilpolitiker und spätere Staatspräsident Thomas G. Masaryk (1917):*

Österreich-Ungarn, welches zum größten Teil aus Stücken der Kleinvölkerzone gebildet ist und sich aus neun Völkern zusammensetzt, ist ein ganz und gar künstlicher Staat, welcher aus größeren Kulturstaaten und Nationen zusammengefügt wurde, die durch die Dynastie und die deutsche und magyarische Minderheit in Abhängigkeit gehalten werden. Wenn das Prinzip des Selbstbestimmungsrechtes der Nationen ernst gemeint ist, so ist Österreich-Ungarn politisch und moralisch gerichtet; seit der Neige des 18. Jahrhunderts führen alle Nationen den Kampf um Freiheit und Selbstständigkeit. Österreich ist das Land nationaler Gegensätze und Kämpfe. [...] Gerade im gegenwärtigen Kriege hat es keinerlei Beweise seiner Lebenstüchtigkeit gegeben: Es wurde von Russland zweimal geschlagen, es wurde auch von dem kleinen, verachteten Serbien geschlagen, nur Deutschland hat es vor dem Untergang bewahrt; der Krieg hat die ganze Unfähigkeit und völlige Verkommenheit der führenden Erzherzöge und Aristokraten aufgedeckt. [...] Die Austrophilen brechen eine Lanze für Österreich, indem sie gerade uns Tschechen darauf verweisen, dass wir angeblich unter Österreich jene hohe Kulturstufe erreicht haben, welcher überall Bewunderung gezollt wird. Diese Kultur haben wir aus eigener Initiative und Kraft erreicht; Wien hat uns niemals in positiver Weise gefördert, ebenso wenig wie die anderen Völker. Böhmen war schon im Mittelalter eines der kultiviertesten Länder. Nach dem hauptsächlich durch die österreichische Gegenreformation verschuldeten Verfalle schritt die tschechische Nation im Geiste ihrer Tradition wiederum vorwärts.

b) *Aus dem „Völkermanifest" Kaiser Karls vom 16. Oktober 1918:*

Österreich soll dem Willen seiner Völker gemäß zu einem Bundesstaate werden, in dem jeder Volksstamm auf seinem Siedlungsgebiete sein eigenes staatliches Gemeinwesen bildet. Der Vereinigung der polnischen Gebiete Österreichs mit dem unabhängigen polnischen Staate wird hierdurch in keiner Weise vorgegriffen. Diese Neugestaltung, durch die die Integrität der Länder der Heiligen ungarischen Krone in keiner Weise berührt wird, soll jedem nationalen Einzelstaate seine Selbstständigkeit gewährleisten. Sie wird aber auch gemeinsame Interessen wirksam schützen. [...] Bis diese Umgestaltung auf gesetzlichem Wege vollendet ist, bleiben die bestehenden Einrichtungen zur Wahrung der allgemeinen Interessen unverändert aufrecht.

H. und S. Lehmann: Das Nationalitätenproblem in Österreich 1848–1918. Göttingen 1973, S. 109 ff.; 121 f.

a) Bestimmen Sie die politische Position Masaryks.

b) Wie begründet er seine Forderung, das Habsburgerreich aufzulösen?

c) Versuchen Sie zu erklären, warum das kaiserliche Manifest folgenlos blieb.

Analyse von Nationalhymnen

Ursprung und Zweck einer Nationalhymne

Nationalhymnen bilden eine Einheit von Sprache und Musik, Text und Melodie. Dabei dürfte in der Regel das musikalisch-rhythmische Element das Übergewicht haben: Es prägt sich beim Abspielen oder Singen am stärksten ein; es hat den höchsten Wiedererkennungswert; und vor allem erzeugt es jene Stimmungen und Emotionen, von denen das patriotische Ritual der Nationalhymne lebt. Es wird in herausgehobenen, feierlichen Momenten zelebriert: an nationalen Gedenktagen, bei Staatsbesuchen, heute besonders gern bei Sportveranstaltungen und Siegerehrungen. Solche symbolischen Akte dienen dazu, Gemeinschaft und Zusammengehörigkeit erlebbar zu machen, Gefühle des Stolzes, aber auch der Opferbereitschaft zu wecken. Nationalhymnen haben, so wie Staatsflaggen, häufig verfassungsrechtlichen Rang.

Die ältesten Texte – das niederländische „Wilhelmus von Nassawe", das britische „God save the King" – waren ursprünglich Herrscherhuldigungen, die erst später auf das Land bezogen wurden. Die französische „Marseillaise" oder Hoffmanns von Fallersleben „Lied der Deutschen" entstanden als Gelegenheitsgedichte, die man lange danach zu Nationalhymnen erhob. Erst in jüngerer Zeit wurden Texte von vornherein als offizielle Staatshymnen konzipiert.
Die Nationalhymne gehört zur politischen Lyrik. Wie diese will sie aufrütteln, Bekenntnis ablegen, die eigene Sache preisen, sich von fremder Wesensart abgrenzen. Sie kann kämpferisch-aufbegehrend, lyrisch-heimatverklärend, religiös-feierlich klingen oder das eigene Volkstum beschwören. Als Beispiel für den ersten Typ mag die „Marseillaise" (1792) dienen, für den zweiten und dritten der „Schweizerpsalm", für den vierten die von seinem ersten Präsidenten Leopold Senghor verfasste „Hymne von Senegal" (1960).

Paroles de «La Marseillaise». – Druck aus dem 19. Jahrhundert.

Marseillaise

Auf, Kinder des Vaterlands!
Der Tag des Ruhms ist da.
Gegen uns wurde der Tyrannei
Blutiges Banner erhoben.
Hört ihr im Land
Das Brüllen der grausamen Krieger?
Sie rücken uns auf den Leib,
Eure Söhne, eure Frauen zu köpfen.
Zu den Waffen, Bürger!
Schließt die Reihen,
Vorwärts, marschieren wir!
Das unreine Blut
Tränke unserer Äcker Furchen!

Schweizerpsalm

Trittst im Morgenrot daher,
Seh' ich dich im Strahlenmeer,
Dich, du Hocherhabener, Herrlicher!
Wenn der Alpen Firn sich rötet,
Betet, freie Schweizer, betet,
Eure fromme Seele ahnt
Gott im hehren Vaterland!
Gott, den Herrn, im hehren Vaterland!

Hymne von Senegal

Senegal, wir machen uns Deinen großen
Entwurf für die Zukunft zu eigen:
Die Küken um uns zu scharen, geschützt vor Milanen.
Um sie, von Ost bis West, von Nord bis Süd,
Zu einem einzigen Volk zu formen, zu einem
Volk von fugenloser Einheit,
Zu einem Volk, das sich auch nach allen
Himmelsrichtungen hin öffnet.
Senegal, wie Du, wie alle unsere Helden
Werden wir hart sein, doch ohne Hass und
Offen mit ausgebreiteten Armen.
Wir werden das Schwert friedlich in der Scheide tragen,
Denn unsere Waffe wird die Arbeit sein und das Wort.
Der Bantu ist uns ein Bruder, auch der Araber und der Weiße.
Wenn der Feind aber Feuer legt an unseren Grenzen,
Erheben wir uns mit der Waffe in der Faust:
Ein Volk, das im Glauben an seine gute Sache
Allen Leiden trotzt,
Jung und alt, Mann und Frau.
Den Tod – ja, doch nicht die Schande.

Nationalhymnen. Texte und Melodien. Stuttgart 1986, S. 48, 145, 149

Arbeitsschritte:

- **Die historischen Hintergründe der Textentstehung rekonstruieren;**
- **die sprachlichen Eigenarten herausarbeiten, insbesondere die Metaphern und Symbole;**
- **den Liedtypus bestimmen;**
- **die Botschaft des Textes erfassen;**
- **seine Bedeutung für die nationale Identität erwägen.**

Analysebeispiele

Zur Senegal-Hymne schreibt der Historiker Gerhard Henke-Bockschatz:

Zwei Merkmale treten besonders deutlich hervor. Zum einen wird der nationale Aufbruch Senegals in einem panafrikanischen Sinn als Teil des Aufbruchs von Gesamtafrika verstanden. Tatsächlich suchte Senegal seine Unabhängigkeit zunächst in Form einer Konföderation mit dem Nachbarstaat Mali zu verwirklichen. Zum andern wird in der Hymne als wichtigste Aufgabe des neuen Staates die Überwindung der Schranken zwischen den verschiedenen Volksgruppen und die Schaffung einer einheitlichen Nation genannt. [...] Verglichen mit den Nationalhymnen vieler anderer Staaten wirkt die senegalesische Hymne verhältnismäßig friedlich und versöhnlich.

Geschichte lernen. Heft 99 (2004), S. 22

Der Historiker Michael Jeismann über unser heutiges Verhältnis zum Deutschlandlied (2003):

Das „Hoffmann-Haydnsche Lied" war seit 1952 offiziell Hymne der Bundesrepublik. Allein, das gesungene Wir-Gefühl litt unter einer doppelten Hypothek. Die Nationalsozialisten hatten die Hymne nicht nur zwangsweise an das Horst-Wessel-Lied und den „Hitlergruß" gekoppelt, sondern das Lied selbst durch ihre Politik desavouiert. Ein Lied, das als „Weihelied der Sehnsucht" einer aggressiven und menschenverachtenden Großraum- und Rassenpolitik einen Schmelz von Legitimation und Tradition verleihen sollte, war bei den politisch empfindenden Deutschen mit einem Makel versehen, über den man kaum hinwegsehen konnte. [...] Dieser Verfremdungseffekt wurde noch dadurch gesteigert, dass nicht mehr die erste Strophe, also „Deutschland, Deutschland über alles", sondern die weniger bekannte dritte Strophe, „Einigkeit und Recht und Freiheit", bei Staatsanlässen gesungen werden sollte.

M. Jeismann: Die Nationalhymne. In: E. Francois/H. Schulze (Hg.): Deutsche Erinnerungsorte, Bd. 3. München 2003, S. 660

1. *Vergleichen Sie die Grundstimmung der französischen und der schweizerischen Hymne.*

2. *Worauf gründen die vier Nationalhymnen (einschließlich der deutschen) ihre jeweilige nationale Identität?*

3. *Was beeinflusst – laut M. Jeismann – die Akzeptanz einer Nationalhymne? Versuchen Sie, Ihre eigenen Empfindungen beim Hören oder Singen des Deutschlandliedes zu beschreiben.*

4. Russland: Reaktion und Reform

Bauernbefreiung Russland, die reaktionärste und rückständigste aller europäischen Großmächte, geriet erst in Bewegung, als Nikolaus I., der „Gendarm Europas", gestorben war (1855) und die Niederlage im Krimkrieg (1854–1856) demonstriert hatte, dass ohne eine Modernisierung der feudalen russischen Gesellschaft der Entwicklungsvorsprung Mittel- und Westeuropas nicht aufzuholen war. Das größte Problem war die Leibeigenschaft, die in einer besonders brutalen und menschenverachtenden Form auf der russischen Landbevölkerung lastete und sie zu wehrlosen Opfern adliger und bürokratischer Willkür erniedrigte. So war das Manifest Alexanders II. (1855–1881), das am 19. Februar 1861 fast 50 Millionen leibeigenen Bauern die persönliche Freiheit schenkte, ein denkwürdiges Ereignis. Aber die Freiheit bedeutete noch nicht wirtschaftliche Selbstständigkeit. Die Bauern durften zwar das von ihnen bewirtschaftete Land als Eigentum erwerben, mussten dafür aber außerordentlich hohe Ablösungssummen aufbringen und überdies bis zur endgültigen Ablösung weiterhin Abgaben und Frondienste leisten. Auch wurde das Bauernland nicht privates Eigentum, sondern Kollektivbesitz der Dorfgemeinde, des „Mir". Darauf hatte der Staat bestanden, um die Gemeinden in ihrer Gesamtheit für die Steuern haftbar machen zu können. Hinzu kam eine ständig fühlbarer werdende Landverknappung. Das rapide Bevölkerungswachstum konnte nicht, wie im westlichen Europa, durch eine Abwanderung in städtische Industriezentren aufgefangen werden, und immer mehr Dorfbewohner mussten von einer Ackerfläche leben, die sich kaum noch erweitern ließ. So blieb die Agrarfrage ein ungelöstes und brisantes Problem.

Liberale Reformen Der Bauernbefreiung folgten weitere Reformen. 1863 erhielten die Universitäten ihre von Nikolaus I. beschnittenen Selbstverwaltungsrechte wieder zurück. Eine Justizreform von 1864 führte Schwurgerichte sowie die Öffentlichkeit und Mündlichkeit der Gerichtsverhandlungen ein und gewährleistete die Unabhängigkeit der Richter. In den Kreisen und Gouvernements trat eine ständische Selbstverwaltung ins Leben: Nach indirektem, ungleichem Wahlrecht gewählte Körperschaften („Semstwos"), in denen der Adel die Mehrheit hatte, wirkten fortan bei der Steuererhebung, im Bildungs- und Gesundheits- sowie im öffentlichen Bauwesen beratend und verwaltend mit, mussten sich aller-

Freilassung leibeigener russischer Bauern 1861.

dings ständige Eingriffe der Gouverneure gefallen lassen. 1870 wurde diese begrenzte Selbstverwaltung auch auf die Städte ausgedehnt, wo die städtischen Oberschichten in den Dumas erste politische Erfahrungen zu sammeln begannen. Die Heeresreform von 1874 brachte die Einführung der allgemeinen Dienstpflicht – bislang hatte man das Losverfahren angewandt – und gleichzeitig die Herabsetzung der Dienstzeit von 25 auf 6 Jahre; entehrende Körperstrafen, wie sie bis dahin üblich gewesen waren, wurden abgeschafft.

Politische Strömungen Die Reformen öffneten auch Räume für ein freieres politisches Leben. Ein Teil der Gebildeten erwartete das Heil von einer Anknüpfung an die Traditionen Altrusslands vor den petrinischen Reformen, einer Erneuerung der griechisch-orthodoxen Religiosität und einer Wiederbelebung der angeblich altslawischen Genossenschaftsdemokratie. Solchen „slawophilen" Vorstellungen hing auch der Panslawismus an: ein Instrument des großrussischen Nationalismus, der sich in einem übersteigerten Sendungsbewusstsein und einer rücksichtslosen Russifizierungspolitik gegenüber Ukrainern, Polen, Deutschen, Finnen, Esten, Letten, Litauern äußerte.
Zu den Hauptleidtragenden dieses aggressiven Nationalismus, der sich besonders nach der Ermordung Alexanders II. (1881) ausbreitete, gehörten auch die Juden. Unter stillschweigender Duldung der Behörden, die keinen Finger rührten, fielen sie zu Tausenden den Pogromen in den westrussischen Provinzen zwischen Litauen und der Ukraine zum Opfer. In den „Ansiedlungsrayons", die sie nicht verlassen durften, lebten sie zusammengepfercht und in zumeist kümmerlichen wirtschaftlichen Verhältnissen und blieben von jeder sozialen Aufstiegschance ausgeschlossen. Die Not und Angst trieb viele russische Juden zur Auswanderung nach Mittel- und Westeuropa und vor allem nach Amerika.
Den „Slawophilen" standen die „Westler" gegenüber, die den Fortschritt Russlands von einer Übernahme westlicher Lebensformen erwarteten. Durch sie kamen aufklärerisch-liberale und vor allem sozialistische Ideen ins Land, die dort freilich spezifisch russische Abwandlungen erfuhren. Die „Narodniki" (Volkstümler) wollten die (großenteils lese- und schreibunkundigen) Bauern gegen die hergebrachten Autoritäten der zaristischen Autokratie, der adligen Gutsherrschaft und der orthodoxen Kirche aufwiegeln, stießen damit aber auf völlige Ablehnung. Daraufhin wandelten sie sich zu Radikalen, Nihilisten, ja Terroristen, die ihren Rückhalt nicht mehr im „einfachen Volk" suchten, sondern sich nur auf sich selbst verließen und als „Berufsrevolutionäre" die bestehende Ordnung aus den Angeln heben und mit diktatorischen Mitteln eine neue Gesellschaft herbeiführen wollten. Sie bildeten Geheimorganisationen, mit einem auffallend hohen Anteil von Frauen, die das Regime mit Sprengstoffanschlägen und politischen Attentaten zu verunsichern suchten. 1881 gelang ihnen die Ermordung Alexanders II. Damit besiegelten sie das Ende der Reformära und die Rückkehr des Polizeistaates, der binnen Kurzem die gesamte terroristische Bewegung austilgte. Zu seinen Opfern gehörte auch Alexander Uljanow, der ältere Bruder Lenins; er wurde 1887 gehängt. Das war der Anstoß für den Jüngeren, Politiker und Revolutionär zu werden.

Sozialismus Wladimir Iljitsch Uljanow (1870–1924), der sich später Lenin nannte, wurde 1899 Mitglied der ein Jahr zuvor gegründeten Sozialdemokratischen Arbeiterpartei Russlands. Diese stützte sich, in strikter Befolgung der marxschen Klassentheorie, auf die Industriearbeiterschaft, die – beim damaligen Stand der Industrialisierung in Russland – nur einen winzigen Teil der „arbeitenden Klassen" ausmachte. Die politische Agitation unter dem Riesenheer der Bauern überließ sie den „Sozialrevolutionären", die lange Zeit die bei Weitem stärkste sozialistische Gruppierung darstellten. Sozialrevolutionäre und Sozialdemokraten konnten sich, unter den Bedingungen des allgegenwärtigen Polizeistaates, nur in Geheim- und Auslandszirkeln betätigen. Über der Frage, ob die Sozialdemokratische Partei eine Elite- oder eine Massenpartei sein müsse, kam es zur Spaltung zwischen den „Bolschewiki" (benannt nach der, mehr zufälligen, „Mehrheit" in einer Abstimmung), die für eine straff geführte „Elitepartei" eintraten, und den „Menschewiki" (Minderheitler), die die Revolution nur wagen wollten, wenn die Zustimmung der Massen sicher sei.

Protestmarsch von 140 000 Menschen zum Zarenpalast in St. Petersburg am 22. Januar 1905. Der Protest wurde später in einem Blutbad erstickt.

Revolution 1905 Die seit Langem schwelenden sozialen und politischen Konflikte kamen zum Ausbruch, als das autokratische Regime Nikolaus' II. (1894–1917) durch die Niederlage im Krieg gegen Japan geschwächt war. Den Auslöser bildete die brutale Zerschlagung eines – durchaus gemäßigten – Demonstrationszuges in St. Petersburg. Diesem „Blutsonntag" folgten Bauernaufstände sowie Demonstrationen und Streiks städtischer Arbeiter, Versammlungen und Petitionen der „Semstwos", Proteste und Unruhen nationaler Minderheiten in Finnland und im Baltikum. Im Oktober 1905 entstand in Petersburg ein Arbeiter-Sowjet (sein 2. Vorsitzender war Leo Trotzki 1879–1940), der mit Erfolg zum Generalstreik aufrief. Diesem Druck beugte sich die Regierung. Im „Oktobermanifest" versprach der Zar bürgerliche Rechte und Freiheiten und eine nach dem allgemeinen Männerwahlrecht zu wählende Volksvertretung („Duma"). In der 1. Duma von 1906 besaßen die Konstitutionellen Demokraten („Kadetten"), die liberale Reformen befürworteten, die Mehrheit; die zweitstärkste Fraktion stellten die sozialistischen Gruppen (ohne die Bolschewiki, die die Wahlen boykottiert hatten), während die konservativen „Oktobristen" kaum mehr als 3 % der Mandate gewonnen hatten; stark vertreten waren dagegen die nationalen Minderheiten und besonders die Parteilosen. Da die 1. und auch die 1907 gewählte 2. Duma eine oppositionelle Mehrheit aufwiesen und den Vorlagen der Regierung nicht zustimmten, wurden sie jeweils schnell wieder aufgelöst, und die Regierung schickte 65 widerspenstige sozialdemokratische Abgeordnete wegen „regierungsfeindlichen" Verhaltens in die Verbannung. Mithilfe eines nunmehr eingeschränkten Wahlrechts und massiver Wahlbeeinflussung erhielt die 3. Duma (1907–1912) eine regierungsfreundliche konservative Mehrheit. Sie stimmte 1910 der Agrarreform des Ministerpräsidenten Pjotor Stolypin (1862–1911) zu, die die Umwandlung des genossenschaftlichen Mir in bäuerliches Individualeigentum freigab und den Bauern die durch den Freikauf entstehenden Schulden erließ. Bis 1916 machten 7 Millionen Bauernfamilien von dieser Möglichkeit Gebrauch. Aber trotz solcher Fortschritte blieb Russland ein rückständiges Land. Zu mehr als zu einem „Scheinkonstitutionalismus" (Max Weber) fand sich die zaristische Autokratie nicht bereit. Als der Erste Weltkrieg begann, der für die Staatsführung auch eine „Flucht nach vorn" war, waren alle wesentlichen politischen und gesellschaftlichen Probleme ungelöst.

Q 100 Aufhebung der Leibeigenschaft

Aus den Erinnerungen eines unbekannten Dorfgeistlichen (1894):

Nachdem er das Kreuz geschlagen, begann der Priester zu lesen. Kaum hatte er die Worte des Manifestes ausgesprochen: „Die guten Beziehungen der Gutsbesitzer und Bauern begann zu schwinden und gaben einer Willkür Raum, welche die Bauern drückte und ihre Lage verschlechterte […]", da wurde das Volk unruhig. Anfänglich kaum hörbar, begann der Lärm zu wachsen, ohne dass es möglich gewesen wäre, ein Wort zu verstehen. Der Isprawnik (Polizeichef) gebot Ruhe. Alles verstummte. Der Priester las weiter: „Dem Adel selbst haben Wir es überlassen, seinem eigenen Ansuchen gemäß, Vorschläge über die neue Regelung der bäuerlichen Verhältnisse zusammenzustellen […]". Das Volk geriet wieder in Bewegung. Der Isprawnik brachte es abermals zum Schweigen. Es folgten die Worte: „Die Leibeigenen werden seinerzeit die vollen Rechte von Dorfbewohnern erhalten. Die Gutsbesitzer, welche ihr Eigentumsrecht an allem ihnen gehörigen Land behalten, überlassen den Bauern gegen Entrichtung der festgesetzten Leistungen die beständige Nutzung des Landes, auf welchem sie angesiedelt sind." Erneuter Lärm, erneutes Ruhegebot des Isprawnik. Denn hieß es weiter: „Indem sie ihre Landsanteile nutzen, sind die Bauern verpflichtet, zugunsten der Gutsbesitzer die in der Verordnung festgesetzten Leistungen zu übernehmen." Jetzt waren die Bauern augenscheinlich bekümmert und ließen die Köpfe hängen. Einer der vordersten sagte laut: „Was ist denn das für eine Freiheit?" Da zupfte ihn ein Polizist am Ärmel, und er verstummte. „Die neue Ordnung kann wegen der mit ihr verbundenen zahlreichen Änderungen nicht plötzlich erfolgen, sondern bedarf der Zeit, wahrscheinlich mindestens zweier Jahre, und darum wird zur Verhütung von Irrungen und zur Aufrechterhaltung der öffentlichen und privaten Wohlfahrt die gegenwärtig auf den herrschaftlichen Landgütern bestehende Ordnung gewahrt bleiben […]" Hier äußerte jener vorderste Bauer vernehmlich: „In diesen zwei Jahren werden die Herren uns das Fell ganz über die Ohren ziehen." Nach eingetretener Ruhe sagte der Priester: „Bis zum Ablauf dieser Frist haben die Bauern und Hofesleute im früheren Gehorsam den Gutsbesitzern gegenüber zu verharren und ohne Widerrede die bisherigen Pflichten zu erfüllen."
Hier entstand eine ganz ernsthafte Unruhe. Es erhob sich ein solches Murren und Geschrei, dass der Priester die Verlesung unterbrechen musste. Da sprach der Isprawnik: „Unterstehet euch nicht, des Kaisers Worte zu unterbrechen! Was der Priester verliest, das redet zu euch der Herr und Kaiser. Wenn er euch nicht die Freiheit, sondern Zwangsarbeit böte, so hättet ihr auch dann zu schweigen, zu hören und gehorsam zu sein. Euch schenkt der Kaiser seine Gnade, gibt euch die Freiheit, und ihr wagt es zu schreien. Ruhe, nicht ein Wort mehr!" Die Bauern verstummten sogleich, und bis zum Schluss der Verlesung des Manifestes standen sie, als wäre keine lebende Seele in der Kirche. Auf das Manifest folgte ein Dankgebet für den Kaiser.

Th. Schiemann (Hg.): Erinnerungen eines Dorfgeistlichen. Bibliothek russischer Denkwürdigkeiten. Stuttgart 1894, S. 25 ff.

a) Deuten Sie die Missfallensäußerungen der Bauern.
b) Welche Aufschlüsse über das politische Klima im Russland des Jahres 1861 gibt der Bericht?

Q 101 Fanatiker der Revolution

a) *Der Anarchist Sergej Netschajew in seinem „Katechismus des Revolutionärs" (1870):*

Der Revolutionär ist ein Verdammter. Er darf keine Privatinteressen, keine Liebesgeschichten, keine Gefühle, keine Bindungen, keinen Besitz, nicht einmal den Besitz des eigenen Namens kennen. Sein ganzes Sein muss von einem Ziel, einem Gedanken, einer Leidenschaft beherrscht sein: die Revolution. […] Mit Leib und Seele, mit Wort und Tat muss er jede Beziehung zu der bestehenden Ordnung, ja zur ganzen zivilisierten Welt mit ihren Gesetzen, guten Umgangsformen, ihren Konventionen und ihrer Moral abbrechen. Er ist ihr erbarmungsloser Feind und lebt in ihr nur zu dem einzigen Zweck: sie zu zerstören. Er hasst und verachtet die gesellschaftliche Moral seiner Epoche. […] Alles, was die Revolution fördert, ist sittlich, alles was sie hindert, unsittlich. Die Wesensart des wahren Revolutionärs verbietet ihm jede Romantik, jede Zärtlichkeit, jede Begeisterung, jede Liebe.

b) *Der Nihilist Pjotr Tkatschow in einem Zeitungsartikel (1875):*

Ein Revolutionär hat immer recht und sollte sich deshalb auch berechtigt fühlen, das Volk zur Empörung aufzurufen […] Eine wirkliche Revolution kann nur dadurch herbeigeführt werden, dass die Revolutionäre die Macht ergreifen. Mit andern Worten ist es die erste und wichtigste Aufgabe einer Revolution, die bestehende Regierung zu stürzen und den konservativen Staat in einen revolutionären zu verwandeln. […] Nachdem die revolutionäre Minderheit das Volk von dem Joch der Furcht und des Terrors befreit hat, gibt sie ihm Gelegenheit, seine revolutionäre, zerstörende Macht zu beweisen. Indem sie sieh auf diese Macht stützt und sie geschickt zur Liquidierung der Feinde der Revolution benutzt, vernichtet sie die stärksten Positionen der früheren Regierung und entzieht ihr die Möglichkeil für irgendeine Verteidigung oder einen Gegenangriff. […] Für die tatsächliche Umwälzung braucht die Minderheit die Hilfe des Volkes nicht mehr. Dessen Rolle ist in dem Augenblick ausgespielt, wenn es die Einrichtungen, die es unterdrückten, zerstört und die Tyrannen und Ausbeuter, von denen es beherrscht wurde, gestürzt hat. Indem sie die revolutionäre Zerstörungswut des Volkes benutzt, […] wird die revolutionäre Minderheit den Grundstein zum Bau einer neuen und vernünftigen Gesellschaftsordnung legen.

D. Shub: Lenin. Wiesbaden 1958, S. 19, 21f.

a) Worin liegt, verglichen mit den bürgerlichen Revolutionen von 1789 bis 1848, die Neuartigkeit dieser Revolutionsprogramme?

b) Wie sehen die Verfasser das Verhältnis von revolutionärer Minderheit und Volk?

Q 102 Polizeistaat Russland

Aus einem Bericht des amerikanischen Russlandreisenden George Kennan (1889):

Der Grundsatz, nach welchem die russische Regierung vorgeht, ist kurz folgender: Der Bürger ist nicht bloß unfähig, an der Leitung der Angelegenheiten seines Vaterlandes, seiner Provinz oder seines Bezirks Anteil zu nehmen, sondern er ist auch nicht befugt, die Geschäfte seines eigenen Haushalts zu leiten; und von der Zeit an, wo er seine Wiege verlässt und den Kampf mit dem Leben aufnimmt, bis zu der Zeit, wo sein müdes graues Haupt endlich unter den Rasen gebettet wird, muss er geleitet, gelenkt, belehrt, gezügelt, unterdrückt, gemaßregelt, eingesperrt, ausgesperrt, gepresst und niedergehalten und im Allgemeinen dazu veranlasst werden, das zu tun, was nach der Meinung irgendeines andern sein Wohl vorstellt. Das natürliche Ergebnis dieses väterlichen Regierungsgrundsatzes ist die Vereinigung der gesamten ausübenden Gewalt in den Händen einiger weniger hoher Beamten und eine ungeheure Ausdehnung der Polizeimacht. Angelegenheiten, die in andern Ländern dem individuellen Ermessen der Bürger oder dem Urteil einer kleinen Gruppe von Bürgern überlassen bleiben, werden in Russland vom Minister des Innern durch die kaiserliche Polizei geregelt. […] Wenn man ein Konzert zu geben oder eine Gemäldeausstellung zum Vorteil eines Waisen-Instituts zu veranstalten beabsichtigt, ist es nötig, die Erlaubnis des nächsten Vertreters des Ministers des Innern einzuholen, ferner das Programm der Vorstellung dem Zensor zur Begutachtung und Genehmigung vorzulegen und endlich das Geld, welches bei der Veranstaltung eingeht, der Polizei einzuhändigen, damit es unterschlagen oder an das Waiseninstitut abgeführt werde, je nach Belieben. […] Man sei ein Student und gehe in eine öffentliche Bibliothek, um etwa in Lyells „Prinzipien der Geologie“ oder Spencers „Sozialstatistik“ nachzuschlagen, man wird finden, dass es nicht möglich ist, solche gefährliche und aufrührerische Bücher ohne besondere Erlaubnis auch nur zu Gesicht zu bekommen. […] Die Polizei […] überwacht mittels Pässen die Bewegungen aller Einwohner des Reiches; sie hält Tausende von „Verdächtigen“ unter beständiger Aufsicht; […] sie übt eine ständige Kontrolle über alle theatralischen Darstellungen, Konzerte, Bilder, Theaterzettel, Anschlagzettel und Reklamen aus; sie […] verwarnt die Mitglieder der Kirche, welche es zu lange verabsäumen, an der heiligen Kommunion teilzunehmen, und erzwingt den Gehorsam gegen Tausende von mannigfaltigen Erlassen und Vorschriften, welche dazu bestimmt sind, die Wohlfahrt des Volkes zu fördern und die Ordnung des Staates zu sichern.

G. Kennan. Sibirien und das Verbannungssystem. Leipzig/Wien 1891, S. 371ff.

a) Vor welchem Erfahrungshintergrund schreibt der Autor? Vergleichen Sie die von ihm geschilderten Zustände mit den Verhältnissen in anderen zeitgenössischen Ländern.

b) Vergegenwärtigen Sie sich die Auswirkungen der hier beschriebenen Politik der Bevormundung.

1. ***Woraus erklärt sich der Modernitätsvorsprung Westeuropas gegenüber den Ländern Süd- und Osteuropas?***
2. ***Woher rührten die Auseinandersetzungen zwischen Staat und katholischer Kirche in Deutschland und Frankreich?***
3. ***Wo in Europa gab es seit 1849 Nationalitätenkonflikte, und wo lagen ihre Ursachen?***
4. ***Wie unterschied sich die Entwicklung der Arbeiterbewegung in den großen europäischen Ländern seit 1870?***
5. ***Antisemitismus in Europa – Wo lagen seine Schwerpunkte? Inwieweit lassen sich Gemeinsamkeiten, inwieweit Unterschiede feststellen?***
6. ***Vergleichen Sie die Parteiensysteme in Großbritannien, Frankreich, Deutschland und Russland.***

Der Erste Weltkrieg

Französische Artillerie bei Verdun

Krieg zum Schutz der Zivilisation

„Zum Kampf gezwungen, erheben wir uns, um den Angreifer zurückzustoßen, das Erbe der Zivilisation und der hochherzigen Idee, das uns die Geschichte gab, zu schützen. [...] Aber wir werden niemals einen Eroberungskrieg führen."

Léon Jouhaux, französischer Gewerkschafts-Generalsekretär (1914)

Deutschlands reine Sache

„Wir als Vertreter deutscher Wissenschaft und Kunst erheben vor der ganzen Kulturwelt Protest gegen die Lügen und Verleumdungen, mit denen unsere Feinde Deutschlands reine Sache in dem ihm aufgezwungenen schweren Daseinskampfe zu beschmutzen trachten."

Aufruf von 93 deutschen Künstlern und Wissenschaftlern (1914)

„In Europa gehen die Lichter aus" – das war die Prophezeiung des britischen Außenministers Edward Grey, als im August 1914 jener Krieg zwischen den europäischen Großmächten Tatsache geworden war, den die Historiker später die „Urkatastrophe" des 20. Jahrhunderts nannten. Eine Katastrophe war er nicht nur, weil er eine Orgie von Gewalt, Zerstörung und Tod auslöste, sondern weil die Welt danach nicht wieder zur Ruhe kam und schon 21 Jahre später in den noch grausameren Zweiten Weltkrieg stürzte. Bis heute kommen wir von der Frage nicht los, wie es möglich war, dass das auf seine Zivilisation so stolze Europa in eine derartige Barbarei versinken konnte.

Die fünf Großmächte auf dem Dampfkessel „Balkan".

1914	28. Juni Attentat von Sarajewo
	28. Juli Österreichische Kriegserklärung an Serbien
	9. September Die Marneschlacht endet mit dem deutschen Rückzug.
1915	23. Mai Italien tritt auf der Seite der Entente in den Krieg ein.
1916	21. Februar Die Schlacht um Verdun beginnt.
1917	1. Februar Deutschland erklärt den uneingeschränkten U-Boot-Krieg.
	6. April Amerikanische Kriegserklärung an Deutschland
	7. November Bolschewistische Revolution in Russland
1918	8. Januar US-Präsident Woodrow Wilson verkündet ein 14-Punkte-Friedensprogramm.
	3. März Friede von Brest-Litowsk
	9. November Novemberrevolution: Ein „Rat der Volksbeauftragten" übernimmt die Regierung.
1919	28. Juni Unterzeichnung des Versailler Vertrages

1. Der Krieg kündigt sich an

Wirtschaftliche und politische Konkurrenz Im späten 19. Jahrhundert nahm der Konkurrenzkampf zwischen den Industrieländern an Schärfe zu. War Großbritannien über ein Jahrhundert lang die weitaus stärkste Wirtschaftsmacht gewesen, liefen ihm um die Jahrhundertwende die USA und dahinter Deutschland den Rang ab. Das löste in England Besorgnis aus, in Deutschland Kraftgefühl und Ehrgeiz. Hier pochte man auf einen „Platz an der Sonne", beteiligte sich am „Wettlauf um Kolonien" und begann mit dem Bau einer großen Kriegsflotte.

Das „Spiel der Kräfte" Das europäische Gleichgewicht schien gefährdet, Rivalitätsängste griffen um sich. In London, Paris und St. Petersburg beobachtete man mit wachsendem Unbehagen den Aufstieg Deutschlands; in Berlin sah man mit Bangen einer Zukunft entgegen, in der Russland mit seinen Menschenmassen und Rohstoffreserven unüberwindlich zu werden drohte. Bei vielen Politikern und Militärs regte sich der Gedanke: Musste man nicht handeln, bevor es zu spät und die momentane Überlegenheit verspielt war? Vorerst aber bemühten sich alle Regierungen, durch Bundesgenossen an Stärke zu gewinnen.

Im Vergleich: Bündnisse zur Zeit Bismarcks (links) und zur Zeit Wilhelm II.

1879 schlossen das Deutsche Reich und Österreich-Ungarn den Zweibund-Vertrag, in dem sie sich den wechselseitigen militärischen Beistand für den Fall garantierten, dass ein Partner von Russland angegriffen würde. Ergänzt wurde dieses Abkommen durch einen Beitritt Italiens zu einem Dreibund: Dieser sah das militärische Zusammenstehen gegen einen Angriff Frankreichs wie auch in einem Krieg mit zwei oder mehr Großmächten vor. Angesichts der wegen der Grenzstreitigkeiten gespannten Beziehungen zwischen Wien und Rom stand dieser Pakt von Anfang an auf wackeligen Beinen; darum überraschte es niemanden, dass sich Italien 1914 für neutral erklärte und 1915 sogar auf der Seite der Entente in den Krieg eintrat.

1894 vereinbarten Frankreich und Russland eine Militärkonvention, die gegenseitige militärische Unterstützung gegen einen deutschen Angriff vorsah. Dass die Regierung des Zaren eine solche Verpflichtung einging, war eine Reaktion auf das Berliner Desinteresse an einer Verlängerung des Rückversicherungsvertrages von 1887. Darin hatte man sich Neutralität versprochen, falls einer der Partner in einen Krieg mit einer Großmacht verwickelt würde. Diese Sicherheit gab Deutschland nun ohne Not auf.

Die Londoner Regierung hielt sich lange – der bewährten Tradition der „splendid Isolation“ folgend – von allen allzu strikten Bündnisverpflichtungen fern. Eine Zeit lang liebäugelte sie sogar mit einer britisch-deutschen Koalition. Obwohl ihr die deutsche Flottenrüstung wenig behagte, bot sie der Reichsleitung mehrfach an, den Rüstungswettlauf schiedlich-friedlich einzuhegen. Berlin ging darauf nicht ein, weil es glaubte, später bessere Vertragsbedingungen erreichen zu können. Um nicht zwischen alle Stühle zu geraten, näherte sich die britische Diplomatie nunmehr Frankreich und Russland. 1904 und 1907 traf man Absprachen, die zwar keine militärischen Beistandsverpflichtungen enthielten, aber doch freundschaftlichen Beziehungen den Weg ebneten. In den Marokko-Krisen 1906 und 1911, in denen Deutschland das französische Protektorat über dieses afrikanische Land zu verhindern suchte, stellte sich London (wie auch St. Petersburg und Rom) auf die Seite Frankreichs und düpierte damit die deutsche Regierung.

Der Rüstungswettlauf In dieser Atmosphäre des Misstrauens verstärkten alle Seiten ihre Rüstungsanstrengungen. Frankreich verlängerte die Militärdienstzeit von zwei auf drei Jahre; Deutschland stockte seine Heeresstärke auf; alle Staaten erhöhten ihre Rüs-

Karikatur aus dem „Simplicissimus" (1912). – „Wie sollen wir uns da die Hand geben?"

tungsbudgets. Zur materiellen Kriegsvorbereitung trat die mentale: Rechtsradikale Zeitungen schürten die Kriegsangst und schworen dem Feind Verderben; Politiker, Militärs und Schriftsteller räsonierten über die Unvermeidbarkeit eines Krieges; Schüler lernten Kriegshelden und den Tod fürs Vaterland bewundern. In einem 1910 entstandenen Gedicht hieß es: „Im Friedenreichtum wird uns tödlich bang. – Wir kennen Müssen nicht noch Können oder Sollen; – Wir sehnen uns, wir schreien nach dem Kriege."

Q 103 Säbelrasseln

a) *Staatssekretär Bernhard von Bülow vor dem Reichstag (1899):*

Die letzten Jahrzehnte haben viel Glück und Macht und Wohlstand über Deutschland gebracht. Glück und steigender Wohlstand des Einen pflegen bei den Anderen nicht immer reine Befriedigung hervorzurufen, das kann auch Neid erwecken. Es ist viel Neid gegen uns in der Welt vorhanden, politischer und wirtschaftlicher Neid. Es gibt Individuen und es gibt Interessengruppen und es gibt Strömungen und es gibt vielleicht auch Völker, die finden, dass der Deutsche für seine Nachbarn angenehmer war, in jenen früheren Tagen, wo trotz unserer Bildung und trotz unserer Kultur die Fremden in politischer und wirtschaftlicher Hinsicht auf uns herabsahen wie hochnäsige Kavaliere auf den bescheidenen Hauslehrer. Diese Zeiten politischer Ohnmacht und politischer Demut sollen nicht wiederkehren. Wir wollen nicht wieder […] die Knechte der Menschheit werden. Wir werden uns aber nur dann auf der Höhe erhalten, wenn wir einsehen, dass es für uns ohne Macht, ohne ein starkes Heer und eine starke Flotte keine Wohlfahrt gibt. Das Mittel, meine Herren, in dieser Welt den Kampf ums Dasein durchzufechten ohne starke Rüstung, ist für ein Volk von bald sechzig Millionen, das die Mitte von Europa bewohnt und gleichzeitig seine wirtschaftlichen Füllhörner ausstreckt nach allen Seiten, noch nicht gefunden worden. In dem kommenden Jahrhundert wird das deutsche Volk Hammer oder Amboss sein.

Fürst Bülows Reden. Bd. 1. Leipzig 1910, S. 99 f.

b) *Der britische Schatzkanzler Lloyd George in einer Rede (1911):*

Ich fühle mich verpflichtet zu betonen, dass ich es für im höchsten Maße wichtig halte, nicht nur im Interesse Englands, sondern auch im Interesse der Welt, dass Großbritannien unter allen Umständen seinen Platz und sein Prestige unter den Großmächten aufrechterhält. Englands mächtiger Einfluss hat sich manchmal in der Vergangenheit unschätzbar für die Sache menschlicher Freiheit erwiesen und kann es vielleicht auch in der Zukunft sein. Es hat mehr als einmal in der Vergangenheit kontinentale Nationen, die nur manchmal zu geneigt sind, diesen Dienst zu vergessen, aus erdrückendem Unglück gerettet und sogar vor nationaler Vernichtung bewahrt. Ich glaube, dass nur Fragen von ernsterer nationaler Bedeutung eine Störung der internationalen Friedfertigkeit rechtfertigen könnten. Aber wenn uns eine Situation aufgezwungen würde, in der Friede nur durch Aufgabe der großen und wohltätigen Stellung erhalten werden könnte, die England sich in Jahrhunderten von Heroismus und Erfolg erworben hat, und nur dadurch, dass Großbritannien in Fragen, die seine Lebensinteressen berühren, in einer Weise behandelt würde, als ob es im Rate der Nationen gar nicht mehr mitzählte, dann – ich betone es – würde ein Friede um jeden Preis eine Erniedrigung sein, die ein großes Land wie das unsrige nicht ertragen könnte.

H. Schultheß (Hg.): Europäischer Geschichtskalender. Jg. 1911, S. 355

a) Charakterisieren Sie den Zeitgeist, der in Bülows Rede spürbar wird.

b) Wie sieht Lloyd George die weltpolitische Rolle Großbritanniens?

Q 104 Segen des Krieges

Der deutsche General Friedrich von Bernhardi in seinem Buch „Deutschland und der nächste Krieg" von 1911:

Mit dem Aufhören des unbeschränkten Wettbewerbs, der schließlich mit den Waffen seinen Austrag sucht, würde sehr bald jeder wirkliche Fortschritt unterbunden, und es würde sich eine sittliche und geistige Versumpfung ergeben, die eine Entartung zur Folge haben müsste. Wo die Fähigkeit verloren geht, die höchsten materiellen Güter, Leben, Gesundheit, Besitz und Wohlbefinden, freudig dahinzugehen für ideale Zwecke: für die Erhaltung nationaler Eigenart und politischer Selbstständigkeit, für die Erweiterung der Machtsphäre und des territorialen Besitzes im Interesse der nationalen Wohlfahrt, für bestimmenden Einfluss im Konzert der Völker nach Maßgabe der eigenen Kulturbedeutung, für geistige Freiheit gegen dogmatischen und politischen Zwang, für die Ehre der Fahne als Inbegriff des eigenen Wertes: Da ist die aufsteigende Entwicklung gebrochen, der Niedergang besiegelt. […] Die Geschichte redet in dieser Hinsicht eine nicht misszuverstehende Sprache. Sie zeigt, dass überall der Fortschritt durch die Wehrhaftigkeit bedingt ist. Wo bei wachsender Kultur und steigendem materiellen Wohlleben der Kampf aufhört, wo die Kriegstüchtigkeit schwindet und der Wille nachlässt, sich unter allen Umständen zu behaupten, da gehen die Völker sehr bald ihrem Untergange entgegen und können sich weder politisch noch biologisch behaupten.

F. von Bernhardi: Deutschland und der nächste Krieg. Stuttgart 1911, S. 30 f.

a) Erläutern Sie das zeittypische Gedankengut, das der Verfasser aufgreift. In welche Traditionslinie gehört er?

b) Der Autor nennt Werte, für die kein Opfer zu groß sei. Wie denken Sie darüber?

2. Julikrise und Kriegsausbruch 1914

Das Attentat Am 28. Juni 1914 fiel in der bosnischen Hauptstadt Sarajewo das österreichische Thronfolgerpaar Franz Ferdinand und Sophie Gräfin Chotek einem Attentat zum Opfer. Der Mörder war ein junger Bosnier, der mit seiner Tat ein Fanal des Widerstandes gegen die sechs Jahre zuvor vollzogene Einverleibung seines Heimatlandes in die Donaumonarchie setzen wollte. Da auch das Königreich Serbien, das die nationale Einigung aller Südslawen anstrebte, in Österreich-Ungarn seinen Hauptfeind sah, geriet es augenblicklich in den Verdacht, den Mord eingefädelt zu haben – fälschlicher Weise, wie sich bald herausstellte.

Die Wiener Regierung wollte gegen Serbien jedoch nicht ohne die Rückendeckung seines deutschen Verbündeten vorgehen. Denn es stand zu befürchten, dass Russland, das sich als Schutzmacht aller Slawen verstand, der Belgrader Regierung zu Hilfe kommen würde. In dieser brenzligen Situation wurde Berlin zum Zünglein an der Waage. Kaiser Wilhelm und seine Regierung entschieden sich ohne langes Zögern für eine vorbehaltlose Unterstützung ihres habsburgischen Bundesgenossen. Zwar war ihnen bewusst, dass daraus ein großer europäischer Konflikt entstehen könne. Aber die Gelegenheit für Wien schien günstig, auf dem schon lange unruhigen Balkan ein Exempel zu statuieren und die den Vielvölkerstaat Österreich unterminierende südslawische Nationalbewegung auf erdenkliche Zeit auszuschalten. Darum ermunterte die deutsche Reichsleitung ihren Verbündeten zu einem energischen Vorgehen. Dieser ließ jedoch drei Wochen verstreichen, bevor er handelte.

Das Ultimatum und die österreichische Kriegserklärung Am 23. Juli erging ein Ultimatum an Belgrad, das so scharfe Forderungen enthielt, dass die internationale Diplomatie es für unannehmbar hielt. Aber zur allgemeinen Überraschung fügten sich die Serben

Die im Heeresgeschichtlichen Museum im Wien ausgestellte Uniformjacke, die der österreichisch-ungarische Thronfolger Franz Ferdinand bei seiner Ermordung am 28. Juni 1915 getragen hatte.

und gelobten, alle österreichfeindlichen Aktivitäten zu unterlassen. Damit schien der Friede gerettet. Umso größer war das Entsetzen, als Wien die serbische Antwort als ungenügend zurückwies und am 28. Juli die Kriegserklärung folgen ließ.

Schlag auf Schlag Jetzt überstürzten sich die Ereignisse, und die Mechanismen der Bündnisverpflichtungen wurden wirksam. Am 30. Juli verkündete Russland die allgemeine Mobilmachung. Österreich und Deutschland zogen sofort nach, und bereits am 1. August erging die deutsche Kriegserklärung an Russland.

Der Schlieffenplan Dass Berlin so schnell reagierte, war in erster Linie dem Druck der Militärs zuzuschreiben. Der schon 1905 verbindlich festgelegte Kriegsplan, den der damalige Generalstabschef Alfred Graf von Schlieffen entwickelte hatte, ging von der Konstellation eines Zwei-Fronten-Krieges gegen Frankreich und das Zarenreich aus. Er sah vor, mit einer Konzentration aller Kräfte zunächst die Entscheidung im Westen zu suchen und den russischen Gegner mit den verbleibenden Heeresteilen möglichst lange aufzuhalten; war dann der Sieg im Westen geschafft, sollte auch die russische Armee mit der gesamten deutschen Streitmacht bezwungen werden. Dieser sogenannte Schlieffenplan barg beträchtliche Risiken: Weil er eine Umzingelung der französischen Streitkräfte im Norden vorsah, musste der deutsche Vorstoß durch das neutrale Belgien führen. Das war eine Verletzung des Völkerrechts, die eine heftige Reaktion insbesondere Englands provozieren musste – was dann auch mit der Londoner Kriegserklärung am 3. August geschah. Fatal am deutschen Kalkül war nicht zuletzt, dass es die Regierung unter enormen Zeitdruck setzte und sie hinderte, alle Möglichkeiten der Kriegsverhütung auszuschöpfen.

Wer wollte noch den Frieden? – Der Vorrang der Militärs Aber auch die Ententemächte ließen es am Willen fehlen, den Frieden mit allen Mitteln zu retten. Auch hier galt der Vorrang des Militärs, das ein längeres Zögern nicht verantworten zu können glaubte. Überhaupt war auf allen Seiten die Überzeugung weit verbreitet, der Krieg sei auf Dauer ohnehin nicht zu vermeiden. Dieser Fatalismus erklärt zu einem Teil die seltsam überschwängliche Stimmung, mit der viele Menschen in den Krieg zogen. Es lag ein Gefühl der Erleichterung in der Luft und die Erwartung, mit einer großen Kraftanstrengung alle Bedrohungs- und Zukunftsängste abstreifen zu können. Jeder rechnete mit einer schnellen Entscheidung, keiner glaubte an einen langen Krieg.

Das „Augusterlebnis" Ein regelrechter „Rauschzustand" kam über die Menschen. Zu Hunderttausenden meldeten sich die jungen Männer als Kriegsfreiwillige. Sie glaubten das Vaterland in Gefahr und sahen sich als seine heldenmütigen Verteidiger, die auch vor dem Opfer ihres Lebens nicht zurückschreckten. Nie wieder wurden so viele patriotische Kriegsgedichte gedruckt – solange man die Realität des Massensterbens noch nicht erfahren hatte. Dieses viel berufene „Augusterlebnis" schwelgte in dem Gefühl einer nationalen Solidargemeinschaft, die alle bisherigen sozialen Schranken wegriss. Das zog auch die Arbeiterklasse in ihren Bann, die so lange im gesellschaftlichen Abseits gestanden hatte und sich über Nacht in diese Gesellschaft aufgenommen fühlen durfte.
Die sozialistischen Arbeiterparteien aller Krieg führenden Länder wurden, mit wenigen Ausnahmen wie den russischen Bolschewiki um Lenin, ihrem internationalen Gelöbnis untreu und bekannten sich zu ihren nationalpatriotischen Pflichten. Mit innerer Überzeugung schlossen sie sich dem „Burgfrieden" und der „Union Sacrée" an, bewilligten mit ihren Parlamentsfraktionen die Kriegskredite und beteiligten sich – wie in Frankreich und Großbritannien – an nationalen Koalitionsregierungen. Den deutschen Sozialdemokraten fiel ihre Kriegsbereitschaft umso leichter, als sie in Russland eine finstere Despotie, in England eine plutokratische Kapitalistenklasse an der Macht sahen.

Q 105 Losschlagen oder verhandeln?

Protokoll der Sitzung des österreichisch-ungarischen Ministerrates vom 7. Juli 1914:

Der Vorsitzende führt aus: Er sei sich klar darüber, dass ein Waffengang mit Serbien den Krieg mit Russland zur Folge haben könnte. Russland treibe aber gegenwärtig eine Politik, die, auf lange Sicht berechnet, den Zusammenschluss der Balkanstaaten, inbegriffen Rumänien, zum Zwecke hat, um dieselben sodann im geeignet scheinenden Momente gegen die Monarchie ausspielen zu können. Er sei der Ansicht, dass wir uns darüber Rechenschaft geben müssen, dass unsere Situation sich einer solchen Politik gegenüber immer mehr verschlechtern müsse, umso mehr, als ein untätiges Gewährenlassen bei unseren Südslawen und Rumänen als Zeichen der Schwäche ausgelegt werden müsste und der werbenden Kraft der beiden angrenzenden Staatswesen Vorschub leisten würde. Die logische Folge, die sich aus dem Gesagten ergebe, wäre, unseren Gegnern zuvorzukommen und durch eine rechtzeitige Abrechnung mit Serbien den bereits in vollem Gange befindlichen Entwicklungsprozess aufzuhalten, was später zu tun nicht mehr möglich sein würde.

Der ungarische Ministerpräsident erklärt: Er würde einem überraschenden Angriff auf Serbien, ohne vorhergehende diplomatische Aktion [...] niemals zustimmen, weil wir in diesem Falle, seiner Ansicht nach, in den Augen Europas einen sehr schlechten Stand hätten und auch mit großer Wahrscheinlichkeit mit der Feindschaft des ganzen Balkans rechnen müssten. [...] Es möge nicht übersehen werden, dass allerhand Zukunftseventualitäten denkbar seien – wie Ablenkung Russlands durch asiatische Komplikationen, Revanchekrieg des wiedererstarkten Bulgariens gegen Serbien, welche unsere Stellung gegenüber dem großserbischen Probleme wesentlich günstiger gestalten könnten, als dies heute der Fall ist.

I. Geiss (Hg.): Juli 1914. München 1965, S. 57 f., 62

a) Welche Gründe für einen Präventivkrieg werden vorgebracht? Diskutieren Sie ihre Plausibilität.

b) Man könnte hier von einem Dilemma sprechen. Worin besteht es?

Q 106 Die deutsche Sozialdemokratie im Zwiespalt

a) *Aufruf des Parteivorstandes vom 25. Juli 1914:*

Schon wieder schickt sich die vom österreichischen Imperialismus entfesselte Kriegsfurie an, Tod und Verderben über ganz Europa zu bringen. [...] Das klassenbewusste Proletariat Deutschlands erhebt im Namen der Menschlichkeit und der Kultur flammenden Protest gegen dies verbrecherische Treiben der Kriegshetzer. Es fordert gebieterisch von der deutschen Regierung, dass sie ihren Einfluss auf die österreichische Regierung zur Aufrechterhaltung des Friedens ausübe und, falls der schändliche Krieg nicht zu verhindern sein sollte, sich jeder kriegerischen Einmischung enthalte. [...]

Parteigenossen, wir fordern euch auf, sofort in Massenversammlungen den unerschütterlichen Friedenswillen des klassenbewussten Proletariats zum Ausdruck zu bringen. Die herrschenden Klassen, die euch im Frieden knebeln, verachten, ausnutzen, wollen euch als Kanonenfutter missbrauchen. Überall muss den Gewalthabern in die Ohren klingen: Wir wollen keinen Krieg! Nieder mit dem Kriege! Hoch die internationale Völkerverbrüderung!

b) *Der SPD-Abgeordnete Hugo Haase im Namen seiner Fraktion vor dem Reichstag am 4. August 1914:*

Wir stehen vor einer Schicksalsstunde. Die Folgen der imperialistischen Politik [...] sind wie eine Sturmflut über Europa hereingebrochen. Die Verantwortung hierfür fällt den Trägern dieser Politik zu. [...] Die Sozialdemokratie hat diese verhängnisvolle Entwicklung mit allen Kräften bekämpft. Ihre Anstrengungen sind vergeblich gewesen. [...]

Nicht für oder gegen den Krieg haben wir heute zu entscheiden, sondern über die Frage der für die Verteidigung des Landes erforderlichen Mittel. [...] Da machen wir wahr, was wir immer betont haben: Wir lassen in der Stunde der Gefahr das eigene Vaterland nicht im Stich. [...] Wir fordern, dass dem Kriege, sobald das Ziel der Sicherung erreicht ist und die Gegner zum Frieden geneigt sind, ein Ende gemacht wird durch einen Frieden, der die Freundschaft mit den Nachbarvölkern ermöglicht.

U. Schulz (Hg.): Die deutsche Arbeiterbewegung in Augenzeugenberichten. München 1978, S. 373 ff.

a) Versuchen Sie den Wandel in der Haltung der SPD zu erklären.

b) Inwiefern unterscheidet sich die sozialdemokratische Position von den Verlautbarungen der bürgerlichen Parteien?

Q 107 Nationalpatriotisches Pathos

a) *Der Reichstagspräsident, Johannes Kaempf (Fortschrittspartei), in der Reichstagssitzung vom 4. August 1914:*
Die Begeisterung, die wie ein Sturm durch das ganze Land braust, ist uns Zeuge davon, dass das gesamte deutsche Volk Gut und Blut zu opfern gewillt ist für die Ehre des deutschen Namens. Niemals hat das ganze Volk einmütiger zusammengestanden als heute. Auch diejenigen, die sonst sich grundsätzlich als Gegner des Krieges bekennen, eilen zu den Fahnen, und ihre Vertreter im Reichstag bewilligen ungesäumt die für die Verteidigung des Reiches erforderlichen Mittel.
Die Gesamtheit des deutschen Volkes steht somit fest und brüderlich ein für die Sühne des uns zugefügten Unrechts und für die Abwehr des uns aufgezwungenen Kampfes. Wir alle, Regierung und Volk, haben nur den einen Gedanken: die Ehre, die Wohlfahrt und die Größe des Deutschen Reiches! So zieht das Volk in Waffen im Bewusstsein seiner Stärke hinaus in den heiligen Kampf, Alt und Jung von der gleichen Begeisterung durchdrungen. Aus den Augen unserer Brüder und unserer Söhne blitzt der alte deutsche Kampfesmut. [...] Alles aber, die Einmütigkeit der ganzen Nation, die Stärke des Volkes in Waffen, die Kaltblütigkeit der Heeres- und Marineleitung, verbürgt uns den Sieg in dem Kampfe, den wir im Bewusstsein der Gerechtigkeit unserer Sache führen für die Verteidigung der Ehre und der Größe unseres Vaterlandes.

C. C. Schweitzer (Hg.): Die deutsche Nation. Köln 1979, S. 106

b) *Rudolf Alexander Schröder: Deutscher Schwur (1914):*

Heilig Vaterland, in Gefahren,
Deine Söhne stehn, dich zu wahren.
Von Gefahr umringt, heilig Vaterland,
Schau von Waffen blinkt jede Hand.
Ob sie dir ins Herz grimmig zielen,
Ob dein Erbe sie dreist beschielen,
Schwören wir bei Gott vor dem Weltgericht:
Deiner Feinde Spott wird zunicht.
Nord und Süd entbrennt, Ost und Westen:
Dennoch wanken nicht deine Festen.
Heilig Herz, getrost, ob Verrat und Mord
Dräue West und Ost, Süd und Nord.
Bei den Sternen steht, was wir schwören;
Der die Sterne lenkt, wird uns hören:
Eh der Fremde dir deine Kronen raubt,
Deutschland, fallen wir Haupt bei Haupt.
Heilig Vaterland, heb zur Stunde
Kühn dein Angesicht in die Runde.
Sieh uns all entbrannt, Sohn bei Söhnen stehn:
Du sollst bleiben, Land! Wir vergehn.

H. Vogt: Nationalismus gestern und heute. Opladen 1967, S. 158 f.

a) Erläutern Sie die in diesen Texten auftauchenden typischen Parolen und Floskeln nationalistischer Propaganda.
b) Arbeiten Sie die religiösen Anklänge heraus, vor allem das Motiv des Todes.

Q 108 „Durch keine nationale Leidenschaft zu entschuldigen"

Aus einem Aufruf Albert Einsteins und drei weiterer Unterzeichner (Oktober 1914)
Diese Kampfstimmung ist durch keine nationale Leidenschaft zu entschuldigen, sie ist unwürdig dessen, was bisher alle Welt unter dem Namen der Kultur verstanden hat, und sollte sie Allgemeingut der Gebildeten werden, so wäre das ein Unglück. Aber nicht nur ein Unglück für die Kultur, sondern ein Unglück dafür, wofür letzten Endes all diese Barbarei entfesselt ist; nämlich für den nationalen Bestand der einzelnen Staaten. [...] Denn der heute tobende Kampf wird kaum einen Sieger, sondern wahrscheinlich nur Besiegte zurücklassen. Darum scheint es nicht nur gut, sondern bitter nötig, dass gebildete Männer aller Staaten ihren Einfluss dahin aufbieten, dass – wie auch der heute noch ungewisse Ausgang des Krieges sein mag – die Bedingungen des Friedens nicht die Quelle künftiger Kriege werden.

W. Fritsch u. a. (Hg.): Für Eures Volkes Zukunft nehmt Partei. Bonn 1980, S. 275 f.

a) Wie schätzen Sie das politische Gewicht dieser Stimme in der Situation der ersten Kriegswochen ein?
b) Informieren Sie sich über die Rolle des Pazifismus vor und nach 1914.

3. In Stahlgewittern: Das Kriegsgeschehen 1914–1918

Der deutsche Kriegsplan scheitert gleich zu Beginn Gemäß dem Schlieffenplan setzte die deutsche Heeresleitung bei Kriegsbeginn ganz auf eine wuchtige Offensive im Westen, die die französische Streitmacht einkesseln und so eine schnelle Kriegsentscheidung erzwingen sollte. Der Plan scheiterte jedoch, weil die französischen Truppen aufopferungsvoll kämpften und in der Marneschlacht den deutschen Vormarsch zum Stehen brachten. Als auch alle deutschen Versuche misslangen, durch ein Ausgreifen nach Norden doch noch zum Erfolg zu kommen, erstarrte die Front von der Nordseeküste bis zur Schweizer Grenze. Beide Seiten verschanzten sich in ihren Schützengräben und bekämpften sich in einem endlosen Stellungskrieg, der furchtbare Opfer forderte, aber keinem der Kontrahenten einen durchschlagenden Vorteil verschaffte.
Auch an der russischen Front gelangen den deutschen Truppen – nachdem die anfängliche russische Offensive glimpflich überstanden war – zwar einige optimistisch stimmende Siege. Aber trotz riesiger russischen Verluste und beträchtlicher Raumgewinne der Mittelmächte blieb auch hier eine endgültige militärische Entscheidung bis 1918 aus. Erst die zwei russischen Revolutionen des Jahres 1917 führten zum Zusammenbruch des Zarenreiches und zu seinem Ausscheiden aus der Entente.

Kampf an mehreren Fronten Die Mittelmächte hatten das Handicap, stets an mehreren Fronten gleichzeitig kämpfen zu müssen. Dass die österreichisch-ungarische Armee einen Großteil der Russland-Front besetzte, entlastete die Deutschen nur bedingt: Denn die Österreicher mussten einige schwere Niederlagen hinnehmen, die nur der Einsatz deutscher Truppen wettmachen konnte. Als der ehemalige Bundesgenosse Italien sich im Mai 1915 der Entente anschloss, entstand in den Alpen eine neue Front. Die Italiener konnten die Österreicher zwar nicht entscheidend zurückdrängen, banden aber viele ihrer Kräfte, die dann an anderer Stelle fehlten. Auch Serbien bildete eine militärische Bedrohung, bis im Oktober 1915 eine gemeinsame deutsch-österreichische Offensive zur Eroberung des Landes führte. Dieser Erfolg eröffnete eine Landverbindung zur osmanischen Türkei, die sich schon 1914 den Mittelmächten angeschlossen hatte. Ein Versuch der Westalliierten, sich an den Dardanellen festzusetzen, scheiterte nach einjährigen Kämpfen. Stattdessen errichteten sie, unter Verletzung der griechischen Neutralität, einen Brückenkopf bei Saloniki, der fortan den Einsatz weiterer österreichischer Streitkräfte nötig machte. Im August 1916 erklärte Rumänien, ermutigt durch vorübergehende russische Erfolge, den Mittelmächten den Krieg. Zwar gelang den Angegriffenen noch im selben Jahr die Besetzung des Landes; aber auch hier bedeutete der Kräfteverschleiß eine zusätzliche Belastung, die auf Dauer nur schwer zu kompensieren war.

Die „nutzlose“ deutsche Flotte Der Erste Weltkrieg war stets auch ein Seekrieg. Die kostspielige deutsche Flottenrüstung vor 1914 erwies sich als ein Fehlschlag. Angesichts der zahlenmäßigen Überlegenheit der britischen Kriegsflotte vermied die deutsche Seekriegsleitung – abgesehen von der unentschiedenen Skagerrakschlacht im Mai 1916 – den offenen Schlagabtausch. Die Briten unterbanden in der Nordsee und in der Adria die für die Mittelmächte bestimmte Zufuhr als kriegswichtig geltender Waren. Ohne Rücksicht auf das Völkerrecht dehnten sie diese Liste immer mehr aus; schließlich waren so gut wie alle Waren betroffen, insbesondere auch die Nahrungsmittel. Diese „Hungerblockade“ war eine schwere Belastung für die Mittelmächte; sie brach zwar nicht deren Widerstandskraft, schwächte sie aber je länger desto mehr.

Der U-Boot-Krieg – alles auf eine Karte Deutschland reagierte mit dem Einsatz seiner U-Boote, die eine Sperrzone westlich der britischen Inseln aufbauten. Als ihnen jedoch nicht nur Handelsschiffe, sondern auch Passagierdampfer zum Opfer fielen – so beim

Britische Maschinengewehrschützen, die sich vor Gas zu schützen versuchen. – 1916.

Untergang der „Lusitania" 1915 mit 1200 Passagieren, darunter 120 Amerikanern –, drohte ein Eingreifen der USA. Das bewog die deutsche Führung, auf einen weiteren rigorosen Einsatz der U-Boot-Waffe zunächst zu verzichten. Erst als im Frühjahr 1917 der Niedergang Russlands eine Siegeschance zu eröffnen schien, setzten sich im deutschen Hauptquartier die Kräfte durch, die mit der Strategie des unbeschränkten U-Boot-Krieges alles auf eine Karte setzen wollten. Den mit Sicherheit zu erwartenden Kriegseintritt der USA nahmen sie in Kauf, hofften sie doch, dass die amerikanische Hilfe infolge der hohen Schiffsverluste nicht ausreichen würde, um Frankreich und Großbritannien vor dem Kollaps zu retten. Zunächst schien die Rechnung aufzugehen. Zwar erfolgte die amerikanische Kriegserklärung am 6. April 1917. Aber der unbeschränkte U-Boot-Krieg fügte den Alliierten so schwere Verluste zu, dass sie diesen Aderlass nicht lange würden durchhalten können. Aber im letzten Augenblick gelang ihnen doch die Wende. Die Ausfallquoten der überlasteten deutschen U-Boote stiegen, die Versenkungsziffern sanken, die amerikanischen Lieferungen kamen schneller und umfangreicher als erwartet. Von Tag zu Tag veränderte sich das Kräfteverhältnis zugunsten der Westmächte.

Der „mechanisch-industrielle" Krieg Je länger der Krieg dauerte, desto ausschlaggebender wurden die Rohstoffressourcen, die Produktionskapazitäten, der technische Entwicklungsstand, die verfügbaren Arbeitskräfte. Das militärische Ringen entwickelte sich zu einer gigantischen Materialschlacht, in der Erfolg und Scheitern nicht so sehr von der Tapferkeit und Ausdauer der Soldaten abhingen, sondern von der Zahl der Kanonen und Granaten, der Vernichtungskraft der Waffen, der Versorgung der Menschen mit Nahrung, Kleidung und medizinischen Hilfsmitteln. Hier waren die Ententemächte, von Russland abgesehen, deutlich im Vorteil.

Dennoch rechnete sich die deutsche Seite, zumal nach dem Ausscheiden Russlands 1918, auch nach mehr als drei Jahren verlustreichen Krieges eine reelle Siegesmöglichkeit aus. Seit dem Spätherbst 1914 hatte sich die Westfront in einem Stellungskrieg festgerannt. Alle Versuche beider Seiten, in Offensiven eine Entscheidung zu erzwingen, erstickten buchstäblich im Blut und Schlamm des Grabenkampfes. Aber auch die makabre Rech-

Frontenverlauf im Ersten Weltkrieg

Q 109 Uneingeschränkter U-Boot-Krieg

Beratung der politischen und militärischen deutschen Führung am 31. August 1916 (Amtliches Protokoll):

von Holtzendorff, Chef des Admiralstabes: Wir haben es in der Hand, bis Jahresende Englands Kriegswillen zu brechen. Ein späterer Beginn des U-Boot-Krieges verzögert die Wirkung. Dabei ist die Frage zu berücksichtigen, ob unsere Verbündeten noch länger durchhalten können. Im Verzicht auf die Waffe des U-Boots ist finis Germaniae zu erblicken.

von Jagow, Staatssekretär des Auswärtigen: Durch die Aufnahme des rücksichtslosen U-Boot-Krieges wird die Stellung aller Neutralen gegen uns verschoben werden, wir werden mit neuen Fronten rechnen müssen. Deutschland wird als der tolle Hund angesehen werden, auf den sich alle stürzen werden, um endlich wieder zum Frieden zu kommen. Angenommen, England würde durch den U-Boot-Krieg mürbe werden, so fragt es sich doch, ob es deshalb Frieden schließen wird.

Helfferich, Staatssekretär des Inneren: Wenn in vier bis sechs Monaten vier Millionen Tonnen der englischen Handelsflotte vernichtet werden, stehen England noch etwa acht Millionen Tonnen zur Verfügung, die es ihm reichlich ermöglichen, sich selbst zu versorgen. Wir haben selbst erfahren, wie viel ein Volk aushält und dass bei zweckmäßiger Organisation auch geringe Vorräte weit reichen. Die Annahme ist falsch, dass in England die Organisation und der Wille zum Durchhalten versagen würden. [...] Im Kriegsfalle steht ganz Amerika mit all seinen Reserven der Sache der Alliierten zur Verfügung, die dann eine amerikanische Sache ist. Mit England zusammen kann der stärkste Druck auf die Neutralen zum Anschluss an die Entente ausgeübt werden. [...] Ich sehe in der U-Boot-Waffe heute nur die Katastrophe.

von Capelle, Admiral im Reichsmarineamt: Der Kriegswille der Gegner kann auch nicht mehr gesteigert werden. Der U-Boot-Krieg wird diesen Kriegswillen außerordentlich schwächen, namentlich bei England. Ob dies schon innerhalb der angenommenen Frist der Fall ist und damit der Friede unmittelbar herbeigeführt wird, darüber können die Meinungen geteilt sein. [...] Im kommenden Frühjahr sind wir der Erschöpfung unseres Menschen- und sonstigen Materials um ein ganzes Stück näher; dann wird auch die Gefahr seitens der Neutralen größer sein als heute. Die Fähigkeit unserer Verbündeten, noch erhebliche Zeit durchzuhalten, ist mehr als zweifelhaft. Unsere Chancen werden immer geringer, je länger wir warten.

H. Michaelis/E. Schraepler (Hg.): Ursachen und Folgen. Bd. I. Berlin 1959, S. 123 ff.

a) Wie argumentieren die Militärs, wie die Politiker? Woher rühren die Unterschiede?

b) Erläutern Sie die Risikofaktoren, von denen die Rede ist.

Torpedoangriff eines deutschen U-Boots

Q 110 Den Krieg erfahren

a) *Aus einem Feldpostbrief vom 28. Oktober 1914 aus Flandern:*

Mit welcher Freude, welcher Lust bin ich hinausgezogen in den Kampf, der mir als die schönste Gelegenheit erschien, Lebensdrang und Lebenslust sich austoben zu lassen. Mit welcher Enttäuschung sitze ich hier, das Grauen im Herzen. Und als krasser Gegensatz dazu: Mit welchem Behagen sauge ich mit dieser köstlichen Luft das hundertmal verlorene Leben ein! Wie soll ich Dir alles das, was ich die letzten Tage erlebte, so recht erzählen! Es war furchtbar! Nicht das vergossene Blut, nicht auch der Umstand, dass es vergeblich vergossen war, auch nicht, dass in dunkler Nacht die eigenen Kameraden auf uns schossen, – nein, die ganze Kampfesweise ist es, die abstößt. Kämpfen wollen und sich nicht wehren können! Der Angriff, der mich so schön dünkte, was ist er anders als der Drang: hin zur nächsten Deckung da vorn gegen diesen Hagel tückischer Geschosse. Und der Feind, der sie entsendet, nicht zu sehen!

P. Witkop (Hg.): Kriegsbriefe gefallener Studenten. Berlin 1928[4], S. 16

b) *Aus den erst 1960 veröffentlichten Erinnerungen eines Kriegsteilnehmers:*

Nach einem Tage, der dem ersten nicht nachstand und dessen Schrecken durch die Gewöhnung nicht geringer geworden war, kamen wir auf 48 Stunden ins Ruhelager, mussten dann aber wieder auf zwei Tage in die Sandgrube. Die Nacht war noch ruhig, aber gegen zehn Uhr ging das wüste Artilleriefeuer wieder los. Es war heftiger noch und andauernder als das erste Mal. Eine Granate fuhr in das Grab, das wir zwei Tage zuvor für einen Kameraden geschaufelt hatten, und der Tote schaute plötzlich wieder aus der Erde. Alle offenen Feldschlachten waren nichts gegen dies Stillhalten und Warten unter dem Granathagel. [...] Gewiss: Wer sein Leben erhalten will, der wird es verlieren; aber vielleicht gibt es doch einen Glauben, der Berge versetzt. Ist das frivol? Ich weiß es nicht. Ich werde im schrecklichsten Toben ruhig.
Die Leute rufen nach dem Sanitäter, es sind Verwundete da. Ein Zugführer meldet, ein Grabenteil sei ganz eingestürzt, mehrere Soldaten seien verschüttet, vielleicht liegen aber noch welche darunter, einige werden noch vermisst. Es ist nichts zu machen, ehe nicht das rasende Feuer schweigt, es können nicht noch mehr Leben aufs Spiel gesetzt werden. Abends graben wir einen Erstickten aus, den andere, die selber sich mit Mühe aus den Erdmassen befreit hatten, noch um Hilfe schreien gehört haben. Er war ein prächtiger Mensch gewesen, einer meiner besten Unteroffiziere. Und ein Verwundeter sieht plötzlich, wie die Leiche seines Bruder vorübergezogen wird. Ein Unteroffizier ist längere Zeit von Sinnen. Ich gehe durch die Gräben und reiche den Leuten die Hand und kann die Tränen nicht zurückhalten.

A. Kutscher: Der Theaterprofessor. München 1960, S. 109 f.

a) Versuchen Sie, von den Texten auf das Alter der Autoren rückzuschließen. Beachten Sie auch den Zeitpunkt der Niederschrift.

b) Wie versuchen die Textschreiber, inmitten des Grauens einen Halt zu finden?

Q 111 Kronrat am 14. August 1918 im Großen Hauptquartier

Aus dem Protokoll:

Der Reichskanzler Graf Hertling ausführt die innere Lage. Stimmung kriegsmüde, Ernährung unzureichend, noch schlimmer Bekleidungsmangel.
Der Staatssekretär des Äußeren von Hintze: Die Siegeszuversicht des Feindes und sein Kriegswille seien zurzeit gehobener denn je. Der Grund seien zum Teil die letzten militärischen Erfolge im Westen; der Hauptpunkt sei aber die ursprüngliche und stets zunehmende Überzeugung, dass die Alliierten mit ihren vergleichsweise unerschöpflichen Reserven an Menschen, Rohstoffen und Fabrikaten allein mit der Zeit die verbündeten Zentralmächte zerschmettern müssten. Nach Ansicht unserer Feinde arbeitet die Zeit für sie. [...]
Der Chef des Generalstabes des Feldheeres von Hindenburg hat die kriegerische Situation dahin definiert, dass wir den Kriegswillen unserer Feinde durch kriegerische Handlungen nicht mehr zu brechen hoffen dürfen und dass unsere Kriegsführung sich als Ziel setzen muss, durch eine strategische Defensive den Kriegswillen des Feindes allmählich zu lahmen.
Seine Majestät erklären die Charakteristik der politischen Situation für richtig, es müsse auf einen geeigneten Zeitpunkt geachtet werden, wo wir uns mit dem Feinde zu verständigen hätten. Zur Schwächung der Siegeszuversicht des Feindes, zur Hebung der Zuversicht des deutschen Volkes sei die Bildung einer Propagandakommission erforderlich. Flammende Reden müssten gehalten werden von angesehenen Privatpersonen oder von Staatsmännern.

J. Hohlfeld (Hg.): Dokumente der deutschen Politik und Geschichte. Bd. 2. Berlin o. J., S. 376 ff.

a) Erläutern Sie die vorgeschlagenen Maßnahmen und schätzen Sie ihre Wirksamkeit ein.

b) Ein sofortiges Waffenstillstandsgesuch ziehen die Gesprächsteilnehmer nicht in Erwägung. Wie denken Sie darüber?

4. Die „Heimatfront“

Der „totale Krieg“ Der Erste Weltkrieg war in hohem Maße ein Material- und Wirtschaftskrieg, in dem die Produktionsziffern der Rüstungsindustrie, die Leistungsfähigkeit des Verkehrsnetzes, die Erträge der Landwirtschaft, der Ausbildungsstand der Erwerbstätigen oder das Niveau von Wissenschaft und Forschung genauso wichtig wie die Tapferkeit und Kampfkraft der Soldaten waren. Anders als in früheren Kriegen, die in der Hauptsache militärische Auseinandersetzungen waren, wurde jetzt fast die gesamte Bevölkerung in die Kriegsführung einbezogen. Man hat darum diesen Krieg den ersten „totalen Krieg“ der Geschichte genannt.
Dazu entwickelte er sich jedoch erst in seiner zweiten Hälfte. 1914 war noch kein Land auf die neuen Herausforderungen eingestellt, und es galt - wie es der damalige Marineminister Winston Churchill für England ausdrückte - weiterhin das Motto „Business as usual“. Erst nach und nach begriff man die Notwendigkeit, das ganze Leben der Nation den Erfordernissen des Krieges anzupassen. Das war ohne Disziplin und straffe Organisation nicht zu erreichen. Großbritannien und Deutschland, ziemlich spät auch Frankreich, wurden mit dieser Aufgabe am besten fertig; Österreich-Ungarn, Italien und die Türkei taten sich dabei weitaus schwerer; und das zaristische Russland bekam die Probleme nie in den Griff.

Krieg und Ökonomie Die zwingende Konsequenz war eine rapide Ausweitung der staatlichen Zuständigkeiten, vor allem für die Wirtschaft. Die Unternehmer zeigten sich dabei sehr kooperativ: Sei es, dass sie dies als ihre patriotische Pflicht empfanden, oder dass sie auf die wirtschaftspolitischen Entscheidungen Einfluss nehmen wollten. Diese Zusammenarbeit erwies sich für beide Teile als vorteilhaft: Der Staat konnte sich auf den Fachverstand und das Engagement der Betriebsführungen verlassen; die Großindustrie verbuchte ansehnliche Gewinne. Leidtragende waren freilich die kleinen Gewerbebetriebe, die keine lukrativen Staatsaufträge erhielten und nur unzureichend mit den knapp werdenden Rohstoffen beliefert wurden.
Erbost waren auch die vielen „kleinen Leute“, deren Lebensstandard fortwährend sank. Man schimpfte über die „Kriegsgewinnler“, die reich wurden, während die Masse verarmte. Auch als die deutsche Regierung 1916 endlich eine mäßige „Kriegsgewinnsteuer“ einführte, besänftigte das die Gemüter nur wenig. Zu den relativen Gewinnern der Kriegskonjunktur gehörten die Bauern, die ihre Überschüsse teuer verkaufen konnten, und die Arbeiter, die wegen der Knappheit der Arbeitskräfte höhere Löhne erhielten - freilich auf einem nach wie vor bescheidenen Niveau. Einen finanziellen Abstieg erlebten die Kaufleute, die meisten Handwerker, die Angestellten und Beamten.

Die Frauen im Krieg Besonders schwere Lasten hatten die Frauen zu tragen. Wo die Männer Soldaten wurden, lag die Mühe und Verantwortung für Familie und Haushalt, auf dem Lande auch für den Bauernhof, vorwiegend auf den Ehefrauen und Müttern. Je knapper Lebensmittel, Kleidung, Heizmaterial wurden, desto anstrengender und deprimierender war es, die Angehörigen mit dem Nötigsten zu versorgen. Viele, namentlich ledige Frauen mussten die zum Militärdienst abkommandierten Männer ersetzen und Tätigkeiten verrichten, die ihnen bisher fremd waren: in Rüstungsbetrieben, als Bahn- und Postbedienstete. Weibliches Büropersonal, Arzthelferinnen und Krankenschwestern wurden mehr denn je gebraucht. Die Emanzipation der Frau, ihre Gleichstellung mit dem Mann, die man so lange gefordert hatte - unter dem Druck des Krieges vollzog sie sich mit Selbstverständlichkeit.

Der Hunger als Waffe Je länger der Krieg dauerte, desto knapper wurden alle lebenswichtigen Güter. Besonders weh tat der Hunger. Während Briten und Franzosen im Ganzen noch genügend zu essen bekamen, mussten Russen, Österreicher, Deutsche vielfach darben - vor allem wenn sie in Städten lebten, während Landbewohner nur selten Man-

Da die Männer eingezogen wurden, rückten Frauen in Berufe, die zuvor nur Männern vorbehalten waren. Schaffnerinnen und Fahrerinnen bei der Berlin-Charlottenburger Straßenbahn – 1917. – Am Fahrzeug sind deutliche Spuren der Vernachlässigung zu sehen. Man fuhr auf Verschleiß, – Rohstoffe und Arbeitskraft gingen in Rüstungs- und Kriegsanstrengungen.

gel litten. In den letzten Kriegsjahren lagen die Lebensmittelzuteilungen zeitweise unter dem Existenzminimum. Der ewige Hunger schädigte nicht nur die Körperkräfte, sondern zerrte auch an den Nerven und zermürbte die seelische Widerstandskraft. Im Winter 1918/19 raffte eine europaweite Grippeepidemie die geschwächten Menschen zu Hunderttausenden dahin – eine fatale Folge der Entbehrungen der Kriegsjahre.

Der „Kriegssozialismus" Historiker bezeichnen die zwischen 1914 und 1918 in fast allen Krieg führenden Ländern entstandene Wirtschafts- und Gesellschaftsordnung gern als „Kriegssozialismus". In seinem Rahmen sollte es, folgte man den offiziellen Verlautbarungen der Regierenden, keine krassen sozialen Unterschiede und Vorrechte geben. Auch wenn im tatsächlichen Leben dieses Ziel nie wirklich erreicht wurde: Verglichen mit den Vorkriegsverhältnissen, rückten die Menschen näher zusammen, verloren alte Standesunterschiede an Wichtigkeit, entstand so etwas wie eine Kriegsgemeinschaft, für die Solidarität und Hilfsbereitschaft keine leeren Worte blieben. Bis zu einem gewissen Grade fühlte sich jeder genötigt, sich in den Dienst des Ganzen zu stellen. „Drückebergerei" war ein Vergehen, dem allgemeine Verachtung gewiss war. In diesem Klima waren staatliche Reglementierungen und Eingriffe in alle Lebensbereiche gang und gäbe. Das vergrößerte die Macht der Bürokratie und lief auf eine allgemeine Stärkung der Staatsgewalt hinaus.

Die Veränderungen in Deutschland im Jahr 1916 folgten genau diesem Muster. Die im August ins Amt gekommene 3. Oberste Heeresleitung Hindenburg/Ludendorff etablierte sich als Militärdiktatur, die den gesamten Kriegseinsatz der Front wie der Heimat befehligte. Im sogenannten Hindenburgprogramm setzte sie es durch, dass Wirtschaftsbetriebe gemäß den Kriegserfordernissen geschlossen oder zusammengelegt werden konnten. Das „Vaterländische Hilfsdienstgesetz" verpflichtete alle nicht eingezogenen Männer zum Arbeitseinsatz in kriegswichtigen Einrichtungen. Auf Betreiben der Reichstagsmehrheit schrieb das Gesetz die Wahl von Betriebsräten vor, die mit etlichen Mitspracherechten ausgestattet wurden. Das war eine epochale Aufwertung der bis dahin nur widerwillig geduldeten Gewerkschaften und ein wichtiger Schritt in Richtung Sozialstaat. Zu dieser Politik des sozialen Friedens wollte auch der Kaiser beitragen, indem er in seiner „Osterbotschaft" vom April 1917 eine Reform des preußischen Drei-Klassen-Wahlrechts ankündigte. Da diese Reform, die das politische Gewicht der Arbeiterschaft verstärkt hätte, aber erst nach dem Krieg in Kraft treten sollte, verpuffte die kaiserliche Geste vollständig.

Die Arbeiterbewegung im Krieg Die nationale Eintracht des Burgfriedens von 1914 hatte sich unter den Opfern und Entbehrungen des Krieges längst aufgelöst. Im Dezember 1914 stimmte der prominente links-sozialdemokratische Abgeordnete Wilhelm Liebknecht als erster Parlamentarier gegen die Kriegskredite; ein Jahr später folgten 19 Mitglieder der SPD-Fraktion seinem Beispiel. Als Liebknecht kurz darauf aus der Fraktion ausgeschlossen wurde, bildete die Parteilinke eine „Sozialdemokratische Arbeitsgemeinschaft", mit dem „Spartakusbund" als ihrem radikalen Flügel. Wieder ein Jahr später wurde die Spaltung endgültig. Die neue Partei USPD verfolgte fortan einen kompromisslosen pazifistischen Oppositionskurs. Die Mehrheits-SPD blieb ihrer regierungsloyalen Linie treu und setzte sich energisch für die Beilegung mehrerer Streiks im Winter 1917/18 ein. Gleichwohl warb sie für einen Verständigungsfrieden und enthielt sich darum bei der parlamentarischen Ratifizierung des Friedensvertrags von Brest-Litowsk, der dem bolschewistischen Russland härteste Bedingungen aufzwang, der Stimme. Die USPD votierte mit Nein.

Österreich und die Nationalismen Im Unterschied zu den deutschen Verhältnissen, wo die staatliche Einheit nie in Frage stand, sah sich die Donaumonarchie von den Autonomie- und Unabhängigkeitsforderungen ihrer zahlreichen Nationalitäten ständig unter Druck gesetzt. Darum ging die Wiener Regierung mit großer Härte gegen alles vor, was den Anschein nationaler Widersetzlichkeit trug. Obwohl dies die gesamtstaatlichen Beziehungen sehr belastete, hielt die k. und k.-Armee, trotz hoher Verluste, dem Gegner tapfer stand. Erst im letzten Kriegsjahr zeigten sich Auflösungserscheinungen, und die Desertationen in nicht deutschen Truppenteilen nahmen zu. Tschechische und südslawische Politiker unternahmen in ihrer westlichen Emigration alles, um diesen Zerfallsprozess zu beschleunigen. So kam der Versuch des letzten habsburgischen Kaisers, mit seinem „Völkermanifest" die nicht deutschen Volksgruppen durch die Gewährung nationaler Eigenständigkeit im österreichischen Reichsverband zu halten, zu spät.

Q 112 Kräfteverhältnisse – Der Krieg in Zahlen

a) *Bevölkerung 1910 (in Mio.)*

Großbritannien	45,2	Österreich-Ungarn	49,5
Frankreich	39,6	Russland	160,7
Italien	34,7	USA	91
Deutschland	64,9		

b) *Stahlproduktion 1910 (in 1000 t)*

Großbritannien	6476	Deutschland	13100
Frankreich	3413	USA	28330
Russland	3314		

c) *Kriegsausgaben 1914–1919 (Mrd. Dollar)*

Großbritannien	43,8	USA	36,2
Frankreich	28,2	Deutschland	47,0
Russland	16,3	Österreich-Ungarn	13,4
Italien	14,7	Bulgarien, Türkei	1,1

d) *Truppenstärken (in Mio.)*

Großbritannien	9,0	Deutschland	11,0
Frankreich	8,5	Österreich-Ungarn	7,8
Russland	12,0	Türkei	2,8
Italien	5,5	Bulgarien	1,2
USA	4,8		

e) *Kriegstote 1917*

Großbritannien	947000
Frankreich	1385000
Russland	1700000
Italien	460000
USA	115000
Deutschland	1808000
Österreich-Ungarn	1200000
Türkei	325000

f) *Lebensmittelverbrauch in Deutschland und Großbritannien (Friedensverbrauch = 100)*

	Mehl	Fleisch	Butter	Zucker	Kartoffeln
Deutschland	47	20	21	61	94
Großbritannien	110	82	65	68	105

Der Große Ploetz. Freiburg 2000. S. 717, 730; G. Hardach: Der Erste Weltkrieg. München 1973. S. 130, 142, 166

a) Ziehen Sie allgemeine Schlussfolgerungen aus den Zahlen.
b) Wie erklären sich die hohen russischen Verluste?
c) Gewichten Sie den Lebensmittelverbrauch in den beiden Vergleichsländern und schätzen Sie den Nährwert ein.

Q 113 Vermehrte Kriegsanstrengungen

Reichskanzler Bethmann Hollweg vor dem Reichstag zum Vaterländischen Hilfsdienstgesetz (1916):

Industrie und Organisation werden mit jedem Tag, den der Krieg länger dauert, immer entscheidender für das Ende. Jede Hand, die daheim Geschütze und Geschosse schafft, ersetzt einen Mann, schützt ein junges Leben im Schützengraben. Jede Hand, die daheim feiert, hilft dem Feind. Die Motive dieses Gesetzes sind nicht am grünen Tisch erdacht, sie sind draußen im Trommelfeuer der Fronten geboren. [...] Je tiefer die Arbeit in den Gegenstand eindrang, umso klarer trat die Größe der Aufgabe hervor, die gesamte Volkskraft für die Kriegswirtschaft zu organisieren. Gewaltig sind die Eingriffe in das Wirtschaftsleben. Aber sind sie nicht gering gegen die Gewaltsamkeit dieses Krieges? Die Möglichkeit des Zwanges musste vorgesehen werden. Sie soll den festen Boden geben, auf dem wir stehen müssen, um hinter den kämpfenden Armeen organisch eine Armee der Arbeit aufzubauen. Gelingen aber kann das Werk nur, wenn es sich darstellt als das Ergebnis nicht des Zwanges, sondern der freien Überzeugung des ganzen Volks, wenn Industrie und Landwirtschaft, wenn Arbeiter und Unternehmer und vor allem ihre bewährten Organisationen sich ihm freiwillig hingeben und widmen. Dass dieses eintreten wird, dafür bürgt uns der Sinn, mit dem sich das ganze Volk seit dem ersten Tag auf den Krieg eingestellt hat, dafür bürgen uns die großen Leistungen, die dieser doch schon bisher hervorgebracht hat.

Verhandlungen des Reichstags, Stenographische Berichte, Bd. 308, S. 2156 B

a) Arbeiten Sie die rhetorischen Mittel heraus, mit denen der Redner um Zustimmung wirbt.
b) Welche Aufgaben obliegen den Unternehmerverbänden und Gewerkschaften?

Q 114 Frauenarbeit

Aus einem Zeitungsbericht (1915):

Wir haben die Erscheinung des Eindringens weiblicher Arbeitskräfte in männliche Berufe noch nie auf einer so hohen Stufe der Arbeitsteilung erlebt wie in diesem Kriege. Deshalb mutet uns die weibliche Tätigkeit auf berufsfremdem Gebiet oft so eigenartig an, so wenn wir lesen, dass Frauen in Tischlereien beschäftigt werden, dass sie im Handwerk vielfach Männerarbeit verrichten, dass sie im Betrieb der Straßenbahnen als Schaffnerinnen tätig sind, dass sie in kaufmännische Betriebe hineinkommen, von denen weibliche Arbeitskräfte bisher ausgeschlossen waren, dass sie in Fabriken scharenweise die in den Krieg gezogenen Arbeitskräfte ersetzen. […] Wenn auch nicht alles gleich klappt, so wird man doch über den Eifer, mit dem die Frauenwelt die neuen Erwerbspflichten erfüllt, seine Genugtuung empfinden dürfen. Gewiss spielt bei diesem Eifer das Eigeninteresse die ausschlaggebende Rolle, aber in diesem Falle deckt es sich zunächst mit dem allgemeinen wirtschaftlichen Interesse. […] Die gegenwärtige Ausdehnung der Frauenarbeit ist aber eine Ausnahmeerscheinung, die nur für die Dauer des Krieges Geltung hat. Dieser Gesichtspunkt muss streng im Auge behalten werden, wenn nicht nachher recht unangenehme Enttäuschungen eintreten sollen. Vor allem müssen die arbeitenden Frauen selbst sich bewusst bleiben, dass sie in der Hauptsache nur für die Dauer des Krieges den Mann ersetzen, dass aber nachher wieder der Mann seine Stellung im Erwerbsleben beansprucht.

Bremer Nachrichten, 5. Mai 1915

a) *Mutmaßen Sie, ob der Text von einer Frau oder einem Mann stammt.*

b) *Informieren Sie sich darüber, welche Rolle der Arbeitseinsatz für die Entwicklung der Frauenbewegung gespielt hat.*

Q 115 Die Auflösung Österreichs – ein notwendiger Prozess?

Der 1914 ins Exil gegangene und 1918 gewählte erste Staatspräsident der Tschechoslowakei, Thomas Masaryk (1918):

Österreich ist seinem ganzen Wesen, seiner Geschichte, seiner Geografie und Ethnografie nach eine Negation des modernen Staates und der modernen Nationalität; seit seiner Begründung hat es kein eigenes Ziel gehabt, war nur eine Mark Deutschlands, welche dem Kaisertum zu dienen hatte; es ist ein bloßes Anhängsel Deutschlands heute noch. […] Gerade im gegenwärtigen Kriege hat es keinerlei Beweise seiner Lebenstüchtigkeit gegeben: Es wurde von Russland zweimal geschlagen, es wurde auch von dem kleinen, verachteten Serbien geschlagen, nur Deutschland hat es vor dem Untergang bewahrt. […] Der wahre Stand der Dinge hat sich in diesem Kriege gezeigt. Die Tschechoslowaken, Jugoslawen, Rumänen, Italiener, bald darauf auch die Kleinrussen und Polen kündigten den Gehorsam und stellten sich Österreich entgegen – 60 000 Hinrichtungen (die Zahl gibt Abgeordneter Daszynski an) und die Hilfe Deutschlands hielten die Habsburger eine Zeit lang über dem Wasser. Auch die Magyaren sind gegen Österreich, und unter den Deutschen gab es auch radikale Pangermanen, welche den Anschluss Österreichs an Deutschland verlangten. Europa und Amerika haben die Wahl zwischen einer entarteten Dynastie und der Freiheit von neun Nationen, denn auch die Deutschen und die Magyaren werden sich zu einem höheren Grade politischer Sittlichkeit aufschwingen, wenn sie gezwungen sein werden, die Ausbeutung anderer Nationen aufzugeben und darauf zu verzichten, einer rückschrittlichen Dynastie zu dienen. Österreich ist längst schon im Niedergang begriffen. Schritt für Schritt musste es auf seine peripheren Ländereien (Schweizer, belgische und italienische Provinzen) verzichten, durch Preußen wurde es aus Deutschland verdrängt und im Innern trat der Zerfall mit dem Dualismus ein. Die Auflösung Österreichs ist ein natürlicher und notwendiger historischer Prozess.

T. Masaryk: Das neue Europa. Deutsche Übersetzung Berlin 1922, S. 65 f.

a) *Diskutieren Sie Masaryks These, Österreich sei ein „bloßes Anhängsel Deutschlands“.*

b) *Masaryk nennt unter den nach Unabhängigkeit strebenden Nationalitäten auch die Tschechoslowaken und Jugoslawen. Was mag ihn zu diesen inkorrekten Bezeichnungen bewogen haben?*

Appell des 98. österreichisch-ungarischen Infanterie-Regiments in Hohenmauth vor dem Abrücken an die Front im Sommer 1914

5. Kriegsziele und Friedensbemühungen

Alle verteidigen? Mit Ausnahme Frankreichs, das nie einen Hehl aus seinem Willen gemacht hatte, Elsass-Lothringen zurückzugewinnen, begann keine der Kriegsparteien 1914 den Kampf mit ausdrücklichen Eroberungsabsichten; jede beteuerte, einen vom Gegner aufgezwungenen Verteidigungskrieg zu führen. Das änderte sich, nachdem die ersten Siege errungen, die ersten Opfer zu beklagen waren. Jetzt gab sich kaum noch einer mit der Bewahrung des Vorkriegszustandes zufrieden, jetzt verlangte man nach einem Lohn für die Anstrengungen und Verluste, die der Krieg forderte. Zwar hielten sich die Regierungen vorerst mit öffentlichen Aussagen zurück. Aber hinter verschlossenen Türen wurden Zukunftspläne diskutiert, Chancen und Risiken abgewogen. Unverblümter äußerte sich die Öffentlichkeit in Zeitungen, Pamphleten, Resolutionen. Hier ließen nicht wenige ihrer Großmannssucht und ihren Machtfantasien freien Lauf und erweckten Hoffnungen, die gänzlich unrealistisch waren. Darum hielt es die Regierung in Berlin für ratsam, jede öffentliche Kriegszieldiskussion kurzerhand zu verbieten.

Die deutschen Ziele Erst 1961 wurden die Überlegungen, die die deutsche Führung im September 1914 hinsichtlich möglicher Kriegsziele anstellte, in vollem Umfang bekannt. Dieses „Septemberprogramm" entzündete eine leidenschaftliche Historikerdebatte, die um die Frage kreiste, wie verbindlich diese Pläne, die umfangreiche deutsche Annexionen im Westen wie im Osten vorsahen, tatsächlich waren und ob sich Deutschland mit solchen expansionistischen Ideen markant von den anderen Krieg führenden Staaten unterschied. Heute geht die Mehrheitsmeinung der Historiker dahin, dass sich die Kriegsparteien in ihrem Willen nach einem größtmöglichen Machtzuwachs recht ähnlich waren – wenn auch das wilhelminische Deutschland für solche Wunschträume besonders anfällig gewesen sein mag. Aber letztlich verlangte jeder nach einer merklichen Verbesserung seiner internationalen Stellung und einer dauerhaften, tief greifenden Schwächung des Feindes. Ein „Verständigungsfrieden" mit gleichen Vor- und Nachteilen für beide Seiten kam darum nicht in Frage, von der Vorstellung eines „Siegfriedens" rückte vorerst niemand ab.
Deswegen war jede Partei bestrebt, die gegnerische Koalition aufzubrechen und neue Bundesgenossen zu gewinnen, um das Kräfteverhältnis zu eigenen Gunsten zu verändern.

Deutsche Postkarte 1914

Das Zarenreich – das schwächste Glied der Entente Gleich zu Kriegsbeginn verpflichteten sich die Entente-Partner, niemals Sonderverhandlungen mit dem Feind aufzunehmen. Als unsicherer Kandidat entpuppte sich nach seinen schweren militärischen Niederlagen seit 1916 das Zarenreich. Als nach der Februarrevolution 1917 seine Widerstandskraft völlig zu schwinden drohte, gelang den Westmächten mit knapper Not noch einmal eine Stabilisierung, wobei man der neuen russischen Regierung erhebliche Territorialgewinne auf Kosten der Türkei versprach. Aber mit der bolschewistischen Oktoberrevolution schied das geschundene Land endgültig aus dem Krieg aus. Die neue Führung unter Lenin und Leo Trotzki brachte mit ihrer Parole eines „Friedens ohne Annexionen und Kontributionen" erhebliche Unruhe in die europäische Politik. Die siegreichen Mittelmächte zeigten sich im Frieden von Brest-Litowsk vom März 1918 davon jedoch unbeeindruckt und erlegten den Besiegten drakoni-

Empfang der russischen Delegation in Brest-Litowsk

sche Bedingungen auf: Sowjetrussland musste so gut wie alle seit Zar Peter dem Großen gewonnenen Territorien abtreten und in die Unabhängigkeit der Ukraine einwilligen.

Das Ringen um Bündnispartner Mehr Erfolg hatten die Westmächte bei ihrem Werben um Italien. Obwohl die Wiener Regierung auf das hartnäckige deutsche Drängen hin das Angebot machte, das deutschsprachige Südtirol an Italien abzutreten, entschied sich die Regierung in Rom am Ende doch für die Entente, die nicht nur mit der Brennergrenze, sondern auch mit der dalmatinischen Adriaküste zu locken wusste. In ähnlicher Weise zog man Rumänien mit dem Versprechen einer Überlassung des ungarischen Siebenbürgens in das alliierte Lager.
Umgekehrt gelang den Mittelmächten eine Allianz mit der Türkei, die sich von dem gemeinsamen Krieg gegen den Erzrivalen Russland große Vorteile erhoffte. Um dieses Bündnis nicht zu gefährden, drückte die Berliner Regierung beide Augen zu, als die türkischen Massaker gegen die nationale Minderheit der Armenier ruchbar wurden. Bulgarien, das nach dem letzten Balkankrieg von 1913 auf Revanche drängte, ließ sich leicht mit der Aussicht auf Landgewinn zulasten der Serben und Rumänen gewinnen. Dagegen scheiterte der Versuch, sich das polnische Potenzial nutzbar zu machen. Die Ankündigung der Mittelmächte im November 1916, ein selbstständiges Königreich Polen zu schaffen und damit die lange Teilung der polnischen Nation zu beenden, konnte die im deutschen und österreichischen Herrschaftsbereich lebenden Polen nicht dazu bewegen, sich mit eigenen Streitkräften am Krieg gegen Russland zu beteiligen. Das lag vor allem daran, dass sich die Mittelmächte um klare Zusagen drückten und offenkundig nicht bereit waren, ihre eigenen polnisch besiedelten Provinzen in den neuen Staat einzubringen.

Unnachgiebigkeit Überhaupt keine Bewegung kam in das Verhältnis der Hauptkontrahenten Deutschland bzw. Frankreich und Großbritannien. Hier gelangten Politiker und Generäle an die Spitze, die für Unnachgiebigkeit standen: Hindenburg und Ludendorff, die den kompromissbereiten Reichskanzler Bethmann Hollweg verdrängten, Clemenceau und Lloyd George, der französische und der britische Regierungschef. Zwei deutsche Anläufe, die Friedensdeklaration der Reichsregierung vom Dezember 1916 und die Friedensresolution des Reichstags vom Juli 1917, blieben ohne Resonanz, weil sie keine konkreten Angebote enthielten. Auch die Initiativen des US-Präsidenten Wilson und des Papstes Benedikt XV. endeten ergebnislos: Ihrer Aufforderung, ihre Friedensbedingungen eindeutig zu formulieren, kam keiner der Krieg führenden Staaten nach.

Die Bündnispartner Deutschland und Österreich Eine ernste Krise zwischen Berlin und Wien trat ein, als nachträglich bekannt wurde, dass der österreichische Kaiser Karl hinter dem Rücken seines Verbündeten Verhandlungen mit der französischen Regierung hatte führen lassen, in denen er dieser das Recht auf die Wiedergewinnung Elsass-Lothringens zugestand. Der Vorfall zeigte, dass sich das Habsburgerreich bedrängt sah.

Die „Vierzehn Punkte" und die „Pariser Verträge" Tatsächliche – und außerordentlich weitreichende – Bedeutung gewann am Ende nur Wilsons Friedensprogramm der „Vierzehn Punkte", das der Präsident am 8. Januar 1918 verkündete. Es enthielt beträchtliche Härten für die Mittelmächte und unterstützte großenteils die Position der Entente. Deswegen reagierten Berlin und Wien vorerst mit Ablehnung. Erst als ihre militärische Niederlage feststand, ergriff die deutsche Reichsleitung die „14 Punkte" als eine Art Rettungsring, der das Schlimmste verhindern sollte. Doch die Waffenstillstandsverhandlungen im November 1918 und die Friedenskonferenz im Frühsommer 1919 zerstörten diese Hoffnung. Die Pariser Verträge mit Deutschland und seinen Verbündeten waren nicht frei ausgehandelt, sondern Diktate der Sieger. Aber bei aller Härte waren sie kein „Karthago-Frieden". Sie raubten den Besiegten nicht die Existenzgrundlage und nicht die Chance zum Wiederaufstieg. Andererseits jedoch nährten sie Ressentiments und Revanchegefühle und trugen so ihren Teil zu der Entfesselung des Zweiten Weltkriegs bei.

Europa nach den Pariser Verträgen

Q 116 Kriegszielvorstellungen

a) *Das deutsche „Septemberprogramm" (1914):*

Das allgemeine Ziel des Krieges: Sicherung des Deutschen Reiches nach West und Ost auf erdenkliche Zeit. Zu diesem Zweck muss Frankreich so geschwächt werden, dass es als Großmacht nicht neu erstehen kann, Russland von der deutschen Grenze nach Möglichkeit abgedrängt und seine Herrschaft über die nicht russischen Vasallenvölker gebrochen werden.

Die Ziele des Krieges im Einzelnen:

Frankreich: In jedem Falle abzutreten, weil für die Erzgewinnung unserer Industrie nötig, das Erzbecken von Briey. Ferner eine in Raten zahlbare Kriegsentschädigung; sie muss so hoch sein, dass Frankreich nicht imstande ist, in den nächsten 15–20 Jahren erhebliche Mittel für Rüstungen aufzuwenden. Des Weiteren: ein Handelsvertrag, der Frankreich in wirtschaftliche Abhängigkeit von Deutschland bringt, es zu unserem Exportland macht und uns ermöglicht, den englischen Handel in Frankreich auszuschalten.

Belgien: Jedenfalls muss ganz Belgien, wenn es auch als Staat äußerlich bestehen bleibt, zu einem Vasallenstaat herabsinken, in etwa militärisch wichtigen Hafenplätzen ein Besatzungsrecht zugestehen, seine Küste militärisch zur Verfügung stellen, wirtschaftlich zu einer deutschen Provinz werden. [...]

Es ist zu erreichen die Gründung eines mitteleuropäischen Wirtschaftsverbandes durch gemeinsame Zollabmachungen, unter Einschluss von Frankreich, Belgien, Holland, Dänemark, Österreich-Ungarn, Polen und evtl. Italien, Schweden und Norwegen. Dieser Verband, wohl ohne gemeinsame konstitutionelle Spitze, unter äußerlicher Gleichberechtigung seiner Mitglieder, aber tatsächlich unter deutscher Führung, muss die wirtschaftliche Vorherrschaft Deutschlands über Mitteleuropa stabilisieren. [...]

W. Basler: Deutschlands Annexionspolitik in Polen und im Baltikum 1914–1918. Berlin 1962, S. 382f.

b) *Der französische Botschafter über ein Gespräch mit dem russischen Außenminister Sergej Dimitijewitsch Sasonow am 12. September 1914:*

1. Das Hauptziel der drei Verbündeten würde sein, die Macht Deutschlands und seinen Anspruch auf militärische und politische Herrschaft zu brechen. [...]

2. Russland würde sich den Unterlauf des Njemen und den östlichen Teil Galiziens aneignen. Es würde dem Königreich Polen das östliche Posen, Schlesien und den westlichen Teil Galiziens angliedern.

[...]

4. Frankreich würde Elsass-Lothringen wiedernehmen, wobei es ihm freisteht, einen Teil Rheinpreußens und der Pfalz hinzuzufügen. [...]

6. Schleswig-Holstein würde an Dänemark zurückgegeben werden.

7. Das Königreich Hannover würde wieder hergestellt werden.

8. Österreich würde eine dreigeteilte Monarchie bilden, bestehend aus dem Kaiserreich Österreich, dem Königreich Böhmen und dem Königreich Ungarn.

9. Serbien würde sich Bosnien, die Herzegowina, Dalmatien und Nordalbanien angliedern.

c) *Der russische Botschafter über ein Gespräch mit dem französischen Außenminister Théophile Delcassé am 13. Oktober 1914:*

Für sich suche Frankreich in Europa keine Gebietserwerbungen, natürlich mit Ausnahme der Rückgabe Elsass-Lothringens. [...] Sodann sei das Hauptziel Frankreichs die Vernichtung des Deutschen Reiches und die möglichste Schwächung der militärischen und politischen Macht Preußens. Man müsse es so machen, dass die einzelnen deutschen Staaten selbst daran interessiert seien. [...] England werde wahrscheinlich die Wiederherstellung eines selbstständigen Hannovers verlangen. Schleswig-Holstein müsste an Dänemark fallen. England sucht ebenfalls keine Erwerbungen in Europa, werde aber kolonialen Zuwachs auf Kosten Deutschlands verlangen, wogegen Frankreich nichts einzuwenden habe. Was Russland betreffe, so werde es natürlich die Freiheit der Meerengen und genügende Garantien in dieser Hinsicht fordern, und hier werde Russland volle Unterstützung bei Frankreich finden.

O. Hoetzsch (Hg.): Die internationalen Beziehungen im Zeitalter des Imperialismus. Reihe 2, Bd. 6/1. Berlin 1934, S. 102f., 304

a) *Welche spezifischen Ängste und Sorgen der Mächte verbergen sich hinter den Plänen?*

b) *Wo in diesen Vorschlägen sehen Sie großes Konfliktpotenzial?*

c) *Erörtern Sie Übereinstimmungen und Unterschiede in den Denkweisen der Staatsführungen. Erkennen Sie bestimmte Traditionen?*

Q 117 Die Vierzehn Punkte Wilsons (1918)

Das Programm des Weltfriedens … ist das Folgende:

1. Öffentliche Friedensverträge, die in offener Verhandlung ausgearbeitet werden, nach denen es keine geheimen internationalen Vereinbarungen irgendwelcher Art mehr geben, sondern die Diplomatie stets offen und im Angesicht des gesamten Publikums arbeiten wird.

2. Absolute Freiheit der Seefahrt auf den Meeren außerhalb der territorialen Gewässer im Frieden wie im Krieg. [...]

4. Angemessene Garantien sollen gegeben und genommen werden, dass die nationalen Rüstungen auf den niedrigsten Punkt zurückgeführt werden, der mit der Sicherheit im Innern vereinbar ist.

5. Eine freie, offene und absolut unparteiische Klärung aller kolonialen Ansprüche, gegründet auf die strikte Beobachtung des Prinzips, dass bei der Festsetzung aller derartiger Souveränitätsfragen die Interessen der betroffenen Bevölkerung das gleiche Gewicht haben müssen wie die gerechten Ansprüche der Regierung, deren Rechte fixiert werden sollen.

6. Die Räumung des gesamten russischen Territoriums und eine Bereinigung aller Fragen, die Russland betreffen. [...]

7. Belgien, darin wird die ganze Welt übereinstimmen, muss geräumt und wiederhergestellt werden ohne irgendeinen Versuch, die Souveränität, deren es sich wie alle anderen freien Nationen erfreut, zu begrenzen. [...]

8. Das gesamt französische Territorium soll befreit und die besetzten Gebiete wiederhergestellt werden und das Unrecht, das Frankreich durch Preußen im Jahr 1871 in Bezug auf Elsass-Lothringen zugefügt wurde, das den Frieden der Welt für nahezu 50 Jahre gefährdet hat, soll berichtigt werden.

9. Eine Neufestsetzung der Grenzen Italiens sollte gemäß den klar erkennbaren Linien der Nationalität durchgeführt werden.

10. Den Völkern Österreich-Ungarns, deren Platz unter den Nationen wir gesichert und geschützt zu sehen wünschen, sollte die freieste Möglichkeit zu autonomer Entwicklung gegeben werden. [...]

13. Ein unabhängiger polnischer Staat sollte errichtet werden, der die Territorien umschließt, die von einer unzweifelhaft polnischen Bevölkerung bewohnt sind, dem ein freier und sicherer Zugang zur See gesichert wird und dessen politische und wirtschaftliche Unabhängigkeit und territoriale Integrität durch internationale Vereinbarung garantiert wird.

14. Eine allgemeine Vereinigung der Nationen muss durch besondere Vereinbarung gebildet werden zum Zwecke gegenseitiger Garantien für die politische Unabhängigkeit und territoriale Integrität für große und kleine Staaten gleicherweise …

H. Hurten: Die Epoche der Nationalstaaten und der Erste Weltkrieg. Stuttgart 1981, S. 196 ff.

a) Welche Punkte wurden realisiert, welche nicht?
b) Wo betritt Wilson politisches Neuland?

Q 118 Harte, aber gerechte Friedensbedingungen?

a) *Der britische Premierminister David Lloyd George in einer Denkschrift vom 26. März 1919:*

Unsere Bedingungen dürfen hart, sogar erbarmungslos sein, aber gleichzeitig können sie so gerecht sein, dass das Land, dem sie auferlegt werden, in seinem Herzen fühlen wird, dass es kein Recht zur Klage hat. Aber Ungerechtigkeit und Anmaßung, ausgespielt in der Stunde des Triumphes, werden nie vergessen und vergeben werden. Aus diesem Grunde bin ich auf das Schärfste dagegen, mehr Deutsche, als unerlässlich nötig ist, der deutschen Herrschaft zu entziehen, um sie einer andern Nation zu unterstellen. Ich kann kaum eine stärkere Ursache für einen künftigen Krieg erblicken, als dass das deutsche Volk, das sich zweifellos als eine der kraftvollsten und mächtigsten Rassen der Welt erwiesen hat, rings von einer Anzahl kleiner Staaten umgeben werden soll, von denen viele aus Völkern bestehen, die noch nie vorher eine selbstständige Regierung aufgestellt haben, aber jedes breite Massen von Deutschen umschließt, die die Vereinigung mit ihrem Heimatland fordern. 2,1 Millionen Deutsche der Aufsicht eines Volkes von anderer Religion zu unterstellen, das noch nie im Laufe seiner Geschichte die Fähigkeit zur Selbstregierung bewiesen hat, muss meiner Beurteilung nach früher oder später zu einem neuen Kriege in Osteuropa führen.

b) *Der französische Ministerpräsident Georges B. Clemenceau in einer Besprechung der alliierten Regierungschefs am 27. März 1919:*

Ein Beispiel quält mich: Österreich. Man spricht davon, wir sollten alle abrüsten. Ich möchte es gern. Glauben Sie mir, der Eroberungsgeist, der einst dem französischen Volke eigen war, ist für immer tot. Aber wenn wir unsere Rüstungen verringern und wenn Österreich im gleichen Augenblick seine 7 Millionen Einwohner zur Bevölkerung Deutschlands hinzugibt, dann wächst die Macht unserer deutschen Nachbarn in einer für uns bedrohlichen Weise. Ist es ein Verstoß gegen das Völkerrecht, wenn wir den Österreichern sagen: „Wir fordern von euch nur, dass ihr

unabhängig bleibt. Macht mit dieser Unabhängigkeit, was ihr wollt, doch ihr dürft nicht in einen deutschen Block eintreten und euch nicht an einem deutschen Racheplan beteiligen"? [...]
Nach den größten Anstrengungen und den gewaltigsten Blutopfern, die die Geschichte je gesehen hat, dürfen wir das Ergebnis unseres Sieges nicht in Frage stellen. Der Völkerbund wird uns als ein Mittel angeboten, uns die Sicherheit zu geben, die wir brauchen: Ich ergreife dieses Mittel. Aber wenn der Völkerbund seine Beschlüsse nicht mit militärischer Macht durchsetzen kann, dann dürfte es nötig sein, diese Macht anderswo zu suchen. Ich möchte bemerken, dass diese Garantie zur See vorhanden ist: Deutschland hat keine Flotte mehr. Wir brauchen die gleiche Sicherheit zu Lande. [...] Amerika ist fern, geschützt durch den Ozean. England konnte nicht einmal von Napoleon getroffen werden. Sie sind alle beide geschützt; wir sind es nicht!

c) *Aus der deutschen Note an die Siegermächte vom 22. Juni 1919:*
Die Regierung der deutschen Republik verpflichtet sich, die Deutschland auferlegten Friedensbedingungen zu erfüllen. Sie will sich jedoch in diesem feierlicher Augenblick mit rückhaltloser Klarheit äußern, um jedem Vorwurf einer Unwahrhaftigkeit von vornherein entgegenzutreten. Die auferlegten Bedingungen übersteigen das Maß dessen, was Deutschland tatsächlich leisten kann. Die Regierung der deutschen Republik fühlt sich daher zu der Erklärung verpflichtet, dass sie alle Vorbehalte macht und jede Verantwortung ablehnt gegenüber den Folgen, die über Deutschland verhängt werden könnten, wenn die Undurchführbarkeit der Bedingungen auch bei schärfster Anspannung des deutschen Leistungsvermögens in Erscheinung treten muss. Deutschland legt weiterhin den größten Nachdruck auf die Erklärung, dass es den Artikel 231 des Friedensvertrags, der von Deutschland fordert, sich als alleinigen Urheber des Krieges zu bekennen, nicht annehmen kann und durch seine Unterschrift nicht deckt. [...] Weiter legt die Regierung der deutschen Republik entschieden Verwahrung ein gegen die Wegnahme des gesamten deutschen Kolonialbesitzes und die hierfür gegebene Begründung, die Deutschland die Befähigung zur kolonialen Betätigung dauernd abspricht.

G. Schönbrunn (Hg.): Weltkriege und Revolutionen 1914–1945. (Geschichte in Quellen, Band 5). München 1961, S. 119, 122, 130

a) Betrachten Sie Lloyd Georges Warnungen im Lichte der weiteren Entwicklung.
b) Diskutieren Sie sein Polenbild.
c) Woher rühren die französischen Sicherheitsängste?
d) Die deutsche Regierung verwahrt sich gegen Vertragsbestimmungen, die sie als Verletzungen der deutschen Ehre empfindet. Warum ist ihr das so eminent wichtig?

1. *Untersuchen Sie das Verhalten der Großmächte in der Julikrise und benennen Sie ihre Fehler und Versäumnisse.*
2. *Erörtern Sie die Gründe des Stimmungswandels in den Krieg führenden Ländern zwischen 1914 und 1918.*
3. *Inwiefern unterschied sich der Erste Weltkrieg von allen vorausgegangenen Kriegen?*
4. *Wo lagen die Stärken, wo die Schwächen der Krieg führenden Mächte?*
5. *Warum war der Weg zum Frieden so lang und beschwerlich?*
6. *Was entschied am Ende über Sieg und Niederlage?*

Zur Diskussion: Die deutsche Politik 1914 – defensiv oder aggressiv?

Der durch Fritz Fischers Buch „Griff nach der Weltmacht" ausgelöste Streit um die Kriegsschuld von 1914 entzündete sich nicht zuletzt an der Frage, ob das Deutsche Kaiserreich in der Julikrise mehr Kriegsbereitschaft als die übrigen europäischen Mächte bewiesen habe.

Q 119 Die Kriegsschuld-Frage

a) *Der Historiker Egmont Zechlin (1969):*

1966 ist von mir zum ersten Mal der Versuch unternommen worden, die „offensive" Politik des Reichskanzlers in der Julikrise daraus zu erklären, dass sich für ihn die machtpolitische Gesamtlage Deutschlands als Großmacht seit dem Mai 1914 durch zwei Faktoren einschneidend zu verschlechtern schien: 1. durch die Mitteilung des Militärs, Deutschland werde – angesichts der enormen militärischen Rüstungen Russlands in wenigen Jahren einer Auseinandersetzung mit dem Zarenreich nicht mehr gewachsen sein; 2. durch die verlässliche Nachricht, England und Russland verhandelten über eine Marinekonvention, – deren Abschluss nach Auffassung Bethmann Hollwegs jede noch so geringe Hoffnung auf eine „Umstellung der bestehenden Mächtegruppierungen" zerstört und gleichzeitig, als „letztes Glied in der Kette", die für die Stellung als Großmacht bedrohliche „Einkreisung" vollendet hätte. Daraus folgte dann unmittelbar die Bereitschaft, den lokalen österreichisch-serbischen Konflikt zur präventiven Abwehr dieser für Deutschland zunehmend gefährlicher erscheinenden außenpolitischen Bedrohung zu benutzen. Der Verwirklichung dieses primär und der Intention nach defensiven Zieles der Machterhaltung galt die deutsche Politik im Juli 1914. [...] Aufgrund dieser Konsequenz und Zielstrebigkeit im Handeln fällt Deutschland gewiss der größte Anteil an der Auslösung des Krieges zu – ein Kriterium der historischen Verantwortlichkeit, aber nicht der moralischen Schuld. Dadurch sollte jedoch nicht verdeckt werden, dass die Reichsleitung keineswegs eine fest umrissene Vorstellung oder gar einen durchdachten Plan dafür besessen hat, wie der Status einer gleichberechtigten und machtpolitisch gleichwertigen Großmacht zu sichern sei.

W. Schieder (Hg.): Erster Weltkrieg. Köln 1969, S. 199f.

b) *Der Historiker Fritz Fischer (1970):*

Auch Zechlin kommt zu dem Schluss, dass Deutschland mit dem Status quo in Europa nicht zufrieden war. Der Status quo erlaubte Deutschland nicht die „Bewegungsfreiheit", d.h. den Spielraum für politische und wirtschaftliche Aspirationen, den die deutsche Nation und ihre Reichsleitung als einer Großmacht angemessen erachteten. Im Gegenteil fürchteten die politisch führenden Kreise, dass die deutsche Politik immer stärker durch die Interessen und den Kräftezuwachs der übrigen Mächte behindert werden würde. Eine Politik aber, nach deren Grundhaltung bereits eine „potenzielle Beschränkung" des politischen Spielraums als unerträglich empfunden wird, trägt eindeutig aggressive Züge. Wenn aus dieser politischen Einstellung heraus das selbstverständliche Recht abgeleitet wird, jeder Behinderung der politischen Aspirationen, und zwar nicht nur jeder akuten, sondern jeder potenziellen Behinderung durch einen Krieg entgegenzutreten, dann ist eine solche Kriegspolitik nach üblichem Sprachgebrauch nicht defensiv, sondern offensiv. [...] Es ist kein Präventivkrieg aus der politischen Defensive, sondern aus der politischen Dynamik eines aggressiven Selbstbewusstseins heraus. Gewiss, es „war das traditionelle, damals allgemein durchaus übliche Kalkül mit Machtpotenzialen" – wie Zechlin sagt. Tradition aber macht eine solche Kriegswilligkeit noch nicht „defensiv".

F. Fischer: Krieg der Illusionen. Düsseldorf 1978[2], S. 677f.

a) Nehmen Sie Stellung zu Zechlins Trennung von „historischer Verantwortlichkeit" und „moralischer Schuld".

b) Äußern Sie sich zu den Argumenten, die Fischer dafür anführt, dass die deutsche Politik „offensiv" und „aggressiv" gewesen sei.

Siegeszug und Debakel des Nationalstaats im 20. Jahrhundert

Diese Fotografie von Gandhi (rechts) ist 1931 vor 10 Downing Street entstanden, dem Amtssitz des britischen Premiers.

Kampf der Kulturen

„Nationalstaaten werden zwar die mächtigsten Akteure auf dem Globus bleiben, die grundsätzlichen Auseinandersetzungen der Weltpolitik aber werden zwischen Nationen und Gruppierungen aus unterschiedlichen Kulturen auftreten."

Der amerikanische Politologe Samuel P. Huntington (1993)

Friedlose Dritte Welt

„Kaum ein Drittweltstaat hat die Zeit nach 1950 (oder seit dem Datum seiner Staatsgründung) ohne Revolution durchlebt; oder ohne einen Militärputsch, der eine Revolution niederschlagen, verhindern oder vorantreiben sollte; oder irgendeine andere Art von internem bewaffneten Konflikt."

Der britische Historiker Eric Hobsbawm (1994)

Der Nationalstaat war eine europäische Errungenschaft, deren Prägekraft bis zum Ersten Weltkrieg im Wesentlichen auf Europa (und dessen Ableger in Anglo- und Lateinamerika) beschränkt blieb. Der Erste und endgültig der Zweite Weltkrieg erschütterten – abgesehen von den USA – die Dominanz der westlichen Großmächte und veränderten das globale Staatensystem. Das Streben nach nationaler Eigenständigkeit wurde universal. Es ergriff zunächst Osteuropa und die asiatischen Hochkultur-Länder, dann Mittelamerika, den Vorderen Orient und Südostasien und schließlich Afrika. Wo es historisch gewachsene, stabile staatliche Strukturen gab, verlief der Prozess der Nationalisierung in der Regel erfolgreich. Wo aber diese Voraussetzungen nicht gegeben waren, wie großenteils in Afrika, war der Weg zumindest störungsreich, oft turbulent und endete schlimmstenfalls im katastrophalen Scheitern.

Friedhof von im letzten Balkankrieg gefallener Muslime bei Bihać in Bosnien und Herzegowina

1918–1921	Mit dem Ende des Ersten Weltkriegs entstehen in Europa 8 neue Nationalstaaten: Irland, Finnland, Litauen, Lettland, Estland, Polen, Tschechoslowakei, Jugoslawien.
	Die Sowjetunion tritt das Erbe des Zarenreiches als multinationaler Staat an.
1920	Gandhi organisiert den passiven Widerstand gegen die britische Herrschaft in Indien.
1939	Deutschland erzwingt die Auflösung der Tschechoslowakei.
1947	Indien und Pakistan werden unabhängig.
1957	Ghana erhält als erste afrikanische Kolonie die Unabhängigkeit.
1960	Das „Jahr Afrikas“: 17 Kolonien werden souverän.
1990/91	Mit dem Zerfall der Sowjetunion entstehen 15 unabhängige Staaten
1991–2008	Aus dem Zerfall Jugoslawiens gehen 7 selbstständige Staaten hervor: Slowenien, Kroatien, Bosnien und Herzegowina, Serbien, Montenegro, Mazedonien, Kosovo.
1993	Aus der Tschechoslowakei werden die souveränen Staaten Tschechien und Slowakei.

1. Die Neuordnungen Europas nach den beiden Weltkriegen

„Ein Volk, ein Staat“ Die in den Pariser Friedensverträgen vorgenommene Umgestaltung Europas brachte dem Kontinent wenig Glück. Das „Selbstbestimmungsrecht der Völker“, wie es Wilson verkündet hatte, erwies sich als ein zweischneidiges Schwert. Hatte der Grundsatz „Ein Volk, ein Staat“ in den schon lange bestehenden west- und mitteleuropäischen Ländern leidlich funktioniert, so bescherte seine Übertragung auf Ost- und Südosteuropa viele Probleme. Einige der hier lebenden Völker hatten in der Neuzeit noch nie einen eigenen Staat bilden können – so die Finnen, Esten, Letten, Ukrainer, Tschechen, Slowaken, Kroaten, Slowenen; andere hatten ihre einstmalige staatliche Selbstständigkeit auf lange Zeit eingebüßt – wie die Polen, Litauer, Griechen und alle Balkanvölker. So fehlte den Menschen die Kontinuität der Eigenstaatlichkeit und damit eine gewisse politische Reife. Ungleich belastender aber war, dass die Völker durchweg nicht in geschlossenen, deutlich abgegrenzten Siedlungsgebieten lebten, sondern in einer Mischung, in der Menschen unterschiedlicher ethnischer Herkunft seit altersher mit- und nebeneinander wohnten. So waren die neuen Staaten so gut wie nie national homogene Gebilde, es sei denn, man zwang die fremden Volksgruppen zur Umsiedlung.

Nationale Minderheiten Nach 1918 geschah dies in großem Maße nur zwischen den zutiefst verfeindeten Griechen und Türken; hier mussten 1,5 Millionen Menschen ihre Heimat verlassen. „Freiwillig" wanderten mehrere Hunderttausend Deutsche aus den an Polen abgetretenen Provinzen Westpreußen, Posen, Oberschlesien aus. Im Übrigen aber mussten sich Millionen von Menschen damit abfinden, dass sie zu einer nationalen Minderheit gehörten und viele Nachteile in Kauf zu nehmen hatten.
Dem Prinzip nach schloss die nationale Selbstbestimmung das Recht der Betroffenen ein, in Abstimmungen über ihre staatliche Zugehörigkeit mitzuentscheiden. Solche Abstimmungen gab es hier und dort - etwa in Südostpreußen (Masuren), in Kärnten oder im Burgenland. Im oberschlesischen Industriegebiet ergab die Auszählung der Stimmen eine 60%-ige Mehrheit für die deutsche Volksgruppe. Aber die Alliierten korrigierten die Wahlkreiseinteilung nachträglich und schanzten damit dem polnischen Staat die wirtschaftlich wertvollsten Bezirke zu. Vielfach fanden überhaupt keine Plebiszite statt, sondern die Sieger entschieden eigenmächtig über das Schicksal der Regionen - wie in Elsass-Lothringen, Nordschleswig, Westpreußen und Posen oder in Triest, Siebenbürgen und der Ostslowakei.

Die Sowjetunion Die kommunistischen Machthaber in Russland hatten zwar in ihrer anfänglichen Bedrängnis und gemäß ihrer internationalistischen Doktrin den Völkern des Zarenreiches die Entscheidung über ihre staatliche Zukunft freigestellt, und viele von ihnen hatten daraufhin ihre Unabhängigkeit erklärt; nachdem sich aber das Regime gefestigt hatte, suchte es seine Konzessionen wieder rückgängig zu machten. Bolschewistische Freischärler und Verbände der Roten Armee setzten die abgefallenen Territorien unter Druck. Finnland, Estland, Lettland, Litauen und Polen konnten sich dieser Angriffe erwehren - Polen gewann sogar Gebiete hinzu -, die übrigen Völker mussten die gerade gewonnene Unabhängigkeit wieder hergeben. Die sowjetische Verfassung gewährte ihren 50 größeren und 141 kleineren Nationalitäten (Stand 1939) zwar ein gewisses Maß an Selbstverwaltung und kultureller Eigenständigkeit, aber sie ließ keinen Zweifel daran, dass alle sowjetischen Volksgruppen der unbedingten Autorität der KPdSU unterstanden und dass für wirkliche nationale Autonomie kein Platz war. Eine Selbstverständlichkeit war es auch, dass das russische Element den Ton angab - in der Sprache, der Rechts- und Verwaltungsordnung, im Bildungswesen und in den kulturellen Traditionen.

Programmierte Konflikte Von Finnland abgesehen, umfassten alle neuen Länder gemischtnationale Gesellschaften, mit einer die Führung beanspruchenden Mehrheits- („Titular"-)Nation und einer Mehrzahl nationaler Minderheiten. In Jugoslawien betrug deren Anteil 25,6 Prozent, in Polen 30,8 und in der Tschechoslowakei 34,5. Fast ständig und überall gab es Streit zwischen den Volksgruppen: um die Verwaltungs-, Gerichts- und Unterrichtssprache, die Zuteilung staatlicher Förderungsmittel, die Besetzung öffentlicher Ämter. Auf Betreiben jüdischer Verbände, die über reiche und schmerzliche Minderheitserfahrungen verfügten, setzte der Völkerbund Minderheitenschutzverträge durch. Hierin verpflichteten sich die neuen Staaten zur Gewährleistung national-kultureller Grundrechte. Doch das System funktionierte schlecht, weil mannigfache Interessenkonflikte in den die Aufsicht führenden Gremien wirksame Weisungen blockierten.
Am stärksten litt die neue europäische Staatenordnung darunter, dass sich die Verlierer von 1919 nicht mit den veränderten Machtverhältnissen abfinden wollten. Besonders belastet waren die deutsch-polnischen Beziehungen. Während das Deutsche Reich sich 1925 bereitfand, im Locarno-Vertrag die Gebietsverluste im Westen endgültig zu respektieren, war es zu einer Anerkennung der deutsch-polnischen Grenze („Ost-Locarno") unter keinen Umständen bereit. Da auch die polnische Seite jeden Kompromiss ablehnte, blieb dieser Konflikt ein gefährlicher Brandherd. Dies nutzte Adolf Hitler, um 1939 den Krieg vom Zaun zu brechen, der ihm die Herrschaft über die slawischen Völker einbringen sollte. Er knüpfte damit an die Zerschlagung der Tschechoslowakei im gleichen Jahr an, wobei er die Gutgläubigkeit der Westmächte zynisch ausnutzte.

Volksdemokratien in Europa

Die Siegermächte von 1919 konzipierten die neue Ordnung auch in der Absicht, ein Gegengewicht gegen deutsche Großmachtgelüste und einen Schutzwall gegen eine bolschewistische Expansion („cordon sanitaire") zu schaffen. In diesem Sinne schloss Frankreich Beistandsverträge mit Polen und der Tschechoslowakei. Es konnte damit aber nicht verhindern, dass das Schicksal dieses „Zwischeneuropas" zunehmend mehr von Deutschland und der Sowjetunion abhing. Der den Zweiten Weltkrieg eröffnende nationalsozialistische Krieg gegen Polen wurde erst begonnen, nachdem Hitler und Stalin sich über ein gemeinsames Vorgehen und die anschließende Aufteilung des Landes verständigt hatten, und es offenkundig war, dass England und Frankreich ihr Hilfeversprechen gegenüber Warschau nicht einzulösen vermochten.

Der „Ostblock" Der mit 25 Millionen Toten teuer erkaufte Sieg im „Großen Vaterländischen Krieg" 1941–45 bescherte der Sowjetunion Gebietszuwachs im Westen (Ostfinnland, östliches Ostpreußen, baltische Länder, Ostpolen, die Karpatho-Ukraine, Bessarabien) und die Hegemonie über Osteuropa vom Schwarzen Meer bis zur Elbe. Die im „Ostblock" zusammengeschlossenen Länder (Polen, Tschechoslowakei, Ungarn, Rumänien, Bulgarien, DDR) – Jugoslawien und Albanien hielten sich seit 1961 abseits, blieben aber kommunistisch – waren fest in das von Moskau gesteuerte Herrschaftssystem eingespannt und genossen insoweit nur eine eingeschränkte Souveränität. Im Zeichen des „proletarischen Internationalismus" war nationale Politik als reaktionär verpönt.
Die sowjetische Machtübernahme begann mit einer rigorosen ethnischen Entflechtung. Alle Deutschen in den nunmehr zu Polen oder der Tschechoslowakei gehörenden Gebieten mussten fast über Nacht und unter Zurücklassung ihres gesamten Besitzes ihre angestammte Heimat verlassen – soweit sie nicht schon vorher vor der Roten Armee geflohen waren. Diese Flucht und die nach Kriegsende mit beispielloser Härte vorgenommenen Vertreibungen forderten über 2 Millionen Opfer. Aber auch viele Nichtdeutsche mussten nach 1945 ihre Heimat verlassen, darunter 1,2 Millionen Polen, die im Zuge der von Moskau durchgesetzten „Westverschiebung" ihres Landes vom nunmehr sowjetischen

Völker im ehemaligen Jugoslawien

Ostpolen in die ehemals deutschen „Westgebiete“ umgesiedelt wurden. Die Zahl der in Europa insgesamt Vertriebenen betrug rund 12 Millionen.

Jugoslawien So wie die Sowjetunion knüpfte auch die „Föderative Volksrepublik Jugoslawien“ nach 1945 an die Zwischenkriegszeit an. Nachdem während des Krieges und kurz danach wechselseitige Massaker das Verhältnis zwischen Serben und Kroaten vergiftet hatten, schlug die neue kommunistische Regierung unter Josip Broz Tito einen strikt zentralistischen Kurs ein. Dem standen jedoch enorme Hindernisse im Weg: die religiösen Gegensätze zwischen Katholiken im Norden, Muslimen und Orthodoxen in der Mitte und im Süden; das unterschiedliche historische Erbe derjenigen Landesteile, die eine lange osmanisch-islamische Herrschaft hinter sich hatten, im Gegensatz zu den Territorien, die zum Staatsverband der Habsburgermonarchie gehört hatten; schließlich das eklatante Wohlstandsgefälle zwischen Nord und Süd. Solange das heterogene Staatswesen durch die Parteidiktatur und die Autorität Titos zusammengehalten wurde, blieben die innerstaatlichen Spannungen unter Kontrolle. Umso heftiger explodierten sie, als der gesamte kommunistische Machtblock zerfiel.

Q 120 Multinationale Staten in Osteuropa

		in %
Polen (1922): 27,2 Mio. Einwohner:	Polen	69,4
	Ukrainer	14,4
	Juden	7,5
	Weißrussen	4,2
	Deutsche	4,2
	Sonstige	0,3
Tschechoslowakei (1930): 14,7 Mio.	Tschechen	50,9
	Slowaken	16,2
	Deutsche	22,3
	Magyaren	4,8
	Ukrainer	3,8
	Sonstige	2,0
Rumänien (1930): 18 Mio.	Rumänen	72,0
	Magyaren	8,4
	Juden	4,7
	Deutsche	4,4
	Ukrainer	4,0
	Bulgaren	2,0
	Türken	1,5
	Sonstige	3,0
Jugoslawien (1931): 13,9 Mio	Serben	53,2
	Kroaten	22,0
	Slowenen	9,3
	Deutsche	4,2
	Magyaren	3,6
	Albaner	3,5
	Rumänen	1,5
	Sonstige	1,7

G. Rhode: Geschichte Polens. Darmstadt 1965, S. 475;
E. Franzel: Der Donauraum. München 1958, S. 166

a) *Prüfen Sie, wo in den vier Staaten die Hauptsiedlungsgebiete der jeweiligen Minderheiten lagen.*

b) *Versuchen Sie, die Präsenz der Deutschen in allen vier Staaten historisch zu erklären. Informieren Sie sich über den heutigen Stand.*

Q 121 Großmachtehrgeiz und Verbitterung

a) *Der polnische Staatspräsident Wojciechowski (1924):*

Die große Bedeutung der Finanzsanierung besteht auch darin, dass sie uns erlaubt, ein stärkeres Wort zu führen in allen Streitigkeiten auf internationalem Gebiete. Solange wir als kranker und schwacher Organismus betrachtet wurden, der vielleicht ausländischer Kuratel bedürfe, so lange konnte die Stimme nicht so hart und stolz klingen, wie unsere Staatswürde es verlangt. Erst heute kommt der Augenblick, wo wir dank der Finanzierung unsere Verteidigungsmittel und unser Militär auf einen solchen Ruf stellen können, dass niemand wagen wird, nach polnischem Lande zu streben oder auch unsere inneren Rechte zu schmälern, dass niemand wagen wird, den Richter zu spielen zwischen der Regierung und den Bürgern des polnischen Staates. [...] Wir haben noch viele Nachbarn in Europa, die sich nicht daran gewöhnt haben, dass Polen da ist und da sein wird.

W. Fuchs: Der neue Polenspiegel. Berlin 1930, S. 67

b) *Der tschechoslowakische Ministerpräsident Syrovy nach der Münchener Konferenz, die die Abtretung des Sudetengebiets an Deutschland erzwang (1938):*

Wir hatten die Wahl zwischen einer verzweifelten und hoffnungslosen Verteidigung, die die Aufopferung einer ganzen Generation unserer erwachsenen Männer wie auch unserer Frauen bedeutet hätte, und einer Annahme ohne Kampf und unter Druck von Bedingungen, die wegen ihrer Unbarmherzigkeit ohne Parallele in der Geschichte dastehen. [...]
Wir werden die Bedingungen, die man uns auferlegt hat, erfüllen. Wir rufen unsere Nation auf, ihre Bitterkeit zu schlucken, ihre Enttäuschung und ihren Kummer, und uns zu helfen, unsere Zukunft innerhalb unserer neuen Grenzen zu sichern. Unser Staat wird nicht einer der kleinsten in der Welt sein. Es gibt andere Staaten, die viel kleiner sind als der unsrige, die aber dennoch gesund und widerstandsfähig sind. Die Gebiete, die uns verbleiben, werden uns die Möglichkeit eines weiteren kulturellen und wirtschaftlichen Fortschritts gewähren. Es ist wahr, wir werden weniger weiträumige Grenzen haben, aber dann werden wir unter uns sein, und viele Hindernisse gegen die gute und friedliche Verwaltung unseres Staates werden entfernt sein.

H. Michaelis/E. Schraepler (Hg.): Ursachen und Folgen. Bd. 12. Berlin o. J., Nr. 2723 d

a) *Erklären Sie die an die Adresse der Nachbarn gerichteten Anspielungen des polnischen Staatspräsidenten. Versuchen Sie seine Großmachtambitionen aus der polnischen Geschichte herzuleiten.*

b) *Worauf gründen sich die Hoffnungen Syrovys? Haben sie sich erfüllt?*

Q 122 Die „Westverschiebung“ Polens

Ein Umsiedler erinnert sich (1993):

Kurz darauf formierte sich eine Wagenkolonne. Ganz Sadowa Wisznia sowie diejenigen der Kriegsheimatlosen, die sich gerade in Sadowa Wisznia befanden, brachen auf. Berittene Soldaten begleiteten die Wagenkolonne. Sie sollten uns vor Banditen schützen, damit wir als Unbewaffnete nicht auf dem Weg ermordet wurden. Ziemlich lange standen wir am Schlagbaum in Medyka, dort befand sich jetzt die polnisch-russische Grenze. Es hieß, die Russen suchten in den Wagen nach Waffen. Gelegentlich raubten sie alles, angefangen bei Wertgegenständen – falls es jemandem gelungen war, diese bei sich zu behalten – bis hin zu sämtlichen Dokumenten. Przemyśl war zu diesem Zeitpunkt eine Ansammlung aller vor dem Massenmord Fliehenden. [...] Wir warteten in Przemyśl zwei Monate auf den Transport. Einige Male wurde der Transport beschossen, die Kugeln hinterließen Spuren. An der Station Ligota-Katowice, unmittelbar auf den Gleisen, wurden wir ausgeladen. Die Menschen mit all ihren Habseligkeiten, Städter und Landbewohner, mit Vieh, mit Betten, mussten alles aus dem Waggon herausschaffen. [...] Aufs Neue wurden Waggons aufgestellt, aufs Neue beladen. Unterschiedliche Menschen aus unterschiedlichen Gegenden. Der Zug brachte uns in unbekannte und fremde Gegenden.

U. Becher u. a. (Hg): Deutschland und Polen im 20. Jahrhundert. Hannover 2001, S. 234

a) Wer mag die Überfälle auf die Umsiedler unternommen haben? Wie verhielten sich die russischen „Beschützer“? Nennen Sie Gründe für die Feindseligkeiten.

b) Woher rührte das Chaos bei diesen Umsiedlungsaktionen?

Q 123 Kommunismus und multinationaler Staat

Der jugoslawische Staatschef Josip Broz Tito vor slowenischen Zuhörern (1948):

Die Nationalitätenfrage in unserem Lande ist gelöst worden und sogar sehr gut gelöst worden, zur allseitigen Zufriedenheit aller unserer Völker. Sie ist so gelöst worden, wie dies Lenin und Stalin gelehrt haben. Kein anderes volksdemokratisches Land ist so multinational wie das unsrige. Nur die Tschechoslowakei besitzt zwei Schwesternationen, während es in den anderen Ländern nur Minderheiten gibt. Bei ihnen ist das Klassenproblem vordringlich, während wir das nationale Element und das Klassenelement bewältigen müssen. Wenn wir die Nationalitätenfrage in einer so radikalen Weise lösen konnten, so war dies möglich, weil wir es revolutionär tun konnten, im Verlaufe des Befreiungskrieges, an dem alle unsere Völker teilgenommen haben. [...] Im alten Jugoslawien bedeutete die nationale Unterdrückung, vor allem für die großserbisch gesinnte kapitalistische Clique, eine verstärkte wirtschaftliche Ausbeutung der unterdrückten Völker. Im neuen sozialistischen Jugoslawien macht die rechtliche Gleichheit aller seiner Nationalitäten jegliche wirtschaftliche Ausbeutung einer Nation durch die andere unmöglich.

P. Alter: Nationalismus. München 1994, S. 223 f.

Marschall Tito nimmt eine Militärparade in Belgrad ab. Das Bild entstand vermutlich 1946.

a) Was versteht Tito unter der revolutionären Lösung der Nationalitätenfrage?

b) Hatte er Recht, wenn er die völlige Gleichheit aller Nationalitäten im kommunistischen Jugoslawien behauptete? Berücksichtigen Sie die weitere Entwicklung des Landes.

2. Die Wiederkehr des Nationalstaats in Osteuropa

Der Zerfall der Sowjetunion Die Reformen Michail Gorbatschows in den späten 1980er-Jahren brachten eine Lawine ins Rollen, die am Ende das sowjetische Vielvölkerreich in den Abgrund riss. Den Anfang machten die baltischen Unionsrepubliken. Sie hatten ihre gewaltsame Eingliederung in die UdSSR – 1940 als Opfer des Hitler-Stalin-Paktes, 1944/45 mit der abermaligen Besetzung durch die Rote Armee – nie verwunden. Am 23. August 1989, dem 50. Jahrestag des deutsch-sowjetischen Komplotts, formierte sich von Tallinn über Riga nach Wilna eine 600 Kilometer lange Menschenkette. Das war der Auftakt für eine atemberaubende Entwicklung: Der lettische Oberste Sowjet dekretierte Lettisch statt Russisch zur Staatssprache; der estnische proklamierte die Souveränität Estlands; und am 11. März 1990 erklärte Litauen seine Unabhängigkeit. Vergeblich versuchte der Kreml, diese Bewegung mit Waffengewalt aufzuhalten; als die Kämpfe zu eskalieren drohten, befahl Gorbatschow den Rückzug seiner Streitkräfte. Damit waren die Dämme gebrochen: In den nächsten Monaten erklärten 15 Unionsrepubliken ihre Unabhängigkeit, darunter auch das Kernland, die riesige Russische Föderation. Deren Präsident Boris Jelzin suchte nunmehr zu retten, was von der Sowjetunion übrig geblieben war. Zusammen mit den Staatschefs von Weißrussland und der Ukraine proklamierte er am 8. Dezember 1991 zwar die Auflösung der alten UdSSR, vollzog zugleich aber die Gründung einer Art Nachfolgeorganisation, der „Gemeinschaft Unabhängiger Staaten" (GUS).
Denn Russland wollte keineswegs von seinem Großmachtstatus Abschied nehmen. Die neue Kremlführung betrachtete die ehemaligen Sowjetrepubliken als „nahes Ausland", auf dessen auswärtige Beziehungen sie jederzeit Einfluss zu nehmen gedachte. Russland musste zwar den NATO- und EU-Beitritt der drei baltischen Staaten hinnehmen, konnte die GUS-Staaten bislang aber an einer zu starken Annäherung an den Westen hindern.
Die ethnische Durchmischung und die schleichende Russifizierung in sowjetischer Zeit hatten überall ihre Spuren hinterlassen. 1991 lebten 60 Millionen Menschen außerhalb ihrer Herkunftsrepubliken und 40 Millionen in ethnischen Mischehen. Bestrebungen der neuen Staaten, besonders im Baltikum, ihre russischen Minderheiten zu benachteiligen, lösten scharfe Proteste und Drohungen aus Moskau aus. In der Ukraine belauerten sich der russlandfreundliche Osten und der russlandskeptische Westen voller Misstrauen. Im Übrigen blieben fast überall die politischen Eliten aus der Sowjetzeit an der Macht. Sie bedienten sich nunmehr nationalistischer oder auch religiöser Parolen, hielten aber an ihrem autokratischen Herrschaftsstil fest.

Das Ende Jugoslawiens Zeitgleich mit der Krise des Sowjetimperiums vollzog sich der Zerfall Jugoslawiens. Auch hier gaben die wirtschaftlich leistungsfähigsten Republiken, Slowenien und Kroatien, den Anstoß. Während sich die Belgrader Zentralregierung mit dem Abfall Sloweniens bald abfand, setzte sie gegen Kroatien ihre gesamte „Jugoslawische Volksarmee" in Bewegung. Augenblicklich brach der alte Hass zwischen den beiden Völkern wieder aus: Die Kroaten wollten endlich die lang ersehnte Unabhängigkeit erringen, die Serben ihren Traum eines „Großserbiens" erfüllen. Zeitweise brachten sie mehr als ein Drittel des kroatischen Territoriums in ihre Gewalt. Aber nach einem von der UNO vermittelten Waffenstillstand, den die Regierung in Zagreb dank westlicher Hilfe zur Aufrüstung nutzte, vermochten die erstarkten kroatischen Streitkräfte alle vom Feind besetzten Gebiete zurückzuerobern.
Die blutigsten Auseinandersetzungen der Jugoslawienkriege trugen sich in Bosnien und Herzegowina zu. Hier lebten muslimische Bosniaken (44%), katholische Kroaten (17%) und orthodoxe Serben (31%) mehr schlecht als recht nebeneinander. Zum offenen Zerwürfnis zwischen ihnen kam es, als die muslimischen und kroatischen Abgeordneten im Parlament der Republik für die Unabhängigkeit und Unteilbarkeit ihres Landes votierten, während die Serben in einer Volksbefragung für die Abspaltung ihres Landesteils und

dessen Anschluss an Serbien stimmten. Im April 1992 entbrannte ein verheerender Bürgerkrieg, in dem die Serben mit ihren Eroberungen Angst und Schrecken verbreiteten. Mit gezielten Gräueltaten vertrieben sie einen Großteil der nicht serbischen Bevölkerung. Auch die zur Streitschlichtung eingesetzten UN-Schutztruppen („Blauhelme") konnten sie nicht daran hindern. Fast tatenlos sahen diese zu, als die serbischen Freischärler bei Srebrenica fast 8000 muslimische Gefangene kaltblütig niedermetzelten. Insgesamt kamen im Bosnienkrieg zwischen 1992 und 1995 knapp 100000 Menschen um, davon 40000 Zivilpersonen.
Lange blieben die Schlichtungsbemühungen der USA, der EU und der UNO erfolglos. Erst 1994 konnten sie die Bosniaken und Kroaten bewegen, sich in einer Föderation zusammenzuschließen, und 1995 endlich brachten sie auch die Serben an den Verhandlungstisch. Das vom US-Präsidenten Bill Clinton erwirkte Abkommen von Dayton besiegelte die Gründung des Bundesstaates Bosnien und Herzegowina, der die Einheit des Landes wahren sollte, aber in Wirklichkeit in einen muslimisch-kroatischen und einen serbischen Teil zerfiel, die nur wenig gemeinsam hatten. Über eine Million Vertriebene bekamen ihre Wohnungen zurück. Aber weil viele von ihnen nicht in einer fremdnationalen Nachbarschaft leben mochten, die sie ablehnte, verkauften sie ihre Habe und zogen in die Orte, in denen ihre eigene Volksgruppe vorherrschte. So waren die „ethnischen Säuberungen" (d.h. die Vertreibungen und Morde) und Gewalttaten am Ende doch „erfolgreich".

Der Kosovo-Konflikt Auch der dritte große Konflikt der jugoslawischen Tragödie, der Streit um das Kosovo, fand bislang kein versöhnliches Ende. Die Provinz Kosovo war ein Kernland der serbischen Geschichte. Hier lebten überwiegend muslimische Albaner (1994 machten sie 90% der Gesamtbevölkerung aus), die sich zum albanischen Mutterland hingezogen fühlten. 1974 erhielt die Provinz weitreichende Autonomierechte; sie wurden 15 Jahre später aber großenteils wieder zurückgenommen, weil sich die Belgrader Zentralregierung durch das albanische Trennungsverlangen herausgefordert sah. Seitdem steigerten sich die Gewalttaten auf beiden Seiten. Serbische Armee- und Polizeikräfte drangsalierten die albanische Bevölkerung und trieben über 400000 Menschen in die Flucht; die albanische Untergrundarmee schlug mit Terrorakten zurück. Eine internationale Staatengruppe unterbreitete den Bürgerkriegsparteien einen Friedensplan, der eine „substanzielle Autonomie" für das Kosovo bei Wahrung der „territorialen Integrität" Jugoslawiens vorsah. Die albanische Seite stimmte dem Plan zu, die serbische lehnte ihn als Eingriff in die jugoslawische „Souveränität" ab.
Daraufhin begann die NATO einen Luftkrieg gegen serbische militärische Einrichtungen, Verkehrs- und Industrieanlagen, der Präsident Slobodan Milošević schließlich zum Einlenken zwang. Russland und China verurteilten das Vorgehen der NATO, weil es durch keinen Beschluss des UN-Sicherheitsrates gedeckt und folglich völkerrechtswidrig sei. Nach dem durch die Luftangriffe erzwungenen Abzug der jugoslawischen Armee übernahm eine von der UNO eingesetzte Übergangsverwaltung nebst einer Schutztruppe die Regierungsgewalt im Kosovo. Sie sollte die Rückkehr der Flüchtlinge organisieren und eine dauerhafte Lösung des Kosovo-Problems vorbereiten. Bis heute blieben jedoch die Fronten starr: Die Albaner bestanden auf der vollen Unabhängigkeit, die Serben waren dazu nicht bereit. Auch in der „Balkan-Kontaktgruppe" herrschte Uneinigkeit: Die russische Regierung wollte keine Lösung ohne freiwillige serbische Zustimmung akzeptieren und drohte mit ihrem Veto im UN-Sicherheitsrat, der das letzte Wort hatte. Als dieser zu keiner Einigung kam, rief die kosovarisch-albanische Übergangsregierung am 17. Februar 2008 die staatliche Unabhängigkeit der Provinz aus. Sie tat dies auf Anraten der führenden EU-Staaten (mit Ausnahme Spaniens), die sich indes bestimmte Kontrollrechte vorbehielten. Insofern ist das Kosovo vorerst ein Land mit eingeschränkter Souveränität.

Q 124 Estnische Souveränität im sowjetischen Staatsverband

Deklaration des Obersten Sowjet der Estnischen Sowjetischen Sozialistischen Republik vom 16. November 1988:
Das estnische Volk beackert das Land und entwickelt seine Kultur an den Ufern der Ostsee bereits seit mehr als fünftausend Jahren. 1940 wurde der in nationaler Hinsicht homogene und souveräne estnische Staat zum Bestandteil der Sowjetunion, wobei die Erhaltung der Garantien der Souveränität und das Aufblühen der Nation vorgesehen wurde. Allerdings hat die Innenpolitik des Stalinismus und der Stagnationszeit diese Garantien und Grundsätze ignoriert. Infolgedessen entstand im estnischen Land eine ungünstige demografische Situation, die Umwelt geriet in vielen Regionen der Republik in eine katastrophale Lage, die andauernde Destabilisierung der Wirtschaft wirkte sich negativ auf den Lebensstandard der ganzen Bevölkerung der Republik aus. Der Oberste Sowjet der Estnischen SSR sieht nur einen Ausweg aus der schwierigen Lage: Die weitere Entwicklung Estlands muss sich unter den Bedingungen der Souveränität vollziehen. Die Souveränität der Estnischen SSR bedeutet, dass ihr in Gestalt ihrer obersten Macht-, Verwaltungs- und Gerichtsorgane die oberste Gewalt auf dem eigenen Territorium gehört. Dementsprechend muss der weitere Status der Republik im Bestand der UdSSR durch einen Unionsvertrag bestimmt werden. […] Veränderungen und Ergänzungen zur Verfassung der UdSSR werden in Zukunft auf dem Territorium der Estnischen SSR nach deren Billigung durch den Obersten Sowjet der Estnischen SSR und nach der Übernahme der entsprechenden Veränderungen und Ergänzungen in die Verfassung der Estnischen SSR rechtskräftig.

G. u. N. Simon: Verfall und Untergang des sowjetischen Imperiums. München 1993, S. 275

a) *Kennzeichnen und interpretieren Sie die Tonlage in den Passagen, in denen von der sowjetischen Annexion die Rede ist.*
b) *Wie definiert sich in diesem Text der Begriff „Souveränität“? Welche Missstände in der Sowjetunion haben die estnischen Vertreter zu ihrem Schritt bewogen?*

Q 125 Tschechische Lehren aus der Geschichte

Der tschechische Diplomat Jiři Gruša (1997):
Die tschechische Erfahrung mit dem Europa des 20. Jahrhunderts wird von vielen Daten getragen: Das Jahr 1914 mit unserer Abneigung gegen den entfachten Krieg, das Jahr 1918 mit unserer Freude über die Demokratie. Das Jahr 1938 als Symbol des Appeasements und der unglaublichen Kündigung der alten historischen Verbindungen mit unseren deutschen Landsleuten. Das Jahr 1945 als Zeit der Rettung vor dem Genozid und Moment der grausamen Trennung nicht nur von ihren Planern und Trägern. […] Das Jahr 1989 als Datum des Wiedererlangens der politischen Subjektivität und der Rückkehr zur Demokratie. Zwei Invasionen, zwei Kriege, zwei totalitäre Regime. Das ist eine sehr harte Lektion für eine mittelgroße Nation und ihren Staat. […]
Trotzdem, oder gerade deswegen, nehmen die Tschechen ihre Chance ernst. Wir haben mit dem Abitur begonnen: In der Reifeprüfung bei der Trennung der Tschechoslowakei haben wir die in diesem Jahrhundert wohl erste Konsenslösung der delikaten Frage der nationalen Identität und der damit verbundenen staatlichen Erwartungen vollbracht. Wir haben eine neue, ungewöhnlich innige Beziehung zu unserem polnischen Nachbarn geknüpft. Mit ihm verbinden uns schlechte Erfahrungen mit Zwischeneuropa sowie unsere gemeinsamen sprachlichen und kulturellen Wurzeln. Zum ersten Male stehen wir auch mit Deutschland in einem Partnerverhältnis. Mit dem Nachbarschaftsvertrag haben wir die Vergangenheit als Quelle einer aggressiven politischen Rhetorik abgeschlossen, die tschechische und deutsche Seelen gleichermaßen verpestete.

Das Parlament, 32/1997, S. 9

a) *Erläutern Sie die Erinnerungen des Autors.*
b) *Worin besteht die bestandene „Reifeprüfung“?*

Q 126 Vaterlandsverteidigung oder humanitäre Intervention?

a) *Fernsehansprache des jugoslawischen Präsidenten Slobodan Milošević am 24. März 1999:*
Liebe Mitbürger, ich bin der Ansicht, dass die Nationalversammlung richtig gehandelt hat, als sie entschied, die Anwesenheit ausländischer Truppen auf unserem Staatsgebiet nicht zu akzeptieren. Hier steht nicht nur das Kosovo auf dem Spiel, obwohl das Kosovo für uns von großer Bedeutung ist, sondern es steht die Freiheit des ganzen Landes auf dem Spiel, in Anbetracht der Tatsache, dass das Kosovo nur eine Tür darstellt, durch die fremde Truppen eindringen und diese höchsten Werte gefährden würden. Die entscheidende Frage ist unsere Verpflichtung zur Gleichberechtigung aller Bevölkerungsgruppen.

Das politische Abkommen, das die Gleichberechtigung aller Bevölkerungsgruppen im Kosovo – Albaner, Serben, Montenegriner, Muslime, Türken, Goranci, Roma und Ägypter – sichert, hat die Chance auf Erfolg und auf Stabilisierung unserer südlichen Provinz, auf die Sicherstellung von Frieden und Stabilität im ganzen Land.

b) *Rundfunkansprache des US-Präsidenten Bill Clinton an das serbische Volk am 25. März 1999:*
Wie Sie wissen, haben die Vereinigten Staaten und ihre NATO-Verbündeten eine militärische Kampagne begonnen, um Präsident Miloševićs Möglichkeit, die Bevölkerung des Kosovo mit Krieg zu überziehen, zu schwächen. Präsident Milošević hat oft vom Ansehen Serbiens in der Welt gesprochen, aber durch jede seiner Handlungen hat er das Ansehen Serbiens in der Welt beschädigt, er hat Sie der Gewalt und Instabilität ausgesetzt und vom übrigen Europa isoliert. Er hat Bosnien und Kroatien mit sinnlosen Kriegen überzogen, die erst nach großem Blutvergießen auf allen Seiten beendet wurden, und er hat einen grausamen Feldzug gegen die albanische Bevölkerung im Kosovo gestartet. [...]
Wir hatten ein faires und ausgewogenes Abkommen ausgehandelt, das die Rechte aller Einwohner des Kosovo innerhalb des serbischen Staates garantieren sollte. [...]
Nur Präsident Milošević hat dieses Abkommen abgelehnt. Er hätte das Kosovo als Teil Serbiens bewahren und Ihnen den Frieden bringen können, doch stattdessen hat er die Zukunft des Kosovo gefährdet und Ihnen einen weiteren Krieg gebracht. [...]
Wir alle – Amerikaner, Europäer, Serben, Kosovaren – müssen gemeinsam handeln, damit nicht länger Keile zwischen Menschen getrieben werden, weil sie verschiedenen ethnischen Gruppen angehören, und wir müssen endlich akzeptieren, dass die Unterschiede zwischen uns weniger wichtig sind als unsere gemeinsame Menschlichkeit und unsere gemeinsamen Ziele.

Frankfurter Allgemeine Zeitung. 72/1999, S. 3; 73/1999, S. 4

a) Welche Fragen klammert der jugoslawische Staatschef aus?
b) Untersuchen Sie die Taktik Clintons.

Q 127 Die Unabhängigkeit des Kosovo – „eine schlimme Entscheidung“?

Der serbische Außenminister Vuk Jeremić im „Spiegel“-Interview (2008):

Spiegel (S): Herr Minister, im Kosovo gibt es eine neue Regierung, die bald schon die Unabhängigkeit der Provinz von Serbien ausrufen dürfte. Was machen Sie dann?
Jeremić (J): Das wäre eine schlimme Entscheidung, es wäre ein Verstoß gegen die UNO-Resolution 1244, es wäre auch eine Beeinträchtigung der serbischen Souveränität. Wir würden alle Mittel einsetzen, um dagegen vorzugehen, abgesehen von der Anwendung militärischer Gewalt. Was aber ein souveräner Staat in Verteidigung seiner Unversehrtheit tun kann, werden wir tun.
S: Was meinen Sie damit?
J: Was in unserer politischen, diplomatischen, völkerrechtlichen und ökonomischen Macht steht, um gegen eine unrechtmäßige Entscheidung vorzugehen.
S: Würde Serbien zum Beispiel den Warenverkehr in das Kosovo einstellen?
J: Wir würden Druck ausüben, auch wirtschaftlichen, denn das gehört zum Arsenal unserer Möglichkeiten. Unser Ziel wäre es, dass die Regierung im Kosovo die Unabhängigkeit widerruft. [...]
S: Unter den Serben im Kosovo kursieren Drohungen, der Norden des Kosovo werde sich abspalten und sich Serbien anschließen. Unterstützen Sie solche Bestrebungen?
J: Also, um ehrlich zu sein, befinden wir uns da auf dünnem Eis. Serbien möchte alles in den Grenzen des Völkerrechts halten; darauf legen wir Wert. Daneben gibt es jedoch die Wirklichkeit, und es gibt Menschen, die die Dinge anders sehen.
S: Und wie sehen diese Serben im Norden die Dinge?
J: Praktisch alle Serben im Kosovo würden die Unabhängigkeit für die Provinz so nicht hinnehmen. Es fügt sich, dass sie sich im Norden des Kosovo ballen. Da könnte sich Pandoras Büchse öffnen und eine Teilung auslösen, die Serbien nicht will.
S: Um Ihnen das abzunehmen, ist das Misstrauen gegenüber Ihrem Land einfach zu groß.
J: Vergessen Sie nicht, dass Serbien keine Einwände erhob, als sich die internationale Gemeinschaft im Kosovo engagierte: UNO, NATO, EU. Wir haben uns an die Spielregeln gehalten.

Der Spiegel 03/2008, S. 101 f.

a) Wie ist die Abspaltung des Kosovo völkerrechtlich zu beurteilen?
b) Woher rührt das Misstrauen vieler EU-Staaten gegenüber Serbien?
c) Warum sehen Länder wie Spanien, Zypern, die Slowakei oder Rumänien in der Unabhängigkeit des Kosovo einen bedenklichen Präzedenzfall?

Zur Diskussion: Der Balkan – Krise ohne Ausweg?

Als die Klammer der kommunistischen Diktatur zerbrach, zerfiel der Vielvölkerstaat Jugoslawien in seine ethnischen Bestandteile. Wo die Volksgrenzen einigermaßen eindeutig verliefen – wie in Slowenien und Kroatien –, war die Nationalstaatsbildung erfolgreich. In allen übrigen Regionen verursachte das Nebeneinander unterschiedlicher Volksgruppen fortlaufend Konflikte.

Q 128 Im Namen der Selbstbestimmung? Im Namen der Menschenrechte?

a) *Der britische Historiker Mark Mazower (1998):*

Mit der blutigen Auflösung Jugoslawiens rückte der Nationalismus wieder ins Rampenlicht. Die Loslösung Sloweniens nach einigen kurzen halbherzigen Gefechten mit der jugoslawischen Restarmee hatte 1991 gezeigt, dass eine Trennung auf relativ friedliche Weise möglich war. Aber Slowenien hatte auch keine serbische Minderheit. Das war bei Kroatien und Bosnien anders, und als sie sich aus dem Bund zu lösen versuchten, weigerten sich die Serben, sie ziehen zu lassen. Der Chef der serbischen Kommunisten, Slobodan Milošević, sicherte sich seine Macht, indem er zugleich als serbischer Nationalist und als jugoslawischer Sozialist in den Krieg zog. Bis zum ruhmlosen Ende der Kämpfe 1995 gab es in Serbien kaum offene Opposition. Nationalismus, Selbstbezogenheit und die staatliche Kontrolle sämtlicher Medien hielten den Widerstand gering. [...]

Doch nach anfänglichen serbischen Erfolgen wendete sich die Situation zugunsten ihrer Gegner. Mit amerikanischer Unterstützung wurden Bosnier und Kroaten immer stärker, während die Kampfmoral der Serben sank. 1995 lernten sie eine Lektion, die den Nazis ein halbes Jahrhundert zuvor nicht aufgegangen war: Es genügt nicht, Land zu erobern, man muss es auch halten können. Die ethnischen Säuberungen hatten ihnen viel Land eingebracht, aber die Hände vertrieben, die es hätten nutzbar machen können. Somit war die Niederlage der Serben eine Niederlage der Idee der Apartheid in Europa. Doch sie stellte auch eine Niederlage des Westens dar, der an der ersten wirklichen Herausforderung der liberalen Werte nach dem Kalten Krieg scheiterte. Schlimm genug, dass er die „Realpolitik" dem Schutz der Menschenrechte und der Verhinderung eines Völkermords vorzog; schlimmer noch, dass selbst diese Realpolitik fehlschlug. [...] So endete der Krieg ohne klaren Sieger, die weitere Unsicherheit in der Region war vorprogrammiert, und die westliche Unentschlossenheit hatte triumphiert.

M. Mazower: Der dunkle Kontinent. Frankfurt a. M. 2002. S. 553 ff.

b) *Der britische Historiker Eric J. Hobsbawm (1999):*

Seit 1989 gibt es wieder Krieg, Völkervertreibung und Massenmord in jenem letzten großen Gebiet Europas, in dem Völker verschiedener Stämme und Sprachen, Religionen und Traditionen seit eh und je zusammenlebten. Ohne Frage, diese Katastrophen zertrümmern das ehemalige Jugoslawien. Was die Türkenkriege und Balkankriege nicht fertigbrachten, das gelingt uns Europäern heute: Und ich sage „uns", da ja die Staaten der Europäischen Union seit Anfang der 1990er-Jahre genauso in die Zerstörung Jugoslawiens verwickelt sind wie die Erben Titos. [...] Die moderne Wirtschaft und Gesellschaft ist eine Maschine zur kulturellen Homogenisierung, gegen die sich existenzbedrohte Kulturen und Gruppen zur Wehr setzen, indem sie die Grenzen zwischen „uns" und „den anderen" immer schärfer ziehen. Unrecht ist natürlich der verlässlichste Trennungsstrich. Daher ist es für jede Identitätsgruppe wichtig, sich den „andern" gegenüber als Opfer zu fühlen. [...] Und doch ist dies in demokratischen Staaten nur selten eine Frage auf Leben und Tod und hat längst nicht die verheerenden Konsequenzen, welche die unglücklichen Völker derzeit in den Ruinen Jugoslawiens erleben. Nationalismen dieser Art sind staatszerstörend. Sie höhlen die Staaten auch innerlich aus, indem sie das, was uns untereinander verbindet – zum Beispiel die Staatsbürgerschaft – diskreditieren. [...] Die Probleme der Nationalismen in Südosteuropa werden weder durch den serbischen Massenterror im Kosovo noch durch den Luftkrieg der NATO gelöst und schon gar nicht durch eine Politik, welche keine diplomatische Lösung zuzulassen scheint und bestenfalls, wie in Bosnien, die Waffenruhe von einer unbegrenzten Besetzung „ethnisch gesäuberter" Gebiete durch ausländisches Militär abhängig macht. Die Balkanfragen wurden schon einmal ohne einen großen Krieg durch Diplomatie geregelt, nämlich auf Bismarcks Berliner Kongress von 1878.

Die Zeit, 19/1999, S. 37 f.

a) Wie beurteilen die Autoren die Haltung der westlichen Staaten?

b) Mazower behauptet eine Niederlage der Apartheid in Bosnien. Wie denken Sie darüber?

c) Vergleichen Sie den Berliner Kongress von 1878 mit den jüngsten Friedensbemühungen im ehemaligen Jugoslawien.

3. Staat und Nation außerhalb Europas

Auf dem Weg zur eigenen Identität Die Bildung von Nationalstaaten („nation building") in der nicht europäischen Welt ging - mit Ausnahme Japans, das nie seine Unabhängigkeit einbüßte - stets mit der Abschüttelung weißer Kolonialherrschaft einher.
Den Anfang machte im frühen 19. Jahrhundert Lateinamerika. Die hier entstehenden neuen Staaten entsprachen territorial den vormaligen spanischen und portugiesischen Verwaltungseinheiten und unterschieden sich anfangs in ihren Sozialstrukturen nur wenig - überall gab die weiße Oberschicht den Ton an. Es dauerte mehrere Menschenalter, bis die Staaten ihre eigene Identität auszubilden begannen.
Der Emanzipationsprozess der abhängigen Völker erhielt durch den Ersten Weltkrieg zwar Auftrieb, kam aber nicht wirklich in Fahrt. Allein China, das seine Souveränität ja nicht verloren hatte, lehnte sich gegen die 70-jährige europäisch-japanische Bevormundung auf, wurde aber erst 1945 von den Siegermächten als gleichwertiges UN-Mitglied anerkannt. In Indien räumte die britische Krone den auf Selbstregierung drängenden Kräften zwar beträchtliche politische Mitwirkungsrechte ein, behielt sich aber weiterhin die letzte Entscheidungsbefugnis vor. Auch die Unabhängigkeitshoffnungen der arabischen Welt, die sich an die Auflösung des Osmanischen Reiches knüpften, erfüllten sich nur zum Teil. Souverän wurden nur Saudi-Arabien, der Irak und Ägypten, wobei die beiden Letztgenannten noch geraume Zeit britische Sonderrechte zugestehen mussten.

Der große Entkolonialisierungsschub Erst der Zweite Weltkrieg leitete auf breiter Front die Entkolonialisierung ein, die bis 2002 einhundert selbstständige Staaten entstehen ließ. Als der eigentliche Durchbruch galt die Gewährung der Unabhängigkeit an Indien und Pakistan 1947. Sie wurde möglich durch den beharrlichen Druck der Unterworfenen, die ihre politische Reife und wirtschaftliche Leistungskraft längst bewiesen hatten; durch die Verurteilung des Kolonialismus seitens der Supermächte USA und Sowjetunion sowie einer weltweiten antikolonialen Bewegung; schließlich durch die Resignation der Kolonialmacht Großbritannien, die die Last ihres Weltreichs nicht länger tragen mochte.
Große Teile Südostasiens waren unter der japanischen Besatzungsherrschaft zwischen 1941 und 1945 politisch mobilisiert worden und wollten die Rückkehr der europäischen Kolonialherren nicht mehr hinnehmen. Während sich die Briten damit im Großen und Ganzen kampflos abfanden, räumten die Niederlande und Frankreich ihre Positionen in Indonesien und Indochina erst nach militärischen Niederlagen. In Vietnam mussten sich zuerst Frankreich (1950–1954) und später die USA (1964–1975) dem national-kommunistischen Widerstand beugen, der sich auf eine lange Tradition indochinesischer Eigenständigkeit stützen konnte. Die Nordvietnamesen nutzten zwar die sowjetische und chinesische Hilfe, trugen aber stets Sorge, sich in ihrer nationalen Unabhängigkeit nicht beeinträchtigen zu lassen.
Während Frankreich sich in Nordafrika verhältnismäßig reibungslos von seinen Protektoraten Marokko und Tunesien trennte, gab es Algerien erst nach einem 8jährigen blutigen Krieg (1954–1962) verloren. Das fiel ihm deswegen so schwer, weil hier über eine Million französischer Siedler lebten, die jetzt als Flüchtlinge das Land verlassen mussten.
Im Nahen Osten hinterließ der Abzug der Briten aus ihrem Mandatsgebiet Palästina 1948 einen Brandherd, der in sechs israelisch-arabischen Kriegen und ungezählten Terrorakten aufflammte und sich niemals wirklich eindämmen ließ.
Schwarzafrika war der letzte Kontinent, den die Entkolonialisierungswelle erfasste. Den Anfang machte 1957 die britische Kolonie „Goldküste", die fortan den afrikanischen Namen Ghana trug. Ihr folgten bis 1990 44 weitere Territorien südlich der Sahara, als letztes Namibia. In der Regel räumten die Kolonialmächte ihren Besitz freiwillig und friedlich, nicht zuletzt auch deswegen, weil sie sich davon für die Zukunft gute Wirtschaftsbeziehungen erhofften. Schwieriger gestaltete sich die Dekolonisierung, wo weiße Siedler in größerer Zahl lebten, die ihre Privilegien nicht aufgeben wollten - wie in Kenia, Südrhodesien (heute Simbabwe) oder Namibia. Hier breitete sich viel Feindseligkeit und Hass aus, der

sich nach der Unabhängigkeit vielfach in Repressalien der neuen gegen die alten Herren entlud. In der Südafrikanischen Union, wo das weiße Apartheidregime 1993 durch friedliche Übereinkunft beendet wurde und die schwarze Bevölkerungsmehrheit 1994 nach allgemeinen Wahlen die Regierungsgewalt übernahm, bemühte man sich lange um eine dauerhafte Versöhnung. Doch unaufhaltsam gerieten die Weißen ins Hintertreffen und mussten es hinnehmen, dass die Gesetzgebung regelmäßig die Schwarzen begünstigte.

Das schwere Erbe Die meisten Afrikaner waren auf die Unabhängigkeit schlecht vorbereitet. Es gab nur eine schmale Schicht hinreichend Gebildeter, die mit den komplexen Aufgaben eines modernen Staatsapparates fertig zu werden vermochten. Auch existierten nur wenige tragfähige staatliche Traditionen und Institutionen in einem Kontinent, der in eine Vielzahl kleiner und kleinster, dazu oft archaisch-vormoderner Herrschaftsgebilde aufgesplittert war. Die politische Autorität lag vornehmlich bei Stammes-, Clan- und Sippenoberhäuptern, die Respekt genossen, weil sie aus angesehenen Familien stammten. Ihre politische Macht beruhte auf der Fähigkeit, eine Anhängerschaft hinter sich zu scharen, die sich dem „Chief" persönlich verbunden fühlte. Politische Parteien, die sich an einem Sachprogramm ausrichten, konnten sich in Afrika nur schwer durchsetzen.

Bürgerkriege Dass afrikanische Länder oft so labil waren, hing mit ihren vielen inneren Gegensätzen zusammen. Die heutigen Staatsgrenzen sind ein Erbe der Kolonialzeit, in der die Territorien ohne Rücksicht auf die ethnischen, wirtschaftlichen, kulturellen, religiösen Gegebenheiten zusammengefügt wurden. So stand und steht im bevölkerungsreichsten Staat Nigeria ein muslimischer Norden dem christlichen Süden gegenüber, und damit ein weitgehend analphabetischer Volksteil dort einem wesentlich besser gebildeten hier; noch tiefer wurde die Kluft durch die Rivalität dreier Großstämme - der Haussa, Ibo und Yoruba -, die sich ständig um die staatlichen Führungsämter stritten. Als dann Erdölfunde dem Süden einen relativen Wohlstand bescherten, während der Norden mit seiner nomadischen Weidewirtschaft arm blieb, brach der Bürgerkrieg aus. Die kriegerischen Haussa im Norden brachten Zehntausende ihrer Landsleute im Süden um. Erst nach drei Jahren endete das Morden, das eine Million Menschenleben kostete, aber die Nord-Süd-Feindschaft nicht beendete.
Ähnliche Tragödien spielten sich auch in anderen afrikanischen Ländern ab. In Ruanda entluden sich die Spannungen zwischen den Ackerbau treibenden Hutu und den von nomadischer Viehzucht lebenden Tutsi 1994 in einem entsetzlichen Blutbad. Binnen weniger Monate wurden 800 000 Menschen, hauptsächlich Tutsi, umgebracht; 2 Millionen flüchteten in die Nachbarländer. Im Sudan vegetierten seit 2007 in den Flüchtlingslagern der Provinz Darfur mehr als 2 Millionen Menschen, die sich vor den marodierenden Kämpfern des jahrelangen Krieges zwischen Regierungstruppen und Rebellen in Sicherheit zu bringen versuchten. Alle Vermittlungsbemühungen der UNO und der Afrikanischen Union blieben erfolglos, weil die sudanesische Regierung befürchten musste, für ihre ständigen Kriegsverbrechen und Menschenrechtsverletzungen zur Rechenschaft gezogen zu werden.

Zerfallende Staaten Trotz vieler natürlicher Reichtümer kam Afrika in weiten Teilen bis heute nicht auf die Beine. Viele Regierungen zeigten sich außerstande, die einem Staat obliegenden elementaren Leistungen zu erbringen: die innere und äußere Sicherheit ihrer Bürger; die Gewährleistung von Recht und Ordnung; die Versorgung mit Nahrung, Kleidung und Wohnung; eine allgemeine Schulbildung; eine hinlängliche medizinische Betreuung; Verkehrswege und Kommunikationsnetze; die Förderung wirtschaftlicher Entwicklung. Die Gründe für diese Benachteiligung lagen gewiss zu einem Teil bei den Versäumnissen der Kolonialmächte und den Ungerechtigkeiten der heutigen Weltwirtschaftsordnung, die die Industrieländer auf Kosten der Entwicklungsländer begünstigte. Ebenso sehr aber waren die Missstände auch dem Versagen vieler Afrikaner anzulasten: der Inkompetenz, dem „Schlendrian", der Korruption, der Bereicherungssucht. Unter den

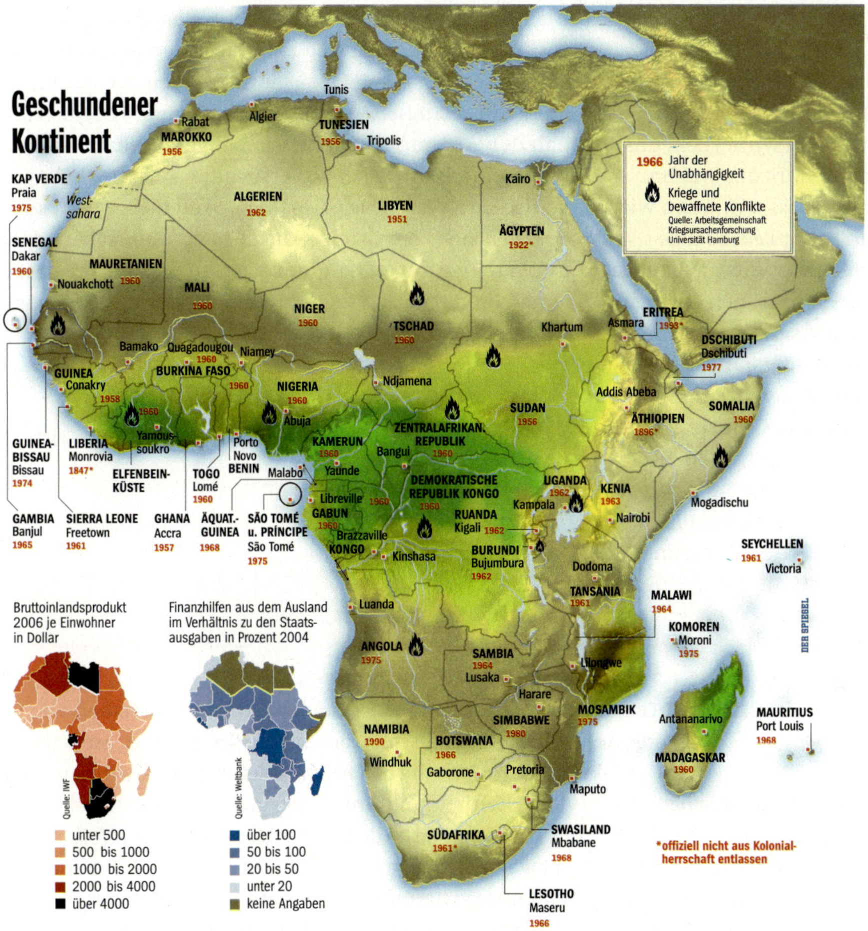

10 Ländern in der ganzen Welt, bei denen der Zerfall der öffentlichen Ordnung im Stichjahr 2005 am weitesten fortgeschritten war, fanden sich 6 afrikanische: Sudan, Elfenbeinküste, Eritrea, Liberia, Kongo, Somalia.

Fragwürdiges Nationalstaatsmodell Die Übertragung des Nationalstaatsmodells auf die „Dritte Welt" war in nicht wenigen Ländern ein Fehlschlag. Die Voraussetzungen, die diesem Staatstyp in West- und Mitteleuropa zum Erfolg verhelfen hatten, waren hier nicht vorhanden: Es gab keine effiziente Verwaltung, keine durchsetzungsfähige Gerichtsbarkeit, kein flächendeckendes Schulwesen, keine hinreichend große Bildungsschicht. Anders als im Europa des 19. Jahrhunderts waren die religiösen Konflikte noch sehr virulent, fehlte es an überlokalen Gemeinsamkeiten, stand der „Prozess der Zivilisation" (Norbert Elias) noch aus.
Die politische Elite nutzte die nationale Idee vor allem als ein Instrument der politischen Mobilisierung. Die Wut vieler Afrikaner über die Demütigungen der Kolonialherrschaft war ein besonders fester Kitt, der die neuen Nationen zusammenhielt. Das hinderte viele ihrer zunächst populären Freiheitshelden nicht daran, zu machtbesessenen Diktatoren zu werden. Eine Untersuchung von 2001 stufte gerade einmal 6 von 53 afrikanischen Staaten als hinlänglich demokratisch ein – Benin, Mali, Ghana, Senegal, Botswana, Mauritius, aber 15 als vollständig „unfrei" und alle übrigen als gemäßigt autoritär.

Zivilisierung

Die Zivilisierung einer Gesellschaft vollzieht sich als deren Übergang von einer naturhaft-archaischen Existenzweise in eine höhere Kulturstufe. Dieser Prozess erfasst nach und nach alle Lebensbereiche: die Esssitten und Umgangsformen so gut wie die Kleidung und Wohnungseinrichtung; die Selbst- und Fremdsteuerung des Verhaltens ebenso wie die Normierung der Sprache oder des ästhetischen Geschmacks. Menschen, die sich zivilisiert nennen, betonen ihre Distanz von den Naturwesen. Während sie jene als unvernünftig, primitiv, wenn nicht sogar animalisch abtun, nehmen sie sich selbst als hochentwickelt, vernunftgeleitet, kulturschöpferisch wahr. Norbert Elias, der das Standardwerk „Über den Prozess der Zivilisation" schrieb, datierte diesen Vorgang auf das Hoch- und Spätmittelalter, als höfische und städtische Lebensformen tonangebend wurden.
Erst im 18. Jahrhundert griff mit der Vorromantik eine Gegenbewegung um sich, die ihren berühmtesten Ausdruck in Rousseaus Parole „Zurück zur Natur" fand und noch in der Kulturkritik des späten 19. Jahrhunderts Furore machte.

Q 129 Passiver Widerstand

Der Staatsgründer Indiens Mohandas Karamchand Gandhi im Manifest „Indiens Freiheit" (1908):

Wir werden die Freiheit erlangen, wenn wir lernen, uns selbst zu beherrschen. Wir brauchen nur zuzugreifen. Diese Freiheit [...] ist von solcher Art, dass wir, wenn wir sie einmal begriffen haben, bis an unser Lebensende danach trachten, andere zu überreden, es uns nachzutun. Doch solche Freiheit muss von jedem Einzelnen am eigenen Leibe erfahren werden. Ein Ertrinkender kann nie einen Ertrinkenden retten. Passiver Widerstand ist eine Methode der Erringung von Rechten durch persönliches Leiden. [...] Wenn ich das Gesetz übertrete und die Strafe für diese Übertretung auf mich nehme, dann wende ich meine Seelenstärke an. Es geht dabei um die Selbstaufopferung. Jedermann gesteht ein, dass die Selbstaufopferung weit höher zu bewerten ist als die Aufopferung anderer. [...]

Die Engländer haben Indien nicht genommen, wir haben es ihnen gegeben. Sie sind nicht in Indien aufgrund ihrer Stärke, sondern weil wir sie dort behalten. Sie hatten nicht die geringste Absicht, ein Reich zu gründen. Wer half den Angestellten der Ostindiengesellschaft? Wer wurde durch ihr Silber in Versuchung geführt? Wer kaufte ihre Waren? Die Geschichte zeigt, dass wir es gewesen sind. Die Gründe, die dazu geführt haben, dass ihnen Indien zugefallen ist, tragen auch dazu bei, dass sie es behalten [...].

D. Rothermund: Der Freiheitskampf Indiens. Stuttgart 1976, S. 40 f.

a) Erläutern Sie den Satz „Ein Ertrinkender kann nie einen Ertrinkenden retten".

b) Informieren Sie sich über den religiösen Hintergrund dieses Werkes.

Q 130 Das Recht auf Leben, Freiheit und Glück

Aus der Unabhängigkeitserklärung der Demokratischen Republik Vietnam (1945):

Die Menschen werden frei und gleichberechtigt geboren und bleiben es. Das sind unumstößliche Tatsachen. Aber schon über 80 Jahre rauben die französischen Kolonialherren [...] unser Land aus und knechten unsere Landsleute. Ihre Taten stehen in einem schreienden Gegensatz zu allen Prinzipien der Menschlichkeit und Gerechtigkeit.

In politischer Hinsicht haben sie uns aller demokratischen Freiheiten beraubt und uns barbarische Gesetze aufgezwungen. Sie haben drei verschiedene politische Ordnungen in Zentral-, Süd- und Nordvietnam errichtet, um die Einheit unseres Vaterlandes, die Einheit unseres Volkes zu zerstören. Sie haben mehr Gefängnisse als Schulen erbaut. Sie haben erbarmungslose Strafen über die Patrioten unseres Landes verhängt. Sie haben alle Volksaufstände in Strömen von Blut erstickt. Sie haben sich bemüht, die öffentliche Meinung abzuwürgen, und Unwissenheit und Unbildung gesät. Sie haben sich des Opiums und des Alkohols bedient, um unser Volk zu schwächen. Sie haben sich unser Land, unsere Bergwerke und unsere natürlichen Reichtümer angeeignet. Sie haben den ganzen Außenhandel unseres Landes an sich gerissen. Sie haben hundert ungerechte Steuern eingeführt und unser Volk, vor allem die Bauern und Kleinhändler, in furchtbares Elend gestürzt. Sie haben die Entwicklung unserer nationalen Bourgeoisie verhindert. Sie haben unsere Arbeiterklasse aufs erbarmungsloseste ausgebeutet.

J. Horlemann/P. Gang: Vietnam. Frankfurt 1966, S. 189

a) Überprüfen Sie die Hinweise auf das historische Erbe Vietnams.

b) Erläutern Sie die antikolonialistische Rhetorik des Textes. Wo findet sich sozialistisches Gedankengut?

Q 131 Heimat und Nation

Der Gründungsvater Senegals, Léopold S. Senghor, in einer Abhandlung von 1961:

Die Heimat, das ist das Erbe, das uns unsere Ahnen übertragen haben: Erde, Blut, eine Sprache (wenigstens ein Dialekt), Sitten, Gebräuche, Folklore, eine Kunst, mit einem Wort: eine im Boden verwurzelte Kultur, ausgedrückt in einem Menschenschlag (race).

Die Nation bringt diese Heimatländer zusammen, um sie zu transzendieren. Sie ist nicht, wie die Heimat, natürlich bestimmt, also Ausdruck der Umwelt, sondern Wille zur Konstruktion, besser zum Wiederaufbau. Damit die Nation ihr Ziel erreicht, muss sie alle ihre Mitglieder, alle Einzelmenschen, über die Heimatländer hinaus für den Glauben an die Nation begeistern. Die Nation leugnet keineswegs die Wirklichkeit der Heimat, sie stützt sich vielmehr darauf, genauer gesagt, die Nation stützt sich auf die Werte der Heimat, ihren Realitätscharakter, sie geht von der Gefühlskraft der Heimat aus. Die Nation fasst die

Werte der Heimat zusammen, oder sie wird – meistens – unter ihnen jene auswählen, die angesichts von Klima, Geschichte und Menschenschlag einen gemeinsamen Nenner darstellen, oder solche Werte, die universale Geltung haben. [...]
Wenn die Nation bewusster Wille zum Wiederaufbau ist, dann ist der Staat dafür das Hauptwerkzeug. Der Staat steht zur Nation im gleichen Verhältnis wie der Bauunternehmer zum Architekten.

F. Ansprenger: Afrika. Stuttgart 1988, S. 76

a) Inwiefern hatte das hier behandelte Thema für Afrika besondere Wichtigkeit?
b) Erklären Sie den Vergleich Senghors mit dem Bauunternehmer und dem Architekten.

Q 132 „Schwache Staaten"

Der Sozialwissenschaftler Gunnar Myrdal (1970):
Die unterentwickelten Länder sind alle, wenn auch in unterschiedlichen Abstufungen, „schwache Staaten". Der Terminus „schwacher Staat" ist so zu verstehen, dass er alle mannigfaltigen Formen sozialer Disziplinlosigkeit umfasst, die sich manifestieren durch: Unzulänglichkeiten in der Gesetzgebung und besonders in der Befolgung und im Durchsetzen der Gesetze; weitverbreitetes Nicht-Beachten von Anordnungen und Anweisungen seitens des Behördenpersonals sowie die häufig geheimen Abkommen der Beamten mit mächtigen Personen und Personengruppen, deren Verhalten sie eigentlich lenken sollten. Laxheit und Willkür in einer als schwacher Staat charakterisierten Gemeinschaft werden aus persönlicher Gewinnsucht von Personen ausgebeutet, in deren Händen die wirtschaftliche, soziale und politische Macht liegt. Während die durch den schwachen Staat geschaffenen Möglichkeiten für Ausbeutungen großen Stils natürlich nur dem Zugriff der oberen Klassen unterliegen, finden selbst Personen auf der unteren Sprosse der sozialen Leiter Gelegenheiten für kleine persönliche Vorteile. Außerdem ist eine viel stärkere Verbreitung einer allgemeinen Haltung bei den Menschen anzutreffen, sich den staatlichen Anordnungen und ihrer Durchführung zu widersetzen.

G. Myrdal: Politisches Manifest über die Armut in der Welt. Frankfurt a. M. 1970, S. 202

a) Suchen Sie Gründe für die von Myrdal geschilderten Missstände zu finden.
b) Wie lassen sich die überwiegend andersartigen Verhältnisse in Europa historisch herleiten?

1. *Wie wirkte sich das „Selbstbestimmungsrecht der Völker" seit 1918 in Europa aus?*
2. *Erläutern Sie die Nationalitätenpolitik der Sowjetunion.*
3. *Erörtern Sie die Zusammenhänge zwischen dem Nationalismus und der Entfesselung des Zweiten Weltkrieges.*
4. *Welche Interessen verband Moskau mit der Gründung der GUS 1990?*
5. *Wo lagen die historischen Wurzeln für die nationalen Konflikte in Jugoslawien?*
6. *Warum tat sich die internationale Staatengemeinschaft mit ihren Schlichtungsbemühungen im zerfallenden Jugoslawien so schwer?*
7. *Welche politischen Ziele verfolgten die Serben in den Jugoslawienkriegen?*
8. *Rekapitulieren Sie die Etappen der Entkolonialisierung. Wo lagen deren Triebkräfte?*
9. *Beschreiben Sie die Brennpunkte des Nahostkonflikts.*
10. *Wie erklärt sich die Instabilität vieler afrikanischer Staaten?*

Literatur zur Vertiefung

S = Standardwerk; **T** = Taschenbuch

Grundfragen und Überblicke

P. Alter: Nationalismus. Frankfurt 1985 (T)
B. Anderson: Die Erfindung der Nation. Frankfurt a. M. 2005[3]
S. Breuer: Der Staat. Reinbek bei Hamburg 1998 (T)
O. Dann: Nation und Nationalismus in Deutschland 1770–1990. München 1993
K. Deutsch: Nationsbildung – Nationalstaat – Integration. Düsseldorf 1972
E. Hobsbawm: Nationen und Nationalismus. Frankfurt 2005[3]
M. Hroch: Das Europa der Nationen. Göttingen 2005 (S)
M. Jeismann / H. Ritter: Grenzfälle. Über neuen und alten Nationalismus. Leipzig 1993
J. Kocka: Das lange 19. Jahrhundert (Gebhardt Handbuch der deutschen Geschichte, Bd. 13). Stuttgart 2004 (S)
R. U. Kunze: Nation und Nationalismus. Darmstadt 2005
E. Lemberg: Nationalismus, 2 Bde. Reinbek bei Hamburg 1964 (S, T)
G. Mosse: Die Geschichte des Rassismus in Europa. Frankfurt 2007 (T)
W. Reinhard: Geschichte der Staatsgewalt. München 1999 (S)
T. Schieder: Nationalismus und Nationalstaat. Göttingen 1991
H. Schulze: Staat und Nation in der europäischen Geschichte. München 1999 (S, T)
H. U. Wehler: Nationalismus, München 2001 (S, T)
S. Weichlein: Nationalbewegungen und Nationalismus in Europa. Darmstadt 2005
H. A. Winkler: Nationalismus. Königstein 1978 (S)
H. A. Winkler / H. Kaelble (Hg.): Nationalismus – Nationalitäten – Supranationalität. Stuttgart 1992
H. A. Winkler: Der lange Weg nach Westen. Deutsche Geschichte. Bd. I. München 2002[4] (S)

Kapitel 1 und 2

M. Botzenhart: 1848/49. Europa im Umbruch. Paderborn 1998
H. Brandt: Europa 1815–1850. Stuttgart 2002 (T)
W. Bussmann (Hg.): Europa von der Französischen Revolution zu den nationalstaatlichen Bewegungen des 19. Jahrhunderts (Handbuch der europäischen Geschichte, Bd. 5) Stuttgart 1981 (S)
D. Langewiesche: Europa zwischen Restauration und Revolution. München 2004[4]
T. Nipperdey: Deutsche Geschichte 1800–1866. München 1983 (S)
H.-U. Wehler: Deutsche Gesellschaftsgeschichte 1815–1845/49. München 1987 (S)
E. Weis: Der Durchbruch das Bürgertums 1776–1847 (Propyläen Geschichte Europas, Bd. 5). Berlin 1982
B. Wunder: Europäische Geschichte im Zeitalter der Französischen Revolution 1789–1815. Stuttgart 2001 (T)

Kapitel 3–5

J. Fisch: Europa zwischen Wachstum und Gleichheit 1850–1914. Stuttgart 2002 (T)
L. Gall: Bismarck. Der weiße Revolutionär. Berlin 1980 (S)
L. Gall: Europa auf dem Weg in die Moderne 1850–1890. München 2003[4]
M. Görtemaker: Geschichte Europas 1850–1918. Stuttgart 2002 (T)
H. Haumann: Geschichte Russlands. München 1996
R. Kann: Die Nationalitätenpolitik der Habsburgermonarchie. 2 Bde. Graz 1964[2]
A. Kappeler: Russland als Vielvölkerreich. München 1992
Th. Nipperdey: Deutsche Geschichte 1866–1918. 2 Bde. München 1990/92 (S)
Th. Schieder (Hg.): Europa im Zeitalter der Nationalstaaten (Handbuch der europäischen Geschichte, Bd. 6). Stuttgart 1968
Th. Schieder: Staatensystem als Vormacht der Welt 1848–1918 (Propyläen Geschichte Europas, Bd. 6). Berlin 1982
G. Schmidt: Der europäische Imperialismus. München 1989
G. Schöllgen: Das Zeitalter des Imperialismus. München 2000[4]
V. Ullrich: Die nervöse Großmacht. Aufstieg und Untergang des Deutschen Kaiserreiches 1871–1918. Frankfurt a. M. 1997
H.-U. Wehler: Deutsche Gesellschaftsgeschichte 1849–1914. München 1995 (S)

Kapitel 6 und 7

F. Ansprenger: Auflösung der Kolonialreiche. München 1980[4] (T)
F. Ansprenger: Politische Geschichte Afrikas. München 1999[3]
U. Becher u.a. (Hg.): Deutschland und Polen im 20. Jahrhundert. Hannover 2001
V. Berghahn: Der Erste Weltkrieg. München 2004 (T)
W. Bernecker: Europa zwischen den Weltkriegen 1914–1945. Stuttgart 2002 (T)
K. D. Bracher: Die Krise Europas 1917–1975 (Propyläen Geschichte Europas, Bd. 7). Berlin 1982
J. Dülffer: Europa im Zeichen des Ost-West-Konflikts 1945–1991. München 2004
F. Fischer: Griff nach der Weltmacht. Neuausgabe. Düsseldorf 1994 (S)
L. Harding: Geschichte Afrikas im 19. und 20. Jahrhundert. München 2006[2]
G. Hirschfeld u.a. (Hg.): Enzyklopädie des Ersten Weltkrieges. Paderborn 2003
J. Hoensch: Geschichte der Tschechoslowakischen Republik 1918–1978. Stuttgart 1992[3]
J. Hoensch: Geschichte Polens. Stuttgart 1989
E. Hösch: Geschichte des Balkans. München 2002 (T)
H. Lemberg (Hg.): Ostmitteleuropa zwischen den beiden Weltkriegen. Marburg 1997
M. Mazower: Der dunkle Kontinent. Europa im 20. Jahrhundert. Frankfurt a. M. 2002 (T)
W. Michalka (Hg.): Der Erste Weltkrieg. Wirkung, Wahrnehmung, Analyse. München 1994 (S)
H. Möller: Europa zwischen den Weltkriegen. München 1998
P. Nitsche: Die Nachfolgestaaten der Sowjetunion. Frankfurt a. M. 1994
W. Reinhard: Kleine Geschichte des Kolonialismus. Stuttgart 1996
D. Nohlen: Lexikon Dritte Welt. Reinbek bei Hamburg 2000[4] (S)
T. Schieder (Hg.): Europa im Zeitalter der Weltmächte (Handbuch der europäischen Geschichte, Bde 7/1, 7/2). Stuttgart 1979 (S)
H.-U. Wehler: Deutsche Gesellschaftsgeschichte 1914–1949, München 2003 (S)

Register

Personenregister

Sachregister

Halbfett gesetzte Seitenzahlen verweisen auf Grundbegriffe.

Bildnachweis

Cover: Interfoto, München
7: AKG, Berlin
8: Picture-Alliance (dpa), Frankfurt
12: AKG, Berlin
14: AKG, Berlin
15: ullstein bild, Berlin
16: ullstein bild (Imagno), Berlin
27: AKG, Berlin
29: AKG, Berlin
30: ullstein bild (Archiv Gerstenberg), Berlin
35 links: Archiv Gerstenberg, Wietze
35 rechts: AKG, Berlin
36: AKG, Berlin
38: ullstein bild (Imagno), Berlin
39: ullstein bild (Archiv Gerstenberg), Berlin
40: ullstein bild (Imagno), Berlin
41: Bridgeman Art Library, Berlin
43: ullstein bild, Berlin
46: Scala (Museo del Risorgimento), Bagno a Ripoli (Firenze)
48: ullstein bild (Archiv Gerstenberg), Berlin
49: ullstein bild (Archiv Gerstenberg), Berlin
52 links: BPK (RMN/Philippe Bernard), Berlin
52 rechts: AKG, Berlin
54: BPK, Berlin
55: ullstein bild (histopics), Berlin
57: AKG, Berlin
58: Bridgeman Art Library (Archives Charmet), Berlin
59: AKG, Berlin
61: AKG, Berlin
64: BPK, Berlin
66: AKG, Berlin
67: AKG, Berlin
68: Louise-Otto-Peters-Archiv, Leipzig
71: DHM, Berlin
73: BPK, Berlin
80: ullstein bild, Berlin
81: Picture-Alliance (Imagno), Frankfurt
85: ullstein bild (Archiv Gerstenberg), Berlin
86: AKG, Berlin
91: AKG (Schöning), Berlin
92: ullstein bild (Haeckel), Berlin
93: BPK, Berlin
98: ullstein bild, Berlin
100: AKG, Berlin
102: BPK (Dietmar Katz), Berlin
108: Stehle, Karl, München
109: ullstein bild (ADN-Bildarchiv), Berlin
111: ullstein bild (Imagno), Berlin
113: ullstein bild (Archiv Gerstenberg), Berlin
115: Prof. Dr. Hilke Günther-Arndt, Berlin
120: ullstein bild (TopFoto), Berlin
122: ullstein bild, Berlin
123: aus: M. Sauer, Bilder im Geschichtsunterricht sehen, 2000
125: ullstein bild, Berlin
126: ullstein bild (Granger Collection), Berlin
127: ullstein bild, Berlin
129: culture-images (Photo12), Köln
131: Corbis (Alinari-Archives), Düsseldorf
136: ullstein bild (KPA/HIP), Berlin
139: Picture-Alliance (maxppp/Bianchetti Stefano), Frankfurt
144: Picture-Alliance (maxpp), Frankfurt
146: Interfoto (Mary Evans), München
148: ullstein bild, Berlin
151: Picture-Alliance (KPA/Topfoto), Frankfurt
152: AKG, Berlin
154: ullstein bild (Gerstenberg), Berlin
156: AKG (Erich Lessing), Berlin
161: Corbis (Hulton-Deutsch Collection), Düsseldorf
163: AKG, Berlin
166: AKG, Berlin
169: Picture-Alliance, Frankfurt
170: DHM, Berlin
171: AKG, Berlin
177: laif (Keystone France), Köln
178: Picture-Alliance (dpa/Rolf Haid), Frankfurt
183: Picture-Alliance (KPA), Frankfurt
191: SPIEGEL-Verlag, Hamburg

Nicht in allen Fällen war es uns möglich, den Rechteinhaber der Abbildungen ausfindig zu machen. Berechtigte Ansprüche werden selbstverständlich im Rahmen der üblichen Vereinbarungen abgegolten.